大方
sight

# 盛世

# 西汉 康乾

侯杨方 著

中信出版集团 | 北京

图书在版编目（CIP）数据

盛世：西汉　康乾 / 侯杨方著 . -- 北京：中信出版社，2024.2
ISBN 978-7-5217-5960-0

I. ①盛…　II. ①侯…　III. ①中国历史－研究－汉代②中国历史－研究－清代　IV. ① K234.07 ② K249.07

中国国家版本馆 CIP 数据核字（2023）第 248586 号

盛世：西汉　康乾
著者：　侯杨方
出版发行：中信出版集团股份有限公司
（北京市朝阳区东三环北路 27 号嘉铭中心　邮编　100020）
承印者：　河北鹏润印刷有限公司

开本：660mm×970mm　1/16　　印张：31.5　　字数：410 千字
版次：2024 年 2 月第 1 版　　印次：2024 年 2 月第 1 次印刷
书号：ISBN 978–7–5217–5960–0
定价：98.00 元


服务热线：400–600–8099
投稿邮箱：author@citicpub.com

# 序

# 剖析对现代中国影响最深的两段历史

中国现存的本国历史书大概是世界之最，大至历朝历代，小至家族个人，都有大量文献资料，以及后人为之撰写的历史书。从研究出发，当然史料和史书多多益善，不厌其烦，但从学习和了解历史出发，不得不有所选择，因为它们的数量已经远远超出了一般人终身的阅读量。正因为如此，如何根据当代人的不同需求，写出最适用于某一类读者的历史书，是历史学家的一项重要任务。

历史有两种写法，一是科学化，即运用社会科学和自然科学的方法探寻历史内在的规律，其代表是法国年鉴学派以及经济史、自然史、人口史等专门史学派；二是叙事化、文学化，其杰出的代表是司马迁的《史记》，是一部纪传体史书，另一代表是《资治通鉴》，也以叙事为主，兼具文学化。两种写法各有侧重，各有所长，前者更适合专业读者，后者更受一般读者的欢迎。

本书作者侯杨方博士的研究领域是经济史、人口史以及历史地理，均属于第一类科学化历史研究的范畴，他曾利用人口学方法撰写了《中国人口史》第六卷（1910—1953年）。他酷爱历史，并不满足于专业研究，还阅读了大量史书，其读书心得不时见诸报刊，颇受非专业读者的喜爱。他既有扎实深厚的专业基础，又有简洁可读的文笔，加上阅历渐增而对历史理解愈深，终于在不惑之年写出了综合两种写法的这本新书——既有对人性、历史事件本身的分析，也侧重于从人口、经济、环境的角度去阐释传统的历史叙事，通过分析权力结构与政治生态的长时期性变化来探究历史的内在发展逻辑。

本书从始至终反复强调职业经理人是不可靠的，因为这是由基本的人性决定的，是超越社会制度与时代的存在。作为管理国家的职业经理人，官僚集团同样如此，因此必须要有一个有效的监督、制约机制。作为职业经理人，官僚们会出于自身利益而罔顾国家、社会的长远利益，或渎职、不作为，或从个人到组织化的贪腐，这些都是官僚们或人类的自然天性。在当时的社会与技术条件下，不可能通过民主宪政的方式，而只有通过皇权与官僚集团抗衡，并进行制约、监督。与天然具有短期行为的官僚集团不同，家天下的皇权代表的是政权的长远利益，因此在一定程度上与国家、民众的长远利益比较吻合。汉武帝、汉宣帝、雍正帝对官僚、贵族强势集团进行了一系列严厉的打击，以缓和社会阶级矛盾，汉文帝、汉宣帝、康熙帝、乾隆帝又通过大规模的减免赋税让利于普通民众，而这些行为都严重损害了官僚、贵族强势集团的利益。如果没有强大皇权，这些行为都是不可能得到有效执行的。西汉盛世与康乾盛世能够长期强盛，与当时的皇权强大，能比较有效制约官僚集团密切相关，信赏必罚的体制创造出了高效的组织力与执行力，这是两个盛世非常突出的特点，本书着重从这个角度与权力结构的转移变化来叙述、阐释历史。

历史事件在其必然性的背后也有偶然性，这两个盛世的最高执政者大多是历史上的杰出政治家，不仅具有高超的政治规划与执行力，而且有坚强的意志力，他们的存在本身就是非常偶然的现象，并非历史常态，因此他们才能独排众议，做出某些突破常规的举动，从而改变了历史的进程，这也是盛世并非常态的重要原因所在。历史的必然性则表现在气候、经济、人口、技术等长时段的背景变化方面，这些变化犹如缓慢而不可逆转的地壳运动，在上面活动的人类并没有意识到脚下的运动，再杰出的历史人物也无法扭转历史的大趋势，最多只能延缓或加速，这就是历史必然性与不可控性。虽然本书作者的专业研究更侧重于第一类的科学化，但在本书中他却较好结合了偶然性与必然性，较为平衡、客观地分析了这两个盛世发育、壮大及衰落的全过程，以及其中的人为与自然的双重因素，而不是过于强调某一方面，特别是传统史学容易过分强调的人为一面，即所谓的明君贤臣史观，同时也没有将历史解释成为单纯的物理要素的组合。

本书的主人公无疑是创造盛世的杰出政治家、军事家们，盛世同时也是这些杰出历史人物集中涌现的年代。本书对这些主人公无疑抱有一种同情之理解，即试图在当时的历史情境下理解他们的所作所为，而不是用现时的观念与标准去削足适履地评判他们，否则他们都很难摆脱大独裁者及其帮凶的头衔，这样历史就会沦于一种儿童式的漫画。对历史的评价应是多元的，不能非黑即白，非优即劣，而更多会带有一种混合的复杂。这些引领时代的历史人物也具有不同程度的优缺点，所作所为既有值得肯定、敬佩之处，也有引起非议之处，只有抱着这样的理解才能较好地还原一个相对丰满、真实的历史。

本书行文流畅、清晰，没有晦涩难懂的术语，但也没有运用当下流行的戏说体。本书引用的史实都给出了明确的出处，并引用了大量原始、可靠的材料，体现了作者长期从事学术研究的严谨，并对一些基本的史实给出了自己的解释与考证，比如对长期争论纷纭的雍正帝继位问题的考证与解释就很有新意。“言之无文，行之不远”与“文以载道”这两句古语并不矛盾，一本好的历史书应该是两者的结合，既有可读性，又有学术性与思想性，并能给读者以启发，让他们在会心一笑之后又有所回味。

葛剑雄

# 前言

# 在盛世与衰世之间

## 为什么选择西汉与清朝?

中国历史以秦始皇统一为标志，可以分为两个阶段，之前的“先秦”，之后的“后秦”。“后秦”时代一直延续到20世纪初，长达2 200多年，主要特征是实行家天下的帝制，均以建立一个中央集权的大一统王朝为目标，而“先秦”则是分封制。秦始皇统一六国建立的中央集权的王朝只存在了12年，就被六国的旧王族、贵族以及民众联手颠覆，中国重新回到群雄割据的内战时代。在这场史称“楚汉相争”的新版七国争雄的内战中，先秦诸国的王族、贵族被消灭殆尽，原楚国的一个平民刘邦率领一群平民在废墟上建立了汉朝，这是中国历史上第一个“布衣卿相”——即由平民建立的政权。

虽然表面上继承了秦朝的制度，汉朝实质上更类似于先秦的周朝，并不是一个中央集权的大一统王朝；皇帝只是天下的盟主，全国62个郡，他只能控制其中的15个，其他地区均由楚汉之争中的盟友们即所谓的异姓诸侯王们控制，历史似乎又恢复到了从前。汉高帝刘邦运用各种阴谋、阳谋剪除了异姓诸侯王，但吸取了秦朝迅速崩溃的教训，他将同姓的子弟分封到全国各地建立了众多的同姓诸侯国以维护、巩固刘家的政权，而不是像秦始皇那样建立一个中央集权的郡县制王朝。当时处于长期独立状态下的民众毕竟并未形成一个统一国家的认同，统一需要循序渐进，所以汉朝不能像秦朝那样急于求成。随着时间的推移，当年刘邦的子侄们逐渐长大成人，与中央政府的离心力越来越强，最终演变成为七国之乱的内战。战后，诸侯王国的独立性大大削减；汉武帝又通过推恩令等一系列措施，使得诸侯王国实质变成中央直辖的政区，汉朝终于实现了中央集权，成为一个统一的国家。

经过70年的韬光养晦，实行轻徭薄赋、宽政简刑的仁政，汉朝实现了国强民富，汉武帝才有可能北击匈奴，南平两越，开疆拓土，不仅全面恢复而且超过了秦朝的版图；独尊儒术不仅为了加强皇权，而且通过官方提倡的意识形态来塑造全体民众对统一国家的认同。秦朝只是昙花一现，汉朝才是中国历史上第一个稳定的大一统王朝，并成为历代王朝仿效的样板。无论后来的历史如何跌宕起伏，分分合合，重现汉朝，更准确地说，重现汉武帝的大一统王朝都是历代王朝的最高理想。汉武帝的杰出继承人汉宣帝在中国历史上第一次征服了蒙古高原的游牧民族，并第一次占领、统治遥远的中亚，此时的汉王朝统一了东亚农耕区与中亚游牧区，这又成了以后历代杰出有为的皇帝们追求的最高政治理想——成为华夷天下共主。在当时的世界上，汉朝兴盛、强大、文明，只有西方的罗马才堪与之匹敌。汉朝光辉的历史界定了“盛世”的含义：国内政治长期稳定、和平，经济实力持续发展，国力强盛，威服四夷。如果不具备这些条件而妄称盛世，只能徒留笑柄，因此我选择了“西汉盛世”作为上编，因为它是中国盛世的发端与典范。

西汉盛世与“文景之治”并不等同，“文景之治”是西汉盛世的酝酿期。西汉盛世有两座高峰：一是匈奴北遁、统一南越，以汉武帝封禅泰山为标志；二是宣帝时期匈奴单于来朝，设立西域都护。虽然距今已经2 000多年，但西汉盛世留给今天中国人的直接遗产仍然非常丰厚，高度的民族认同意识与稳定的核心地区的版图，无论历经多少波折、磨难，它们都是中国文明始终历久不衰、从未中断的精神、物质的两大基础。2 000多年来，生活在东亚大陆农业区的亿万人一直以口说汉语、手写汉字、家居汉土、身为汉人而自豪，这都是西汉盛世留给我们的最宝贵的精神、物质双重遗产。

以西汉作为盛世的标准，比较符合这个标准的是唐朝盛世，它由贞观之治发端，截止于天宝年间，超过了一个世纪，同样建立了一个统一东亚农耕区与中亚游牧区的国家，与阿拉伯帝国并列为当时世界上最先进、最强大的国家。但由于唐朝热衷对外扩张，招募了大量的胡人雇佣军，又因制度设计上的缺陷，形成了势力强大的私人军队。这些雇佣军发动了叛乱，即史称的“安史之乱”，唐王朝迅速失去了扩张占领的所有领土，版图大大压缩，边境线竟然收缩到首都长安的远郊，内部也藩镇割据，从此一蹶不振，并直接导致五代十国的大分裂；因为分裂，五代时又失去了最重要的战略要地——燕云十六州，它不仅是重要的马匹产地，也是华北平原与蒙古、东北游牧、狩猎区之间的天险，燕山山脉以及从蒙古高原、东北进入华北平原的各个山口从此被游猎民族控制；游猎民族第一次长期、稳定地占领了中原农业区，进而从原始的部落联盟升级成了高度文明的国家，在政治、经济体制等文明进化上不再落后，同时仍然保持了游猎、骑射传统以及军事上对中原的巨大优势。这些都是后来崛起于东北渔猎区的女真占据了北中国、蒙古人占领了整个中国的重要因素。不像西汉盛世，唐朝盛世只是一个过渡，制度缺乏创新，基本的统治模式与西汉没有本质的差别，取得的成就也远不及西汉对中国文明的奠基作用，因此我没有重点撰写唐朝的内容，而只是将它作为与西汉盛世比较的对象。

清朝是中国两千年帝制时代的最后一个朝代，也是最后一个华夷一统的王朝。与西汉不同的是，清朝的最高统治层是原居住在中国东北地区的少数民族，他们利用明朝的衰落在东北建立了后金国，又利用明朝的内乱趁机入关消灭了李自成、张献忠及明朝的残余力量，占领了明朝的全部版图。早在入关前，满洲就与部分漠南蒙古结盟，并征服其他诸部，满蒙同盟成为清朝重要的统治基础。由于满洲人数很少，因此他们利用明朝的投降官兵作为先锋征服了广大的南方，这些明朝降将被封为藩王，在南方形成割据的半独立局面。直至康熙年间三藩之乱后，这些藩王被清军消灭，清朝才真正成为大一统的王朝，开始了长期和平、稳定的时期，揭开了长达一个多世纪的盛世序幕。

清朝盛世通称为“康乾盛世”，这是两位祖孙皇帝康熙帝和乾隆帝的年号，其中的雍正帝被忽略，因此准确地讲，应该称为“康雍乾盛世”。康乾盛世的初期面临的最大问题是国内的满汉民族矛盾，克服明末清初包括三藩之乱等战乱带来的大萧条，恢复经济发展，因此康熙帝积极推行垦荒缓征，更名田产权划归实际的开垦者，频繁蠲免赋税，“滋生人丁，永不加赋”，治理黄河等政策，迅速恢复了经济，形成了国强民富的局面，从而得以从容应对外来的严峻挑战。

在消灭了汉人藩王与台湾郑氏集团后，清朝面临的第一个外来挑战是俄国的不断东进，侵占了黑龙江流域，并试图进一步征服蒙古喀尔喀部。康熙帝独排众议，果断两次出兵围攻俄国在黑龙江流域建立的最重要据点雅克萨，迫使俄国签订了城下之盟。《中俄尼布楚条约》确定了广大的黑龙江流域属于清朝版图，这是中国历史上第一次在现代国际法框架下签订的国际条约，第一次明确了边界的划分。俄国势力就此退出黑龙江流域长达170年，清朝解除了后顾之忧，得以集中精力对付另一个迫在眉睫的、更为重大的威胁。

漠西蒙古准噶尔部在大汗噶尔丹的领导下，在中亚建立了一个幅员辽阔的统一帝国。在西藏政教合一政权的支持下，准噶尔抱着统一全蒙古、恢复成吉思汗蒙古帝国的雄心，向东进攻漠北蒙古喀尔喀部，并击败了清军，追击到清朝境内，迫近京城。在形势万分危急的情况下，康熙帝果断出兵击退了准噶尔军队，并决定接受喀尔喀诸部的归附，统一了漠北蒙古，随后不断发动亲征，彻底解除了准噶尔的威胁，并将势力扩张到青海、西藏。晚年的康熙帝出兵安藏，驱逐了占领西藏、并试图用宗教控制全蒙古的准噶尔军队，青海、西藏就此纳入了清朝版图。此时的清朝已经成为统治了几乎整个东亚大陆农业区、蒙古高原、东北亚渔猎区及青藏高原区的统一王朝，这是康乾盛世的第一个高峰。雍正帝继承了父亲的事业，着力解决财政、吏治问题，为盛世的第二个高峰打下了基础。

乾隆帝身负祖父、父亲两代的重托，在雄厚的国力基础上开始了新一轮的开疆拓土，他的最大贡献是彻底消灭了威胁清朝长达67年的准噶尔帝国，拓土两万余里，将中亚的西域新疆纳入版图，这是康乾盛世的第二个高峰，标志着清朝达到了极盛。乾隆帝的另一个伟大贡献是击败了入侵西藏的廓尔喀，完善了驻藏大臣制度，创立了“金瓶掣签”，加强了对青藏和蒙古诸部的管理与控制。另外，乾隆帝忠实继承并发扬光大了康熙帝的“仁政”，在其统治期间频繁大规模蠲免赋税，更是空前绝后地五次普免全国赋税。

在这一时期，中国人口第一次突破了2亿、3亿，并在盛世结束后的30多年内突破了4亿。在传统时代，这些空前的人口数量标志着空前的经济实力和国力；这一时期的全国耕地面积与粮食单产量、总产量也达到了空前的高峰。强大的经济实力是康乾盛世政治、军事成就的基础，这一时期虽然对外征伐不断，开疆拓土，但由于中央政府财力雄厚，并不需要额外增加普通民众的负担，而仅靠户部库银就足以应付，同时由于是常备军制，不需要额外征发人力，与之前的历代王朝，例如汉武帝时期征伐四夷时，必须横征暴敛形成了鲜明的对比，这反映了中原王朝与周边少数民族的实力一长一消；不仅征伐不需要额外加税，康乾盛世最突出的特征是大规模、频繁地减税，并已经成为常态。“永不加赋”冻结了实行数千年的人头税，“摊丁入亩”又将人头税与土地税合并，甚至还有六次普免天下钱粮，这是康乾盛世期间最大的仁政，亿万民众普遍从中受益，这也是中国人口得以长期、稳定、较快增长的重要因素。

康乾盛世对现代中国的影响最大，它不仅最终奠定了现代中国的版图，而且确定了现代中国人口的基本格局，但中国在世界格局中的衰落也肇始于此时期。16世纪起，随着地理大发现，世界开始进入全球化时代，以英国为代表的西北欧开始进入工业化时代，西方社会在技术、制度、掌握的资源上都开始突飞猛进。虽然从纵向看，康乾盛世在政治、经济上都是传统中国的最高峰，在旧有的体制框架下，将传统制度的力量发挥到极致；但横向比，在这关键的一个多世纪里，却全方位落后于世界最先进的工业文明，这其中不仅有中国传统太过强大、盲目自大的因素，也有清朝统治者为了本民族的利益，刻意闭关锁国、不思进取的因素。从积极与消极两方面看，康乾盛世对现代中国的影响最为直接、深远、巨大，这可以回答我为什么要选择清朝。

西汉标志着大一统王朝的诞生，确立了盛世与大一统王朝的标准与认同；清朝是两千年帝制的终结，确定了现代中国的版图与人口，这两个时期对现代中国的影响之深远、巨大，都超过了其他时期。

## 产生盛世的制度性因素与偶然性

盛世之所以能够成为盛世的一个必要条件：政权要长期稳定，经济必须长期稳步发展。盛世像一个有机的生命体，有发育、壮大、衰落三个阶段，没有足够长的时间很难成长、壮大。西汉、唐朝、清朝的盛世都经过了一个世纪左右才到达顶峰，在盛世的发育阶段都奉行了长时期的休养生息、轻徭薄赋的政策以恢复国力。

除了长期稳定的发展之外，执政集团的长远战略目标、规划也是一个必不可少的因素。西汉盛世的战略目标首先是解除一切对皇权形成威胁的国内势力，主要是功臣集团和诸侯王，通过七国之乱、推恩令、酎金案等一系列措施，实现了中央高度集权、内政统一；第二个目标是解除最大的劲敌匈奴的威胁，经过了汉武帝多次主动出击匈奴而达成；第三个目标是征伐四夷、开疆拓土，完成于汉武帝、宣帝时期。清朝康乾盛世的首要战略目标是国内统一，消灭割据的三藩、统一台湾，完成于康熙时期；解除准噶尔帝国的威胁，争夺、加强对蒙古与西藏的控制权，经过康熙、雍正、乾隆三朝的持续战争，最终实现了这一目标，征服准噶尔帝国成为盛世顶峰的标志。相对来说，唐朝盛世的战略目标与规划不是很清晰，达成的效果也很不尽如人意，虽然征服了东、西突厥，高丽，但都不能像西汉、清朝那样维持长期、稳定的统治，而面对吐蕃、南诏等也占不了上风，甚至遭到惨败，安史之乱后，疆域更是大幅度萎缩，丢失了之前扩张占领的所有领土。

西汉与清朝盛世还有制度上的优势，在这两个历史时期，都是皇权独大，实行高度的中央集权。在传统的技术手段下，中国这样幅员辽阔的大国不可能像古希腊城邦一样实行直接民主制或间接民主制。除了极少数的例外，官僚滥用职权、谋取私利是普遍的自然现象，如果缺乏有效的监督与制衡，必然会愈演愈烈，最终政权、社会全面崩溃，因此在传统中国，只有实行帝制才能制衡官僚阶层。皇帝通过血缘世袭，在名义上拥有国家的最高主权和所有权，对国家负有最终的无限责任，因此他的个人利益与政权的利益、国家的利益相对一致；而官僚只是职业经理人，任期有限，会天然地为了个人与集团的私利而损害政权、国家、民众的利益，因此在缺乏相应技术手段的特定历史时期，只有高度集权的帝制才有可能制衡、监督官僚，在这个意义上，皇权可以超然于各个利益集团之上，起到制约、平衡的作用，可以在一定程度上保护、代表广大的普通民众利益。在这两个盛世中，皇帝经常性地打击贵族、官僚等特权阶层，某些时期甚至可以说不遗余力，尤其以汉武帝、宣帝时期最为严厉，清朝雍正帝、乾隆帝对贪腐官僚的打击也较为严厉。如果不是帝制，而是代表不同利益集团的官僚寡头统治，他们会形成分赃体制、共犯集团，腐败将因缺乏有效的制衡、监督而不可遏制地蔓延、深化，最终导致整个社会系统的崩溃。与贪腐一样，不断增加赋税同样是官僚的天然冲动，是他们的利益所在，而这两个盛世却频繁减免赋税、大力度赈灾，这都是皇帝出于政权、国家的长远利益而让利于民、藏富于民，这些都是皇权与广大普通民众利益基本一致的最重要的体现。

拥有高度权威的帝制也带来了高效的组织动员和执行能力。西汉与清朝两个盛世给人印象非常深刻的一点是令行禁止、信赏必罚。西汉继承了秦朝的制度，崇尚军功，有功封爵，无功严惩，常常是死刑。军功只看效果，不看过程，因此李广的作战过程再曲折、再传奇照样不会立功封侯，反而遭到严惩，最终被迫自杀。清朝军事集团的核心层是八旗军功贵族，他们同样按照军功封爵，或因失利严惩，而并不考虑他们原有的地位、身份——爵高为公，官高为一品，因作战失利被处死的比比皆是，同样因军功封爵的也比比皆是。如果没有掌握至高无上权力的皇帝，奖励和惩罚如此严明都是难以想象的，官僚寡头集团间的博弈、妥协与利益交换不可能具有奖罚分明的高效率机制。

秦朝以后，中国文明稳定持续了两千年，且长期世界领先，权责相符，能有效监督、制衡官僚集团，能代表政权根本利益的帝制是其重要的制度保证，与同时期的政教合一、四分五裂、战争不断的欧洲相比，在绝大部分时间里，无论是在国家的统一、政治的稳定、政教分离等方面，还是在经济、生活水平、文化等方面，中国都遥遥领先。

本书正面评述帝制的优越性局限于特定的历史时期。评价历史不能带入现时的观念，认为民主比专制优越，所以就可以否定秦皇、汉武、唐宗、宋祖，认为他们是清一色的大独裁者，那么在这些人眼中历史就会是一团黑；同样，更不能带入过去的观念，认为中国历史帝制具有优越性来宣扬专制、人治比宪政、民主更先进。

但是中国帝制时期并非都具有以上这些优势，这也是盛世不可能是常态的重要原因。帝制是高度集权的人治独裁，因此皇帝的个人能力、个人精力、意志品质、战略眼光、责任心都非常重要。像汉文帝、汉武帝、汉宣帝，清朝的康熙帝、雍正帝、乾隆帝等都是非常杰出的政治人物，他们集中在一个特定的时期连续出现，这本身就是一个非常罕见的现象，而正是如此才造就了中国历史上罕见的两大盛世。更加难以复制的是，西汉盛世在不同的历史背景下，就会相应出现最符合时代要求的皇帝。设想汉武帝出现在汉文帝时期，因为没有充足的国力提供他的挥霍，西汉可能直接变成秦朝第二，汉武帝就会是秦始皇或隋炀帝；但如果是汉元帝产生在汉武帝的时代，那就根本不会出现盛世，而是直接奔向平庸甚至衰世。另外，如果没有汉武帝、康熙帝、乾隆帝，以及他们出现在相应的时代，历史极大可能就会改写，因为他们都曾独排众议，不顾众人的反对，乾纲独断了很多改变历史、影响深远的战略决定，因此从这个意义上讲，盛世的产生也带有偶然性。

## 盛世是灰色的，衰世是猥琐的

盛世并非黑白分明，并非光明灿烂，并非如传统戏剧中表现的那样明君忠臣，实际它是灰色的，既充满理想、热血、奋斗、阳刚，也充满残酷、苟活、卑琐、阴谋。堪称千古第一仁君的汉文帝整治功臣周勃，汉景帝残酷杀害晁错，汉武帝任用酷吏滥杀无辜，包括自己的太子一家，唐太宗杀兄屠弟逼父，康熙帝与太子反目，诸皇子争位内斗不息，雍正帝手足相残，乾隆帝屡兴文字狱……这些还只是统治集团高层的内斗，汉唐时代更有成千上万的普通民众因征发而家破人亡，清朝的中下层文人则因文字屡屡招致飞来横祸。不能用现代的眼光虚构、美化历史上的盛世，因为在蓬勃向上的同时，盛世同样充斥着暴力、血腥、阴谋与丑恶。

与盛世相对的是衰世，介于两者之间的是治世。盛世与治世、衰世最大的区别当然在于文治武功的成就，而盛世与衰世还有一个非常明显的差异，即“盛世常见多才，衰世常患无才”。西汉、唐朝、康乾三大盛世都是由一群杰出人物创造出来的，贤君与功臣名将是盛世的主角，因此人才的有无、多少也是盛世、衰世明显的不同。

西汉盛世人才辈出，周亚夫、卫青、霍去病、主父偃、张骞、桑弘羊、霍光、常惠……康乾盛世中的图海、施琅、索额图、明珠、费扬古、靳辅、岳钟琪、年羹尧、策凌、傅恒、阿桂、刘统勋、福康安、海兰察、明瑞……而这两个盛世中最杰出的人才莫过于汉文帝、汉武帝、汉宣帝及康熙帝、雍正帝、乾隆帝，作为国家的最高领导人，他们都具有高超的政治能力——既有清晰明确的战略目标与规划，也有实现目标与规划的管理、执行能力，还具有高度的责任心、使命感与坚强的意志力，这些都是盛世能够产生的必要条件。

与之形成鲜明对比，衰世则是一个万马齐喑、平庸、衰败、猥琐的时代，清朝长达三十年的道光时期就是一个貌似治世的衰世，当时龚自珍一针见血直斥这个衰世：“人心混混而无口过也，似治世之不议。左无才相，右无才史，阃无才将，庠序无才士，陇无才民，廛无才工，衢无才商，抑巷无才偷，市无才驵，薮泽无才盗；则非但鲜君子也，抑小人甚鲜。”每个人都在混日子，不敢说真话，好像治世对政治没有意见。不仅找不到有才能的文武大臣，有才能的知识分子，有才能的老百姓，有才能的工匠，有才能的商人，甚至连有才能的小偷、流氓、强盗都没有，不仅君子少，甚至小人也少，因为所有的人实在是太平庸了。偶尔出现了有才能的人，“则百不才督之、缚之，以至于戮之。戮之非刀、非锯、非水火，文亦戮之，名亦戮之，声音笑貌亦戮之。……徒戮其心，戮其能忧心、能愤心、能思虑心、能作为心、能有廉耻心、能无渣滓心”，就像一个没有缝隙的黑屋，所有的人在里面一起昏睡，不知道外面的世界正在发生的巨大变化。道光执政的第十九年，鸦片战争爆发，最后以签订《南京条约》赔款割地而告终。

盛世如同一个生命体，既然有发育和壮大，也必然有衰落；盛世本来就不是常态，因此衰落是一个随时可能发生的、自然的过程。西汉、清朝两个盛世衰落的最底层原因可能都是气候环境的变化，气温下降导致灾害频繁，粮食产量下降，引发社会动乱。人力无法挽回气候的趋势，但一个有能力、有作为的皇帝及其执政团队可以通过一系列整顿吏治、加强赈灾的措施延缓这个衰落的过程，然而汉元帝、晚年的乾隆帝、嘉庆帝显然都对此力不从心，甚至他们自己或因年老怠政、或因能力低下而导致吏治败坏、决策错误、执行力丧失，他们本人就成了衰落的原因之一，这都是人治不可避免的缺陷。清朝的人口随着经济而增长，最终超过了经济增长的速度，生活水平开始持续下降，没有经济发展模式的根本转型，就会不可逆转地引发经济危机与政治危机，白莲教造反引起的全国性内战是这一危机的总爆发，这是清朝盛世衰落的最大特点，也是中国历史的首例。与西汉、清朝不同，唐朝盛世的衰落则更多要归因于人为因素，制度设计的缺陷导致了内战，盛世在突然间就终结了。

反过来看，盛世的产生固然有人为努力的因素，但气候的大背景因素同样也不可忽视。西汉前期和唐朝的中前期都是暖湿期，有利于动植物生长，粮食单产量高，清朝康熙年间，气温正从明末清初的干冷小冰期开始回升，从而使得双季稻在全国的推广成为可能，乾隆年间更是进一步推广一年多熟作物，并且都得到了康熙帝、乾隆帝本人的大力支持，这些都是康乾盛世得以产生、维系的最重要经济基础，既有天助，也有人为，只有天人因缘际会才能创造出一个盛世。

正是因为大自然与人为因素的共同合力导致了盛世的兴衰，因此我们不能过高估计人为因素在其中的作用，并非任何时代有了贤君能臣就能创造出一个盛世，因此盛世只存在于少数时间段；当然，如果没有贤君能臣，缺乏明智的治国理念与政策，时代背景再好也不可能创造出一个盛世，统一后迅速崩溃的秦朝、隋朝就是两个极端的反证。

人类很难改变大自然的变化趋势，但要尽自己的人力，在好的趋势中要努力创造出盛世，而在坏的趋势中要努力延缓盛世的衰落、推迟衰世的到来，因此在这个意义上，历史上的盛世仍然会对现代有些启示：盛世需要一个能为国家的长远利益真正负责的领导层；需要长远的国家发展战略规划；需要强大的执行力以及奖惩严明的高效率制度；需要经济长期稳定的发展；需要抑制既得利益集团的膨胀；需要一个有效的监督机制来制衡、监督官僚并清除贪腐；需要一个良好的人才选拔、任用机制；需要强大的国防保卫国家的安全……这些要素都是超越时代的，如果缺乏这些因素，盛世只会是海市蜃楼。

侯杨方

# 目录

## 上编　西　　汉

# 上编

# 西汉

# 第一章

# 一统天下与迅速败亡

秦朝的迅速成功与败亡成了曾与秦始皇帝“同框”过的刘邦心中最大的反面教材。“汉承秦制”只是表面的泛泛之谈，汉朝国策核心恰恰处处与秦朝为对立面，这也是与秦始皇帝“同框”过的汉高帝及其战友们的切身体会与教训。

## 第一节　统治难题：天下苦秦久矣

### 1．秦并天下：分封还是郡县

秦王政二十六年（公元前221年），大将王贲率秦军从北方的燕国故地进攻齐国，突然攻入国都临淄，没有遇到任何有效的抵抗，灭亡齐国，关东六国全部被秦消灭，天下一统，长达数百年的先秦时期结束，中国历史迈入了“后秦”时期。

志得意满、自认功德远迈前人的秦王政以为“王号”已经不能表达自己的功绩，于是命令丞相王绾、御史大夫冯劫等重新议定一个“帝号”。他对自己统一天下的总结很有意思——将责任全部推给了关东六国：以前韩王纳献土地，交出了印玺，并向秦国称臣，但随后背叛了约定，和赵国、魏国一起合纵攻秦，所以我才兴兵灭了韩国，俘虏韩王。我对这个结局很满意，差不多就要停止战争了。赵王派遣国相李牧来秦国结盟，所以我将他的质子送回了赵国，过后赵国又背盟，攻打秦国的太原，所以我才兴兵灭了赵国，俘虏了赵王。赵国公子嘉自立为代王，所以我才举兵灭之。魏王开始也与秦国结盟表示臣服，后来与韩国、赵国一起联合反秦，所以被秦兵攻灭。荆（楚）王献青阳以西的国土给秦，后来又背约，攻打秦国的南郡，所以被灭国，荆（楚）王被俘虏。燕王昏乱，他的太子丹竟然暗中命令荆轲来刺杀我，所以被灭国。齐王听信了后胜的计策，与秦国断交作乱，所以被灭国，齐王也被俘虏。寡人以眇眇之身，兴兵诛暴乱，赖宗庙之灵，六国的王全部服罪，天下大定。如果再不改我的名号，无从表达我的成功，流传后世，所以让大家商议一下帝号。

按秦王政的意思，他灭六国、统一天下都是被逼无奈。六国背叛、挑衅在先，秦国被迫还击在后，他占据了道德制高点，而其初衷并不是要建立一个统一的国家。

丞相王绾、御史大夫冯劫、廷尉李斯等人领会了秦王的意思，一致认为：以前五帝直辖的地方不过千里，千里以外的诸侯部族有时来朝见，有时不来，天子不能命令。现在陛下兴义兵，诛残贼，平定天下，海内为郡县，法令由一统，自上古以来未尝有，五帝所不及。我们和诸博士（非学位，秦汉顾问官职）商量后认为，古代有天皇，有地皇，有泰皇，泰皇最贵，所以我们建议改王为“泰皇”。并称命为“制”，称令为“诏”，天子自称为“朕”。

秦王政下令去掉“泰”，留下“皇”，采用上古的“帝”位号，合并号为“皇帝”。其他建议一并采纳。随后追尊父亲秦庄襄王为太上皇，下“制”道：“朕听闻太古有号无谥，中古有号，君主死后，用他生前的行为功业评定谥号。这样一来，就是儿子评议父亲，臣下评议君主，很无聊，有违伦理，朕不赞同，自今往后，废除谥法。朕为‘始皇帝’，后世皇帝用二世、三世计数，以至于万世，传之无穷。”所以“始皇帝”才是正式的称号，就是开始（第一位）的“皇帝”，“秦始皇”只是约定俗成的非正式用语。当然，理想是美好的，现实是残酷的。

灭六国、统一天下后，如何统治幅员空前广大的国家，是秦始皇帝面临的首要问题。丞相王绾等人建议：“关东六国刚被灭亡，其中燕国、齐国、楚国距离秦的统治中心关中遥远，应该分封皇子为诸侯王，建立诸侯国统治。”群臣都认可这个方案，独有掌管司法审判的廷尉李斯有异议，他认为：“周文王、武王分封了很多同姓的子弟为诸侯，但随着时间的推移，血缘关系疏远，互相攻击，有如仇敌，周天子无法禁止，导致了几百年的春秋战国乱世。现在秦始皇帝统一海内，应该用完全直属中央的郡县统治，对于诸位皇子、功臣，赏赐财物即可，这样天下人都不会有异议，有利于国家安定。”秦始皇帝认可了李斯的意见，认为天下苦于战争不休，就是因为分封诸侯，现在统一天下，如果再次分封，还会导致同样的结果。因此秦统一后，实行了中央集权的郡县制，郡的长官郡守，县的长官县令都由皇帝任命，直接服从于中央政府，并统一诸国的法律制度、货币、度量衡，车同轨，书同文。但真的是众人皆醉，李斯独醒吗？事实证明并非如此，秦统一后不实行分封是秦迅速灭亡的重要原因。

## 2. 蜀山兀，阿房出：北伐南征

公元前220年，秦始皇帝开始巡游天下，向西到达陇西、北地两郡（治所分别在今甘肃省临洮县、庆阳市附近）；第二年东巡，登上东南部的峄山，立石碑歌颂自己的功业：“登于峄山，群臣从者，咸思攸长。追念乱世，分土建邦，以开争理。攻战日作，流血于野。自泰古始，世无万数，陁及五帝，莫能禁止。乃今皇帝，壹家天下，兵不复起。”秦始皇帝召集原鲁国儒生70人，到泰山下讨论封禅的程序。儒生七嘴八舌，莫衷一是，秦始皇帝认为难以施行，由此开始瞧不起儒生，结束了与他们的短暂蜜月，但充当他智囊、顾问的70位博士中，仍然有儒生。之后他从泰山南坡登顶，立石碑纪念，歌功颂德，名为"封"，从北坡下，"禅"于梁父山，合称"封禅"。封是祭天，禅是祭地。封禅过后，秦始皇帝东游海上，祭祀名山、大川及八神，又南登琅邪，停留三月，建造琅邪台，立石颂德，志得意满。

人生的事业到达了最高峰，自以为功德超过了自古以来所有圣王的秦始皇帝，只剩下了唯一的追求：长生不老。于是他派遣齐国方士徐市率领数千童男童女入海寻找蓬莱、方丈、瀛洲三座神山，以求诸位仙人及不死之药。

秦始皇帝一面求仙求长生不老，一面又听信了燕国方士卢生的忽悠："亡秦者胡也"，当时中原内地称以蒙古高原为中心居住的匈奴人为"胡"。因此秦始皇帝派将军蒙恬发兵30万人，北伐匈奴。蒙恬旗开得胜，驱逐匈奴，占领河南地（今黄河河套一带），设立了44个县，又修筑长城，依据地形，在险要的地方建要塞。长城西起临洮（今甘肃省岷县），东至辽东，有一万余里长。蒙恬后又北渡黄河，占领了阴山一线。为了调遣军队，秦始皇帝派遣蒙恬修筑直道，北至九原郡（郡治在今内蒙古自治区包头附近），南至云阳甘泉宫（今陕西省淳化县西北甘泉山），开山填谷1 800里，修筑工作数年没有完成，但遗迹至今仍在，清晰可辨。

早在统一前，秦军就开始征服长江、珠江流域的百越之地；灭亡六国后，便大规模向岭南百越进军，由屠睢统帅50万大军兵分五路进攻。古代战争最大的制约是后勤运输困难，尤其是陆运，时间漫长，极为低效，粮食尚未到达千里外的前线之前，便已在运输过程中被后勤部队消耗殆尽，因此只要能水运，绝对不会陆运。从秦国的故土汉中可以顺着汉水直达长江，再逆流沿着湘江、赣江南向；黄河中下游地区则可以沿着淮河的诸多支流进入干流，再顺着春秋时吴王夫差开凿的邗沟到达长江。但是从长江流域却无法通过水运到达百越所在的珠江流域，因为二者之间隔着一座分水岭——南岭山脉。秦国的水利工程技术高超，且不惜代价，秦始皇帝派遣史禄负责运送粮饷，史禄便率领士兵在湘水和漓水之间开凿长达62千米的灵渠，沟通长江和珠江水系，枯水期可通航两吨木船，从而保障了秦军的后勤供给。秦军主力顺着汉水、长江、湘江、漓江一路南下，但秦军尽数来自黄河流域，不适应炎热潮湿的瘴疠之地，军中传染病流行，因而被越人反击，死伤极为惨重，统帅屠睢被杀。但秦始皇帝不达目的绝不罢休，又发动了第二次南征，这一次秦军翻越南岭，占领珠江流域，设置了南海、桂林、象郡三郡。

在北击匈奴、南征百越的同时，秦始皇帝又大兴土木，将灭亡的六国宫殿复建于咸阳，又征发关东六国多达70万的刑徒大建阿房宫与自己的骊山陵。这些刑徒、戍卒从遥远的关东六国步行前往远在西北的咸阳以及长城一线戍守，很多人死在路途，不由令人怀疑秦始皇帝是在有意消耗这些六国青壮年男子，以消除对政权的隐患。

### 3．焚书坑儒，偶语者弃市

在对外战争、大兴土木的同时，秦始皇帝对内又钳制思想言论。公元前213年，秦始皇帝和70位博士一起在咸阳宫喝酒，仆射周青臣歌颂秦统一天下的功德，秦始皇帝非常高兴。此时博士齐人淳于越提出不同意见，他认为殷、周两朝长达千余年，是因为他们封子弟功臣为诸侯以辅佐中央。现在陛下统一海内，而子弟普遍为平民，一旦有人要作乱篡位，就没人来救援。事情不效法古代就无法长久。现在周青臣吹牛拍马，是在加重陛下的过错，不是忠臣。

已经升任丞相的李斯反对淳于越的这个意见，他认为：五帝不相复，三代不相袭，因时代变化，各有治理的方法。如今陛下创建大业，建立万世之功，固非愚儒所能理解。淳于越说的三代之事，不足效法。那时候诸侯并争，用丰厚的待遇招揽人才，现在天下已定，法令统一,百姓在家应该好好从事农工，士大夫要好好学习法令，避免犯法。现今士大夫对当代不以为然而学习古代，这是惑乱百姓。古人思想混乱，不能统一，所以才有诸侯争战，用古代来否定当代，用假话、空话惑乱现实，人人喜欢私下办学，政府将无法控制。现在皇帝统一天下，分别黑白，定于一尊，应该禁止私人办学。私学喜好妄加议论，夸耀自己的意见独特高明，这样一来皇帝的权势就会被削弱。因此建议将非秦国的历史书籍全部烧毁，除了博士收藏的图书外，天下收藏的诗、书、百家论著全部烧毁，但医药、卜筮、种树一类的实用书籍可以保留。有敢偶语诗、书者"弃市"(公开处死)，以古非今者灭族。私学废止后，天下人要学习法令，以吏为师。秦始皇帝自认为是自古以来功德最高的第一人，痛恨淳于越让他效法上古三代，于是采纳了李斯的建议。这就是中国历史上的第一次文化浩劫——焚书，导致先秦的很多典籍部分或全部失传。

但比起"焚书"，更可怕的是只要偶语诗、书就"弃市"，以古非今就灭族，天下人只能以吏为师，学习法令，其他一切学问全部禁止。秦朝对思想、学术、言论的钳制可谓登峰造极，丧心病狂。

焚书与钳制言论的目的是愚民。统一学术，统一思想，统一言论，只有官吏才能当老师，天下人只能用官方规定的一个头脑思考；民众愚蠢了，丧失了独立思考能力，就会听话，乖乖当顺民，江山政权就会稳固，长治久安，皇帝位可以传至二世、三世乃至万世。秦始皇帝与李斯的如意算盘不可谓不精明，初衷不可谓不美妙，可惜就在焚书后短短几年，不读书的刘邦、项羽就率领不读书、想愚而没有成功的平民灭亡了秦朝，所以唐朝人章碣有诗《焚书坑》:"竹帛烟消帝业虚，关河空锁祖龙居。坑灰未冷山东乱，刘项原来不读书。”极为尖锐地嘲讽了秦始皇帝与李斯愚民反愚己的愚蠢政策。

有些政策可能利于当代，危害千秋，而有些政策可能利于千秋，危害当代。当然既能利于当代又能利于千秋的政策最佳，但也最罕见难得，而焚书的政策既不利于当代，又不利于千秋，只能说是蠢上加蠢，沦为千古笑柄。

六国的王族、贵族当然极为痛恨灭亡其国的秦国，韩国贵族、世代为相的张良就曾雇用大力士在博浪沙刺杀秦始皇帝未遂；大规模的战争与劳役也让天下人，特别是六国的百姓深感压迫与死亡的威胁，极为痛恨秦的暴政，甚至包括秦始皇帝一度信任的儒生、方士也对他的统治不满。韩国的侯生与燕国的方士卢生私下议论，他们认为：秦始皇帝天性刚戾，灭亡六国、兼并天下后，为所欲为，认为自己是有史以来第一伟人，专门亲幸狱吏，严刑峻法以治天下。虽然有70位博士，但只是备位，并不听取他们的意见。丞相及诸大臣都听命于他，没有主见。秦始皇帝喜欢以刑杀来显示威风，天下官员拿着俸禄害怕被治罪，没人敢尽忠。他听不得任何不同的意见而日益骄横，官员只好说假话来取悦他。秦法规定，方士预测失败则判死刑，所以尽管300名方士水平很高，但没人敢说不吉利的真话。天下之事无分小大，皆由秦始皇帝一人决定，他一天不分日夜，要批阅100斤的公文，权力欲极强，因此不可能获得仙药长寿。议论完毕，两人决定逃亡。秦始皇帝听到侯生、卢生逃亡，勃然大怒。以前他将天下没用的书全部焚毁，招揽了很多文学、方术之士，想用他们来建设太平天下，结果被韩众、徐市等骗财亿万，也没找到长生不死药，厚待卢生等人，他们却反来诽谤。于是秦始皇帝下令御史审问在咸阳的诸生，互相揭发，坑杀460余人，以警告天下，又征发更多的人去边境。这就是“坑儒”，与“焚书”合称为“焚书坑儒”，是秦始皇帝的一大恶政。秦始皇帝的长子扶苏对此有不同意见，他认为天下初定，关东六国人心未服，现在将“皆诵法孔子”的诸生严加惩处，可能会天下不安。秦始皇帝闻言大怒，命令扶苏去上郡蒙恬军中监军。扶苏的这番话可以证明，坑杀的460余人主要是“皆诵法孔子”的儒生，而并非有些人认为的方士。

第二年，有陨石坠落于东郡（治所在今河南省濮阳市），上面刻有“始皇死而地分”。秦始皇帝下令御史追查，但无人承认，于是他下令将陨石周边的居民全部诛杀。秦始皇帝将关东六国的上、中、下层全部得罪光，树敌众多，甚至父子之间的矛盾也被利用，天下人就等着反秦的机会来临。

## 第二节　楚虽三户，亡秦必楚

### 1．沙丘惊变：权力失衡的悲剧

机会不久就来了。公元前210年，秦统一天下后的第九年，秦始皇帝怀疑“东南有天子气”，于是带领少子胡亥、左丞相李斯一行人出巡弹压。此次出巡距离遥远，经过了位于今湖北、湖南的云梦泽，到达湖南南部的九嶷山，然后又折向东，经过今江苏南部，渡过钱塘江，到达今绍兴的会稽山祭祀大禹陵。秦始皇帝在山上刻石歌颂自己的功德，返回时经江苏丹阳渡长江，到达山东沿海，射杀巨鱼（疑为鲸鱼）。当时他的马车没有悬挂减震系统，没有橡胶轮胎，经过长达几千千米，历时数月的舟车劳顿，秦始皇帝由平津渡黄河时生病了。由于他忌讳旁人谈论他的身体状况与死亡，所以臣下无人敢提，结果病情越来越严重。他自觉到死亡来临，下令中车府令行符玺事（官名，掌管皇帝乘舆与符节、玺印）赵高拟写遗诏，发给上郡蒙恬军中的长子扶苏，要求他回到咸阳后主持葬礼，实际就是继承皇位。遗诏写好后已经密封，放在赵高处，“未授使者，七月丙寅，始皇崩于沙丘平台”（今河北省邢台市广宗县），终年49岁。

丞相李斯因为秦始皇帝在外驾崩，担心他的诸多儿子争位及天下动乱，决定秘不发丧，将棺材如平常一样放在辒凉车中，让亲信的宦官假装在车上陪伴，如常送饮食，百官照样奏事，宦官在辒凉车里扮演秦始皇帝批准。此时只有幼子胡亥、赵高及亲信的宦官五六人知道实情。赵高是胡亥的书写及司法的老师，两人关系非常好。秦始皇帝最信任的是蒙恬、蒙毅两兄弟，蒙家三世为秦大将，蒙毅位至上卿，和秦始皇帝形影不离，出外同坐一辆车，在宫中则在御前；兄长蒙恬在外率领大军，弟弟蒙毅为皇帝的随从智囊。赵高曾经犯法，差点被蒙毅杀掉，因此结下了仇怨。最后一次出巡时，秦始皇帝病重，派遣最亲信的蒙毅代替他祭祀山川，蒙毅未及返回，秦始皇帝已经驾崩，这给了赵高极为难得的可乘之机。因此他劝说丞相李斯合谋篡改遗诏，因为如果没有丞相的配合，阴谋难以成功。李斯初闻大惊，但赵高洞察世事人情，劝说李斯：“你的功劳以及与扶苏的关系都不及蒙恬，一旦扶苏即位，你的丞相位不保；而且秦国一向刻薄寡恩，想保留爵位退休，颐养天年也不可能，下场一定很惨。”

于是为了保位保命，李斯决定合谋篡改遗诏，改立胡亥为太子，并下一道伪诏给扶苏：“公子扶苏率兵屯边，耗费大量人力物力，却无尺寸之功，此外多次上书直言诽谤秦始皇帝的行为；又因为不能早回咸阳立为太子，日夜抱怨，为子不孝，赐剑自裁！将军蒙恬不能纠正扶苏的错误，为人臣不忠，赐死，军队归王离指挥。”使者到达上郡，出示伪诏逼令扶苏自杀，蒙恬怀疑其中有诈，但扶苏坚信不疑，随即自杀。由此事可知一方面扶苏也是个糊涂人，真的即位下场也未必好；另一方面秦始皇帝太过严厉，父子关系想必极为紧张，二人缺乏基本的交流与互信。还有一点非常重要的原因，赵高、李斯一行载着秦始皇帝的尸体并没有回咸阳，而是经井陉直奔九原（今内蒙古自治区包头附近），在扶苏、蒙恬看来，就是秦始皇亲率禁军前来问罪，因此扶苏不敢拖延自杀。扶苏死后，蒙恬失去了起兵的合法性，但他因拒绝自杀而被囚禁，二世皇帝即位后，他被逼自杀，弟弟蒙毅也被杀。扶苏自杀后，胡亥、李斯、赵高三人大喜，决定返回咸阳，正值夏天，秦始皇帝遗体腐烂，臭气熏天，胡亥下令每辆车上装载一石鲍鱼以掩盖臭气。统一六国的一代雄主，竟然落得个如此凄惨的下场：遗体腐烂，心仪的继承人被杀，皇位被篡夺，最宠信的二位大臣也被杀害，甚至未来他的所有子女都将被胡亥诛杀，唯一的孩子胡亥也将被赵高杀害……这一切皆缘于他自信太过，旅途中差遣最亲信的蒙毅提前返回，导致自己身后出现了致命的权力真空，失去制衡李斯、赵高的力量，被两人合谋翻盘。甚至不能排除秦始皇帝被赵高计划死亡的可能，因为赵高最担心扶苏即位，蒙家得势，自己很可能死无葬身之地，因此必然拼死一搏，而且诏书"未授使者"一语大有深意，是来不及，还是故意？后者更有可能。因为一旦动了扣押本应十万火急发出的遗诏的念头，秦始皇帝就必然要立即死亡，否则被发现，全族被诛的就是赵高。秦始皇帝更不会料到，大秦江山将在短短的3年后彻底崩溃，全部皇族将被项羽屠杀殆尽。当然，即使秦始皇帝长寿，江山的崩溃也难以避免。

号称是西汉中期、但来历不明、没有任何考古记录的竹简《赵正书》所记载的秦始皇帝本来就要传位给胡亥的说法根本不可信，因为它无法解释二世皇帝即位后的所作所为；更何况即使它不是伪造，其产生年代也要晚于《史记》。我们不能听风就是雨，用来历不明的所谓出土文书就否定《史记》以及秦末汉初人的共同知识。"沙丘政变"是真的发生了，最有力的证据就是二世皇帝胡亥即位后，杀光了13位哥哥与毫无争位可能的10位姐姐，以及与扶苏关系密切、最受秦始皇帝宠信的蒙家兄弟。

吕思勉认为："从前政治上的惯例，太子是不出京城，不做军队中的事务的，苟其如此，就是表示不拟立他（扶苏）的意思。”[1]有很多人拿这句话作为扶苏不可能继位的证据。秦始皇帝是中国历史上的第一位皇帝，而且他最痛恨“是古非今”，哪来的从前惯例可供遵循？秦始皇帝当然也不可能拿以后各朝的太子为例，他没有穿越时空的本领。

至于先秦，诸侯太子领军作战的比比皆是：魏太子申，韩太子奂，燕太子丹，楚太子商臣……吕思勉纯属信口开河。更何况就在十几年后，淮南王英布造反，汉高帝刘邦就准备派遣太子刘盈领军作战，又何来惯例可言？

吕思勉好为惊人之语标新立异，后来者拾人牙慧人云亦云。

二世皇帝登基后，由于担心兄弟姐妹怀疑沙丘之谋，便与老师赵高变本加厉，将秦始皇帝的其他所有儿子、女儿全部诛杀。2 000多年后，他们高等级的墓葬经由考古被发现，尸骨或身首异处，或更残酷，被腰斩两段。胡亥与赵高承袭了秦始皇帝的严酷刑法，连皇子、皇女都可以被全部诛杀，大臣、百姓更是个个惶惶不可终日。二世皇帝年幼昏庸，居于深宫不见大臣，甚至丞相李斯都很难见到他，政权逐渐被赵高掌握。

由于继续大兴土木修建骊山陵、阿房宫，民怨沸腾，关东又爆发了民众暴乱。丞相李斯多次劝谏但不被听取，后被赵高诬陷，连同儿子一起被腰斩于咸阳市集，行刑时他悲叹：“吾欲与若复牵黄犬俱出上蔡东门逐狡兔，岂可得乎！”[2]父子相对痛哭，被夷三族，也算作茧自缚、罪有应得。

秦始皇帝的诸位皇子、皇女被杀光，最信任的蒙家兄弟、丞相李斯被杀，这些举动让秦的核心高层基本盘彻底瓦解，人人自危，对政权的信心、忠诚荡然无存。继秦始皇帝得罪遍了关东六国的上、中、下所有阶层后，二世皇帝又得罪遍了秦的核心基本盘，此

1　吕思勉：《中国通史》，西安：陕西师范大学出版社，2010：94.

2　《史记》卷87《李斯列传》。

时大秦的江山犹如一座外表庞大光鲜，而内里糟朽烂透的宫殿，只欠临门一脚，就会彻底崩塌。

## 2．大泽烽火：王侯将相，宁有种乎！

二世皇帝继位后，效法秦始皇帝巡游天下，刻石纪功，南到会稽，北到辽东。回到咸阳不久，关东爆发了第一起民变。二世元年（公元前209年）七月征发“闾左”（居闾里之左的贫民）屯适戍渔阳（郡治所在今北京市密云县）。陈胜、吴广作为屯长，率领900人驻扎在沛郡蕲县大泽乡（今安徽省宿州市大泽乡），天下大雨，道路积水不通，他们预料肯定不能按时到达，按秦的军法，“失期”皆斩，于是决定造反。陈胜认为：“天下苦秦久矣，而且二世皇帝是少子，不应当立为皇帝，当立者是公子扶苏。扶苏因为几次劝谏，被派遣在外领兵，很多老百姓听说他贤明，不知道他已经死了。项燕是楚国大将，多有功劳，又爱护士卒，楚国人很拥护他。有人认为他死了，也有人认为他逃亡了。现在可以诈称公子扶苏、项燕为我们的首领，这样天下一定会响应。”此举极具讽刺意味，扶苏是秦始皇帝的长子，指定的继承人；项燕是楚国大将，在抵抗秦军灭楚的最后一战中战死，陈胜、吴广竟然伪称这两人是他们的起兵领袖，可见二世皇帝不仅丧尽了关东六国的人心，而且丧失了原秦国的人心。

陈胜、吴广将以朱砂写有“陈胜王”三字的布帛放在鱼腹中，士卒买鱼发现此书，觉得非常怪异，夜里吴广躲藏在鬼神祠旁的树丛中，点起篝火，学狐狸叫“大楚兴，陈胜王”，夜里士卒大为惊恐。到了白天，众人偷偷指着陈胜窃窃私语。吴广深受众人爱戴，故意多次在县尉（秦每县有二县尉）面前说要逃亡，被县尉鞭打，吴广还击，和陈胜一起杀了两个县尉。他们劝说众人，现在已经“失期”，军法当斩，即使侥幸不斩，戍卒死亡率也高达十之六七，不如造反。“且壮士不死即已，死即举大名耳，王侯将相宁有种乎！”[1]于是900名戍卒诈称公子扶苏和项燕为他们的领袖，号称“大楚”，陈胜自立为将军，吴广为都尉，攻下大泽乡和蕲县（今安徽省宿州市），此时已经有战车六七百乘，骑兵千余人，士兵数万人，继而攻下陈郡（或称淮阳郡，治所在今河南省淮阳县），陈胜被拥立为王，王号为“张楚”。

陈胜、吴广起兵点燃了关东诸国的反秦烽火，各郡县纷纷起兵杀掉秦的地方官响应。但二世皇帝忌讳听到各地的告急，将说真话的人下狱，群臣只敢讲关东有少数盗贼作乱，很快就会被抓捕，皇帝不必担心。而此时关东六国已经纷纷称王复国。二世皇帝变着花样作死，无可救药。

陈胜起兵两个月后，就在大泽乡附近，流落于芒砀山的刘邦起兵，逃亡在会稽郡（治所在今江苏省苏州市市区）的项梁与侄子项羽起兵。他们都是楚国人，项梁更是秦楚最后一战殉国大将项燕的儿子，项羽是项燕的孙子，天然拥有极高的号召力。其他关东六国的王族、贵族和中下阶层联合起兵反秦，六国复国，迅速恢复到了秦统一之前的局面，但这一次攻守之势迥异。陈胜派遣周文率领数十万大军、1 000辆战车进攻咸阳，一直打到了距离咸阳仅几十千米的戏（今陕西省临潼市东北），一时间大秦灭亡在即。

自商鞅变法，秦国对关东诸国一直占据绝对优势，尤其是长平之战后，秦灭六国已经不可逆转，但为什么在灭亡六国之后，竟然在短短十来年间，形势就发生了如此翻天覆地的变化？最重要的原因是二世皇帝篡位上台后，变本加厉地继承了秦始皇帝的暴政，大肆清洗屠杀包括自己兄弟姐妹在内的秦国核心高层基本盘，人心惶惶。由于秦实行高度中央集权，一切决策都要取决于朝廷，而咸阳远在西北，各地方官没有便宜处置的权力、动力，再加上二世皇帝

1 《史记》卷48《陈涉世家》。

不喜欢听到坏消息，地方官报喜不报忧，直至局势完全失控。其次，秦的最精锐主力部队在长城一线防备匈奴，另一支远在南岭以南的百越，腹心地区无兵可通知。最后，甚至是最重要的原因，秦统一不过十来年，关东六国的成年人都对秦统一过程中的征服屠杀、统一后的暴政记忆犹新、痛恨不已，他们绝不会认同自己是大秦臣民，所以陈胜、吴广起义后仅几个月，整个关东大地就纷纷起兵。

陈胜派遣的周文大军攻到咸阳附近了，面对如此危急的形势，二世皇帝如梦初醒，但戍守咸阳的只有5万军队，主力部队或在北方的长城一线，或在岭南。此时正在秦始皇帝陵监工的少府（官名，九卿之一，执掌山泽收入、皇室手工业制造）章邯提出赦免并武装几十万刑徒，组成军队，迎击周文，结果一战击退，并继续追击，周文在第二年败走自杀，解救了灭亡在即的大秦。这支刑徒军成了大秦在内地的主力军，继续东进平乱，一路报捷，陈胜、吴广也兵败身死。

## 3．嗟乎，大丈夫当如此也：迅速亡秦

就在刑徒军击败周文的同一年，二世皇帝做出了一个非常诡异的决定，废卫国的国君角为庶人，宣告先秦时代的最后一个诸侯国灭亡。难道他想以此证明，比起他父亲，他才是真正的大一统皇帝？但显然这个举动未能改变他的命运。未来灭秦的两位新星正在冉冉升起，他们就是当年分别与秦始皇帝有过“同框”经历的刘邦和项羽。

刘邦出身平民阶层，是原属楚国的沛县丰邑人（今江苏省丰县），家中排行第三，祖籍魏国，他还有两位哥哥。他一向游手好闲，不从事正当职业，不置办家财，甚至到了40岁也未能娶妻成家。古代人的寿命不长，40岁的死亡概率就很高，这只能说明刘

邦混得实在太惨。刘邦为人仁爱，与人交往豁达大度，出手也很大方，人际关系很好，喜欢喝酒、恶作剧，又好美色，虽然没结婚，但和情人曹寡妇有一个儿子刘肥。中年时他谋得沛县泗水亭长的职位。当时十里一亭，十亭一乡，亭长是最基层的小吏，相当于现在的村治保主任。他曾去咸阳服徭役，遇见了秦始皇帝的出行车驾，喟然感叹："嗟乎，大丈夫当如此也！"[1]很多人可能想不到，刘邦只比秦始皇帝小3岁，他们其实是同时代人。刘邦的大半生是在先秦度过的，他目睹了秦军步步东进，灭亡了他的祖籍国魏国及现籍国楚国。他当年的人生偶像是著名的战国四公子之一——魏国的信陵君，而且他又是信陵君的门徒张耳的好友，如果不是后来成为皇帝，刘邦完全可能是一位《战国策》中的人物。读历史，时间线非常重要。

当了亭长以后，刘邦有机会结交沛县体制内的头面人士，如主管人事的县吏科长萧何、狱卒科员曹参等。迁居沛县的富豪吕公大摆筵席，负责收钱的就是萧何。当时规定，拿1 000钱贺礼的人只能坐在堂下，没带一文钱的刘邦却自称带了贺礼万钱，大摇大摆登堂入室上座。吕公好相面，认为这位傲慢不逊、放浪不羁的亭长未来贵不可言，不顾妻子反对，执意要将比刘邦小15岁的女儿吕雉嫁给他，吕雉后来生了一个女儿鲁元公主和一个儿子汉惠帝刘盈。

当了亭长的刘邦押送服徭役者去骊山修建秦始皇帝陵，一路上很多人逃亡，他心想等到达目的地，人肯定都跑光了，自己也没法交差，于是到了丰邑西边的大沼泽中，他就停下来喝酒，然后夜里将所有人都松绑，并说："公等皆去，吾亦从此逝矣！"[2]竟有十几个人感其义气自愿跟随他一起逃亡。他们走在沼泽中，忽然遇到一条大白蛇，众人不敢前行，刘邦上前，一剑将其斩为两段，再向前走，发现一位老妇在路边哭泣，她说是赤帝之子斩了白帝之子。刘

1 《史记》卷8《高祖本纪》。

2 同上。

邦听了心喜，以为天命所归，自己是赤帝的儿子。此时秦始皇帝听说东南有天子气，于是东巡察看，刘邦害怕，于是率众躲藏在芒砀山，但妻子吕雉却经常找得到他，刘邦感觉奇怪，吕雉解释，因为他的头上有“云气”，很多沛县子弟听到这个传说后，都去投靠他。当然这两个故事都很可能是后来汉朝宣传的说辞。

陈胜、吴广起事后，附近的沛县县令想起兵响应，萧何、曹参劝他要招揽逃亡在外的沛县子弟，于是派遣刘邦的连襟、屠狗个体户樊哙去找他回来，此时刘邦手下已经有了数百人。当他们回到沛县城下，县令又反悔。刘邦将帛书射到城上，宣称“天下苦秦久矣，天下诸侯纷起，希望父老赶紧起兵反秦，否则会被诸侯屠城”。于是沛县父老杀县令开城。萧何、曹参都是秦的公务员，熟知秦的法律，担心失败后会被灭族，于是让刘邦当义军的领袖，号“沛公”。

项梁、项羽叔侄俩是下相人（今江苏省宿迁市），与刘邦的家乡相距不远，他们逃亡到长江以南的会稽郡，一直在招揽宾客、学习兵法，准备起兵反秦。秦始皇帝巡游时，两人都曾围观，项羽说:“彼可取而代也。”[1]项羽身高长八尺余（约1.9米），力能扛鼎，才气过人。陈胜、吴广七月起事，九月会稽守（官名，秦郡最高长官）与项梁商量反秦，但项梁指使项羽杀了郡守，并以一人之力击杀府中近百人，招募八千子弟兵起兵反秦。当时年已70岁的范增劝说项梁:“陈胜必将失败。因为秦灭六国，楚最无罪。自从怀王去了秦国没有返回，楚人至今痛惜，所以楚南公说‘楚虽三户，亡秦必楚’。陈胜首先起事，不立楚王后代而自立，很快就会失败。现在这么多楚国的将士投奔你，就是因为项家世代为楚大将，希望你能复立楚王之后。”于是项梁找到了楚怀王的后代——牧羊人熊心，号称“楚怀王”，这样他们就拥有了为楚国复国的合法性与感召力。

---

1 《史记》卷7《项羽本纪》。

不久刘邦率军投奔了项梁，楚军成了反秦的主力。公元前208年，刘邦和项羽联手击败秦军，并杀死了秦丞相李斯的儿子三川郡（治所在今河南省洛阳市汉魏故城）郡守李由，但随后项梁被章邯的刑徒军击败身死。也正是在这一年，在江山风雨飘摇、摇摇欲坠之际，秦的最高层依旧在继续恶斗、清洗，左丞相李斯被赵高诬陷与儿子李由共同谋反，被夷三族，右丞相冯去疾、将军冯劫也因劝谏而下狱自杀，赵高被任命为丞相，彻底掌控朝政。

在关东诸国中，楚国力量最为强大，因而成为诸侯盟主。楚怀王与诸将约定“先入定关中者王之”，但此时秦兵很强大，诸将没人敢西征关中。独有项羽急于报国恨家仇，但楚怀王认为他太残暴，不派遣他西征，而刘邦是宽厚长者，于是派他收容陈胜、项梁的残兵西征。此时，项羽跟随“卿子冠军”宋义率军北上，救援被秦兵包围在巨鹿城的赵国军队，但宋义在安阳屯兵不前长达46天，最终被项羽斩杀。巨鹿城下集中了两支秦兵主力，一支是自长城南下，原属蒙恬的王离军队，一支则是章邯军队。援赵的齐国、燕国军队不敢交战，只得作壁上观。项羽先派军切断了王离军的后勤通道，然后率领楚军主力只携带三天的粮食，不胜利即战死，渡过黄河，破釜沉舟，包围王离军，九战皆胜；章邯军撤退，救援的诸侯军才敢出击，击败秦军俘虏王离。巨鹿之战秦军主力被歼灭，这是灭秦的决战，项羽功劳最大，甚至可以说一人力挽狂澜。章邯败走后，二世皇帝不断派人来逼迫他出战。由于担心即使战胜，也有可能被赵高忌妒杀害，战败更是必死无疑，章邯决定率军投降项羽，但归顺后不久，所部20多万秦军被项羽全部坑杀。至此，秦亡已成定局，因为仅存的秦军远在岭南，他们已决定堵塞北上的南岭道路，而真定人南海尉赵佗又独立建国，赵佗即南越国的武王。大秦可谓众叛亲离，这是人心丧尽的必然恶果，没有人愿意为这样一个嗜血残暴、刻薄寡恩、黑白不分的政权卖命。而此时秦廷还上演了一幕荒诞的行为艺术：已经是丞相、独揽朝政的赵高牵了一头鹿献给二世皇帝，宣称是一匹马。二世皇帝虽糊涂，但也笑着说："丞相误邪，谓鹿为马！"[1]然后问左右大臣，大臣或沉默，或说是马，或说是鹿。赵高暗中将说鹿者治罪，此后群臣都畏惧赵高，没人敢揭发他的罪过。

刘邦的军队避开了秦军主力，从黄河以南一路顺利西进，于二世三年（公元前207年）八月攻入了武关（在今陕西省丹凤县）。武关与函谷关、萧关、大散关并称秦的四塞，楚军由此攻入了秦的核心地带，秦都咸阳门户大开。二世皇帝此时终于醒悟，责备赵高以前隐瞒关东战事误国，赵高则一不做二不休，抢先下手，杀了二世皇帝。胡亥生于不义，死于耻辱，秦始皇帝万分害怕、极力想要避免的"亡秦者胡也"最终恰恰应验于他的少子胡亥身上。

赵高立二世皇帝的侄子子婴为秦王，不再称为"皇帝"。子婴即位后，用计杀掉了祸国的赵高。赵高是赵国的公子，自沙丘政变后，他的所作所为都是以亡秦为目的，令人不得不怀疑他是赵国的卧底、死间，潜伏在秦廷的最核心高层，迫害、诛杀秦的忠臣良将以及秦始皇帝的所有子女（包括二世皇帝），颠覆秦政权。这一切应该是他完美的复仇计划，否则完全无法解释赵高的行为，而他的学生二世皇帝则是不折不扣、凶残歹毒的糊涂虫。

刘邦军在蓝田两次击败秦军，于当年十月抵达咸阳东边的霸上，秦王子婴素车、白马，以组（帝王用的黻，一种丝带）系颈，献上皇帝的玺、符、节，在轵道亭边向刘邦投降。诸将之中有人要求诛杀秦王，刘邦认为杀降不祥，只是将子婴囚禁。至此，立国已经563年的秦国灭亡；自秦始皇帝统一六国计，秦朝只维持了15年，距秦始皇帝之死才过去3年。

汉文帝时的贾谊在《过秦论》中总结秦二世而亡的原因："秦以区区之地，致万乘之势，序八州而朝同列，百有余年矣。然后以

---

1 《史记》卷6《秦始皇本纪》。

六合为家，殽、函为宫，一夫作难而七庙隳，身死人手，为天下笑者，何也？仁义不施而攻守之势异也。”秦的兴起非常迅速，灭亡更加迅速，战国时期震慑天下的秦国在灭亡关东诸国后，竟然短短15年自己也灭亡了，超越了最大胆的想象，但这竟然是事实、是历史，原因何在？这是以后所有政治家不得不认真思考的问题。战国时期的秦国强大，在于建立了一套以首功制为核心的军国主义体制，所有男子平时耕种，战时出征，以获取敌人的首级数计功封赏；为了维系这个体制，实行严刑峻法，户籍管理极为严密，保甲连坐，严禁人口流动，政府横征暴敛，整个国家变成了一架精密运转的耕战机器，所有人都是这台机器的零件、齿轮。

秦国唯才是举，不拘一格吸收关东诸国的人才客卿，楚国人李斯总结秦国的客卿政策：秦孝公起用商鞅变法，使得秦国移风易俗，民以殷盛，国以富强，百姓乐于为国效力，而各诸侯国也前来亲近归服。秦国先后击败了魏国和楚国的军队，获得了上达千里的土地，时至今日，依旧国家强盛，政治修明。秦惠王听取了张仪的连横之计，攻下三川之地，吞并西边的巴、蜀两郡，向北攻取上郡，向南攻取汉中，包围九夷之地，挟制鄢、郢二地。向东占据险要的成皋，获取六国膏腴之壤地，如此拆散了六国的合纵之谋，令他们向西边的秦国臣服，影响至今。秦昭王得到了范雎，罢免了穰侯魏冉，驱逐了华阳君芈戎，以此增强王室的权力，遏制豪门的势力，从而蚕食诸侯，使秦国成就了帝业。这四位君王能够成功，都是客卿的功劳。

但这一套耕战军国主义体制只适用于扩张时期，因为可以掠夺关东诸国的土地、财物、封赏立功的将士，一旦扩张停止，这一套体制就无法继续运转，秦军也就失去了战斗目标，这也是秦始皇帝在统一六国后仍然北征匈奴、南伐百越的原因之一。

秦的统一仅维持了十来年并非偶然，30年为一世，一个政权的前30年最危险，因为被统治的民众绝大多数是前一政权或故国的臣民，不仅对新政权没有认同感，甚至怀有仇恨。因此秦在统一后应该采取怀柔政策，以仁政化解敌意，让时间消除仇恨，这样过了一代人（30年）、两代人（60年）后，旧时代的人逐渐老去、死去，治下都是出生在新政权的人，他们自然会形成对新政权的认同。但秦统一后，不仅没有采取怀柔政策，反而实行苛政，变本加厉。耕战军国主义体制并没有改变，而且推广到了关东诸国，以严刑峻法维持横征暴敛以及高强度的劳役兵役。大量关东诸国的青壮年男性死于服役的工地和路上，这种人口灭绝式的政策不可能不激起反抗。底层民众和被“焚书坑儒”“偶语诗、书者弃市”政策迫害的社会中上层，以及对秦怀有血海深仇的六国旧王族、贵族相结合，整个关东诸国各阶层的民众都是秦的死敌。因此即使没有沙丘之变，扶苏继位，甚至即使秦始皇帝长寿，也很难避免秦的迅速灭亡。陈胜大泽乡起义仅仅是导火索，而这样的导火索无处不在，一旦点燃无处不在的干柴，烈火就会迅速蔓延。这就是贾谊总结的“仁义不施而攻守之势异也”。沙丘之变直接促使秦的核心基本盘崩解，再加上一位立意摧毁大秦的赵高执掌了朝政，更加速了秦的灭亡。

除李斯外，所有大臣都建议分封皇族子弟于全国，秦始皇帝没有听从这个建议，也是一个巨大的错误。首都咸阳偏于西北，在当时的交通和通信条件下，以高度中央集权的体制直接统治一个如此幅员辽阔的国家是极其困难的，要求地方官员有高度的忠诚感、认同感、责任感，才能有效统治新征服的国土与民众。但非常不幸，事实证明各地方官员不仅没有能力弹压起义，纷纷丧命，而且即使是没有丧命的也缺乏忠诚，纷纷投靠反秦义军，因为他们仅是职业经理人，与皇帝没有休戚与共的血缘亲情，最典型的就是戍守岭南的秦军主力军队不仅没有回师北上勤王，反而阻塞北上的道路，隔岸观火，甚至独立建国。试想，如果秦始皇帝的诸多儿子被分封各地为王，拥有自己独立的国家与军队，他们镇压各地起义的热情与效率将远远超过中央集权郡县制下的百官，也绝不会出现二世皇帝信息隔绝、决策失误、各地束手无策的局面。秦始皇帝自以为功高古人，嘲笑东周时诸侯纷争，但实行分封的周朝维持了800多年，而统一的秦朝只维持了15年，谁成功、谁失败岂非一目了然？秦始皇帝的去世很及时，也很幸运，否则将很可能目睹他创建的统一国家毁于自己之手的悲剧。与秦朝的命运很相似的是隋朝，同样是二世而亡，同样是在统一之后不到30年就灭亡，没能熬过政权最危险的时期。

刘邦进入咸阳，诸将都忙着抢夺金帛财物，只有萧何进入秦丞相府的档案库搜集天下的地图与各项档案记录，如此一来刘邦就可以知道天下的要塞、户口多少、强弱之处。但此时的刘邦本性大暴露，看见华丽宫殿、帷帐、狗马、财宝，还有数千美女，就打算住进去不走了。樊哙、张良先后劝谏要以除残贼、争夺天下为重，现在这样就是“助纣为虐”。“忠言逆耳利于行，毒药苦口利于病”，于是刘邦离开了咸阳，还军霸上。十一月，刘邦召集秦的诸县父老、豪杰，对他们说：“父老苦秦苛法久矣，诽谤者族，偶语者弃市。我与诸侯约好，先入关中的人称王，所以我应当称王。现在与父老约法三章：杀人者死，伤人及盗抵罪。我将秦法全部废除，但各级官吏全部留任。我来是为秦国父老除害的，不会侵害你们，大家不用担心。我现在率军回到霸上，等待诸侯军队到来，一起制定规则。”刘邦的宣言公布到各县、乡、邑，秦国人大喜，争相奉献牛羊、酒食犒劳军队，刘邦又推辞不受，说：“仓库里粮食很多，并不缺乏，不用大家破费。”秦国人更加欣喜，唯恐刘邦不做秦王。

坑杀了投降的秦军后，项羽率领40万诸侯大军攻破了刘邦军队守卫的函谷关，进入关中，刘邦看到无法阻挡项羽军队，赶紧去鸿门（今陕西省临潼新丰镇鸿门堡村）与他会面，上演了一出精彩的鸿门宴，鸿门宴的细节是樊他广告诉司马迁的父亲司马谈的，而他便是在宴会上救了刘邦的樊哙之孙。

秦亡了，秦的悲剧并没有结束。继刘邦攻下咸阳后，灭秦的第一功臣项羽率军在咸阳屠城，杀了投降的秦王子婴以及秦宗室，火烧宫殿，大火三月不灭；又盗掘秦始皇帝陵及其他秦陵，2 000多年后发掘出的秦陵兵马俑明显有破坏、抢掠的痕迹。秦始皇帝陵被盗掘在古代几乎是一个常识，只是在近年，才开始有人认为秦始皇帝陵没有被盗。几年之后，刘邦在两军阵前当面列举了项羽的十大罪状，其中一条就是“掘始皇帝冢，私收其财物”;《汉书·刘向传》中也记载着:“项籍（羽）燔其宫室营宇，往者咸见发掘。其后牧儿亡羊，羊入其凿，牧者持火照求羊，失火烧其藏椁。”可见秦始皇陵不仅被盗，其地宫也被烧毁。项羽与秦始皇帝是世仇，发掘仇敌坟墓是报复的最好途径，他怎么可能会放过秦始皇帝陵？更何况秦始皇帝陵的总监工章邯就在项羽军中，不存在任何技术上的障碍。有一条宋代的史料可以确证秦始皇地宫曾被盗掘。北宋开宝三年（970年），宋太祖下诏:“周文王、成王、康王、秦始皇、汉高祖、文帝、景帝、武帝、元帝、成帝、哀帝……二十七陵尝被发（盗掘），令有司备法服、常服各一袭，具棺椁重葬，所在长吏致祭。”[1]明确无误地指出秦始皇帝陵被盗掘，因此命令地方官准备棺椁重新安葬。

在灭秦事业中，项羽的功劳无疑是最大的，因为他杀了上司宋义，破釜沉舟地歼灭了秦军主力，此后秦的灭亡是注定的，因此他成了诸侯的纵（合纵）长，即盟主。在他抵达关中后大封诸侯，自立为“西楚霸王”，并未称帝，而是尊奉楚怀王为“义帝”。西楚国包括了原来梁（魏）国、楚国地的九个郡，国都在彭城（今江苏省徐州市区），全境包括今江苏省、安徽省北部、河南省东部及浙江省北部。

---

1 《续资治通鉴长编》卷11。

## 第三节　至死不悟：西楚霸王的末路

### 1. 从楚汉战争转变为楚秦战争

按照楚怀王与诸人的约定，先入关中者封为关中王，但项羽违约，将刘邦封在路途险远的巴、蜀，建都汉中南郑（今陕西省汉中市区），为“汉王”。刘邦十分愤怒，想要和项羽开战，周勃、灌婴和樊哙劝阻了他。萧何认为：虽然汉中不如关中，但活着总也比现在开战，立刻送命要强，因为以现在的实力，与项羽开战肯定百战百败；《周书》说“天予不取，反受其咎”，而且汉王、汉中得名于“天汉”（汉水），原意是银河，名称非常美好。希望刘邦好好在汉中“养其民以致贤人，收用巴、蜀，还定三秦，天下可图”。于是刘邦离开关中前往汉中，以萧何为丞相。

感谢刘邦、萧何，甚至项羽，因为刘邦定都汉中，就任汉王，建立“汉国”，他称帝后的朝代才被称为“汉朝”“大汉”；他的曾孙汉武帝北伐匈奴，南征南越，东设朝鲜四郡，西征大宛，收服西域，将汉朝推向极盛，治下的臣民自称“汉人”。汉朝的强盛与光荣成了以后中国人的集体历史记忆，他们一直以自己的汉人身份而自豪，最典型的唐朝人自称本朝为“汉家”，自己为“汉人”，皇帝为“汉皇”，大唐军队为“汉兵”，甚至与吐蕃的正式盟约中称“汉”……于是“汉”又成为世界上最大民族的名字。“汉”，在上古专指汉水，《尚书·禹贡》就有“嶓冢导漾，东流为汉”之语。汉中因汉水而得名，汉水则得名于天汉，即天上的银河。“汉”来源于“汉中”“汉水”和“天汉”，即“银河”，这就是萧何说“语曰‘天汉’，其称甚美”的含义。

项羽三分关中，将秦的三位降将封王，用来阻塞刘邦返回中原争霸的道路，其中章邯为雍王，在咸阳以西；司马欣为塞王，在咸阳以东；董翳为翟王，在咸阳以北。这三人都是秦国的降将，所以又号称“三秦”。项羽占据了魏国故地，将魏王豹封为西魏王，在今山西南部；瑕丘申阳为河南王；韩王成在韩国故地；赵将司马卬为殷王，在今河南北部；赵王歇改封为代王，在今山西北部；张耳为常山王，在今河北南部；黥（英）布为九江王，在今安徽、江西；吴芮百越的番君为衡山王，在今湖南；共敖为临江王，在今湖北；燕王韩广改封为辽东王，在今辽宁南部；臧荼为燕王，在今河北北部；改封齐王田市为胶东王，在今山东胶东；封田都为齐王，在今山东西南部；封田安为济北王，在今山东北部。包括西楚、汉在内，总共十八国。

项羽在关中停留了五个月，到了夏四月，决定携带财宝、妇女东返。韩生劝说项羽：“关中阻山带河，四塞之地，土地肥饶，可以建都于此，称霸天下。”项羽认为秦宫殿都被烧毁，心里又想回家乡，答道：“富贵不归故乡，就有如衣绣夜行，谁会知道呢！”韩生退下后说：“人言楚人沐猴而冠，果然！”项羽听到后，烹杀了韩生。诸侯们也率军返国，汉王刘邦分得3万人，另有数万人自愿随从，他们从关中南下汉中。刘邦听从了张良的计策，将经过的秦岭栈道烧毁，向项羽表示没有北返的意愿。

十八国诸侯的局面极为脆弱，分封仅一月后，不满意未被封王的田荣起兵攻击齐王田都，杀胶东王田市，又派遣大将彭越杀济北王田安，合并了三齐之地，他们都是战国时齐国的王族。诸齐的内战揭开了楚汉战争的序幕，田荣自立为齐王反楚。

就在楚军与田荣在齐地交战之际，八月，在汉中的刘邦率军经故道（县治在今陕西省凤县）返回关中，一路击败了雍王章邯、塞王司马欣、翟王董翳，占领了三秦。章邯在固守后自杀，另两位投降。此后秦国的故土关中、汉中和巴蜀就成了刘邦稳固的大本营。

韩生嘲笑项羽“沐猴而冠”非常正确，不以四塞为固的秦国故地作为自己的大本营，而建都于彭城四战之地，是项羽失败的重要原因。

刘邦在出兵之前，拜萧何强烈推荐的韩信为大将，他们之间发生了一段对话，分析了楚汉相争的形势。

韩信问刘邦：“你与项羽相比，谁更勇悍仁强？”刘邦默然良久，承认不如。韩信说：“我也认为你不如他，但我曾经在项羽手下做事，知道他的为人‘暗噁叱咤，千人皆废’，勇猛无比，但他不能任用贤将，这只是匹夫之勇。项羽见人恭敬慈爱，说话温和有礼，属下生病，会难过得涕泣，并将自己的食物分给病人。但是属下有功应当封爵地，他却将印把子放在手中把玩良久，舍不得给，这就是所谓的妇人之仁。项王虽称霸天下，诸侯臣服，但他不居关中而建都于彭城四战之地，违背义帝之约，且没有封你为关中（秦）王，而以自己的喜恶分封诸侯，天下觉得不平；将义帝手下的将相封王，却将义帝迁逐安置到江南；他所过之处无不残灭，百姓不拥戴他，这就是恃强凌弱。他名称虽为‘霸’，但事实上已失天下民心，所以他容易由强变弱。如果现在你能反其道行之，任用天下武勇之人和能人志士，一定能消灭他。用天下城邑分封功臣，哪里会有人不臣服呢？率领这些思念家乡、想要东归的士兵，一定能打败他。现在三秦王均为秦降将，手下的秦国子弟伤亡不可胜计，他们又欺瞒手下投降项羽，20多万军队被项羽坑杀，唯独这三人逃脱。秦国父兄痛恨他们，痛入骨髓。现在项羽强行分封这三人为王，秦地百姓不可能拥护他们。而你以前攻入武关，秋毫无犯；除秦苛法，与秦国民众约法三章，秦民都想请你当秦王，但项羽违约，封你在关中，秦民没有人不恨他。现在你只要率军东进，三秦便可传檄而定。”刘邦大喜，感叹得到韩信太晚，决定部署军队进攻三秦，而留下萧何收巴、蜀租税，供应后勤。

这段对话体现了韩信极高的眼光，从领袖的个人因素、地理形势及人心向背等三个主要方面分析了楚汉胜败的前景，毫无疑问，项羽暴虐、不公正的处事作风与刘邦宽宏大度、仁厚爱人形成了鲜明对比。项羽不在关中而在四战之地立国是其败亡的主要因素；项羽讲究个人修养，却舍不得让利，与属下共享“股份”，行事残暴，因而不得人心。以后形势的发展果然如韩信所料。

仿佛是为韩信的话作注脚，沛县人王陵派遣使者去接刘邦的父母、妻儿，项羽得知之后，将其拦截，并让王陵的母亲招降儿子，王母私下对使者说：“希望你替我对王陵说：好好侍奉汉王，汉王是长者，最终将取得天下，不要因为我而生二心。我以死送使者！”随即伏剑而死，项羽很愤怒，将她的尸体投入沸水烹煮。此事凸显项羽的行事残暴，除了泄愤，只有反面作用，只能证明自己用暴虐来发泄无法自控的情绪，令人不齿。随后项羽命人将义帝于江中杀死，更令人离心离德，因为项梁、项羽起兵的合法性很大程度上是为了复楚国之仇，结果灭秦后，首先违约不封刘邦为关中（秦）王，没有恢复楚国，其次作为世代楚将出身的项羽杀掉了拥立的楚怀王（义帝），由反秦复楚的志士变成了天下人眼中的不忠不义、残暴凶虐之人，谁还再敢忠于他？而且这样一来，项羽和刘邦作战的目的是什么呢？刘邦的基本盘变成了旧秦国的民众，他们因为仇恨项羽团结在了刘邦的麾下。非常好笑，现在竟然有不少人尊奉项羽是真正的贵族，这简直是对贵族最大的抹黑。极度讽刺的是，刘邦也是楚人，但他却继承了秦国的版图、资源、民众与兵员，因此，“楚汉战争”也可以理解为“楚秦战争”。

## 2．知天亡我，非战之罪也：至死不悟的霸王

刘邦平定关中后，一路东进，势如破竹，魏王豹投降，继续东进，又俘虏殷王司马卬。汉军南渡黄河至洛阳（今河南省洛阳成周城故址），刘邦为义帝发丧，袒身大哭，哀临三日，派遣使者告诉诸侯：“天下共立义帝，北面事之。今项羽放杀义帝江南，大逆

无道！寡人亲为发丧，诸侯皆缟素。悉发关中兵，收三河士，南浮江、汉以下，愿从诸侯王击楚之杀义帝者。”[1]“顺德者昌，逆德者亡”，这一举动占据了合法性的制高点。此时楚军正在攻打齐国，汉军趁机通过西楚的腹地进入彭城，项羽率军回师，大败松懈的汉军，刘邦在沛县的父母、妻子皆被俘获。彭城惨败后，诸侯又都背汉归楚，刘邦的事业跌到了最低点。

刘邦收集败军，驻扎于荥阳，萧何从关中派遣兵员到来，汉军恢复了实力，任用原秦军的李必、骆甲为校尉率领骑兵，在荥阳东大破楚军骑兵，此后楚、汉即以荥阳为界对峙。曹参、韩信率军北上灭了魏国、代国、赵国，著名的“背水一战”即发生于灭赵的战役中。随后韩信东进，攻灭齐国，而南方的英布也投向了刘邦，从而对西楚形成了合围之势。而且在西楚的腹地还有彭越军队骚扰，项羽的处境非常不妙，这就是他选择四战之地立国的后果，自始至终他都没有形成自己稳固的后方根据地，西楚国一直是战区，因此他的兵员、后勤都是大问题，而刘邦却有非常稳定的大后方，且从未被战争波及，一方越战越弱，一方越战越强。楚汉两军主力分别由项羽、刘邦率领，在荥阳一线对峙，而灌婴率军在楚军后方攻克了项羽的首都彭城，尽略楚地。

就在刘邦在荥阳广武与项羽对峙之时，韩信派人来要求封他为“假王”（代理王）镇守齐国，刘邦大骂：“我困在此地，日夜盼望你来帮助我，没想到你却要自立为王！”张良、陈平踩着刘邦的脚，耳语道：“我们现在战事不利，难道能禁止韩信自立为王吗？不如趁机立他为王，让他镇守齐国，否则担心他叛变。”刘邦一下子醒悟，又继续骂：“大丈夫定诸侯，就应该做真王，怎么能做假王？”随即派遣张良持印，立韩信为齐王，征调他的军队攻击西楚。虽然刘邦拜韩信为大将独立率先作战，但他们毕竟相识较晚，没有同乡发小

---

1 《史记》卷8《高祖本纪》。

之谊，彼此间缺乏绝对的信任。刘邦最亲信的下属基本都是沛县同乡，如萧何、曹参、王陵、樊哙、周勃、夏侯婴、卢绾等，此外便是张良、陈平这类没有军队、只能依附他的谋士，而其他如彭越、英布、臧荼等则是因为有共同的敌人项羽而结成了同盟关系。

周勃、灌婴曾在刘邦面前告状，说陈平是美男子，有过盗嫂的恶行，又曾是魏王和项羽的手下，不值得信赖。听说陈平指派诸将，向他行贿金多者得善处，金少者得恶处。刘邦怀疑，问推荐人魏无知："有这样的事吗？"魏无知说："有。"刘邦质问："那你还说他是贤人？"魏无知答道："我所说的，是陈平的能力，而陛下所问的，是陈平的品行。现在陈平即使有如同尾生和孝已一般的品行，但对战争胜败无益，陛下还有闲暇去任用他吗？楚、汉对峙，我举荐了身怀奇谋的人才，是考虑到他的计谋有利于国家。盗嫂与收受贿赂二事，如何足以令陛下对他起疑呢？"刘邦召问陈平，陈平辩解道："魏王不听我的话，所以我投靠了项羽，结果他用人不是姓项的，就是妻子兄弟，我也不得重用。我听说你能用人，所以裸身投靠，如果我不接受贿赂就没法活了。我的计策如果好，就请你采用；如果不好，你赐我的黄金都在，我返还就行。"刘邦听后重赏陈平，封他为护军中尉。

韩信虽然是刘邦的部下，但因军功卓著，独当一面，势力大增，要求刘邦封王就是要求上升为同盟关系，这就是刘邦生气大骂的原因。刘邦因被要挟，封韩信为齐王，但已经埋下了不信任的种子，两人开始貌合神离。即在此时，又发生了蒯彻劝韩信背叛自立，"参分天下，鼎足而居"的事，韩信其人，"为汉则汉胜，与楚则楚胜"，但双方都不信任韩信，刘邦胜利后韩信也不会有好下场。韩信犹豫不决，但又认为自己功高劳大，刘邦不会剥夺他的封国，因此不忍背叛。

项羽的军粮耗尽，又面临刘邦、韩信两面夹击的困境，决定与刘邦谈和，双方以鸿沟（运河）为界，此即"楚河汉界"，并释放了被俘的刘邦父母与妻子。刘邦也想西归关中，但张良、陈平认为现在汉已经拥有天下大半，且诸侯尽皆归附；而楚兵疲食尽，此天亡之时。今日如果不趁机攻击，就是养虎遗患。刘邦听从了他们的建议，率军追击楚军至固陵（今河南省太康县）约定与齐王韩信、魏国相国彭越一起合击项羽，但两人都不来会师。楚军趁机反击汉军，汉军大败，坚壁自守。刘邦问张良："诸侯不从，奈何？"张良认为："韩信、彭越不来很正常，因为灭掉项羽两人得不到什么好处。韩信封王不是刘邦主动封的，因此他的忠诚并不坚定，彭越本来是魏王豹任命的相国，现在魏豹死了，彭越也想封王。如果将彭越封王，将韩信的封地扩大至他的家乡淮阴（今江苏省淮安市），这两人就会来参战。"刘邦听从了他的建议，果然韩信、彭越两军前来参战，刘贾与九江王英布也率军一起合围项羽于垓下（今安徽省灵璧县）。楚军兵少食乏，陷于绝境，上演了四面楚歌、霸王别姬的悲剧，之后率800余骑兵半夜突围，汉军5 000骑兵穷追不舍。项羽身边只余28骑，预计无法逃脱，对部下说："我起兵至今已有八年，经历过70余战，未曾失败过，因而霸有天下。但今日突然被困在此地，这是天要亡我，不是我作战的过失。今日固然非死不可，愿为诸君痛快一战，果真突破重围，斩汉将、砍汉旗，连胜三次，就令诸君知道，是天要亡我，不是我作战的过失。"果然人人以一当百，杀伤数百名汉军。汉军披靡，郎中骑杨喜甚至被瞋目而叱，吓得逃跑数里，而楚军仅有两骑损失。项羽问部下："我说得如何？"26人全部伏地，道："果然如大王所言。"项羽到达了乌江（今安徽省和县长江段），乌江亭长准备了一条船，请求项羽渡江到江东（今江苏省南部，在此段长江以东），项羽笑说："天要亡我，我还渡江作甚！当年我与江东子弟8 000人渡江西去，如今无一人返还。纵使江东父兄因怜悯而尊我为王，我又有何面目去见他们！纵然他们不言明，难道我就不会问心有愧吗？"于是将所乘的乌骓马赐予亭长，下令骑兵都下马步行，持短兵刃接战。项羽斩杀汉军数百人，自己也受伤十余处。他回头看见汉军的骑司马吕马童，问："你不是我的故人吗？"吕马童告诉中郎骑王翳："此人就是项王！"项羽说："我听说汉军以千金求购我的头颅，得到的人可以封邑万户，我现在就帮你个忙。"说完自刎而死。王翳割下了项羽的头，其他人相互争夺，数十人互相杀害。最后，杨喜、吕马童、吕胜、杨武各争得身体的一部分，于是刘邦封这五人为侯，将封户平分。如此精彩生动、细节丰富的英雄末路故事如何得以流传？故事的亲历者杨喜被封为赤泉侯，他的后代就是汉昭帝时的丞相杨敞，这个故事在他们家代代相传，而杨敞的岳父就是《史记》的作者司马迁。刘邦以鲁公之礼安葬项羽，亲临葬礼，痛哭离去，项氏族人一应不杀。至此楚汉战争结束。刘邦立即剥夺韩信的军队，改封他为楚王，并封彭越为梁王。

项羽人生最后一幕可谓悲壮：悲，是可悲；壮，是壮烈。壮烈自不待言，率领28骑殊死一搏，杀伤数十倍的敌人；可悲的是，正如韩信对他的评价，只有匹夫之勇，毫无战略、谋略；更可悲的是，临死前还将自己的失败归咎于上天，可谓至死愚昧，愚昧至死，实际上他的失败几乎全部归咎于他自己。

项羽因为对秦的血海深仇而投身于反秦事业，势如破竹，摧枯拉朽，仅用了三年的时间就全歼了秦军的主力，达到了人生的巅峰，此时的项羽是最耀眼的时代明星。但自此以后，就开始一路下坡，因忌恨刘邦先入关中，违背义帝的约定，不封刘邦为关中王，失信于天下，不忠于义帝，结怨于刘邦，可谓不智；既然已经得罪了刘邦，又不在鸿门宴上除掉刘邦，做事首鼠两端，留下祸根；先是坑杀20多万秦军降兵，入咸阳后，又大肆抢劫烧杀，掘坟盗墓，而刘邦入关中后，军纪严明，约法三章，两相对比，秦人、秦国变成了刘邦的基本盘、主要兵员与物资供应地，而项羽与秦人结下了血海深仇，可以说楚汉战争的结果是秦人逆袭复仇的胜利，短短数年间的惊天大逆转真是莫大的讽刺。

项羽不在关中立国，而选择自己家乡下相（今江苏省宿迁市）的四战之地立国，战争一开始就处于被包围状态，他自始至终都没有一个稳固的后方根据地，首都彭城都数次被攻下，这样的选择不智之至，而刘邦的后方始终没有遭受兵灾，所以他可以经历数次重大失败而翻盘，项羽的军队却越打越少，越打越弱，最终仅余28骑与他一起战死乌江。

放弃立国关中，项羽却将秦人痛恨的三名秦降将分在秦地，结果刘邦进攻关中，传檄而定，悍将章邯没有任何表现能力的机会，等于将最重要的战略要地关中拱手让给了刘邦，埋下了失败的祸根。分封的其他十几个诸侯王也非常失败，几乎没有一个是自己的忠诚盟友，很快大部分不是倒向刘邦，就是因为缺乏能力和实力而被刘邦消灭。

更愚蠢的是，项羽祖先世代为楚将，祖父项燕更是战死于抵抗秦军的最后一战，但他不仅违背秦盟主义帝的约定，甚至放逐、杀害义帝，其信用、人格完全破产，等于向天下昭示自己残暴不仁、不忠不义，毫无底线，这样谁还敢与他结盟？韩信判定项羽只有妇人之仁，没有气量分赏有功之人，而刘邦恰恰相反，不吝给同盟者分王、分利益，如韩信封齐王，彭越封梁王，英布封淮南王，张耳封赵王等，而项羽除了自己外，手下没有一员可堪与这些人一战的大将，刘邦盟友越打越多，项羽盟友越打越少，他的失败是迟早的、必然的。

刘邦、项羽在政治上的智慧差别甚巨，与他们的年龄、阅历也密切相关，刘邦毕竟年长，仅比秦始皇帝小3岁，又在社会底层，历经人世艰辛，黑白两道通吃，洞察人性，有识人之明，个性又豁达大度，不拘小节，有容人度量；而项羽年轻气盛，贵族出身，生活环境单一，缺乏识人能力，再兼气量狭隘，做事没有规划，目光短浅，他是借着反秦大潮站在最高点的时代弄潮儿，一旦失去反秦的目标，就不知为何而战、如何而战，完全凭借个人的武勇胡闹一通，稀里糊涂走向绝路，至死不悟。

至于有人认为项羽的失败是因为他“开历史倒车”，废除了秦始皇帝的中央集权郡县制，恢复了分封制，这完全不符合历史事实。反秦战争时，关东六国全部复国，而项羽甚至不是诸侯王，只是楚国的一员将军，巨鹿之战后被诸侯王拥戴为盟军统帅。如果项羽要推行中央集权，废除诸侯王国，就是妄想成为秦始皇帝第二，那他的失败将更加迅速，反秦的关东诸侯王们会立即联合起来向他开战。项羽与他痛恨的秦始皇帝确有相似之处，借助时代的大势，他们的胜利都来得太快，因此都错误地以为自己的能力超过前人，不用巩固、扩大自己的力量基本盘，为所欲为，因而失败也来得极为迅速、惨烈，有点类似于现代经常说的，风口上一头会飞的猪。

## 第四节　大风起兮云飞扬：汉家初创

### 1. 镇抚四海，承卫天子：异姓王与同姓王

楚汉战争结束后，刘邦宣布大赦天下，全体诸侯王请尊汉王为皇帝，公元前202年2月28日，汉王刘邦于汜水之阳（今山东省河泽市定陶区），即皇帝位，改王后为皇后，改太子为皇太子，封吴芮为长沙王，封故粤王无诸为闽粤王。刘邦即以后通称为“汉高祖”的汉太祖高皇帝，“太祖”是其庙号，“高”是其谥号，“高祖”并不是他的正式称呼。

汉高帝在洛阳南宫摆酒宴，要求诸大臣据实说明汉胜楚败的原因。高起、王陵认为：“陛下使人攻城略地，因以与之，与天下同其利；项羽不然，有功者害之，贤者疑之，此其所以失天下也。”汉高帝回答：“公知其一，未知其二。夫运筹帷幄之中，决胜千里之

外，吾不如子房；镇国家，抚百姓，给饷馈，不绝粮道，吾不如萧何；连百万之众，战必胜，攻必取，吾不如韩信。三者皆人杰，吾能用之，此吾所以取天下者也。项羽有一范增而不能用，此所以为我擒也。”[1]这个答案不仅符合事实，也彰显了汉高帝的宽宏与智慧，既归功于属下，同时又凸显了自己用人水平之高。一位领袖最重要的才能就是识人、用人，如果没有这种才能，如项羽，只能称为匹夫之勇、匹夫之才，绝无成事的可能。

汉高帝及属下都是关东人，因此他想建都洛阳，齐人娄敬认为这个决定非常不智，建议建都秦地，因为关中被山带河，四塞为固，万一有突发状况，可立即召集百万之众。经过秦国多年的经营，关中已是膏腴之地，天府之国。如果山东（函谷关、太行山以东的黄河中下游地区）大乱，陛下可以据关中固守。建都关中就是“扼天下之亢（咽喉）而拊其背”。汉高帝问群臣，群臣都是山东人，都想建都洛阳，但张良有不同意见：“洛阳虽有此固，其中小不过数百里，田地薄，四面受敌，此非用武之国也。关中左殽、函，右陇、蜀，沃野千里。南有巴、蜀之饶，北有胡苑之利。阻三面而守，独以一面东制诸侯；诸侯安定，河、渭漕輓天下，西给京师；诸侯有变，顺流而下，足以委输。此所谓金城千里，天府之国也。娄敬说是也。”[2]汉高帝最看重张良的意见，下令立即动身建都关中；后任命娄敬为郎中，号奉春君，赐姓刘氏。由于咸阳已经被焚毁，渭水以南还有一座秦的离宫——安乐宫留存，因此汉高帝将其改建，重新命名为“长乐宫”，作为自己的宫殿，由于此处是秦的长安乡，因此都城命名为“长安”，并在长乐宫以西建未央宫。长乐、未央是汉朝长安的核心，直至汉惠帝时才修筑城墙，建成了汉长安城。

此时除了汉高帝直辖的秦国旧地外，关东还有七个异姓诸侯王存在：楚王韩信、梁王彭越、淮南王英布、赵王张耳、燕王臧荼、长沙

---

1 《史记》卷8《高祖本纪》。

2 《史记》卷55《留侯世家》。

王吴芮和韩王信。称帝仅数月后，燕王臧荼反，汉高帝亲征，平定叛乱，俘杀臧荼，封太尉长安侯、自己的儿时好友卢绾为新的燕王。

项羽手下的大将钟离眜与楚王韩信是老朋友，项羽败亡后，他投奔韩信，汉高帝听闻后，下令韩信抓捕钟离眜。正在此时，有人上书告发楚王韩信要造反，汉朝诸将请求"亟发兵，坑竖子耳"！[1]但汉高帝默然，他问陈平，陈平说："韩信知道有人告他造反吗？"汉高帝说："不知。"陈平又问："陛下的精兵和楚国比怎么样？"汉高帝回答："不如。"陈平继续问："陛下诸位将领，用兵有能超过韩信的吗？"汉高帝回答："没有。"陈平说："现在兵不如楚精良，将也不及楚，如果举兵攻打，是催促韩信开战，我为陛下感到担忧。"汉高帝问道："为之奈何？"陈平建议汉高帝伪装出巡至楚国，趁着韩信来迎接时逮捕他。果然韩信携带钟离眜的首级前来，被当场抓捕，韩信抗议："狡兔死，走狗烹；飞鸟尽，良弓藏；敌国破，谋臣亡。天下已定，我固当烹！"[2]

汉高帝回到洛阳赦免韩信，降韩信为淮阴侯。韩信心知汉高帝忌惮他的能力，多次称病不朝，平时也"心有鞅鞅（不满怨恨）"，耻与周勃、灌婴辈同列。他曾到樊哙家，樊哙跪拜送迎，自称臣下，说："大王乃肯临臣！"韩信出门笑说："生乃与哙等为伍！"[3]汉高帝曾问韩信："我能率领多少兵？"韩信回答："陛下不过能将十万。"汉高帝反问："那你能率领多少？"韩信回答："臣多多而益善。"汉高帝笑问："多多益善，怎么你被我擒获？"韩信回答："陛下不能将兵，但善将将，这就是我被陛下擒获的原因。而且陛下是天授的，非人力所能做到。"韩信自认为与汉高帝是同盟关系，结果被剥夺王位，降为臣属的淮阴侯，心中怨恨不满自不待言，但他将这种情绪不加掩饰地表达，将更招忌惮，非常不明智。

---

1 《史记》卷56《陈丞相世家》。

2 《史记》卷92《淮阴侯列传》。

3 同上。

田肯建议汉高帝："陛下抓获了韩信，又建都秦中。秦是形胜之国，带河阻山，地势便利；面对各诸侯国的军队，有高屋建瓴之势。而齐国，东有富饶的琅邪、即墨，南有泰山，西有浊河，北有勃海，面积近二千里，士卒百万，这是东西二秦，如非亲子弟，不可使他做齐国的王。"汉高帝将原齐国73县封给私生（长）子刘肥并封他为齐王，"诸民能齐言者皆以与齐"[1]。战国时最强大富庶的秦国和齐国一西一东掌握在父子之手，足以使刘氏制衡其他异姓诸侯。汉高帝又将韩信的楚国分为两国，淮东50县分给族兄刘贾，封他为荆王；其余36县分给弟弟刘交，封他为楚王；山西北部53县分给哥哥刘喜，封他为代王；山西中部太原郡31县为韩国，迁韩王信定都晋阳。

汉高帝的分封诸侯是尊重现实，尊重实力，而不是一厢情愿地中央集权。因为这将不可避免继"反项联盟"后形成"反刘联盟"，再起内战。因此那些认为汉初分封是秦大一统倒退的观点是不切实际、从观念到观念的臆想。异姓诸侯王因为共同的敌人项羽结成同盟，并不是他的核心基本盘，因此为了扩大自己的实力，汉高帝将自己的儿子、兄弟封为同姓诸侯王，多所钳制。

汉高帝封功臣为彻侯（汉武帝时因避讳改为列侯），其中萧何封酂侯，食邑很多，功臣们不满，说道："我们身披战甲，手持兵刃，多的身经百战，少的也有数十回合。而今萧何未曾有汗马之劳，只会舞文弄墨、卖弄口舌，但反而位居我等之上，这是为何？"汉高帝说："你们懂得打猎吗？打猎的时候，追逐野兽的是猎狗，而发现野兽踪迹的是猎人。你们只能捕捉野兽，这是类似猎狗的功劳；而萧何能够发现野兽的踪迹，并予以指明，这是类似猎人的功劳。"张良和陈平都是谋臣，虽无战功，但都是汉高帝最信任的人，汉高帝封张良为留侯，甚至要封三万户，被张良谢绝；封陈平为户

1 《史记》卷52《齐悼惠王世家》。

牖侯。张良世代为韩国相，秦灭韩国后，他立志复仇，投奔刘邦；陈平以前追随过魏王咎和项羽，魏无知将他推荐给刘邦，他们两人都不是刘邦的故人，也没有自己的班底、军队，但都屡出奇策，深受刘邦信任。

刘邦的成功在于豁达大度，容忍度高，抓大放小，能识人，敢用人，封赏大方，他要的不是道德完人，而是能人，胜利了一切好说，失败了一切皆空；项羽却不重用韩信、陈平，将他们逼到了刘邦的阵营。

第一批分封的功臣有20余人，其余的部下日夜争功不决，还未来得及分封。汉高帝在洛阳看见诸将坐在沙地上，好像在谋划着什么事，就问张良他们在做什么。张良回答："诸将在策划谋反。你发迹于布衣，依靠诸将取得天下，现在做了天子，分封的都是故旧亲戚，诛杀的都是平生仇怨。现在这帮军吏计算军功，认为天下土地不足，封赏轮不到他们，又担心以前得罪过你而被诛杀，所以相聚谋反。"于是张良建议汉高帝率先分封最仇恨的雍齿，果然其他人都放心了："雍齿都可以为侯，我们这些人就没什么好担心的了！"

列侯受封后，需要排列前十八位功臣的名次，大家公认平阳侯曹参"身被七十创，攻城略地，功最多，宜第一"[1]。但汉高帝赞同谒者（官名，秦汉皇帝左右掌传达等事的近侍）、关内侯鄂千秋的意见：曹参虽有野战略地之功，但这只是一时之事。五年的楚汉战争中，曹参军伤亡惨重，他自己也是几次死里逃生。然而萧何从关中征发补充兵员，前线后勤几次粮草匮乏，幸有萧何转漕关中，送来军粮。陛下多次在山东（关东）失败，萧何坐镇关中，作为陛下的大后方，这是万世之功，因此萧何当居第一，曹参次之。

汉高帝将秦严格的朝见礼仪全部废除，群臣烂醉争功，大喊大叫，甚至拔剑击柱，汉高帝极为厌恶。秦博士、儒生叔孙通主动要

---

1 《史记》卷53《萧相国世家》。

求制定礼仪，指导群臣演习。公元前200年冬十月，长乐宫建成，诸侯群臣朝贺，按照礼仪井然有序地排列、行礼，汉高帝不禁感叹："吾今乃知为皇帝之贵也！"[1]

## 2. 消灭异姓诸侯王

刘邦称帝并不意味着天下太平。继燕王臧荼谋反后，韩王信又谋反，汉高帝亲自率军平定叛乱，韩王信逃亡匈奴，匈奴军入塞攻至，被汉军击败。汉高帝趁机北伐匈奴，派了十批使者去匈奴探听虚实，使者回来后都说匈奴虚弱，可以击败。汉高帝又派娄（刘）敬出使，还没等他回来，汉军32万人便已出动北伐，正好遇见回来的娄敬。娄敬认为匈奴故意展示老弱病残，隐瞒实力，隐藏埋伏了大批精锐。汉高帝大怒，以为娄敬妄言，灭自己威风，于是将他关押，自己率军北进，结果在白登（在今山西省大同市）被匈奴冒顿单于率领的40万骑兵合围7日，之后他听从了陈平的秘计，派人携带重礼贿赂、劝说单于阏氏（正妻）才冒险解围。汉高帝赦免娄敬，承认错误，并杀掉了报喜的十批使者，封娄敬二千户，为关内侯[2]，又改封陈平为更富裕的曲逆侯。匈奴攻打代国，代王刘喜弃国逃跑，被降为合阳侯，汉高帝改封儿子刘如意为代王。

秦末汉初天下大乱，秦北方边防军尽数南下，匈奴趁机崛起，南下侵占了原蒙恬占领的河南地，东攻东胡，西攻月氏、乌孙、西域，版图以蒙古高原为中心，东至辽东，西至西域，成为亚洲草原的霸主，并不断南下侵略汉朝。刘敬建议"和亲"，将公主嫁给单于，由此开始了长达60多年的汉匈和亲，但即使这样，也不能完全杜绝匈奴的入侵。如果没有汉武帝的北伐匈奴，汉朝不会成为

---

1 《史记》卷8《高祖本纪》。

2 秦汉时期的爵位制度，最高的第二十级为彻侯，后因避汉武帝刘彻的名讳改为列侯，有封地有食邑，第十九级为关内侯，无封地有食邑，两者均可由子孙世袭。

“强汉”，在历史上只会是一个屈辱的王朝——“弱汉”。

汉高帝从匈奴前线返回关中，恰逢丞相萧何督造的未央宫落成，非常壮丽，不由大怒，说道：“天下匈匈，劳苦数岁，成败未可知，是何治宫室过度也！”但萧何认为：“天下方未定，故可因遂就宫室。且夫天子以四海为家，非令壮丽无以重威。”[1]而且可以让后世的皇帝不会再增建新的宫殿。汉高帝闻之大悦，他真是低估了自己曾孙对居住品质的要求。未央宫落成后，汉朝自栎阳迁都长安，这一年是公元前200年，以长乐宫、未央宫为中心的长安城建成，但此时还没有修筑城墙。

建都长安的第二年，赵国相国陈豨自立为代王，起兵造反，汉高帝又一次亲征，用重金收买陈豨的部将，攻下东垣，改名真定，太尉周勃平定了代郡、雁门和云中，将陈豨斩杀于当城。在汉高帝亲征之际，称病不从征的淮阴侯韩信因与陈豨勾结，意图在长安谋反，而被吕后指使的相国萧何引诱至长乐宫诛杀，夷灭三族。汉高帝听到这个消息，“且喜且怜之”，这就是“成也萧何，败也萧何”。无论汉高帝和萧何如何赏识韩信的才干，他毕竟不是沛县功臣集团的成员，他们彼此间缺乏基本的信任，当年因为反对项羽结成的短暂同盟，在共同的敌人被消灭后，彼此猜忌的双方矛盾激化，直至韩信谋反被杀。这几乎成为汉初异姓功臣王的普遍下场。

此时，汉高帝的好友赵王张耳已经去世，继任的赵王是张耳之子、汉高帝的女婿张敖，因部下要谋杀汉高帝被逮捕，后降为宣平侯，又一个异姓王被清除。之后，汉高帝自己的儿子代王如意被改封为赵王。不久，反叛的韩王信也被击杀。此时，异姓王只剩下淮南王英布、梁王彭越、燕王卢绾及长沙王吴臣，很显然他们变成了汉高帝下一批要消灭的目标。

梁王彭越因不随陈豨出征而引起汉高帝的不满，被手下告发意

---

1 《史记》卷8《高祖本纪》。

图谋反而被逮捕，但毕竟并未实际谋反，于是被赦免流放蜀地，结果在途中遇到吕后，哭诉自己无罪，要求将自己安置到故乡昌邑（位于今山东省巨野县），吕后假意答应并将他带回洛阳。回到洛阳后，吕后警告汉高帝不能放虎归山，于是将彭越处死，夷三族。淮南王英布因“往年杀彭越，前年杀韩信；此三人者，同功一体之人也，疑祸及身”，又自认为汉高帝年老，厌恶战争，因此不会亲征，在诸将中“独患淮阴、彭越，今皆已死，余不足畏也”[1]，因此起兵造反。

英布的猜测没有错，汉高帝因为生病想派遣太子刘盈率军镇压英布的反叛，但太子的门客极力反对，因为太子亲征，即使有功也无法提拔，无功则从此受祸，正好给了汉高帝废太子的借口，吕后在汉高帝面前哭泣哀求：“英布是天下猛将，善于用兵，毫无实战经验的太子领兵就是驱羊入狼口，是刺激英布西攻长安。你虽然生病，但也得躺在车中指挥作战，如此诸将不敢不尽力，请为妻儿自强。”汉高帝无奈，只得亲自率军东行。英布率军攻杀了荆王刘贾，又渡过淮河击败楚国军队。汉高帝率领的军队与英布军在蕲县西（今安徽省宿州市附近）相遇，他望见英布排兵布阵如项羽的军队，非常生气，遥问英布为什么要造反，英布回答：“欲为帝耳！”汉高帝怒，两军大战，英布败走，逃往江南，投奔妻弟长沙王吴臣，后被吴臣诱杀。

英布败死后，汉高帝最亲信的儿时密友燕王卢绾也极为担忧自己的命运，害怕汉高帝去世后，吕后不会放过他。汉高帝几次召见，卢绾都称病不去，他挟匈奴自重以保燕国的事又被告发，汉高帝认定卢绾造反，派遣樊哙率军进攻燕国，并封自己的儿子刘建为燕王，卢绾后来投奔了匈奴。此时，除了国小且柔弱恭顺的长沙王外，其余异姓王全被清除。汉高帝称帝的短短八年间，几乎只做了一件事，就是清除异姓王，这些异姓王都是反项羽的盟友，汉高帝当年是盟

1 《史记》卷91《黥布列传》。

主，他善于用人，用对人，用好人；当共同的敌人被消失后，这些同床异梦、缺乏互信的盟友就成了他的心头之患，被他逐一清除。

### 3. 陛下独不见赵高之事乎

在解决完最后一个危险的敌人英布后，汉高帝不仅受了箭伤，以前的病也加重了，因此更急迫地想换太子。汉高帝的太子刘盈是他与吕后所生的嫡长子，但他后来宠爱戚姬，认为她所生的赵王刘如意像自己，而太子过于仁弱。赵王经常在长安，不去封国。戚姬跟着汉高帝去关东巡视，日夜啼泣，要求换太子，而吕后年老，又经常留守长安，夫妻关系越发疏远。但是群臣反对废太子，御史大夫周昌口吃，在朝廷上激烈争辩，盛怒之下，甚至扬言："臣口不能言，然臣期期知其不可！陛下欲废太子，臣期期不奉诏！"[1]这就是成语"期期艾艾"的来源之一。

吕后派遣哥哥建成侯吕泽拦住地位超然的张良，求其出谋划策，张良建议重礼请来四位汉高帝想聘请却不来的名士随从太子左右。一次酒宴，汉高帝发现那四位名士随从太子，皆年过八旬，须眉皓然，衣冠甚伟。汉高帝十分惊异，问道："为什么我请他们不来，却愿意追随太子？"四位名士回答："陛下轻视士人常常斥骂，臣等维护气节，不愿受辱，因此感到十分恐惧，就选择了亡匿他地。如今听闻太子仁孝，恭敬爱士，天下士人没有不愿为太子而死的，故而臣等前来效命。"酒宴后，汉高帝召戚夫人来，指着四人背影说道："我想要换太子，但太子已经有了他们四人辅佐，羽翼已成，没办法了。"戚夫人泣涕不已，汉高帝让她跳楚舞，自己唱楚歌："鸿鹄高飞，一举千里。羽翼以就，横绝四海。横绝四海，又可奈何！"汉高帝心里清楚，这四位名士是一个强烈的信号，他手

---

1 《史记》卷96《张丞相列传》。

下的大臣，尤其是沛县功臣集团强烈反对废太子。因为吕后的两个哥哥跟随汉高帝反秦，均是已封侯的开国功臣，而吕后不仅是汉高帝的妻子，也与功臣集团关系密切，废太子就意味着她不仅不可能成为太后，而且会失去现有的权势地位，而戚姬是后来才跟随汉高帝，她妄想摘取胜利的果实，必然遭到功臣们的激烈反对。如此一来，功臣们当然会感到物伤其类，人人自危：你连结发妻子、亲生的嫡长子都可以废除，我们这些人算什么？废太子会动摇基本的权力结构，必然会伴随着重新洗牌。汉高帝曾重病十多天不见大臣，舞阳侯樊哙率众臣排闼直入，质问他："且陛下独不见赵高之事乎？"[1]即是此种心理的生动表现。

虽然出于个人情感强烈倾向于赵王如意，但洞察人情人性的汉高帝当然明白权力的边界及后果，如果他执意废太子立如意，就意味着与功臣集团决裂，即使勉强成功，自己死后，如意的帝位甚至生命将很难保全，因此只能与戚夫人相对哀叹。即使预料到了宠姬与爱子未来的悲惨下场，也只能徒呼奈何了。为了保护爱子如意，汉高帝特意派遣原则性极强又刚直不阿、且是吕后恩人的周昌当赵王的太傅。想换太子，几乎是刘邦这一生做的唯一蠢事。

已经年过花甲的汉高帝在征讨英布时受了箭伤，也许是预感到即将不久于人世，他在回程时特地回道家乡探望父老，酒酣之际，击筑自歌："大风起兮云飞扬，威加海内兮归故乡，安得猛士兮守四方！"歌罢起舞，忼慨伤怀，泪下数行："游子悲故乡。吾虽都关中，万岁之后吾魂魄犹思沛。"回到长安后，汉高帝伤病加剧，也许是厌倦了一生的颠沛流离与战乱，他拒绝医治："吾以布衣提三尺取天下，此非天命乎？命乃在天，虽扁鹊何益！"[2]公元前195年夏四月甲辰（6月1日），汉高帝崩于长乐宫，终年61岁，结束了其传奇的一生，他虽当了7年的皇帝，但几乎全部在战乱中度过。

---

1 《史记》卷8《高祖本纪》。

2　同上。

# 第二章

# 德莫胜于孝文皇帝

汉文帝是中国历史上著名的仁君，在位期间宽容简朴、清静无为、轻徭薄赋、宽刑简政，奉行“国退民进”的自由主义政策，向民众开放资源、产业，对外实行和平主义外交，一意恢复秦末战乱后萧条的经济，奠定了西汉盛世的重要基础。

## 第一节　由功臣拥立的“弱势”皇帝

### 1．为刘氏左袒：功臣发动的政变

秋天的关中，长安城郊外的渭桥，一群峨冠博带的官员们向一位身着王者衣冠的年轻人跪拜。权倾朝野、掌握军权的太尉、绛侯周勃，手捧皇帝的玉玺和符节献给这位年轻人，他就是刘恒，汉太祖高皇帝刘邦的儿子，中国第一个盛世的奠基者——汉太宗孝文皇帝。除了开国的汉太祖高皇帝刘邦、复国的汉世祖光武皇帝刘秀外，为了宣扬“以孝治天下”，汉朝其他皇帝的两字谥号第一字均为“孝”，常被省略，因此刘恒被后世简称为汉文帝。

正常的情况下，刘恒不可能成为皇帝，他既非皇后所生的嫡长子，又不是刘邦宠爱的儿子。刘邦的嫡长子是皇后吕雉所生的刘盈，刘盈虽然是太子，但不得宠爱，刘邦一直想以宠妃戚姬所生的刘如意取代刘盈，但因遭到吕雉及开国功臣们的反对未果。刘恒的母亲薄氏是刘邦的战俘，地位普通，他自己也仅是刘邦八个儿子之一，在刘邦生前被封为代王，国都在今山西省平遥县附近，封国靠近汉朝最强劲的敌人匈奴。如果没有后来的变故，刘恒将作为诸侯王终老一生。

刘邦死后，太子刘盈继承帝位。由于刘盈个性懦弱，而他的母亲，既有政治野心又有手段的吕雉坚毅果敢，实际控制了政权。刘盈在母亲的控制下，当了7年的傀儡皇帝，年仅22岁就死了，谥号“孝惠皇帝”。刘盈的太子刘恭继位后，吕雉以太后身份公开称制临朝，吕氏家族的吕台、吕产和吕禄掌握了中央军北军、南军的军权，并违背刘邦“异姓不王”的白马盟誓，封吕家四人为诸侯王。此前吕后就杀害了刘邦宠儿赵王刘如意及其母亲戚姬，随后又杀害了刘邦的儿子，原淮阳王、后改封赵王的刘友和梁王刘恢，燕王刘建忧惧而死。吕后又企图毒杀私生的庶长子齐王刘肥未遂，但不久刘肥也因忧惧而死。最后刘邦的八个儿子仅存代王刘恒及吕后抚养过的淮南王刘长。吕后“以吕代刘”的意图此时已经昭然若揭，刘恒、刘长被消灭只是时间早晚的问题。但吕后在此意图完全实现之前去世，形势因此陡变。

刘邦建立的汉朝采用郡国并行的制度，即在皇帝直接控制的地区（以首都长安为核心，不到国土面积的一半）实行郡县制，继承的基本就是战国后期秦国的疆域，而在其他地区，即关东六国采取的仍然是周朝的封（土）建（国）制。刘邦以世袭的王爵或侯爵分封开国功臣们，建立了七个异姓王国和众多的侯国，即功臣与皇帝共同世代享有汉朝的“股份”。全国62个郡，中央政府只控制了其中的15个，其他属于各个诸侯国。刘邦与功臣们结成联盟，共同建立了汉朝，因此封建制正是这一联盟必然的妥协结果，但不久，刘邦运用各种权术甚至内战，几乎完全消灭了这些异姓诸侯王，而改以同姓皇族封王建国。这是他吸取了秦朝不分封同姓诸侯，导致天下起事、迅速崩溃灭亡教训的结果。刘邦建立的同姓封建制度对稳定刘姓江山是非常有效的，如果当时不存在诸多强大的刘姓诸侯国，吕后就可以轻而易举实现改朝换代；正因为存在着强大的刘姓诸侯国，在吕后死后，局势就发生了急剧的变化。

在消灭异姓诸侯王后，汉朝的统治集团核心是刘姓皇族与丰沛功臣集团。刘邦临终前，吕后问他丞相的人选："'陛下百岁后，萧相国即死，令谁代之？'上曰：'曹参可。'问其次，上曰：'王陵可。然陵少戆（有点呆，不变通），陈平可以助之。陈平智有余（太聪明），然难以独任（难决断）。周勃重厚少文（没什么文化，但质朴忠诚可靠），然安刘氏者必勃也，可令为太尉。'吕后复问其次，上曰：'此后亦非而所知也。'"[1]除了陈平外，其他人都是刘邦的丰沛故人，萧何是秦朝沛县的主吏掾（管理人事），曹参是沛县的狱掾（狱吏），王陵是刘邦的邻居，当地的富豪，曾经照顾过吕后及其儿女，周勃是沛县的编织工兼乡村乐手，在葬礼上吹箫，他们都是刘邦最信任的核心功臣。而吕后本人在刘邦逃亡芒砀山时就给他们一行送饭，她的两个哥哥曾参加刘邦的军队一起反秦，军功封侯，也是丰沛功臣集团的核心成员。

吕后死后，被封为吕王的吕产为相国，吕禄的女儿为皇后，掌握了军政大权。吕产、吕禄策划发动政变，欲改朝换代，以吕易刘，但因惧怕在军中深具影响力的功臣周勃、灌婴而迟疑不行，结果这一计划被吕禄的女婿硃虚侯刘章（齐王刘肥的儿子）获悉，派人通知哥哥齐王刘襄起兵，里应外合消灭吕氏家族。刘襄是刘邦的庶长孙，自认为理应继承帝位，因此联合诸位刘姓诸侯王，以诛灭诸吕、辅佐汉室的名义起兵反吕。"汉闻齐发兵而西"，相国吕产派遣颍阴侯灌婴率兵向东进发镇压，结果灌婴到荥阳后却按兵不动。

---

1 《史记》卷8《高祖本纪》。

他认为如果击破齐国，刘氏会很危险，而吕氏就会更强大，因此反而与齐王达成协议，双方谈和，坐待长安城发生反吕政变，然后再联合领兵进军长安。

长安的卫戍力量分为三层：外层是驻扎京师的“北军”，由“中尉”率领；中层是驻扎在未央宫外的“南军”，由“卫尉”率领；内层是警卫宫门的“郎卫”，由“郎中令”（负责宫廷安全警卫工作的最高官员，为九卿之一）率领。长安城外诸侯联军压境，城中则政潮汹涌，以周勃为首的开国功臣集团控制了守卫皇宫和首都的南、北两军，发动了军事政变，诛杀了吕氏家族不分男女老少的所有成员。政变消息传来，以齐王刘襄为首的刘氏诸侯王宣布撤兵。这次政变的功劳分属于刘氏诸侯王集团和功臣集团，正是他们的携手合作，彻底粉碎了吕氏代刘的计划。诛灭诸吕的政变之所以能够轻而易举地成功，一是因为京城之外的刘氏诸侯王实力雄厚，公开起兵反吕；二是因为刘邦手下的开国功臣集团权威与实力仍在，吕后死后，无尺寸功劳的吕氏成员仅在制度或名义上控制的军政大权名存实亡，根本无法与在军队中拥有崇高威望、深厚人脉的功臣集团抗衡。太尉周勃进入北军军营一声号令，将士们全部左袒（脱下左袖，露出左臂）支持刘氏，即是最生动的证明。

消灭诸吕后，功臣集团认为当时的皇帝刘弘并非汉惠帝刘盈的亲生儿子，而是吕氏家族的男孩，因此要废除皇帝（此前的皇帝刘恭已被吕后废杀），重新拥立新的皇帝。讨论中，有人认为齐王刘襄是刘邦的长孙，理应成为皇帝，应该说这个理由是很充分的，更何况刘襄还有首先起兵反吕的大功。但功臣集团中的大部分人反对这个方案，表面是要吸取作为皇后一族的吕氏做大、危害刘氏江山的教训，因为刘襄的舅舅强悍难制，怕他成为吕氏第二。但功臣集团的真实意图是害怕强势的刘襄成为皇帝会损害自身的利益，因而倾向于选立一位相对弱势的皇帝。在这种考虑下，原本不起眼的代王刘恒，因是刘邦现存的两个儿子中年龄较大的一个，且个性仁孝宽厚，母亲薄氏又出身平民，为人谨慎良善，是功臣们属意的弱势人选，从而被选中。而由于淮南王刘长是吕后抚养，故不被考虑。

决定了皇帝人选后，功臣集团派使节通知当时还远在代国的刘恒进京即位。年轻的刘恒并没有被这个天上忽然掉下来的大馅饼砸晕，而是非常冷静，犹豫再三，征询手下人的意见。以郎中令张武为代表的众人认为，功臣集团均是当年刘邦手下打天下的大将，能征善战，诡计多端，只是因为慑于刘邦、吕后的威望才老老实实当臣子。现在他们发动政变，杀尽了吕氏家族，在这样的情况下，刘恒还是应该再观察一段时间，不要轻易入京。唯有中尉（诸侯国执掌军事的官员）宋昌力排众议，认为代王刘恒应该立即入京即位，因为：第一，天下没有其他人有刘氏这样高的威望；第二，刘氏诸侯国势力强大；第三，汉朝废除了秦朝的苛政，有天下人的拥护。刘恒是刘邦仅存的两个儿子之一，且年龄较大，帝位非其莫属。宋昌的理由是符合实际的，因为诸侯王国众多，刘氏皇族集团是当时的第一大政治势力，而且占据了正统地位，名正言顺；功臣集团势力虽大，但他们中没有人拥有绝对优势，敢于取代刘氏的天下。从这些理由判断，功臣集团是真心拥立刘恒为皇帝，而不会阴谋骗其入京杀害。

饶是如此，在吕后专政下担惊受怕的刘恒仍然谨慎小心，在占卜大吉、应即帝位后，仍然先派舅舅薄昭入京与周勃会面，确信功臣集团是真心拥立，这才决定动身入京。但当行至长安附近的高陵后，刘恒停止了行程，派遣宋昌驰马去长安打探消息。宋昌到了渭桥，发现以丞相陈平、太尉周勃为首的大臣们已经在那里迎候，立即返回汇报，刘恒这才决定继续前进，前往渭桥与大臣们会面，上演了本章开头的一幕。

刘恒入京居住在自己的府邸，此时皇帝刘弘仍然居住在宫中。东牟侯刘兴居、汝阴侯滕公（即当年汉惠帝的救命恩人夏侯婴）强行将刘弘带出宫，随后杀害。一同遇害的还有刘弘的兄弟们，他们究竟是否为汉惠帝的儿子、汉高帝的孙子此时并不重要，只因为他们是吕后所立，所以必须要死。刘恒入宫，立即任命随从入京的亲信宋昌为卫将军，率领南、北两军；张武为郎中令，保卫宫廷安全。控制了军权后，刘恒随即赴未央宫前殿，当天夜里就下诏书大赦天下，赐全国男子爵位一级，女子每百户牛一头、酒十石。此时，刘恒成为中国历史第一个，也是极为少见的由大臣们选择、拥立的皇帝。按照中国史书的传统惯例，从此开始，我们称呼他为"汉文帝"。

## 2. 控制功臣：安知狱吏之贵乎

从接到功臣集团的通知开始，直到正式即位后，汉文帝的一连串反应，显示了他是一位谨慎、冷静、从容、果敢的政治家。面临莫测的局势，他首先是耐心观察，掌握足够信息，谋定而后动，不因意外之喜而得意忘形。功臣集团可以轻易诛杀掌握了全国军政大权的吕氏家族，如果没有预先掌握情况，贸然入京，极有可能坠入功臣集团的阴谋，汉文帝很可能也会被轻易诛杀。在经过冷静的观察后，汉文帝一入宫，就立即"夜拜宋昌为卫将军，领南、北军，张武为郎中令"[1]，让自己的亲信掌握保卫京城、宫廷的军队、警卫。这表明直至此时，他对功臣集团仍然不能完全信任，但入宫后已经别无退路，只能一条道走到底，因此一定要将军队、警卫亲自掌握，以防不测，而这个不测显然只有可能来自功臣集团。

一位政治家，只有在掌握自身的命运后，才有可能大展自己的宏图抱负，实现治国理念，缺少这一前提，其他只是无源之水，无本之木，根本无从谈起。于是几乎只身入京、身居不测之境的汉文帝打破常规，甫一入宫，不待天明，半夜竟然就立即临幸未央宫前

---

1 《汉书》卷4《文帝纪》。

殿，发布大赦天下的诏书，以此来确立自己不容置疑的合法地位。能做出这一连串静若处子、动若脱兔的举动，汉文帝绝对不是功臣集团认为的那样，仅仅是一个“仁孝宽厚”的弱主，他同时还是一个英明果敢的政治家，兼备这两个特点的人是极其罕有的。功臣集团遇上了一个出乎预料的、极其强劲的对手，而他当时仅仅23岁，相当于现代一个刚刚走上社会的大学毕业生。

汉文帝面临的首要问题是如何与功臣集团相处，他刚即位，右丞相陈平便称病，要将职位让与太尉周勃，理由是在诛诸吕的政变中，周勃的功劳要大于他。汉高帝曾称赞周勃“重厚少文，然安刘氏者必勃也”，果然在诛诸吕、匡扶汉室的政变中，周勃发挥了重要的作用，身居首功，汉文帝因此答应了陈平的请求，以周勃为右丞相，赐金五千斤，食邑万户，陈平为左丞相。人的优缺点经常是一体两面的，周勃“重厚少文”，即为人本色、质朴、直率，不擅于伪装隐藏，但当上右丞相后，便天性流露，居功自傲起来。汉文帝念及他的拥立之功，对他特别尊敬，经常目送他离去。郎中袁盎劝说汉文帝千万不能这样做，会失去了君臣本分，可能会坏事。汉文帝觉得有理，以后朝会时，汉文帝变得严肃庄重，周勃则越发敬畏。汉文帝问他司法、财政方面的问题，作为质朴的军人，周勃一问三不知，惶恐之下竟汗流浃背，而左丞相陈平却应对自如。有人劝周勃，你诛杀诸吕，立代王为帝，任右丞相，位极人臣，功盖天下，迟早要引祸上身。周勃想自己并不是丞相之才，再加上怕引起皇帝的猜忌，决定辞去右丞相，由陈平独任丞相。不久陈平去世，周勃又复任丞相，但不到一年，汉文帝以列侯都要回到自己封国为由，再次罢免了周勃。

周勃回到了自己的封国，天天生活在恐惧中，担心随时会有牢狱之灾。有地方官求见，他经常披甲相待，并命家人手执兵器护卫，不想这正好给了别人告发他谋反的口实，因而被逮捕入狱。周勃为人笨嘴拙腮，无从辩解，还被狱吏欺侮。之后他终于开窍，花了千金贿赂狱吏，得到狱吏的暗示，让他走自己儿媳、汉文帝女儿的门路，但也未果。最后是通过汉文帝的舅舅薄昭向薄太后做了工作。薄太后质问汉文帝："绛侯绾皇帝玺，将兵于北军，不以此时反，今居一小县，顾欲反邪?"汉文帝听后便下令释放周勃，恢复他的爵位与封地。出狱时，周勃感叹："吾尝将百万军，然安知狱吏之贵乎！"[1]不是狱吏有多贵，而是狱吏的后面有皇帝。周勃终于明白，作为一位曾率领百万大军的将军，在皇帝面前，他也不过是个随时会被剥夺自由甚至生命的普通人。7年后，周勃在其封地闲废而死，这标志着当年追随汉高帝刘邦打天下的功臣们开始淡出了政治舞台。这件事无疑是汉文帝一手导演的，他当然明白此时失去军权、闲居一小县的周勃并无造反的实力和野心，但他有意通过这一事件彻底消除周勃及开国功臣集团对自己皇权的潜在威胁，周勃事件标志着汉文帝已经完全战胜了功臣集团，大权独揽。此时他才27岁。

汉初功臣集团是与汉高帝刘邦一起打天下创业的伙伴，是汉文帝的父辈。他们诛杀了诸吕，重新巩固岌岌可危的汉室江山，对汉室有再造之功；对汉文帝个人而言则有拥立之恩，让他从普通诸侯王跃升为皇帝。作为一个20多岁的年轻人，汉文帝对这个能杀尽诸吕、皇帝以及汉惠帝所有儿子们的集团无疑有所忌惮，甚至畏惧。周勃作为这个集团的领袖，汉文帝打击他，就是为了警示功臣集团，自己才是至高无上的主宰，你们功劳再大，也只是臣下，你们的生死荣辱完全由我操控。汉文帝的举动并不是普通人理解的那种忘恩负义，冷血无情，他并不像明太祖朱元璋一样诛杀、翦灭功臣，只是通过一出政治话剧就达到了自己的目的。皇帝如果不能制衡臣下，臣下就会反制皇帝，造成臣强君弱的局面，激发臣下的谋逆之心，引发政局不稳，甚至内战，这就是袁盎劝谏汉文帝的本意，也是汉文帝打击周勃的本意。

---

1 《史记》卷57《绛侯周勃世家》。

毫无疑问，汉文帝是一个非常有能力的政治家，他擅于利用一切有利的形势与资源，短短几年，就解除了功臣集团对他的潜在威胁，真正掌握了治国大权。一个有能力的政治家并不一定是一个伟大的政治家，他必须要有伟大的政治理念，否则只能是一个玩弄政治的权谋家；而一个政治家如果空有政治理念而无执行的能力，也只能是一个政治空想家。中国的第一个盛世——西汉盛世，就是由这样一个伟大的政治家奠基的。

## 第二节　通往繁荣之路：国退民进、轻徭薄赋

### 1. 大萧条：天子不能具钧驷

西汉建立初期，因长期内战，经济凋敝，国力衰弱，有一个最为后世津津乐道的例证："天子不能具钧驷。"[1]即皇帝也拼凑不齐四匹相同颜色的马来拉车，而丞相、将军们只能坐牛车。刘邦率军路过仅有五千户人家（约两万多人口）的曲逆（今河北省顺平县东南），就感叹他去过了这么多的地方，只有曲逆和洛阳最为繁华。由此可见，经过秦末战乱，人口损失是多么巨大。汉文帝登基时，距离秦末战乱结束已经22年，虽经汉高帝、吕后治国恢复，但经济情况仍然非常萧条，国力羸弱。

汉文帝即位一年多，年轻的贾谊上疏："汉之为汉几四十年矣，公私之积犹可哀痛。失时不雨，民且狼顾；岁恶不入，请卖爵、子。既闻耳矣，安有为天下阽危者若是而上不惊者！世之有饥穰，

1 《史记》卷30《平准书》。

天之行也，禹、汤被之矣。即不幸有方二三千里之旱，国胡（何）以相恤？卒然边境有急，数十百万之众，国胡以馈之？兵旱相乘，天下大屈，有勇力者聚徒而衡击，罢夫羸老易子而咬其骨。政治未毕通也，远方之能疑者并举而争起矣，乃骇而图之，岂将有及乎？夫积贮者，天下之大命也。苟粟多而财有余，何为而不成？以攻则取，以守则固，以战则胜。怀敌附远，何招而不至？今殴民而归之农，皆著于本，使天下各食基力，末技游食之民转而缘南亩，则畜积足而人乐其所矣。”[1]

贾谊逻辑严密、情思恳切的言辞打动了汉文帝，他知道，凭现在的汉朝国力，不仅不能战胜北方最危险的敌人匈奴，而且一旦遇上天灾，恐怕随时会发生内乱，政权就会面临生死存亡的危险。因此汉文帝确定了他的执政理念：发展生产，恢复经济，藏富于民。农业是当时最重要的产业，因此大力发展农业生产是当务之急，汉文帝于是下令开辟“藉田”（皇帝耕种的田），亲自耕种以做天下万民的表率。过了几个月，汉文帝又下诏：“农，天下之本，务莫大焉。今勤身从事而有租税之赋，是为本末者毋以异。”[2]他深知农业是天下的根本，是人民赖以生存的基础，如果民众都不从事农业而从事工商业（末），那么社会生计就会有困难，所以他才率领诸位大臣亲自耕种以为天下表率，并下令减免当年天下一半的田赋，即由田赋标准的十五税一减为三十税一（粮食产量的三十分之一作为田赋上交国家）。为了发展农业，他还将皇家的苑囿开放给民众耕种。

10年后，晁错上疏强调农业与储存粮食的重要性，认为虽然经过了十年的发展，但土地并没有完全被开垦，山泽的资源也没有被充分利用，民众仍然没有全部好好从事农业生产。他提出的解决方案是，由民众向边境地区提供粮食，再根据提供粮食的多少赐给民众不同的爵位，这样一来富人有爵，农民有钱，粮食也能在粮多、

1 《汉书》卷24《食货志》。
2 《史记》卷10《孝文本纪》。

粮少的年份和地区间合理调配。汉文帝采纳了这个建议。这一方案的实质是通过提高粮食的价格来促进农业生产，实行以后果然尽如预期。晁错又一次提出，等到边境地区粮食足够五年消费的时候，就可以在郡县储存粮食，等到郡县的粮食足够一年消费的时候，就可以减免农民的田赋。如此一来，皇帝的德泽加于万民，民众就愈加勤于农事，生活也会幸福富足。汉文帝又一次采纳了晁错的建议，并下令将这一年的田赋再次减半为三十税一。

第二年即公元前167年，汉文帝做出一个史无前例的决定，免除该年的天下田赋，理由为农业是国家的根本，而从事农业的人与从事商业的人同样需要纳税，是本末不分。这是中国历史上最早的一次免除全国农业税。不像现代社会，那时候农业税还是政府的主要税收来源。当时除了田赋外还有人头税，即口赋、算赋，规定7岁至14岁，每人每年出口赋20钱；15岁至56岁，每人每年交算赋120钱。汉文帝一度将算赋减为40钱。

对普通民众来说，负担最重的是徭役，凡是成年男子都要去服役。徭役主要有三种：一是正卒，即正式兵役；二是戍卒，即去守卫边境或者是到京师去做卫士，役期都是一年，可缴钱由政府雇人代役；三是更卒，即到各级政府服劳役，主要是治河、开渠、筑路、修城等工程，一年一次，为期一个月。在当时的交通条件下，服徭役者从自己家到服役地，路途遥远，一来一回可能要长达数月。由于他们是家庭的主要劳动力，徭役会严重影响农业生产和民众的生活。另外，守卫边境的戍卒服役期仅一年，他们还没有学会如何与匈奴作战，服役期就要结束了，又要换新一批戍卒，来回实在太过折腾，效果也不好。因此汉文帝听从了晁错的建议，决定招募内地民众迁移到边境，充实边塞的防务，并将更卒改为三年一次。这些举措大幅度减轻了民众的负担，并确保农业生产有足够的劳动力，给普通民众带来的福利要远远超过减免田赋。因为田赋只有十五税一或三十税一，负担本来就不重，而一个家庭却有可能因为主要的劳动力奔赴远方或边境服徭役而破产。

## 2．小政府、大社会：国退民进，弛山泽之禁

汉文帝是一位自由市场经济的信奉者，他在位期间，采取了一系列“国退民进”的经济政策。汉朝的山泽即山间、沼泽、河流、湖泊和海滨等处的资源均属皇帝所有——某种意义上也可以说是国有，朕即国家。汉文帝下令“弛山泽之禁”，即将这些资源开放，这意味着森林、鸟兽、鱼虾、矿藏，尤其生活中必不可少的盐，全部向私人开放，这会极大促进工商业的发展；与之配套，原本设于全国各地交通要道的收税关卡也全部被取消，通关不再用“传”（通行证）。司马迁对此评价：“汉兴，海内为一，开关梁，弛山泽之禁，是以富商大贾周流天下，交易之物莫不通，得其所欲。”[1]

不仅如此，汉文帝还将原来由中央政府垄断的货币（铜钱）发行向私人开放。吕后制定的“盗铸钱令”规定，私铸钱币者，无论主犯、从犯一律死刑，不可谓不严厉。但由于政府掌握的铜矿有限，铸造的铜钱不足，导致钱贵谷贱，不利于商品流通。资本逐利为其天性，无从禁绝民间铸钱；另外，各诸侯国也有权铸造铜钱，这样只会迫使资本逃往诸侯国，更加不利于中央政府。崇尚宽仁的汉文帝，索性废除了“盗铸钱令”，政府不与民争利，不仅能减轻刑罚，而且提高了经济效率，更有利于经济的发展。为了禁绝私铸钱币，一向倍受汉文帝赏识的贾谊提出将铜矿收归国有，但因为这个建议违背了汉文帝开放国有资源、为民所有的政治理念，而被他拒绝。

总的来说，经济发展有两条道路，一是大政府小社会，以国有垄断的方式发展，将经济的重要部门集中于政府，对民众高征税。

---

1 《史记》卷129《货殖列传》。

在这个过程中，如果缺乏有效的监督与收入二次分配，掌握各项资源的政府官僚，及与其关系密切的特权阶层将是最大的受益者；二是以自由经济为主，让民间资本自由进入经济生产的各个部门，低征税，让利于民，藏富于民。汉文帝选择的是第二条道路，他重视农业，开放国有资源给全体民众，废除各地税卡，轻徭薄赋，减轻民众负担，这一系列措施强有力地促进了全社会的经济发展，奠定了盛世坚实的经济基础。

但这些措施无疑会减少以皇帝本人为首的中央政府的收入，因此汉文帝以身作则，在位23年间没有为自己兴修过一处宫殿、园林，没有为自己增添过一件日常出行、起居的器物，一切政策、行为都以利民为先。汉文帝曾想给自己造一座露台，当得知要花费相当于10户中产家庭的财产后立即放弃了，他认为自己住在先帝的宫殿里都常常内心不安，怎么能再花这么多钱造露台呢？汉文帝宠爱的慎夫人，为了节省布料，衣服不能像当时流行的那样拖在地上，帏帐也没有花纹；汉文帝自己身穿黑色厚缯制的衣服，硬生皮制的鞋，系剑的带子没有装饰，坐蒲草编制的席……他的一切用具都很简朴，也就相当于当时一个普通人家的水平。他死后葬在霸陵，陪葬品都是瓦器，他不准用金、银、铜、锡等金属制品陪葬。

如果说作为个人，汉文帝在日常生活中的简朴只是起到了一种表率作用，那么作为一位质朴无华、宅心仁厚的政治家，在国家大政方针中，他更加恪守这条原则，不大兴土木、不上马各种工程、不发动战争，竭力争取一个和平稳定的环境，只有这样才能确保全力发展经济，推行富民政策。如果说一座露台要花费10户中产家庭的财产，那发动一场战争的花费恐怕是10万甚至100万户中产家庭的财产，当然还有成千上万条生命。

800多年后的唐朝初年，在位的是另一位太宗文皇帝，即庙号也为“太宗”、谥号也为“文”的李世民。他在位期间，隋末唐初的战乱才刚刚结束几年，天下疲弊，户口减少大半，所面临的历史处境与西汉初年非常类似。在相似的历史背景下，同为英明政治家的唐太宗也采取了与汉文帝相似的政治、经济政策，重视农业，轻徭薄赋，与民休息。唐初国家财力薄弱，国库空虚。鉴于隋朝在天下一统之后大兴土木，无节制地征发民力，导致天下大乱、二世而亡的沉重历史教训，唐太宗特别注意爱惜民力。并非巧合，这位唐朝的太宗文皇帝最推崇的政治家就是汉朝的太宗文皇帝，曾经特地祭奠他。唐贞观二年（628年），因皇宫地势卑湿，大臣建议有“气疾”的唐太宗建一高阁居住，但被拒绝，他要以汉文帝为榜样：“昔汉文帝将起露台，而惜十家之产。朕德不逮于汉帝，而所费过之，岂谓为民父母之道也？”[1]

## 第三节　四海止戈：奉行和平主义的外交政策

### 1．北和匈奴、南抚南越

当时汉王朝最危险的敌人是北方的匈奴，第二危险的敌人是皇帝同一个家族的诸侯王们。

汉文帝即位不久，将军陈武等就建议：“南越、朝鲜自全秦时内属为臣子，现在都脱离统治，不臣服于汉朝。高帝时天下刚刚安定，民众才过了几天和平生活，所以不能再次兴兵讨伐。如今陛下以仁政安抚百姓，恩泽遍及海内，获得乐于为陛下所用的士民，应该趁此征讨这些逆党，统一版图。”汉文帝否定了这一建议：“朕能任衣冠，念不到此。会吕氏之乱，功臣宗室共不羞耻，误居正位，

1 《旧唐书》卷2《太宗本纪》。

常战战栗栗，恐事之不终。且兵凶器，虽克所愿，动亦秏病，谓百姓远方何？又先帝知劳民不可烦，故不以为意。朕岂自谓能？今匈奴内侵，军吏无功，边民父子荷兵日久，朕常为动心伤痛，无日忘之。今未能销距（武器），愿且坚边设候（哨所），结和通使，休宁北陲，为功多矣。且无议军。”[1]汉文帝的这番话清楚地表明了他对战争的态度，他只愿意守卫北部边境，防止匈奴入侵，并力争与匈奴讲和通使，而决不愿意再发动其他战争，决不愿意用百姓的鲜血和财物给自己增添开疆拓土的荣耀。

汉初，汉高帝刘邦率领30万大军北上抗击匈奴，结果在白登被包围，差点提前上演了一出明英宗土木堡被俘的悲剧。认清匈奴远比汉朝强大后，汉高帝开始奉行“和亲”政策，即经常选派号称是公主的宗室女或宫女送给匈奴单于，并附带赠送大批财物，其本质是一种纳贡。随后的汉惠帝、吕后继续奉行和亲政策，但效果并不好，匈奴仍然会经常南下侵掠。

汉文帝即位的第三年（公元前178年）夏，匈奴右贤王部入侵河南地，侵略上郡（今陕西省榆林市附近），杀掠人民，汉文帝派遣丞相灌婴率军7万反击，匈奴退去。公元前166年，匈奴老上单于率领14万人侵朝那、萧关（今宁夏回族自治区固原市附近），杀北地（今甘肃省庆阳市附近）都尉，前锋部队甚至到达了皇帝的甘泉宫（今陕西省淳化县附近）。汉文帝布置10万骑兵、步兵保卫长安，匈奴军入塞长达一个月后才退兵，汉军只能尾随匈奴出塞，不敢交战，当然也没有什么战绩。在公元前166年至前162年间，匈奴每年入侵，杀掠民众、牲畜甚多，其中云中郡、辽东郡被祸害最深。汉文帝对此非常忧虑，他派遣使节与匈奴和谈，并恢复了和亲。汉文帝在位时期，他对匈奴的政策是以和平为主，不主动挑起战争，因为此时汉朝国力有限，并不是匈奴的对手，和亲带来的羞辱和物质

---

1 《史记》卷25《律书》。

损失要远小于战争带来的危害和损失。作为一名负责任的政治家，汉文帝的政策是符合现实的，而且当时的国内政局也非常危险。

汉文帝面临的敌人除了北方的匈奴外，还有南方的南越国，大约相当于现在南岭以南的广东、广西及越南北部一带。南越国是真定人（今河北省正定县附近）赵佗建立的，他原来是秦朝南海郡的龙川县令（今广东省龙川县附近）。秦末战乱，南海尉（南海郡的军事长官）任嚣在病死前嘱咐赵佗封闭与中原的道路，独立建国，随后赵佗又吞并了桂林郡、象郡。汉朝建立后，汉高帝派遣陆贾出使南越，封赵佗为南粤（越）王。吕后当政时，禁止向南越国出口铁器，赵佗因此称帝，发兵攻打汉朝的长沙国，汉军反击，但因气候高温潮湿，士兵很多人生病，连南岭也翻不过去。一年后，因吕后死而罢兵。南越国因此声威大振，闽粤（越）（今福建省一带）、西瓯骆（今广西壮族自治区、越南北部一带）向它臣服，其版图东西万余里，赵佗本人也仿照汉朝皇帝的排场，南越俨然成为与汉朝并驾齐驱的两个政权。汉文帝在北方已有劲敌匈奴，不想再树强敌，即位后下令修缮在真定的赵佗祖坟，任命他的兄弟为官，主动示好，又再次派遣陆贾出使南越国，带了一封礼貌谦虚、言辞恳切的信给赵佗，请求两国重新修好，只要求赵佗去除帝号。赵佗被汉文帝真诚、谦虚的行为和言辞打动，同时也惧怕汉朝的强大，答应去除帝号，仍称南越王，双方和好如初。

## 2. 内安诸侯兄弟之国

刘邦建立了汉朝的郡国并行体制，随即又消灭了几乎所有的异姓诸侯国，此时整个汉朝超过一半的版图均属于刘姓诸侯国所有，尤其是关东地区的洛阳、荥阳以东几乎全是诸侯王的天下。应该说，刘邦的这一制度设计是成功的，刘姓诸侯是汉初最强大的政治势力，这确保了汉朝的江山不会落入异姓之手。作为汉朝的最高统治者，吕后及其家族掌握了军政大权长达十几年，却不敢公开篡夺刘氏江山，建立吕氏天下，所忌惮的不仅是开国功臣集团，更是刘姓诸侯，所以她只能逐步削弱诸侯的力量。但等到她一死，刘氏诸侯立即起兵讨吕，此举激发了功臣集团，他们在首都发动政变，轻而易举地消灭了吕氏集团。刘姓诸侯诛杀诸吕立了大功，汉文帝即位后，立即封政变的功臣皇族硃虚侯刘章为城阳王，他的弟弟东牟侯刘兴居为济北王，这样他们与哥哥齐王刘襄并列为诸侯王，成为当时一股强大的政治势力。公元前177年，济北王刘兴居因不满意汉文帝未封其为更重要的梁王，趁着匈奴大举入侵起兵造反。汉文帝立即采取软、硬两手措施，一面宣布只要归顺朝廷，所有跟随刘兴居造反的人全部赦免，不追究罪责，一面调遣大军进驻荥阳，迎击叛军。在大军压境的形势下，叛军自知造反无望，纷纷归顺朝廷，刘兴居也兵败自杀。

汉文帝有一个亲弟弟淮南王刘长，他和汉文帝是汉高帝刘邦仅存于世的两个儿子。刘长为人非常骄纵、跋扈，再加上皇帝亲弟弟的身份，汉文帝对他非常优容，他的气焰越来越嚣张。他经常违反朝廷法令，甚至亲手用大锤打死了曾任左丞相的辟阳侯审食其，却没有受到处罚，汉文帝的母亲薄太后、太子刘启及满朝大臣都害怕他。刘长益发骄横，回到淮南国后完全模仿皇帝，出入称“警跸”，发布命令称“制”，废除了汉朝的法律，自己制定了本国的法律。几次上书给汉文帝也桀骜不驯，这些行径已经等同于谋反。汉文帝再也不能容忍，于是让舅舅薄昭写信警告刘长，举了周公诛杀管叔以稳定周朝和自己诛杀济北王以稳定汉室等例子，希望刘长赶紧谢罪以求宽恕。一向骄横跋扈的刘长哪里经受得了这个？他接信后马上勾结棘蒲侯柴武的太子、闽越国和匈奴，准备里应外合谋反，但事情很快败露，刘长被逮捕，押送长安。按律，刘长当“弃市”。汉文帝不忍杀害自己唯一的亲弟弟，法外开恩，将他和他的子女、妻妾一起流放到严道邛邮（今四川省荥经县西），在当时是非常边远的小地方。地方官为他们盖了房子，每天供应肉五斤、酒二斗。参与刘长谋反的其他从犯全部被杀，主犯却因是皇弟而幸免。

刘长被关在辎车里，沿途各县像接力一样依次押送他去往遥远的流放地，到了雍县后才发现刘长已经绝食而死。听到这个消息后，汉文帝担心自己会落下一个杀弟弟的恶名，将责任推给了沿途各县应该打开辎车、侍奉刘长饮食的相关人员，将他们全部诛杀，并以列侯的礼仪安葬了刘长，还封他4个还未成年的儿子为侯。过了几年后，民间流传有一首民歌："一尺布，尚可缝；一斗粟，尚可舂。兄弟二人，不相容。"汉文帝听到这首民歌后，为了不让人觉得他是贪图淮南国的地盘而不顾亲情，便将刘长的陵园改成诸侯王的规格，并将淮南国故地封给了他尚在世的3个儿子，分别封为淮南王、衡山王和庐江王。这说明汉文帝很重视民间舆论和自己的声誉。一个政治家如果对民间的舆论毫不在意，将是非常可怕的。

济北王、淮南王的两起反叛表明，同姓诸侯王已经由原来的江山捍卫者变成了威胁者，因为此时异姓诸侯王已经被彻底消灭，开国功臣集团势力也已经式微，皇帝与同姓诸侯王的矛盾逐渐浮出水面。这是汉文帝面临的一项政治难题。

作为汉文帝最重要的智囊，贾谊认为当时天下安定的原因是大诸侯国的王还未成年，中央政府为他们安排的师傅、丞相还掌握着各国的政权。等再过几年，这些诸侯王长大成年，血气方刚，他们会将师傅、丞相因年老体弱而罢免，然后再扶植自己的亲信掌握政权，这样一来又会形成新的济北国、淮南国。那时再想天下安定，就是尧、舜也没办法。借鉴汉朝的历史，诸侯国造反是强者先反，因此如果要防止他们造反，就一定要先削弱他们的力量，将这些大国分成几个小国给他们的子孙，这样一来，小国没有实力不敢造反，朝廷也不会对他们征伐，天下也会认为皇帝很仁厚，这是一个双赢的策略。

汉文帝只是部分采纳了贾谊的建议，将强大的齐国一分为七，恢复后的淮南国也一分为三，但是对吴国、楚国这样的大国，汉文帝却没有采取任何有效的措施。贾谊直言不讳地批评汉文帝不应该沽名钓誉，分封刘长的4个儿子为侯，因为这是淮南国复国的第一步，是遗患后世的行为。后来的事实果然证明了他的预见是非常正确的。汉文帝没有解决中央政府与诸侯国之间的矛盾，而且还给后世留下了隐患。这是由汉文帝的政治理念决定的，他在位时尽量避免滋生事端，尤其避免发动战争，不愿意烦扰百姓。吴王刘濞谎称有病不来朝见，汉文帝虽然心知肚明，但只是赐给他坐几和手杖表示关怀，准许他因年老体衰而免去进京朝觐的义务。但是汉文帝也并非一味怀柔，一旦出现诸侯王反叛，他会坚决使用武力平定。

汉文帝外对匈奴、南越国，内对诸侯国都奉行和平友好的基本政策，不主动挑衅生事。如果说匈奴比汉朝强大，汉文帝奉行和亲政策，赠送财物是出于无奈，那么对相对弱小的南越和诸侯国，则完全是出于汉文帝信奉的和平主义。有一个和平稳定的内外环境，才有可能集中精力发展经济、壮大国力。史称汉文帝在位期间“躬修俭节，思安百姓”[1]，这可以说是对汉文帝一朝最简洁的概括。

## 第四节　宽刑重法：一代仁君

### 1．一位感动皇帝的女孩

汉文帝清静无为，他在位期间，政府尽量不干涉经济生产与社会生活，民间不依靠政府投资拉动经济，政府开放各项资源，不垄断，轻徭薄赋，让利于民，藏富于民，他施行的政策几乎与秦朝完

1 《汉书》卷24《食货志》。

全相反。秦朝奉行严刑峻法，统治极为严酷，而汉朝的法律是以秦朝为蓝本制定的，汉文帝对此并不满意。刚即位，他就召集丞相、太尉和御史大夫，商量要废除其中的“相坐法”，他认为罪犯的父母、妻子和儿女并没有罪，却要受到连累一起遭受处罚，这样的法律很不合理。丞相陈平、周勃都反对废除“相坐法”，但在汉文帝的反复坚持下，这一规定最终被废除。这一善政并未持续多久，十几年后汉文帝被方士新垣平欺骗，一怒诛杀了他的三族，等于又恢复了“相坐法”。汉文帝还多次大赦天下，加强教化，以仁德教育民众，宽刑简政，意图营造一个“人人自爱而不敢犯法，先行义而废弃耻辱”的社会，当时全国每年处理的罪犯不过数百人。

自周秦以来，肉刑持续了1 000多年，这项刑罚极为残酷不人道，它包括了“黥”（人脸上刻字）、“劓”（割掉鼻子）、斩左或右止（同“趾”，砍掉左或右脚）。中国的传统认为“身体发肤受之父母，不得损伤”，凡受肉刑就会被整个社会遗弃，对于受刑者来说是一种永久性的精神、肉体双重打击。公元前167年，齐国的太仓令（管理仓库的官员）淳于公犯罪，应该被逮捕押送长安，并处以肉刑。淳于公有5个女儿，他抱怨自己只有女儿，没有儿子，在危急的时候一点忙也帮不上。他的小女儿缇萦悲伤哭泣，决定跟随父亲一起到长安。到达长安后，她上书给汉文帝：“妾父为吏，齐中皆称其廉平，今坐法当刑。妾伤夫死者不可复生，刑者不可复属，虽复欲改过自新，其道无由也。妾愿没入为官婢，赎父刑罪，使得自新。”汉文帝阅读了这封信后，被深深打动，写了一条批示给御史大夫：“今法有肉刑三，而奸不止，其咎安在？非乃朕德薄而教不明欤？吾甚自愧。……今人有过，教未施而刑加焉？或欲改行为善而道毋由也。朕甚怜之。夫刑至断肢体，刻肌肤，终身不息，何其楚痛而不德也，岂称为民父母之意哉”，因此下令废除肉刑。[1]

---

1 《史记》卷10《孝文本纪》。

两千年后，在感叹缇萦的孝义与勇气之余，我们也惊异于一个普通的小女孩竟然可以给皇帝写信，并得到了正面的回复，这是因为汉文帝允许所有人给他上书提意见。为了听取批评意见，在即位的第二年，汉文帝就废除了“诽谤妖言罪”，他认为：“今法有诽谤妖言之罪，是使众臣不敢尽情，而上无由闻过失也。将何以来远方之贤良？其除之。”[1]汉文帝每次上朝时，只要遇到随从官员上书提意见，他都会停下车来接受，意见不可行的就放在一边，可行的就采纳。

## 2．法者，天子所与天下公共也

汉文帝强调以法治国，强调法律面前人人平等，他本人就是一个守法的表率。汉文帝一朝掌握全国司法大权的是廷尉张释之，他原来只是皇帝的一个侍从（骑郎），十年都没得到升迁，后来经袁盎推荐，获得汉文帝赏识，逐步提升为公车令（守卫宫殿南门司马门的官员）。一天，皇太子刘启和他的弟弟梁王刘揖（又名“胜”）共乘一车，他们违反规定，不下车就直接驶进了皇宫的司马门，正在守卫的张释之追上去扣留了他们，并且按照规定要罚款。太子、梁王的奶奶，汉文帝的母亲薄太后得知了两个心爱的孙子居然会被一个看门的扣留，立即召见汉文帝责问，汉文帝脱下帽子谢罪，说是他教育儿子不当导致的。薄太后于是派人赦免了太子、梁王，他们这才能进入司马门。此事过后，汉文帝不但不责怪张释之，反而对他非常欣赏，将他提拔为中大夫（执掌议论的中级官员），随即又升为中郎将（皇帝的侍卫首领），从此他们二人成为最佳的君臣伙伴。汉文帝人格之伟大，心胸之宽广，千古之下，仍让人感叹。

随后有一天，张释之随同汉文帝、慎夫人去霸陵（汉文帝为自

1 《史记》卷10《孝文本纪》。

己选定的陵墓，地宫开凿在山中）巡视，汉文帝登高远望，指着新丰道对慎夫人说，这是去往你故乡邯郸的道路。故乡、墓地，生于彼，死于此，汉文帝是一个真性情的人，不由得触景生情，引吭高歌，声音非常凄惨、悲凉，慎夫人则在一旁鼓瑟伴奏。放歌后，汉文帝看着跟随的群臣说："唉！以此山为我的椁（外棺），再用麻絮混着漆封闭，谁能打得开呢？"群臣都说这个主意不错，只有张释之说："如果地宫里有贵重的东西陪葬，再坚固也没用；如果没有贵重的陪葬品，即使没有石椁，也没什么好悲伤的！"这真是句极聪明的话，汉文帝一听大为叫好，随即提拔张释之为廷尉，掌管全国司法。

张释之不只是对太子、梁王铁面无私，就连汉文帝本人也不时领教他的原则性。有一次汉文帝乘车路过中渭桥，突然有一人从桥下钻出来，致使为汉文帝拉车的马受惊，侍卫立即将此人逮捕，押送到张释之那里审讯。那个人招认："听说皇帝要来，所以我躲藏在桥下，想等他过去再出来。谁知道时间过了很久，我一出来就恰好见到皇帝的车骑，当时我就是想跑开罢了。"张释之依法判他罚款。汉文帝很生气："这个人惊了我的马，幸好我的马驯良温和，如果换了别的马，我岂不是会摔伤？你竟然只是罚他的款？"张释之回答说："法者，天子所与天下公共也。今法如此而更重之，是法不信于民也。且方其时，上使立诛之则已。今既下廷尉，廷尉，天下之平也，一倾而天下用法皆为轻重，民安所措其手足？唯陛下察之。"汉文帝思考了很久，说："廷尉当是也！"[1]

后来发生的一件事更让汉文帝生气。有一个人盗走了汉高帝刘邦庙中的玉环，被抓到后，汉文帝震怒，送给张释之治罪。张释之按照法律判他死刑。汉文帝大怒："这个人丧心病狂到盗窃先帝庙里的东西，我将他交给你，就是想诛杀他的全族，而你却按照法律办

---

1 《史记》卷102《张释之冯唐列传》。

事，这可不是我的本意！”张释之免冠叩头谢罪：“法律就是这样，要按照罪行的危害程度来判决。现在盗窃宗庙器物的要诛全族，那万一有人盗窃汉高帝长陵的地宫，你将如何处罚他呢？”许久之后，汉文帝将这件事告诉了薄太后，最终还是按照张释之的判决执行。张释之因此名声大噪，天下人都觉得他了不起。这就是当时汉朝的社会风气，一个正直、不畏强权、坚持原则的人是很受民众追捧的；如果相反，这样的人被民众嘲笑为傻瓜，那么一定是这个社会出了大问题。成就张释之声名的是汉文帝，他的自律、宽容、大度以及对司法的尊重才造就了这位刚正不阿的名臣。

汉文帝尊重司法不仅表现在他对张释之严明执法、甚至违逆自己心愿的宽容，还表现在他对尊亲违法的态度。汉文帝是个大孝子，当年在代国时，母亲薄太后重病长达三年，他亲自看护，殷勤侍候在侧，目不交睫，衣不解带，每当煎好汤药，他都要亲自尝试，然后再给母亲服用。他的仁孝声名传遍天下，这也是当年功臣集团立他为帝的一个原因。这件事后来成为中国传统二十四孝之一的“亲尝汤药”。汉文帝的母亲薄太后只有一个弟弟薄昭，当年就是他先期赴长安与周勃会晤，确认其中没有阴谋，才使得汉文帝可以平安登上帝位，而且他又是跟随着汉文帝从代国赴长安即位的六个随从之一。他不仅是汉文帝的至亲长辈，也是汉文帝最可信赖的心腹。公元前170年，时任车骑将军的薄昭杀了汉文帝的使者，犯了死罪。汉文帝不忍心诛杀舅舅，但还是想了一个办法，他派公卿大臣们穿着丧服到薄昭家去吊孝，逼着薄昭自杀。中国古代司法讲究议亲、议贵，即使汉文帝赦免舅舅也并非不可，但在情与法之间，汉文帝最终选择了法，虽然他是用了一个曲折委婉的手段。

汉文帝杀舅事件在中国历史上一直有争议。唐朝名相李德裕认为：“汉文帝诛薄昭，断则明矣，于义则未安也。秦康送晋文，兴如存之感；况太后尚存，唯一弟薄昭，断之不疑，非所以慰母氏之心也。”但司马光认为：“法者天下之公器，惟善持法者，亲疏如一，无所不行，则人莫敢有所恃而犯之也。夫薄昭虽素称长者，文帝不为置贤师傅而用之典兵；骄而犯上，至于杀汉使者，非有恃而然乎！若又从而赦之，则与成、哀之世何异哉！”[1]盛世之所以成为盛世，一定会有其他时代没有的长处，不是平庸的时代可以企及的，衰世就更不用提了。

虽然是皇帝，但汉文帝并不是一个绝对的独裁者，他的行为处事不仅受到他自身道德的制约，还受到当时的法律和大臣们的制约，张释之并非唯一能制约他的大臣。汉文帝一度想启用皇后的弟弟窦广国为丞相，但害怕天下人认为他有私心，考虑了很长时间还是不敢任命。那时汉高帝朝的大臣们在世者已经不多，汉文帝只好以开国功臣中地位并不高的申屠嘉为丞相，封为故安侯。这表明直到此时，功臣集团仍然主导着汉朝的政局，百官之首的丞相只能从这个集团中产生。

申屠嘉为人清廉正直，居家时不接受私人的拜访。汉文帝极其宠爱太中大夫邓通，赏赐他很多的财物，还经常去他家饮酒作乐。一天，丞相申屠嘉入朝，邓通在汉文帝身边，态度简慢随意，并对他有所怠慢。申屠嘉汇报完事情后，对汉文帝讲：“陛下爱幸臣，则富贵之；至于朝廷之礼，不可以不肃！”汉文帝回答：“你不要再说了，我就是宠爱他。”申屠嘉回到相府，发布公文命令邓通来进见，如果他不来，就命令使者直接将他斩杀。邓通害怕了，告诉了汉文帝，汉文帝说：“你先去丞相府，然后我派人去召你过来。”邓通到了丞相府，脱下帽子，赤脚，叩头请罪。申屠嘉坐在那里，旁若无人，根本不回礼，骂道：“夫朝廷者，高皇帝之朝廷也。通小臣，戏殿上，大不敬，当斩。吏今行斩之！”邓通拼命叩头，头上鲜血直流，申屠嘉依然置之不理。汉文帝估计邓通已经被折磨得差不多了，便派使节去召邓通进宫，并请求申屠嘉：“此吾弄臣，君释之。”

1 《资治通鉴》卷14《汉纪六》。

邓通见到汉文帝哭诉："丞相几杀臣。"[1]

这样一位刚正不阿、清廉耿介的丞相一直受到汉文帝的器重。汉文帝明白弄臣与股肱大臣是有本质不同的。汉文帝宠爱邓通，可以赐给他大量财物，甚至可以让他经营铜矿，铸造铜钱，成为巨富，但绝对不会委任他以重任；而申屠嘉、张释之这样的大臣却能让汉文帝产生敬畏，深受他的尊重与器重，这样的人才是他可以委以重任的股肱之臣，才是他执政团队的核心成员，才可以在他的领导下，共同开创一代盛世。

以汉文帝为榜样的唐太宗同样尊重司法，他认为"法者，非朕一人之法，乃天下之法"，又因"死者不可再生"，对死刑判决极为慎重，贞观四年（630年），全国死刑犯才29人。汉唐两位文帝虽相距年代遥远，却秉持着同样的司法原则。

## 第五节　举荐贤良方正与慧眼识英才

### 1. 既问苍生也问鬼神：识拔平民精英

治理一个国家，光有一个贤明的君主是不够的，还需要一个执政团队。汉初的执政集团就是开国功臣集团，丞相、太尉、御史大夫号称三公，是这个团队的领袖。但到了汉文帝时期，开国功臣集团开始逐渐淡出政治舞台，这既有他们年华老去的原因，也是汉文帝有意扩大执政基础的结果，必须要有新人来取代功臣，形成新的执政团队，这是正常的政治新陈代谢。

公元前178年发生了日食，汉文帝认为这是上天示警，于是下

1 《史记》卷96《张丞相列传》。

诏检讨自己："朕闻之，天生蒸（烝，众多）民，为之置君以养治之。人主不德，布政不均，则天示之以灾，以诫不治。乃十一月晦，日有食之，适见于天，灾孰大焉！朕获保宗庙，以微眇之身托于兆民君王之上，天下治乱，在朕一人，唯二三执政犹吾股肱也。朕下不能理育群生，上以累三光之明，其不德大矣。令至，其悉思朕之过失，及知见思之所不及，匄（乞求）以告朕。及举贤良、方正、能直言极谏者，以匡朕之不逮。因各饬其任职，务省繇费以便民。"[1]这封诏书情真意切，充分表达了汉文帝的谦卑谨慎。他将一切过失归于自己，立志要更好地为民众服务，并提出了切实的解决方案，即要求大家向他提意见，并要举荐贤良方正、能直言极谏的人才来辅佐他，纠正他的过失。什么是人才？也许不同的人有不同的标准，但在汉文帝看来，道德水平高、正直、不圆滑，能够坦率向他提出尖锐批评意见的才是他需要的人才，就像丞相申屠嘉、廷尉张释之。能够容纳这样人才的人，一定有着宽阔、博大的胸襟，一定有着高远的志向。这道诏书开启了中国历史上一个举荐人才的时代，这一制度维持了近一千年，直到被科举制逐渐取代。

在新的人才选拔体制中首先脱颖而出的是年轻的贾谊。廷尉吴公向汉文帝举荐年仅20来岁的洛阳人贾谊充当博士。在诸多博士中，贾谊最年轻，但又最聪明，每当汉文帝有问题要求解答时，众人还在思考讨论，他就率先给出了答案，而且还能让众人心服口服。汉文帝对他极其赏识，半年后就越级提拔为太中大夫。贾谊是汉文帝最重要的一位智囊，他的《论积贮疏》《陈政事疏》（《治安策》）成为汉文帝、汉景帝，甚至汉武帝时期经济、政治方面重大国策的理论基础，其中提出了重视农业、重视粮食储存、通过再分封抑制诸侯国势力等一系列政策。为了削弱功臣集团的势力，贾谊建议所有列侯应该离开长安回到他们的封地，这是釜底抽薪之计，

---

1 《史记》卷10《孝文本纪》。

自然遭到了功臣们的强烈反对，因为这样一来他们就得辞去身任的丞相、太尉、御史大夫等要职，等于要将功臣集团从政治舞台上彻底清除。以周勃、灌婴为首的功臣集团向汉文帝告状，说这个“洛阳子”贾谊年少无知，却已经一门心思想擅权乱政，因此贾谊不得不离开长安，担任长沙王的太傅。几年后，汉文帝思念贾谊，召他进京，他们于未央宫宣室殿讨论鬼神这一类形而上的问题。到了半夜，汉文帝听得入神，不知不觉在席上向贾谊靠近（汉朝时人们是跪坐在席上）。过后汉文帝感叹：“我久不见贾谊，以为自己终于能在学问上超过他了，现在发觉还是不及他。”随即任命贾谊为自己最宠爱的小儿子梁王刘揖的太傅。汉初中央政治一直存在着两方势力的斗争，一方是开国的功臣集团，一方是逐渐崛起的平民精英，贾谊、晁错是后者的杰出代表。为了扩大统治基础、抗衡功臣集团，皇帝有意拔擢平民精英，功臣集团当然也要反击，我们在汉初的政治史中可以清楚地看到这一脉络。

唐朝李商隐有句名诗：“可怜夜半虚前席，不问苍生问鬼神。”说的就是上述汉文帝与贾谊在宣室谈话的故事。不问天下苍生，反而讨论鬼神，李商隐表面上感叹汉文帝未能重用贾谊，但他其实是借贾谊之酒杯，浇自己胸中怀才不遇的块垒。汉文帝与贾谊多年不见，讨论一下哲学问题有何不妥呢？事实上，汉文帝对贾谊可谓破格重用，贾谊20岁出头已经成为他最重要的智囊，贾谊所提的重要建议也大多成了国策。汉文帝甚至想将贾谊进一步提拔为公卿大臣，但在功臣集团的强烈反对下，不得不将他调离京城，后提拔为长沙王太傅，秩二千石，与最高地方长官郡守同一级别，此时贾谊还不到30岁；后来又调任他做汉文帝最宠爱儿子梁王的太傅。贾谊是一个没有任何背景的平民，怎么还能说汉文帝不重用他呢？

对贾谊而言，调离京城未尝不是一种保护，以免他与功臣集团的矛盾激化。要知道汉朝的丞相对贾谊这种中级官员有先斩后奏的权力。贾谊本人的性格多愁善感，对自己被调离长安有过怀才不遇的怨言，最后因悲伤抑郁而死，这也说明他是一个智囊型的感性人才，并不适合担任杀伐决断的决策、执行职位。从这一层面，可以说，汉文帝是非常知人善任的。中国古代文人总是喜欢高估自己，认为自己有经纬天地的治国之能而怀才不遇，殊不知，事关国计民生的行政决断、执行能力与文学才能之间并没有必然的因果联系，甚至可能是负相关的。因为文人多理想化，好纸上谈兵，而现实远比纸面上的知识、理论要复杂得多，因此常见他们多谋寡断、优柔寡断甚至胡想乱断。中国盛产文学青年，而政治家、实干家一向是极为稀缺的。

在贾谊出任梁王刘揖的太傅后不久，刘揖坠马摔死。因他无子，贾谊上书建议将汉文帝的儿子、太子同母弟淮阳王刘武改封为梁王，建都于睢阳（今河南省商丘市附近），这是一个极富战略预见性的安排。梁国的地理位置极为重要，扼守都城长安与东方诸侯国的咽喉要道，是维护中央政府的屏障；梁国也是经济非常发达的地区，是全国的粮仓。贾谊提议将汉文帝的儿子分封在此，就是为了防备未来可能发生的东南诸侯国叛乱。汉文帝听从了这个建议，将淮阳王刘武改封为梁王。梁国疆域北界泰山，西至高阳，下辖人口众多、经济发达的40多个县，是当时最强大的诸侯国。在日后的吴楚七国之乱中，梁国发挥了极其重要的作用。之后汉文帝又改封城阳王刘喜（第一代城阳王刘章的儿子）为淮南王，也是同样的目的。但仅四年后，汉文帝不顾贾谊的建议，又将刘长的儿子封为淮南王，刘喜还封为城阳王，这一举措为日后的七国之乱埋下了祸根。

可以说，正是汉文帝制定的举荐人才制度，才让一无背景、二无阅历的贾谊成为他最重要的智囊，使得贾谊在经济、政治、军事三方面都作出了极为重大的贡献。如果说贾谊是一匹千里马，汉文帝无疑就是那位慧眼独具的伯乐。可惜因为梁王刘揖意外而死，责任心极强、身心脆弱的贾谊认为自己作为师傅没有尽职，经常哀痛哭泣，身体因此日渐衰弱，一年多后就去世，年仅32岁，否则经过历练后的贾谊肯定还会被进一步重用。

汉文帝时期被发现的人才还有晁错，他是颍川人（今河南省许昌市附近）。汉文帝时，《尚书》已经基本失传，无人通晓，只有济南的伏生因曾是秦朝博士，精通《尚书》，但此时他已经90多岁，无法到长安来了。于是汉文帝命令太常（掌管宗庙礼仪之官，博士是其下属）派人去跟随伏生学习《尚书》，太常选择了晁错。伏生不会说官话，讲话难以被人理解，所以让他的女儿翻译，但仍旧有大约十之二三的内容晁错没有听懂。晁错用当时流行的汉隶记录《尚书》，与古本《尚书》的文字不同，所以就称之为“今文《尚书》”，这就是流传到现在的今文《尚书》的源头。学习《尚书》回到长安后，晁错被汉文帝任命为太子的随从官家令，因其能言善辩，深得太子赏识。后来汉文帝命令天下举荐贤良、文学人士，晁错便在候选名单中。那次对策共有100余人参加，汉文帝亲自策问了晁错，并评为优秀，于是晁错被提拔为中大夫，当时贾谊已死。

晁错给汉文帝的建议很多，如要求削弱诸侯、改变法令等，汉文帝并没有全部听从，却非常欣赏他的才能。[1]汉文帝曾特地用盖着玉玺的诏书，正式且谦虚地回应晁错的《言兵事疏》：“皇帝问太子家令：上书言兵体三章，闻之。书言‘狂夫之言，而明主择焉’。今则不然。言者不狂，而择者不明，国之大患，故在于此。使夫不明择于不狂，是以万听而万不当也。”[2]即可以提任何不同的建议，但最重要的是决策者如何选择，并且要为其选择、决策最终负责，而不能将责任推卸给建议者，因此提建议者尽可以“狂”，这样才能让领导听到不同的尖锐意见。汉文帝的这段回答是对晁

---

1 《史记》《汉书》对此说法不同。《史记》卷101《袁盎晁错列传》：“数上书孝文时，言削诸侯事，及法令可更定者。书数十上，孝文不听，然奇其材，迁为中大夫。”《汉书》卷49《爰盎晁错传》：“错又言宜削诸侯事，及法令可更定者，书凡三十篇。孝文虽不尽听，然奇其材。”《汉书》的记载更符合史实，汉文帝并没有完全不听从晁错的建议。

2 《汉书》卷49《爰盎晁错传》。

错极高的褒扬，不仅欣赏他的建议，而且欣赏他张扬、狂放的个性，但并非人人都像汉文帝这样心胸宽广，晁错以后的悲剧证明了这一点。晁错能够成为太子，即后来的汉景帝最重要的智囊，也正是由于他的性格偏执、不随和、严厉刚直、做事不留余地。但除了汉文帝和汉景帝外，基本没有人喜欢他，这导致了他日后的悲惨下场。

## 2．军中闻将军令，不闻天子之诏

在武将方面，汉文帝发现并重用了周亚夫——未来平定七国之乱的汉军主帅。周亚夫是周勃的儿子，公元前158年，匈奴6万骑兵入侵，周亚夫作为将军，率军驻扎在长安郊外的细柳。汉文帝亲自视察劳军，先去了另外两个军营。在那里，皇帝的马车可以直接驶入，将军则率领部下骑马迎送。但等汉文帝到了细柳，发现将士们全身披甲，手执兵器，弓弩都拉满了弦，随时准备战斗。汉文帝的前锋先至，却被拦住不能进入军营。前锋说："天子且至！"军门都尉回答："将军令曰'军中闻将军令，不闻天子之诏'。"没多久，汉文帝到了，又被拦住不得进入，于是汉文帝命令使臣手持皇帝的符节对周亚夫说："吾欲入劳军。"周亚夫这才命令开门。守门的士兵向皇帝车骑转达周亚夫的命令："军中不得驱驰。"于是汉文帝一行人挽住了马辔慢慢前行。进入军营里后，将军周亚夫手持兵器，对汉文帝行拱手礼说："介胄之士不拜，请以军礼见。"汉文帝听到后肃然起敬，为之动容，他手扶车轼（车前横木），派人对周亚夫说："皇帝敬劳将军。"敬礼完成后便离开了。出了军营门，随从的大臣都感到十分震惊。汉文帝则对周亚夫连连称赞："嗟乎，此真将军矣！曩者霸上、棘门军，若儿戏耳，其将固可袭而虏也。至于亚夫，可得而犯邪！"过了一个多月，匈奴退兵后，汉文帝提拔周亚夫为掌管长安城卫戍、率领北军的中尉。汉文帝在临死前告诫太子："即有缓急，周亚夫真可任将兵。"[1]

后来的事态发展足以证明，汉文帝非常知人善任，他一贯欣赏、重用的都是如贾谊、晁错、周亚夫这样有才能、有个性的人，而不是善于逢迎的奴才。汉文帝在位期间的所作所为，充分证明了他的政治能力。他巧妙地解除了功臣集团的权力，但并未选择激烈的手段，而是逐步用举荐的人才代替，这既避免了权力交替后经常出现的政局动荡和冲突，也能够让新的人才在实践中证明自己的能力。

800年后的唐太宗同样虚怀纳谏、尊重大臣，他认为"致治之本，惟在得人"，非常知人善任，手下的文臣名将盛极一时，李靖、李世绩、魏征、房玄龄、杜如晦等都是中国历史上著名的政治、军事人物。贞观之治的文治武功正是在唐太宗的领导下，由这一批人杰策划、执行并实现的。

## 3．岂不仁哉：备受推崇的千古仁君

可惜天不假年，公元前157年，年仅46岁的汉文帝去世了。在位23年，他用短暂的一生为历史与后人诠释了什么是有道明君，什么是仁君。汉文帝去世时的遗诏是其伟大人格的最好总结："朕闻盖天下万物之萌生，靡不有死。死者天地之理，物之自然者，奚可甚哀？当今之时，世咸嘉生而恶死，厚葬以破业，重服以伤生，吾甚不取。且朕既不德，无以佐百姓；今崩，又使重服久临，以离寒暑之数，哀人之父子，伤长幼之志，损其饮食，绝鬼神之祭祀，以重吾不德也，谓天下何！朕获保宗庙，以眇眇之身托于天下君王之上，二十有余年矣。赖天地之灵，社稷之福，方内安宁，靡有兵革。朕既不敏，常畏过行，以羞先帝之遗德；维年之久长，惧于不终。今

---

1 《史记》卷57《绛侯周勃世家》。

乃幸以天年，得复供养于高庙。朕之不明与嘉之，其奚哀悲之有！其今天下吏民，令出临三日，皆释服。毋禁取妇、嫁女、祠祀、饮酒食肉者。”[1]遗诏中还提出，丧礼从简，霸陵不要大兴土木，夫人以下至少使的后宫女子全部放回娘家生活。

这篇遗诏一定是汉文帝临终前的亲笔或亲口叙述，因为没有任何人敢擅自替皇帝起草如此谦卑的遗诏，它反复强调了自己的无德无才，对社会、百姓没什么贡献；生死是自然的规律，因此要求百姓不要为他服丧超过三天，嫁娶、吃喝玩乐都不要受他的丧礼影响；并将他的妾们全部放回娘家，实际是允许她们再嫁，这不但是一种非常人性化的安排，而且又减少了民众供养的负担；自己的陵墓不许大兴土木，是为了节省民力、财力，也反映了他对死亡达观、通透的认识。汉文帝的霸陵在其去世后仅动员了3.1万名民夫兴建，在今西安东郊的白鹿原北崖壁上穿凿而成，是西汉诸帝陵中最为简朴的一座。

汉文帝将这篇遗诏公布于天下，是对继任皇帝的约束，担心他违背自己的心意，而为自己大办丧事，骚扰百姓，浪费人力、物力，其良苦用心可见一斑。终其一生，汉文帝始终坚持不扰民，与民方便，藏富于民，而他自己，却生前不增修宫殿，不添加个人用具，死后不营建豪华坟墓，不陪葬任何值钱的财物。在现代自恋流行，以炫耀财富、权势为荣的社会，即使一个普通人能做到这些也非常不容易，何况是一位拥有四海的皇帝，更何况是这样一位建立丰功伟绩、开创一代盛世的有道明君！

汉文帝安葬于霸陵后，群臣为他拟定谥号为“孝文皇帝”。按谥法，“慈惠爱民”曰“文”，这是对他一生最恰当不过的评价。在唐朝以前，只有那些有功有德的皇帝才有庙号，或称某祖，或称某宗。称祖者侧重于其有功，因此多为开国皇帝，称宗者则侧重

---

1 《史记》卷10《孝文本纪》。

于其有德。没有庙号的皇帝在过了几代后，其牌位将被撤除出宗庙，而有庙号者则可世代接受皇帝与民众的祭祀。汉文帝逝世后的第二年，丞相申屠嘉等上奏："功莫大于高皇帝，德莫盛于孝文皇帝。高皇帝庙，宜为帝者太祖之庙；孝文皇帝庙，宜为帝者太宗之庙。天子宜世世祭祀祖、宗之庙，郡国诸侯宜各为孝文皇帝立太宗之庙。"[1]汉景帝批准了这一建议，汉高帝刘邦的庙号称为太祖，汉文帝的庙号称为太宗。

具有卓然的独立人格、强烈的批判精神的司马迁对汉文帝非常景仰，他评论道："孔子言'必世然后仁。善人之治国百年，亦可以胜残去杀'。诚哉是言！汉兴，至孝文四十有余载，德至盛也。廪廪（渐近）乡（向）改正服、封禅矣，谦让未成于今。呜呼，岂不仁哉！"[2]司马迁的评论既是对汉文帝谦虚伟大的人格与德政的颂扬，也是对汉武帝的暗讽。汉朝继承秦朝的制度，历法以十月为岁首，即为一年的第一月，到了汉武帝时才改以正月为岁首；按五德学说，汉朝为水德，衣服尚黑，也于汉武帝时改为土德，服色尚黄；封禅也是汉武帝时进行的。这三个举措在当时都是极其重大的制度变革，显示天下太平，盛世来临，从理论上讲，是有大德大功的帝王才能做的事。正因为此，惜墨如金的《史记》全文记录了汉文帝的遗诏，而对其他皇帝的遗诏却无一字记录。

汉文帝宽厚仁慈，但这并不代表他软弱无能，与功臣集团、诸侯王之间的斗争已经充分证明了他的政治能力。仁者爱人，仁者要有对弱势群体博大的同情心与爱心。汉文帝轻徭薄赋，甚至史无前例地免除了当时政府主要的收入来源——农业税；不浪费民力，不主动发动战争，不兴土木，不为自己兴建宫殿，添置器具，生活简朴；开放国有资源，包括自己的苑囿给民众利用；废除肉刑，宽以待民，重视以德治国；担心自己的丧礼影响民众日常生活，甚至在

---

1 《史记》卷10《孝文本纪》。
2 同上。

遗诏中不厌其烦地规定丧礼的各种细节；他在位20余年，已经尽可能地克制自己的欲望，尽可能地做到为民众考虑；他不需要通过动辄杀伐决断，驱使民众如蝼蚁来显示自己的权力，满足自己的欲望和虚荣，而是尽可能地包容各种势力，缓和各种矛盾，潜心于国家、社会建设，发现并培育人才，虚心听取各方面的不同意见，这才是一位真正的有道仁君。虽然汉文帝也有宠幸邓通的劣迹，如日有食，他不是一位完人，但这无损于他人格、事业的伟大。

汉文帝如果不是一位皇帝，而是一位普通人，我们也会非常乐于与这样的人相识、相知，希望他成为自己的朋友、同事和上司。我们在现实生活中目睹了太多为富不仁、为权不仁的现象，难以想象这些普通人如果掌握了至高无上、生杀予夺的权力，会有何种不堪、暴虐的表现。这反过来更加说明汉文帝的伟大，在位20余年，仍然保持一贯的谦虚、谨慎，是多么难能可贵，几乎没有人能在这个位置上比他表现得更好了。非常幸运，也非常骄傲，我们中国的历史上有这样一位伟大的仁者之君。

非常巧合的是，唐太宗与汉文帝不仅庙号、谥号相同，在位的时间也相同，同为23年。唐太宗也曾下令放出宫女回到民间。这两位太宗文皇帝的事迹、言行如此相似，而他们肩负的历史使命也相同，都需要在天下战乱之后休养生息，恢复经济生产，恢复国力，为盛世顶峰的到来做好充分的准备。

# 第三章

# 勉强合格的继任者与文景之治

虽然汉景帝本人的能力与品格都比不上他的父亲，但他在母亲窦太后的制约下忠实地继承了汉文帝的政策，并平定了吴楚七国之乱，在最终解决诸侯国的问题上迈出了关键一步。长达40年的文景之治积累了雄厚的国力，为即将到来的盛世高峰做好了物质准备。

## 第一节　七国之乱：皇帝与本家诸侯的火拼

### 1. 缺乏互信的囚徒困境：削藩与造反

汉文帝逝世后，太子刘启继位，他的谥号为“孝景皇帝”，即史称的汉景帝，他即位时已经31岁。与汉文帝相同，他既非嫡子，也非长子，因为他的三个哥哥，汉文帝的三个嫡子先后去世，他才得以被立为太子。他的母亲窦氏出身平民，是汉文帝做代王时的妾，后被立为皇后，不久双目失明，汉景帝即位后，她被尊为皇太后，将在历史上扮演非常重要的角色。

汉景帝即位当年，汉朝唯一的异姓诸侯王长沙王吴著去世，因为他没有儿子，长沙国被废除，普天之下只有同姓诸侯国，这是汉景帝面临的最大政治问题。在强大的齐国被汉文帝一分为七，淮南国一分为三后，当时最强大的诸侯国是吴国和楚国。吴王刘濞的父亲刘仲是汉高帝刘邦的二哥，刘濞年轻时也曾追随汉高帝平定英布叛乱，立有战功。汉高帝担心吴地会稽（今江苏省、浙江省一带）民风剽悍、易冲动闹事，而当时他的儿子们都未成年，所以决定封这位作战勇敢的侄子为吴王，镇守吴地，下辖三郡五十三城。在刘濞接受了吴王的印信后，汉高帝将他叫来，看了他的面相后吃了一惊，对他说："你有反相。"虽然后悔，但已经分封了，只好拍着他的背说："五十年后东南地区会有叛乱，不会是你挑起的吧？天下同姓是一家，你千万不要掺和！"刘濞叩首说："我不敢。"

汉景帝的即位无疑激化了中央政府与吴国的矛盾，因为他与吴王刘濞之间有着极深的个人恩怨。汉景帝还是皇太子的时候，与吴王刘濞的太子一起玩博弈的游戏。吴太子的师傅都是楚地人，因此他的性格也剽悍、冲动，再加上养尊处优惯了，为人倨傲。在博弈争道时，吴王太子对皇太子不恭敬，皇太子一怒之下，拿起棋盘失手打死了他。吴太子的尸体被送回吴国归葬后，刘濞愤怒地说："天下同宗，死长安即葬长安，何必来葬为！"[1]将吴太子尸体送回长安下葬。刘濞因此开始心生怨恨，逐渐不再遵守诸侯王的礼节，称病不去长安朝见皇帝。朝廷知道刘濞是因为儿子被打死才不来朝见，而且知道刘濞其实没有病，所以当吴国的使者到达长安后，就将他们扣押审问。刘濞害怕了，就开始考虑谋反，后来又派遣使者求情，汉文帝责问吴国使者，使者回答："'察见渊中鱼，不祥。'现在吴王称病被朝廷发觉，屡遭责问，越发自闭，害怕皇帝杀他，他实在是无可奈何，无计可施了。现在唯有陛下才能解救他摆脱这个困境，不纠缠过去，一起向前看。"于是汉文帝将所有被扣押的吴国

1 《史记》卷106《吴王濞列传》。

使者释放，还赐给吴王坐几、手杖，准许他因年老不入朝。刘濞解困后，谋反的意图也就逐渐消除了。

人与人、团体与团体，甚至国与国之间的矛盾如果不及时得到排解、释放，就会不断激化，一旦陷入了囚徒困境，失去了基本互信，便再也难以挽回，最终只能走向冲突。只有双方开诚布公，互示善意，逐渐建立互信，才能化解矛盾，和平共处，汉文帝的做法正是遵循了这条路径，因而避免了一场内战。但是与刘濞有杀子之仇的汉景帝不仅没有其父的宽容、大度以及高超的政治技巧，反而在晁错的一意鼓动下，进一步激化了与吴国为首的各诸侯国间的矛盾。

吴国有铜矿，又出产盐，资源丰富，因此百姓不需要交田赋，如果轮到服徭役了，吴国就出钱免除他们的义务。此外，吴国每年还寻访、慰问有才能的人，给百姓发放福利，其他郡国的人逃亡到吴国，有官吏来追捕，吴国就予以收容，拒不交出。这些惠民的政策持续执行了40多年，民众自然非常拥戴刘濞。

以前晁错为太子家令时，就多次讲吴国有很多过错，要求削弱它的势力，并将这个意见上书给汉文帝，但是汉文帝宽厚仁慈，更不想多生事端，因此不采纳他的意见。等到汉景帝即位，因一直深受宠爱，晁错被提拔为三公之一的御史大夫，他又一次向汉景帝建议削弱吴国："当年汉高帝初定天下，因为他的兄弟人数少，儿子们的年龄又小，所以大封同姓诸侯。他的庶长子悼惠王刘肥封在齐国，有70余城，庶弟元王刘交封在楚国，有40余城，侄子刘濞封在吴国，有50余城，仅仅这三个人就占据了大半天下。现在吴王刘濞有之前太子被打死的嫌隙，后来又假装生病，不来朝见，按照以前的法律应当被诛杀，但汉文帝不忍心这样做，还赐给他坐几、手杖，对他真是仁至义尽，按理说刘濞应该改过自新。谁知道他却越发骄横，开采铜矿，铸造钱币，煮海水为盐，财富雄厚，又招揽天下逃犯，阴谋叛乱。现在削弱他，他会造反；不削弱他，他也会造反。削弱他，反得快，祸害小；不削弱他，反得迟，祸害大。”汉景帝听从了晁错的这个建议，决定对各诸侯王动手。1 000多年后，我们将在明朝初年、清朝初年看到两个相似的削藩场景，听到相似的人物发出相似的言论，这说明历史有时真的是在重演，可是故事与人物的结局却悲喜不同。

晁错一连上了30道奏疏要求削藩，汉景帝让大臣、宗室、列侯一起讨论，众人都不敢反对，只有窦太后的族侄窦婴不同意晁错的意见，两人因此闹翻。晁错的父亲听说儿子所为后，从家乡颍川赶来，责备晁错：“上初即位，公为政用事，侵削诸侯，别疏人骨肉，人口议多怨公者，何也？”晁错回答：“固也。不如此，天子不尊，宗庙不安。”晁父说：“刘氏安矣，而晁氏危矣，吾去公归矣！”[1]晁父不忍看到晁家大祸临头，随后服毒自杀，后来的事实证明他确实很有预见力。

汉景帝与晁错二人主导的削藩行动按部就班地进行着。汉景帝即位的第三年冬天，楚王刘戊来长安朝见，晁错告发他前一年为薄太后服丧期间，在服丧居住的房里淫乱，要求诛杀他。汉景帝下诏赦免了刘戊的死罪，但将楚国的东海郡收归朝廷，作为惩罚；随后削减了吴国的豫章郡、会稽郡，收归朝廷直辖；因为赵王刘遂两年前犯下的罪行，削减了他的河间郡；因为胶西王刘印违法售卖爵位，削减了他的六个县。这一系列的削藩举动使得诸侯王们人心浮动，惴惴不安，晁错和汉景帝完全是有意想逼反他们，再趁机将他们一网打尽。

在朝廷上下筹划削藩之时，吴王刘濞也担心朝廷步步紧逼，没有止境，与其坐以待毙，不如谋反。事态无可挽回地向着最坏的结果演化。晁错、汉景帝的削藩计划是建立在这样一个假设基础上的，即吴王肯定要造反，只是时间早晚的问题，与其这样，不如逼

---

1 《史记》卷101《袁盎晁错列传》。

他早反，可以尽早解决。这个假设有没有道理？我们不能用后来吴王确实造反的结果反推，因为这个假设本身就直接影响了历史的进程，直接导致了吴王刘濞的造反。如果晁错、汉景帝不是采取这种激烈的手段削藩，刘濞并无必然要造反的理由。更何况他当时已经有60多岁了，相当于现在的百岁老人，也没几年好活，不会想折腾。那么汉景帝为何不能再等到他死了以后，再采取更柔和的手段削藩呢？在帝制时代，一个人谋反与否的标准常常不是看其有无意图，而是看其有无能力，不过这只是缺乏自信的君主信奉的逻辑。对于汉景帝来讲，吴王及其他诸侯王无疑具备了谋反的能力，因此他们有无谋反的意图并不重要。古语有云："匹夫无罪，怀璧其罪"，历史上有很多人包括忠臣志士就是栽在了这个道理上。道理你明白，我也明白，既然如此，诸侯王当然要造反。皇帝与诸侯们陷入了一种缺乏互信的囚徒困境，最终只能通过兵戎相见来打破。

汉文帝早就进行过削藩，当年他将强大的齐国一分为七，分封给齐悼惠王刘肥的七个儿子，就是极其高明、柔和的手段，既达到削弱齐国的目的，但又没有招致任何的反弹。但汉景帝不同，虽然已经30多岁了，但性格仍然很急躁，政治水平欠佳，远不及他的父亲成熟、稳重。当年汉文帝虽然极其欣赏晁错的才能与个性，但并不听从他的削藩建议。汉景帝、晁错君臣二人的性格、行为处事都很相似，他们共同导演了一场削藩的政治大戏，只是一君一臣，身份有别，因此他们在这场大戏中的结局很不相同。

## 2．晁错的悲剧与吴楚的败亡

遭受了一系列的处罚后，诸侯王们感到非常恐惧，他们极为痛恨晁错。削减吴国会稽、豫章郡的命令下达后，吴王刘濞终于起兵造反，随即胶西、胶东、菑川、济南、楚、赵等六国均诛杀了朝廷派来的官吏，起兵向长安进发，赵王刘遂还暗中勾结了匈奴一道进攻。吴王刘濞动员了全国的士兵，并下令："我今年62岁，作为统帅，小儿子14岁，也身先士卒。全国所有在这个年龄段之间的，都要去当兵打仗。"吴国总共动员了20余万人，并且派遣使者去联络闽越、东越。最终，东越联合吴国起兵。

公元前154年正月，吴王刘濞向天下诸侯发布文告，宣称："朝廷之中有贼臣，虽无功于天下，却侵夺诸侯之地，还审问、侮辱诸侯王，不以礼对待刘氏骨肉。皇帝弃先帝的功臣不用，却任命奸臣小人，祸害天下，威胁汉朝社稷，可见多病丧志，昏头昏脑。现在我要举兵，诛灭奸贼。"吴国军队随即从国都广陵（今江苏省扬州市）出发，向西渡过了淮河，与楚国的军队会合，共同进攻梁国。吴楚联军士气高涨，攻占梁国的棘壁（今河南省永城市附近），消灭梁军数万人，乘胜前进，又击败了梁王刘武派遣来的两支军队，攻进了梁国的都城睢阳。

汉景帝得知吴楚七国反叛的消息，想起了父亲临终前的嘱咐，立即任命周亚夫为太尉，率领36位将军抗击吴楚联军，并派遣曲周侯郦寄抗击赵国军队，将军栾布抗击齐国（原齐国一分为七，此处代指由原齐国分封的造反诸国）军队；任命窦婴为大将军，屯驻荥阳监视齐国、赵国军队。

晁错与前吴国丞相袁盎关系极坏，两人见面就起身回避，从来不说话。晁错当上御史大夫后，以曾接受吴王刘濞财物为由，要将袁盎治罪，但汉景帝将袁盎赦免，只是将他贬为平民。七国造反后，晁错认为机会来了，想趁机以串通吴王谋反的罪名置袁盎于死地，袁盎获悉后，连夜求见老朋友窦婴，说他要求面见汉景帝，说明吴国造反的原因。袁盎被召见时，汉景帝正在与晁错谋划调度军粮之事。汉景帝问："现在吴、楚造反了，你觉得应该怎么办？"袁盎回答："不值得忧虑！"汉景帝感到惊讶，他认为吴王财力雄厚，招揽了天下豪杰，养精蓄锐几十年，年老了才造反，筹划一定很完备，怎么能说不值得忧虑呢？袁盎说："吴国确实有铜盐之利，财力雄厚，但是却没有天下豪杰，那些人只不过是亡命徒和铸钱的奸商而已。”这时连一旁的晁错也认为袁盎的意见很好。汉景帝又问袁盎平定叛乱的计策，袁盎要求左右随从回避，汉景帝照办，只有晁错还在。袁盎说他所说的话，人臣都不应该知道，汉景帝这才让晁错回避。袁盎告诉汉景帝："吴国、楚国的布告中说得很清楚，当年是高皇帝分封子弟为王，现在贼臣晁错擅自迫害诸侯，削夺封地，所以他们才造反，只要诛杀晁错、恢复故地，他们就会罢兵。既然如此，现在只有杀了晁错，赦免除吴、楚七国，恢复他们的故地，就可以兵不血刃地平息叛乱。”汉景帝沉默了很久才说："如果真的是这样，我是不吝惜为了天下安定而杀一个人的。”

过了十多天，遵照汉景帝的授意，丞相陶青等人弹劾晁错，说他企图离间皇帝与群臣、百姓间的关系，并要将城邑赠送给吴国，不遵守臣子的礼节，大逆不道，因此要求将晁错腰斩，且将他的全家不分老幼全部处斩。汉景帝批准了这一实际由自己谋划的建议，命人欺骗晁错，用车将他载到东市，身着朝服腰斩。

晁错之死是一个悲剧，他的所有罪名都纯属捏造。汉景帝听从了晁错的建议，冒失削藩，激起了诸侯王的叛乱，责任在于汉景帝自己，而不在于晁错。建议者不应该负责，决策者才需要负责，因为建议不好完全可以不采纳；反过来，既然采纳了建议，责任就应该由决策者承担。只有这样才能鼓励建议者积极进言，才能让决策者在不同的建议中分析、比较，做出最佳的选择。当年汉文帝回答晁错的上书时，对这一点说得非常明白、透彻。

汉景帝与晁错相识多年，且对晁错言听计从，十分宠信，却在面临七国叛乱、自己皇位可能不保时，就惊慌失措，原形毕露，立即将晁错处以腰斩，而且还处死了他的全家老小，以这种远超反叛者期望的行为来博得他们的欢心。这充分暴露了汉景帝极端自私、凶残、懦弱、推卸责任的一面，他用弱者的鲜血掩饰自己决策的失误，博取强者的欢心。对于汉景帝来说，晁错实际上只是一个随时可以被牺牲掉的小角色，一个甚至连宠物也不如的工具，时至今日，他的所作所为，仍让读史者心寒。如果作为普通人，汉景帝不会有机会如此淋漓尽致地表现人性的丑恶：如果有钱，他最多是一个平常的富二代；如果有权，他最多是一个公子哥或枉法的官员；如果没钱、没权，他就是一个普通的工薪族，最多性格不讨人喜欢，很可能还混得很不如意。这些也恰好说明，一个人在掌握了不受制约的权力后，会变得多么危险、可怕，而历史上的那些暴君、昏君如果没有皇帝的身份，可能也就是我们当中普通的一员。权力会放大人性的缺陷，因此掌握权力却能克服这些缺陷的人是非常了不起的。

此外，晁错本人也有一小部分的责任，主要是因为他的性格不随和，严厉刚直，做事不留余地，眼中只有皇帝而无其他人，与同事的关系极为恶劣。刚正不阿的丞相申屠嘉对他就极为厌恶，甚至想找个借口杀掉他，后来被他气得吐血而亡。晁错认为平叛的百万大军由臣下率领很危险，建议汉景帝御驾亲征，而自己留守长安，这是让汉景帝身居险地，莫说汉景帝听了未必高兴，朝中大臣，包括平叛前线总指挥周亚夫及其他将领听到了会开心吗？与袁盎关系不好也就罢了，但晁错却想利用七国之乱，罗织罪名杀掉袁盎，结果激起对方反弹，自己和全家反遭杀害。从这个意义上讲，晁错是咎由自取，因而众人也乐得他落得如此下场，没人替他抱不平，这也是汉文帝当年并不重用晁错的原因所在。晁错属于谋士、智囊一类，并不是能参与决策和承担实际事务的政治家，汉景帝却将他火箭一样地提拔为最高等级官员——三公之一的御史大夫，将力不足者提拔到一个重要岗位，下则沐猴而冠，徒惹人发笑；上则对个人、对国家都是一个悲剧，事实证明果不其然。

汉景帝过分倚重晁错，冒失削藩，却在诸侯叛乱后惊慌失措，推诿过失，杀了晁错，与其父汉文帝宽厚仁慈、从容镇定、谨慎小心、勇于负责、谋定而后动比起来，他在人品、才具、胸怀上真是差得一天一地；甚至和明初、清初同样削藩的建文帝、康熙帝比较，人品与胸怀也是远远不如。不怕不识货，就怕货比货，这是评价一个人物颠扑不破的真理。一比较，一个人物的优劣长短就会暴露无遗。前面说过，汉景帝和晁错气味相投，性格相似，他们是一对空想家，缺乏有效的规划和实际的执行力。既然要削藩，既然有意想逼反诸侯王，当然要想到各种可能的后果，其中最大也是最坏的可能性就是诸侯王造反，因此一定要预先采取防范措施，而不应该惊慌失措。汉景帝居然妄想通过杀了晁错，恢复诸侯故地而让诸侯罢兵，早知如此，何必当初？

这件事同样提醒我们，做事情，眼里不能只有上级，还要有同事、下属，否则当你被上级当成替罪羊抛弃时（这是经常发生的事），众人只会冷眼旁观，甚至落井下石。才华横溢的人经常会有和晁错一样的毛病，眼高于顶，瞧不起人，与他人处理不好关系，做事不留余地，经常伤人自尊，威胁别人的地位。如果有一个宽容的上司罩着还好说，但在更普遍的情况下，上司是类似汉景帝这样的人，功则归己，过则诿人，习惯牺牲下属来保全自己。后人读史，其实就是在读现实。岂能不慎哉？

此时吴楚联军屯兵于睢阳城下，梁王刘武死守，双方僵持不下。太尉周亚夫乘坐最快的"六乘传"（六匹马拉的传车）迅速到达荥阳，集合军队，又去洛阳见到了大侠剧孟，高兴地说："七国造反，我都没想到自己能坐传车安全到洛阳，并且以为剧孟已经投靠了叛军。我现在占据了荥阳，不必再担心荥阳以东地区了。"周亚夫到了淮阳，向他父亲周勃的老部下邓都尉问计，邓都尉建议说："吴楚二国士兵风头正劲，难与争锋，但楚国兵轻慢浮躁，必不能持久。现在将军不如引兵向东北，坚守昌邑（今山东省昌邑市），用梁国对付吴国，吴国必定以全部精锐攻打梁国。将军应当坚守深沟高垒，派遣轻装部队断绝淮河、泗水交汇处，从而阻塞吴军的粮道。吴军、梁军因为相持已久，军队疲弊，再加上粮草耗尽，如果动用我们锐气强盛的军队攻打吴国疲弊已极的军队，肯定会胜利。”周亚夫接受了这条建议，按计行事，在昌邑南边坚守，派轻装部队断绝了吴军的粮道。

面对汉军的妙计，吴军却昏招迭出，自己的实力毕竟不及朝廷，造反兵贵神速，应该出其不意，而不能按部就班。在朝廷做出完全的反应、动员之前，就要攻占长安或至少控制要害之地，而不能屯兵于坚城之下。早在起兵之初，就有人向吴王刘濞建议，应该出奇兵顺长江、淮河而上，攻克武关（今陕西省丹凤县附近），与吴军主力会师，再攻打关中，但刘濞害怕这支奇兵会背叛自己，因此不敢采用这条妙计。另一位部下建议，吴军大多是步兵，而朝廷军队有很多的骑兵、战车兵，步兵适宜在险要之地作战，战车骑兵适宜在平地作战。因此吴军应该绕开途经的城池，不必围攻，迅速西进，占领洛阳的兵器库以及囤积大量粮食的敖仓，再依靠险要地形号令诸侯。这样即使不能入关攻克长安，起码也可以稳定大局，中分天下。如果吴军行动缓慢，停下来攻打城池，等到朝廷的战车兵、骑兵一到，在平原上展开冲击，吴军就会失败。但是这条妙计仍未被吴王刘濞采用。应该说这两条计策都是非常高明的，扬长避短，出敌不意，可惜也许刘濞年老，喜欢按部就班，不敢采用这些妙计，这就注定了他的失败命运。

吴军在击败梁军后继续进军，围攻梁国的国都睢阳，梁王刘武多次派遣使者要求周亚夫援救，但周亚夫全都置之不理；刘武派人去汉景帝面前告状，汉景帝命令周亚夫救援梁国，但周亚夫仍旧不理。幸有梁国的将军韩安国和张羽率领梁军多次击败吴军。此时吴军的处境极为尴尬，想挥兵西进，但因为还没攻下梁国，担心腹背受敌，不敢向西，于是只好转向周亚夫军挑战。汉、吴两军在下邑（今安徽省砀山县附近）相遇，但周亚夫却避而不战，坐等吴军缺粮崩溃。由于粮道已被断绝，吴军心急，多次挑战，趁夜在汉军的军营东南鼓噪，但周亚夫却命军队防备西北，果然吴军实际的攻击方向是西北，结果遇上汉军伏兵，大败溃散，很多士兵都饿死了。吴王刘濞及其麾下的数千壮士趁夜逃跑，渡过长江前往丹徒，企图寻求东越的庇护，结果东越迫于汉朝的压力，杀了刘濞并将他的头颅送给了朝廷。吴军彻底崩溃，士兵大多投降，楚王刘戊也兵败自杀。梁国在平定七国之乱中发挥了极其重要的作用，不仅牵制了吴楚联军的主力，使他们不敢向西进军，还消灭了其中的大半。汉军东进，消灭了正在内战、无暇西顾的诸齐国叛军，造反的诸侯王们纷纷自杀。郦寄率军北上，围攻赵国邯郸长达10个月，赵王刘遂最终自杀。至此，吴楚七国之乱全部平定，汉朝度过了建国50年来最大的一次危机。

汉朝之所以如此顺利地平定了吴楚七国之乱，根本原因在于汉文帝时期预先做好的战略布置：分封皇子刘武为梁王，使强大的梁国能够扼制了吴、楚这两个对朝廷威胁最大的国家，消耗了叛军的有生力量；将原来最强大的诸侯国齐国一分为七，不但消除了吴、楚、齐这三个强大诸侯国联手动摇天下的可能，同时引发了诸齐国的内战；汉文帝独具慧眼，提拔周亚夫作为未来国家动乱时的统帅，事实证明，周亚夫是一位杰出的军事统帅，有个性，敢担当，敢于坚持“将在外，君命有所不受”的原则，坚持自己的战略方针，他高超的指挥颇有奇效，不战而屈人之兵。可以说，汉景帝在平定吴楚七国之乱中做得最正确的一件事，就是听取了父亲的临终遗言，任命周亚夫为汉军统帅。

平定七国之乱从根本上解除汉初诸侯坐大对中央政府的威胁，为了进一步巩固这一成果，形成制度上的保障，汉景帝遵循汉文帝时的诸侯王死而地分的政策，在其弟梁王刘武死后，将强大的梁国一分为五，分给刘武的5个儿子，杜绝了梁国成为未来吴、楚的可能性；并将诸侯国的内政大权归于朝廷直接任命的内使，取消了诸侯王管理封国及任命官吏的权力，仅许其收取租税。此时的王国与普通的汉郡实质上已没有太大的差别。

## 第二节　盛世的奠基：文景之治

### 1. 道莫大于无为：黄老之术

经过汉文帝20余年的仁政，百姓没有了内、外徭役的负担，得以在田亩间休息；天下富饶殷实，每斗粟仅值十余文钱；处处鸡犬相闻，人家烟火连绵万里，可以称得上是和谐的盛世。司马迁感叹，那时天下刚从战乱中解脱出来，人民安居乐业，汉文帝的政策顺应了民众的需求，不多加扰乱，所以百姓才能平安地享受生活。汉文帝给他的儿子汉景帝留下的是一个经济繁荣、百姓安居乐业的太平盛世。

公元前155年，刚即位几个月的汉景帝下令将原来的田赋标准十五税一减免一半，定为三十税一，此后成为汉朝的定制。平定吴楚七国之乱后，汉景帝“复置津关，用传出入”[1]，即恢复了之前被汉文帝废除的关传制度，全国各地交通要道的收税关卡重新设立，与汉文帝制定的宽松经济政策相比，这意味着倒退，会妨碍国内商品的自由流通。此外，汉景帝还规定“天下男子年二十始傅”[2]，将男子服役的年龄由之前的17岁增长到20岁，减轻了民众的负担。

虽然在各方面都远远不及他的父亲，并且在经济政策方面有所倒退，但汉景帝至少还能听从父亲的临终遗言，重用了周亚夫，顺利平定吴楚七国之乱；又重用了汉文帝推荐的忠厚长者卫绾，让他做了太子太傅，认真教育太子，也就是日后的汉武帝。汉景帝一即

1 《史记》卷11《孝景本纪》。
2 《汉书》卷6《景帝纪》。

位就颁发诏书，高度评价了他的父亲："孝文皇帝君临天下，废除税关，打通津梁，使远近亲如一家；废除诽谤之罪和肉刑，赏赐老年人，抚恤孤儿，以利天下众生；克制个人欲望，不接受献礼；不株坐罪人的家属，不杀无罪的人，不以自己的利益为重；废除宫刑，放出后宫美人，让她们重新开始生活。我虽然没什么智慧，不能充分了解孝文皇帝的德行仁政，但知道这些都是以前的人所不能企及的，而孝文皇帝却亲自实行。孝文皇帝的德行厚比天地，恩泽施于四海，所有人都从中获得福利。"汉景帝对他父亲的德行认识还是比较全面的，这道诏书虽然谈不上深刻，但是他全面继承父亲国策的宣言。汉景帝也延续了与匈奴和亲的政策，极力避免与匈奴交战。

汉初一直实行"黄老之治"，即将黄帝、老子的道家学说作为治国的理念。汉高帝刘邦手下有个重要的谋士楚国人陆贾，他经常劝汉高帝读书，汉高帝骂他："你老子是在马上得天下的，读书有何用?"陆贾反驳他："你能在马上得天下，难道可以在马上治天下吗？秦朝沿用法家的那套学说，不做改变，结果自取灭亡。如果秦朝统一天下后，效法先圣，施行仁政，你还能取得天下吗?"这一通话说得汉高帝既生气又惭愧，立即要求陆贾为他写一部总结秦朝灭亡、汉朝成功以及历史上政权成败原因的书给他看。这部书总共12篇，每上奏一篇，汉高帝都称赞写得好。这部书就是《新语》，它宣扬"道莫大于无为，行莫大于谨敬"的道家思想，要求统治者无为而治，行为要谨慎敬畏，克制自己的欲望，节俭治国，奉行小政府、大社会的原则，政府轻徭薄赋，不要折腾民众，不要发动战争，不要大兴土木。这种治国理念不仅为汉高帝本人欣赏、采纳，也被他执政团队中最重要的成员，包括丞相萧何、曹参、张良、陈平等人所信奉。汉朝开国功臣中排名第二、担任汉惠帝时丞相的曹参甚至是黄老学派一脉相承的"学科带头人"，谨守前任相国萧何的执政理念，不变更，不折腾，与民休息，以恢复经济为主。曹参曾任齐国的丞相，采用了盖公的建议："治道贵清静而民自定。"[1]在齐国九年，齐国安定繁荣，曹参被称为贤相。听闻相国萧何去世后，按照汉高帝的遗嘱，曹参立即收拾行装回长安接班。当年曹参与萧何很要好，为将相时反而有了矛盾，但萧何临死前，仍旧极力推荐曹参接班。曹参成为相国后，也没有辜负萧何的期待，举事无所变更，全部遵照萧何生前的规矩。曹参喜欢任命拙朴木讷的人做地方官，不喜欢执法严厉、爱好名声的人。他日夜饮醇酒，看到前来参见的公卿大臣和宾客，也只是劝酒，不让他们讲话。汉惠帝对曹参整日饮酒、无所事事很不满，以为他瞧不起年少的自己，于是责问他。曹参取下帽子，向汉惠帝谢罪，他问："陛下自察圣武孰与高帝？"汉惠帝回答："朕乃安敢望先帝乎！"曹参又问："陛下观臣能孰与萧何贤？"汉惠帝回答："君似不及也。"曹参说："陛下言之是也。且高帝与萧何定天下，法令既明，今陛下垂拱，参等守职，遵而勿失，不亦可乎？"汉惠帝说："善。君休矣！"[2]这就是著名的成语故事：萧规曹随。

无为而治的道家思想成为的汉初治国理念有其现实的社会背景，汉初最高执政集团的成员都亲身经历过先秦诸侯争战、秦始皇帝十年统一战争、秦朝十几年的暴政、反秦三年战争、楚汉五年战争以及汉初平定异姓诸侯的内战，天下疲惫、困苦已极，作为一系列战争的幸存者，他们都认为，首先要恢复经济生产，让民众有喘息的机会，否则一味压榨，不仅捞不到什么油水，反而会逼得民众走投无路，再次造反，重蹈秦朝身死族灭国亡的惨剧，这是理性的执政团队绝对不愿意看到的。

汉文帝也是黄老学说的信徒，他在位23年，一直忠实地遵循这一治国理念，而且将其发挥到极致。汉景帝虽才能平平，但全面继承了汉文帝的治国思想。他在位期间，黄老学说几乎成了官方的

---

1 《史记》卷54《曹相国世家》。

2 同上。

国策，这与他的母亲窦太后息息相关。

窦太后是清河郡人（今河北省清河县附近），出身寒微，父母早亡，与一兄一弟相依为命，直至被选入宫廷做了宫女。吕后选宫女赏赐给诸侯王，窦太后原本想要去往离家乡较近的赵王宫廷，但被阴差阳错地派遣到代国。到了代国之后，她深得代王刘恒的宠爱，生下了女儿刘嫖，儿子汉景帝刘启和梁王刘武。刘恒即皇帝位后，窦太后被立为皇后，儿子刘启为皇太子，刘启即位后，她就成了皇太后，史称窦太后。

双目失明的窦太后是一位有着坚定政治理念的人，她信仰老子的道家学说，且为人强势，她命令儿子汉景帝及窦氏家族的人都必须学习道家学说，甚至几乎将道家学说尊崇为官方意识形态，导致其他学派的博士都得不到提拔。她尤其不喜欢儒家学说及其信徒。窦太后的政治理念可能是受到了丈夫汉文帝的影响，因为她在遇到汉文帝之前不可能受过良好的教育，更没有机会形成自己的政治理念。终汉景帝之世，窦太后一直拥有极大的影响力，甚至可以说，她掌握着汉朝的最高权力，这就不仅从思想路线，还从组织路线上确保汉文帝的执政理念得到了自始至终的贯彻。

公元前156年春，汉景帝下诏，允许土地贫瘠地区的民众向地广人稀、水草丰茂的地区自由迁徙。汉景帝也非常重视农业，重本抑末，强调节俭，重视吏治，他认为："制造那些奢侈品，会损害农业生产；编织那些锦绣罗绮，会妨碍女性从事的家庭纺织业。农业被损害就会导致饥荒，家庭纺织业被妨碍就会导致寒冷。如果饥、寒一起发生，那么天下就要动乱了。我亲自耕种籍田，皇后亲自种桑养蚕，生产出来的粮食和衣服用作宗庙的祭祀品、祭服，是想作为天下的表率。我不接受各地的贡品，减少为我准备膳食的官吏人数，减轻民众的徭役、田赋，是希望天下重视农业、蚕桑业，平时能有积蓄，用以防备灾害。强者不要欺负弱者，人多势众不要侵犯孤寡；老人能寿终，幼儿、孤儿能成长。今年农业歉收，民众的食粮很少，这个责任应该由谁来负？有的官吏运用奸诈的手段，接受贿赂，鱼肉百姓。县丞是一个县最重要的官吏，如果他们作奸犯科，侵盗百姓的利益，那就太可怕了！我命令二千石的官员恪尽职守，否则由丞相将他们的罪行上报给我处理。此诏书布告天下，使官吏、民众都清楚我的意思。”在另一道著名的诏书中，汉景帝再次强调农业的重要性：“农业是天下之本。黄金、珠玉，饥不可食，寒不可衣，当作钱币用，也不知道它们能流通到哪里。有的年份农业歉收，就意味着从事商业的人多，从事农业者少。我命令各个郡国务必劝课农桑，多种树，如此可得衣服、食物。如果官吏向民众征发黄金、珠玉，按盗窃者论处；二千石的官员对这种行为如果听之任之，按同罪论处。”

汉景帝另一件值得称道的事是减轻刑罚。汉文帝废除肉刑，用笞刑替代，很多人却因此被打死。汉景帝则下令将笞五百下减为三百，笞三百下减为二百，并且规定刑具的尺寸、执行时的规范，以防止犯人被打死，这是汉景帝的一件德政。

但总的来说，汉景帝只算得上是一个合格的守成君主，只是继续了父亲汉文帝与民休息的国策，谈不上发扬光大，在制度上也没有什么创新。他是一个承上启下的历史人物，在位期间，很多精力花在了处理继承人的问题上，这个问题深刻地改变了中国的历史。

## 2. 此怏怏者非少主臣也：一代名将的悲剧

汉文帝有4个成年的儿子，长子汉景帝刘启，次子刘武，三子刘参，四子刘揖。汉文帝即位后，立刘启为太子，封刘武为代王，刘参为太原王，最宠爱的刘揖为梁王。后来，梁王刘揖因坠马早死，改封淮阳王刘武为梁王。刘武与汉景帝同为窦太后所生，深受窦太后的宠爱，因此窦太后非常希望汉景帝能够将帝位传给梁王刘武。汉景帝也非常喜爱胞弟刘武，一天在宴会中，他一时高兴，告诉刘武，等我死后皇位会传给你。刘武虽然当场表示辞谢，但是内心暗喜，窦太后当然也很高兴。

过后刘武又拥有平定七国之乱的大功，以为做继承人一事已成定局，但汉景帝却食言，将自己的大儿子，栗姬所生的刘荣立为太子，史称栗太子。这必然会引起刘武的不满，导致兄弟间出现矛盾。汉景帝也许是为了弥补刘武的失落，就给了他超越常规的待遇，赐给他天子的旌旗，千乘万骑的随从，允许他像皇帝一样出跸入警。梁王入朝，汉景帝会派遣使者持符节，乘坐皇帝的副车去迎接他，并且让他常住长安。梁王进出都和汉景帝乘坐同一辆车，梁王的随从可以像皇帝手下的宦官一样自由出入宫殿。梁王有两个亲信，羊胜和公孙诡，他们谋划运作，想将刘武立为汉景帝的接班人。

机会终于来了。窦太后的女儿、长公主刘嫖想将自己的女儿嫁给太子刘荣，但是太子的母亲栗姬却痛恨刘嫖，因为汉景帝后宫的女人都是刘嫖介绍来的，因此愤而拒绝。于是刘嫖就将女儿许配给了汉景帝的另一个儿子胶东王刘彻，并经常在汉景帝面前说栗姬的坏话，想以刘彻取代刘荣的太子之位。在这个关键的时刻，刘彻的母亲王娡暗施阴谋，指使人向景帝奏请立栗姬为后，结果激起汉景帝的反感，导致太子刘荣被废。

趁此机会，窦太后想立梁王刘武为皇储，并在酒宴上直接要求汉景帝死后将皇位传给梁王，汉景帝当面郑重答应。但是过后汉景帝又开始征询大臣们的意见，袁盎等人反对："当年宋宣公不立子而立弟，结果导致了连续五世的祸乱。小不忍，害大义，所以《春秋》强调要尊崇父传子的礼法。"于是汉景帝反悔，不再提传位梁王一事。梁王又上书要求动员梁国的人力，建造一条直通长乐宫的甬道，以方便自己可以随时朝见窦太后，但也因袁盎等人的反对未果。最后，汉景帝立了自己的儿子胶东王刘彻为太子，彻底断绝了窦太后和梁王的念头。

梁王十分痛恨反对他继位的袁盎等十几位大臣，公元前148年，他与公孙诡、羊胜共同谋划，要将他们全部刺杀。汉景帝闻讯大怒，经过调查，认定是梁王指使人所为，派遣使者“冠盖相望于道”[1]，前往梁国追捕凶手公孙诡和羊胜。公孙诡和羊胜被梁王隐匿在后宫里，迫于皇帝使者的压力，梁国的相（汉景帝已经改诸侯国的丞相为“相”）轩丘豹及内史韩安国劝说梁王，梁王这才命令两人自杀。

窦太后因为儿子的事不愿进食，日夜哭泣不止，汉景帝也很头痛。他派遣去梁国办案的田叔在返回长安的途中，将所有的案件供词全部烧毁，空手去见汉景帝。汉景帝问：“梁王有罪吗？”田叔回答：“有死罪，但我劝陛下不要再追究梁王的罪行，因为窦太后会为此无法吃饭、睡觉，你作为她的儿子要怎么办呢？”汉景帝非常赞同这个意见，然后田叔等谒见窦太后，骗她说：“梁王并不知情，是他的手下人羊胜、公孙诡等人做的，他们已经伏法，梁王没事了。”窦太后听后才起身吃饭，情绪也变好了。等到汉景帝怒气渐消，梁王又来朝见，他坐着一辆布车，带着两个骑马的随从，悄悄进关，藏在姐姐长公主刘嫖的花园里。朝廷派去迎接的使者在关外只发现大批随从，却不知道梁王在哪里。窦太后一听这个消息就哭着说：“皇帝杀了我的儿子！”汉景帝因此担忧害怕。随后梁王突然戏剧化地出现在宫门前，趴在斧头、铁砧上谢罪，窦太后、汉景帝见状大喜，母子三人相对哭泣，但是兄弟俩的关系已经不可能像以前那样亲密无间了。过了几年，梁王刘武最终因为失去继承皇位资格，郁郁而死。窦太后痛哭不已，认为是汉景帝害死了他，汉景帝为此感到惶恐，于是将梁王的5个儿子均封为诸侯王，所有的女儿也都赐有封地，窦太后这才罢休。

家天下的最核心、最严重的问题就是继承问题，这个问题解决

1 《史记》卷57《绛侯周勃世家》。

不好，政权会因此颠覆。兄终弟及是一种不稳定的血亲继承方式，相较于幼子，一个成年、经验丰富的继承者更有利于应对危机，因此多见于游猎原始部落，但兄终弟及有违基本人伦，父子之情远过于兄弟，因而非常不稳定，从今日的沙特易储即可窥见。早在商朝，就因兄弟轮流上位，死光了之后传给下一代而出现了长达数百年、超过政权一半寿命的“九世之乱”，可见其统治水平极为低级。春秋时商的后代宋国复古，兄终弟及，结果导致了“五世之乱”。牧野之战前，周便已经确立了严格的嫡长继承制度，因此周太王想将王位传给季历、文王父子，还需要泰伯、仲雍出走这一前提；太王死后，周人还要找泰伯回去继位，但泰伯、仲雍已经“断发文身”，无法继承。周朝确立了中国传统的父子间嫡长继承制度，顺应人伦，有利于稳定。这一制度的集大成者周公，成为儒家的元圣（创始人）以及商王族后代孔子最大的崇拜对象：“吾久不梦见周公矣”“郁郁乎文哉，吾从周”。《尚书大传》称：“周公摄政，一年救乱，二年克殷，三年践奄，四年建侯卫行书，五年营成周，六年制礼作乐，七年致政成王。”事实上，周公本人已经称王，而并非摄政，他亲自率师东征，消灭商朝主力与商纣王之子武庚，商非亡于牧野，而亡于周公东征。但等周成王长大后，周公却以身作则，交还王位，尊重嫡长继承制。周朝统治长达800余年，并不是因为幸运。窦太后想让汉景帝传位于弟弟梁王刘武，是取祸之道，幸而汉景帝坚决抵制，否则刘彻也不可能成为汉武帝。

纵观整个事件，汉景帝进退失据，处理全无章法，要负很大的责任：首先，他不应该打破父死子继的传统，主动宣称要将皇位传给梁王，并向太后许诺；其次，既然答应了要将皇位传给梁王，就不应该违背诺言，激起太后和梁王的不满；最后，梁王刺杀了十几位大臣，应该依法处理，汉景帝却因担心太后而枉法纵容。汉景帝处理梁王事件，于情于理都做得很糟糕，显示出他的政治水平幼稚低下。

梁王事件与汉景帝时期的另一件重大政治事件是紧密相关的。前面提到过，汉景帝立长子刘荣为太子，但因对刘荣母亲栗姬的不满又废了太子。太子谓之国本，动摇国本是非常重大的事件，要慎之又慎，因此激起了丞相周亚夫的反对，结果导致了皇帝与丞相关系的疏远。因为在平定七国之乱时，周亚夫没有出兵救援，后来梁王刘武每次朝见，都要在窦太后面前说周亚夫的坏话。周亚夫又反对汉景帝封王皇后的哥哥王信为侯，并搬出了汉高帝当年的盟约："非刘氏不得王，非有功不得侯"，认为王信虽然是皇后的哥哥，但没有立功便封侯，违背了汉高帝的盟约，对此汉景帝也只好同意。随后匈奴的几个首领投降汉朝，汉景帝想封他们为侯，周亚夫又一次反对，认为他们是匈奴的叛徒，封他们为侯是鼓励臣下不守节操，背叛君主。汉景帝这次再也忍不住了，直接当面驳回了周亚夫的意见，坚持要封这些投降的匈奴人为侯，周亚夫因此称病辞职。

几年后，汉景帝在宫中与周亚夫一起吃饭，却只给他摆放了一大块肉，既没有切开，也没有筷子。周亚夫心里不高兴，回头叫侍者拿双筷子，态度欠佳。汉景帝见状笑说："你还对待遇不满意吗？"于是周亚夫脱下帽子谢罪，汉景帝叫他起来，随即周亚夫离席而去。汉景帝目送他的背影说："此怏怏（不满、怨恨）者非少主臣也。"[1]过了不久，周亚夫的儿子买了皇家工厂制造的500副盔甲和盾牌，想要用作父亲死后的陪葬品。搬运的工人很辛苦，又被克扣了工钱，因为知道这是违法购买的皇家用品，于是怨恨之下前去告状，因而连累了周亚夫。汉景帝命人去责问周亚夫，周亚夫却根本不理会。汉景帝一听大怒道："我不会再任用你了！"命令廷尉逮捕周亚夫。周亚夫原想自杀，但被夫人劝阻，随即入狱。当周亚夫被指责要造反时，他反驳道："臣所买器，乃葬器也，何谓反邪？"狱吏说："君侯纵不反地上，即欲反地下耳。"[2]狱吏的审问越发严

1 《史记》卷57《绛侯周勃世家》。
2 同上。

厉，周亚夫明白了皇帝必要置自己于死地的决心，绝食5天，吐血而死。

周亚夫出身名门，是开国功臣、丞相周勃的儿子，虽然性格刚烈、桀骜不驯，但因其过人的才华深得汉文帝的赏识与重用。随后他又担任最高的武官太尉，平定了吴楚七国之乱，父子俩都为巩固汉室江山立下了大功，也同为列侯。周亚夫后来也被任命为丞相，位极人臣，深受汉景帝倚重。周勃、周亚夫父子是汉朝开国功臣集团的杰出代表人物。以周亚夫的个性与经历，他肯定瞧不起仅因姻亲关系而封侯的外戚，也看不得仅因投降而封侯的匈奴人。他耻于与其为伍，耻于与其同列侯爵，极力反对，却因此触犯了皇帝的权威；再加上之前在平定七国之乱时，他就曾抗拒汉景帝的命令，拒不救援梁国，从而得罪了梁王。得罪梁王，也就意味着得罪了窦太后；反对汉景帝废除太子刘荣、立胶东王刘彻，这不仅得罪了汉景帝，也得罪了刘彻的母亲王皇后。周亚夫功高震主，汉景帝担心少年太子即位后无法掌控他、驾驭他，因此对他而言，被清洗是迟早的事，买盔甲、盾牌只不过是一个借口。

在人生最艰难的时候，周亚夫仍然不改其刚烈、高傲的本性，蔑视汉景帝的权威，宁折不弯，捍卫了自己的尊严。他看清了汉景帝的本意，因此拒不回答问题，更拒不认罪求情，而是选择了壮烈一死来做最后的抗议。汉景帝又一次淋漓尽致地展现了极端自私、刻薄寡恩的冷血本性。周亚夫这样才华横溢、个性张扬的人能被汉文帝激赏且重用，却无法见容于心胸狭隘的汉景帝。

汉景帝的刻薄寡恩、心胸狭隘、纵情枉法是一以贯之的。他即位不久，为了报复当年在司马门因违反规定被扣留一事，便将刚正不阿的廷尉张释之贬为淮南国相，使张释之最后恐惧、抑郁而死。汉文帝的宠臣邓通因以前无意得罪过时为太子的汉景帝，汉景帝即位后，就被没收全部家产，贫困而死。晁错任内史（首都的长官）时，为了自己进出的方便，曾擅自凿开太上皇庙的外墙，丞相申屠嘉一向痛恨晁错的骄横跋扈，因此上奏汉景帝要求按律诛杀，却被汉景帝枉法包庇。刚直的丞相申屠嘉为此罢朝抗议，吐血而死。晁错由此更加骄矜，但同时也更被朝臣们所痛恨。而仅仅7年后，汉景帝的儿子，废太子、临江王刘荣却仅因占用了祖庙墙外的空地，就被下狱，被迫自杀。由此可见，汉景帝执法全凭个人喜爱，没有客观标准，与其父汉文帝相比，真是天差地别。当然，汉景帝的所作所为主要是为了确保自己的少年皇太子安全、稳定继位，保住刘姓江山，因此他运用“有罪推定”的原则，清除一切潜在的威胁力量，不管这些力量是来自自己的母亲、皇后、兄弟、儿子，还是功臣，在临终前，他为年仅15岁的皇太子提前加冠礼，表示太子已经成人，从而杜绝未来太后执掌朝政，成为吕后第二的可能性。

## 3．太仓之粟陈陈相因：空前繁荣的经济

公元前141年，汉景帝驾崩，一个时代结束了。目睹当时情况的司马迁总结得很精辟：

汉文帝、汉景帝的时代，政策清净恭俭，安养天下的百姓。到汉武帝即位的头几年，汉朝已经建立了70余年，国家没有大的战乱，如果没有水旱灾害，民众就丰衣足食。地方的仓库里都堆满了粮食和物资；首都长安仓库里的钱数以亿万计，穿钱的绳子都朽烂了，钱币洒落以致没法计数；“太仓之粟陈陈相因，充溢露积于外，至腐败不可食”[1]；大街小巷、田野阡陌都是成群的马匹，如果骑一匹母马去聚会，都会遭到嫌弃，不被接待。普通人家都能吃肉，天下太平无事，小吏们不常调任，任期很长，因此官员以官号为自己的姓氏。生活水平高，因此人人自爱而不敢犯法，崇尚做好事而不敢做坏事。法网宽疏，民众富裕，有人开始炫耀自己的财富，开

---

1 《史记》卷30《平准书》。

始兼并财产，暴发户、土豪们则在地方上横行。达官显贵更是生活奢侈，互相攀比，房屋、服装都肆无忌惮地超过了自己应有的等级。

经济发展的一个重要标志就是人口的增长。从司马迁对功臣所封侯国户口增长的记录可见一斑。汉朝建立，有100多位功臣受封，当时天下人口稀少，大的侯国不过万户，小的只有五六百户。过了几代后，经济恢复，人口增加，有些大侯国的人口达到了四万户，小的侯国也增加了一倍。根据葛剑雄的研究，汉朝初年人口最多不超过1 800万，而到了汉武帝初年已经增长到3 600万，翻了一番[1]，这与《史记》对侯国人口增长的记载相一致。

这是一个各级政府与民众共同富裕的时代，民众的富裕是政府富裕的前提和基础，因为当时农业税的税率并不高，仅为十五税一，后又降为三十税一，甚至一度完全废除，政府的收入主要来自工商业和人头税。西汉末年，全国人均占有原粮993市斤，折合成品粮597市斤[2]，与之相比，2007年的中国人均粮食（原粮）占有量也不过381千克[3]。汉平帝时的全国人口已经超过了6 000万人，是整个西汉时期人口的顶峰，直到1 000多年后的宋朝才被超过，而文景时期的人口约在2 000万至3 600万人，即使考虑当时的耕地总面积、粮食总产量，人均粮食占有量仍然会超过西汉末年；由于人口少，土地面积广大，更适合发展畜牧业，因此肉类供给也相对丰富，普通人家也可以吃肉；粮食、肉类供应丰富，食品价格也相应较低，当时每斗粟仅值十余文钱；政府一直奉行轻徭薄赋的政策，民众负担小；同样由于人口较少，各项资源的人均占有量较高，这些综合性的因素有利于支撑较高的生活水准和政府收入。作为当事

1 葛剑雄：《中国人口史（第一卷）》，上海：复旦大学出版社，2002：375—384.

2 吴慧：《中国历代粮食亩产研究》，北京：农业出版社，1985：127、222.

3 国家统计局：《改革开放30年报告之八：农业与农村经济三十年辉煌成就》，国家统计局网站。

人，司马迁描写的生活水平是真实可靠的，并无夸张，再加上当时除了匈奴在北方边境的局部入侵，以及七国之乱的短暂的局部内战，天下几十年里没有战乱，因此文景时期是中国历史上罕见的国泰民安、民富国强的太平盛世时代，史称“文景之治”。

第四章

# 全面扩张：千古一帝的雄心

年轻的汉武帝通过独尊儒术，确立了大一统王朝的官方意识形态。他在雄厚国力的支持下，发动了一系列对匈奴的反击战，解除了匈奴的威胁；同时全面对外扩张，恢复且超越了秦朝的版图，建立了统一的国家认同。直到2 000多年后的现代，中国人仍然在享用他的遗产，仍然一直自称“汉家”“汉人”“汉族”。

## 第一节　罢黜百家，独尊儒术：祖孙的权力斗争

### 1．少年皇帝的雄心与挫败

汉景帝去世后，年仅15岁的太子刘彻继位，即为汉世宗孝武皇帝，史称汉武帝。刘彻原名刘彘，是汉景帝的第九个儿子，母亲王娡出身平民，离婚后入宫为汉景帝的妾（称为夫人）。栗太子刘荣被废后，王娡成为皇后，刘彘被立为皇太子，改名刘彻。汉景帝任命汉文帝临终前推荐的忠厚长者卫绾为太子太傅，承担教育太子的重任，后来卫绾又被提拔为御史大夫、丞相。

汉高帝暴力地解决了异姓诸侯王的问题，汉文帝和平地解决了

开国功臣集团的问题，汉景帝暴力地解决了同姓诸侯王的问题，他们祖孙三代各自完成了自己的历史使命。经过近70年的努力，此时国内再也没有任何一股政治势力能威胁皇权。刚刚即位的少年皇帝皇权独大，雄心勃勃，又继承了祖父、父亲留下来的雄厚家业，那么他面临的历史使命又是什么呢？

一个政权最危险的就是前30年，30年为一世、一代人，因为那时绝大多数的成年人还是前政权的遗民，对新政权的认同感极弱，甚至反抗心很强，最典型的就是秦、隋两朝，都是其兴也勃，其亡也速，统一以后都没能维持30年，根本原因就在于此，关东六国的王族、贵族包括平民，不可能认同暴力统一的秦。因此在建政开国后的前30年，甚至60年，清静无为，休养生息是最佳的国策。从汉朝开国至此，已有60多年，30年为一世、一代人，此时已经过了两代人的时间，前朝的遗老遗少退出人生舞台，所有国民沐新朝的恩德成长，认同感强，人口、经济也恢复到前朝的最高水平，体制的红利还未耗尽，此时正逢雄心勃勃、志向高远的少年天子即位。

经过60多年的休养生息，汉朝的经济、人口、国力都已经有了可观的增长，与暴秦有了鲜明的对比，广大国民也感念轻徭薄赋的仁政，对汉朝政权有了感情上的认同，内部诸侯国的威胁基本消除，政权空前稳定，因此汉武帝再不能容忍匈奴的欺凌，他要反击匈奴，一雪前耻，这就必须要集中全国的力量——不仅是物质力量，还有精神和国家意识的高度认同，因此他迫切需要一种与清静无为的黄老之术完全不同的意识形态去凝聚人心。甫一即位，汉武帝就想改弦更张，他的两位师傅卫绾、王臧都是儒家学说的信徒，汉武帝也深受他们影响。先秦两汉的儒者信奉“天行健，君子以自强不息”，提倡刚健有为、大一统的中央集权，正好符合这位少年天子的禀性与志向，他不能再忍受黄老之术清静无为，尽量不折腾，建设和谐社会的统治方式。这就是司马迁在《平准书》中总结文景时代时所说的："物盛而衰，固其变也。"

即位的第二年，即建元元年（公元前140年），年仅16岁的汉武帝下诏，命令丞相、御史、列侯、中二千石、二千石、诸侯举荐贤良方正、直言极谏的人才。丞相卫绾上奏："所推举的贤良，有人学习申不害、商鞅、韩非的法家，苏秦、张仪的纵横家学说，他们会祸乱国政，请予全部罢免。"汉武帝批准了这一建议，取消了被举荐的人才中法家、纵横家等学派人物的资格，而儒家的董仲舒脱颖而出，深得汉武帝的赏识[1]。董仲舒在他的"天人三策"中提出："《春秋》提倡大一统，这是天地的基本规律，适用于古今。现在的理论杂乱无章，皇帝没有办法统一意见，法律制度经常变化，下面的人也不知道如何遵守。我认为那些不属于六艺和孔子学派的人，不应该被举荐。这样那些异端邪说就会消失，然后天下纲纪可以统一，法规制度也就明确了，民众就知道如何服从。"

虽然这件事因被后世解读为"罢黜百家，独尊儒术"而闻名于世，但与流行说法不一致的是，汉武帝此时并未罢黜百家，独尊儒术，而只是听从了丞相卫绾的建议，关闭了法家、纵横家当官的渠道。因为百家中还包括黄老之术，这是汉武帝的祖母，太皇太后窦氏（以下称为太皇窦太后）尊崇、信奉的学说，汉武帝此时还没有胆量敢于罢黜。但即便如此，太皇窦太后仍然注意到年轻孙子一系列不寻常的举动。

几个月后，丞相卫绾被免职，魏其侯窦婴接任丞相，皇太后王娡异父同母的弟弟、武安侯田蚡为太尉，赵绾为御史大夫，王臧为郎中令，他们四人均信奉儒家学说，这样汉武帝执政团队核心圈的最关键岗位全部为儒者，其目的已经一目了然。赵绾建议设立明堂，用作皇帝接见诸侯的正式场所，又推荐了他的儒家老师申公。汉武帝派遣使节将申公隆重接到长安，征询天下治乱的道理，已经

---

1　学术界对董仲舒的对策时间一直有争议，有建元元年（公元前140年）说，元光元年（公元前134年）说。本书采用班固、司马光的建元元年说。

80多岁的申公回答道："治理天下的人，不看他说了什么，而要看实际做了什么。"这时候的汉武帝还是个文学青年，听到这话只好沉默不语，任命申公为太中大夫，住在鲁国驻京的官邸中，并与他一起讨论设立明堂、皇帝巡狩、改换历法和服装颜色的事。

信奉黄老学说的太皇窦太后不喜欢儒家，汉景帝在位时，她曾召儒生辕固，询问他对《老子》的看法，辕固回答："这就是一般人的说法罢了。"当时的太皇窦太后大怒，反问道："它怎么能比得上管制犯人的儒家诗书呢？"随即命令辕固到野兽圈刺杀野猪。汉景帝知道太后发怒，而辕固只是直言，并没有错，于是给了他一把利刃。辕固身手还不错，一刀就将野猪刺死了，太后也无可奈何。

御史大夫赵绾建议汉武帝以后处理政事不要再向太皇窦太后报告，本来就痛恨儒家执政的太皇窦太后大怒："这个人看来又要做新垣平了！"新垣平是方士，因欺骗汉文帝而被族诛。太皇窦太后派人暗中搜集了赵绾、王臧两个人不法谋利的证据，强迫汉武帝将其规划的设立明堂等事宜全部废止，赵绾、王臧也遭下狱自杀，丞相窦婴、太尉田蚡被罢免，申公也被送回了家乡。至此，汉武帝想通过尊儒达到权力一统于自己的谋划彻底失败，规划的事业全部被废，执政的核心团队不是自杀就是被免，"建元变法"彻底宣告失败。

这不仅是一场意识形态的斗争，更是一场太皇太后与皇帝祖孙之间权力的斗争，双方利益和目标的核心是太皇窦太后与汉武帝之间的权力转移。意识形态斗争和权力斗争往往互为表里，不可分割，到最后，当事双方可能也不完全清楚斗争的初衷究竟是意识形态还是权力。权力斗争需要意识形态这面旗帜来掩盖其本质，也需要意识形态这面旗帜来团结自己一方的队伍，制造舆论，号召参与者站队，从而才能更有效地打击对方；意识形态斗争也需要附着在权力斗争上，才能达到自己的目的，取得实际的权力才能有效推行自己的主张，否则只会沦为一场理论商榷和学术争论。

斗争的核心是人，是队伍，以及相应的人事安排，所以汉武帝才急于搭建自己的核心执政团队，太皇窦太后同样也需要集中打击汉武帝的核心团队，通过消灭他们的生命或罢免他们的职务来取得胜利。幸运的是，亲情的力量使得太皇窦太后没有废除孙子的皇位，否则汉武帝将永无机会一展自己的雄才大略，实现自己的宏图伟业。年轻的皇帝毕竟缺乏政治经验和人生历练，过高估计了自己的能力和权力上限，也低估了祖母的权威和决心，操之过急，欲速而不达，不过这是年轻人经常犯的错误，好在年轻人还有时间。

## 2．新时代：大一统王朝的追求

汉武帝想独揽大权、变更国策的企图被祖母太皇窦太后阻止，但要向匈奴开战的决心已经下定，他派遣自己的郎卫张骞出使西域，寻求西方的潜在盟友，合击匈奴。做出这一改变中国甚至世界历史进程的决定时，他才18岁。

天子年少，精力无处发泄，时常集合一群少年侍从悄悄出宫打猎，号称自己是曹参的曾孙、姐夫平阳侯曹时，夜出夕归，几乎终日不回宫廷，行迹遍布长安郊外，曾在山中驰马追逐各类野兽，徒手与熊罴（棕熊）格斗，马匹践踏了庄稼，惹得百姓破口大骂“平阳侯”。他不想回到规矩众多的宫廷，打猎之余就去平阳侯家吃喝玩乐。汉武帝的姐姐平阳公主（又称长信公主）以姑姑长公主刘嫖为榜样，经常为弟弟物色美女，这才使得他偶遇了未来的皇后卫子夫，并因此结识、重用了一代名将卫青、霍去病，及后来著名的辅政大臣霍光，他们全是平阳（今山西省临汾市）人。

5年后，已是70岁高龄的太皇窦太后驾崩。她一生经历了秦末战乱、汉朝建立，辅佐了汉文帝，掌控了汉景帝、汉武帝，信奉黄老之术，确保了汉初清静无为、与民休息的国策在汉景帝时期和汉武帝初期得以执行，是汉代一位重要的政治家。太皇窦太后去世标志着一个旧时代的结束，汉朝的国策面临着重要转折，汉武帝的时代真正全面开始。随即，汉武帝任命舅舅田蚡为丞相，元光元年，田蚡“绌黄老、刑名百家之言，延文学儒者数百人”[1]。按照严格的字面意思，田蚡贬低、排斥了黄老、法家等诸家学说，黄老学说更是失去了原来的官方地位，并且延揽了几百名儒生。这才是真正的“罢黜百家，独尊儒术”，实际上官方并未禁止其他诸家学说的流传，只是它们的地位要低于儒学。儒学从此逐渐成为官方的正统学说，成为各种思想学派中势力最强大的一派。这一事件对中国后世的历史影响重大，塑造了中国人的基本价值观。儒学的正面意义在于“敬鬼神而远之”，注重以人为本，它成为主流意识形态之后，让中国人免除了神权统治，考虑到距今仅仅几百年前，欧洲、北美还是神权统治，这一点尤其伟大。

西汉距离先秦并不遥远，秦朝的统一又非常短暂，而且汉初还实行分封制，因此当时的民众还没有形成对统一国家的认同，他们分别是秦人、楚人、齐人、吴人……但还不是“汉人”，在言词中，经常是将本诸侯国与汉并称，如“汉闻齐发兵而西”“汉已平吴楚”，而儒家的大一统观念有益于统一国家认同意识的形成。从法统上讲，关东先秦诸国在汉朝一直存在，只是先秦的王族换成了汉朝的皇族，汉朝皇帝的直辖地也是秦国故地，汉是秦的直接继承者。汉初分封，立汉高帝的私生（长）子刘肥“为齐王，食七十城，诸民能齐言者皆予齐王”[2]，即以人建国，原先秦的齐国人皆属汉朝的齐国。甚至到了汉昭帝时期，燕王刘旦仍然宣称“且燕国虽小，成周之建国也，上自召公，下及昭、襄，于今千载，岂可谓无贤哉”？[3]虽然这是他想起兵造反的妄言，但清楚表明，刘旦认为燕国的法统、历史可以追及西周初年的分封。这些关东先秦诸侯国的

---

1 《史记》卷121《儒林列传》。
2 《史记》卷52《齐悼惠王世家》。
3 《汉书》卷63《武五子传》。

自我认同意识历经汉文、景、武诸帝的多次削藩、拆分，才逐渐被消除。到了汉武帝时，不仅实现了政治的大一统，而且也实现了意识形态认同的大一统，全体汉朝臣民成为“汉人”，其标志就是元封元年（公元前110年）的封禅泰山。

汉武帝独尊儒术当然不是单纯为了自己的学术爱好，而是儒学中的尊君、大一统的观念非常符合他的政治理念，他想成为一个大权独揽、君临天下、四夷臣服的天子，创造一个空前广大、强盛的大一统王朝，这是他一生不懈的追求，所有阻碍他实现这一伟大目标的人与物都会被他无情地清除。儒家强调尊王攘夷、华夷之别，如果汉朝仍然继续与匈奴屈辱和亲，是无法自称信奉的理论、道路、制度有任何的优越性，会被认为逻辑矛盾、没有说服力，因此，对匈奴的反击战是重建大一统王朝以及统一国家认同、凝聚人心、弘扬自信、塑造国家民族自豪感的必由之路。自此，这位年仅23岁的年轻皇帝开始了长达半个世纪、波澜壮阔的人生。

## 第二节　饮马翰海，封狼居山，西规大河，列郡祁连

### 1．马邑之谋：战云初起

汉朝最强大、最危险的敌人是北方蒙古高原的匈奴，虽然从汉高帝到汉景帝的60多年间一直奉行和亲政策，但匈奴仍然不时牧马南下，抢掠汉朝北方的诸个边郡。建元六年（公元前135年），匈奴又派遣使者要求和亲，汉武帝要求大臣们讨论如何处理。大行令（官名，掌管中央与四夷、诸侯、地方交流事务）王恢认为匈奴反复无常，应该拒绝和亲，准备开战。御史大夫韩安国却认为匈奴

机动性强，与其交战，需要深入大漠数千里，人马困乏，代价太大，应该和亲，其他大臣也都赞同他的意见，于是汉武帝答应了和亲，并在双方贸易中给予匈奴优惠。

元光二年（公元前133年），雁门郡马邑（今山西省朔州市）的地方豪强聂壹建议王恢趁着和亲后匈奴没有防备，可以诱敌伏击。汉武帝为此召集诸位公卿大臣询问："我答应和亲，送了好多财物给匈奴，但是匈奴仍然没有停止侵掠边境，我很同情边境的百姓，应该怎么办？"王恢认为匈奴之所以敢屡屡入侵，就是因为汉朝软弱，如果用武力教训它，它就不敢再入侵，所以应该选择开战。韩安国反对王恢的观点，当着汉武帝与诸位大臣的面，他们展开了激烈的辩论。韩安国认为，当年汉高帝在平城被匈奴包围，却"不以己私怒伤天下之功"[1]，奉送黄金千斤并与匈奴和亲，迄今已经五世从中得利。匈奴机动性很强，以畜牧为业，"弧弓射猎，逐兽随草，居处无常"[2]，很难制服。如果汉军深入大漠千里进攻，后勤供给困难，很难成功。王恢认为匈奴只认拳头，只能威服，无法感化。现在汉朝强盛，动用百分之一的力量就能攻打匈奴。现在只要将匈奴引诱进伏击圈，就可以一举擒获匈奴的单于。汉武帝被王恢的见解打动，决定与匈奴开战，调集30余万大军，分别由卫尉（武官名，掌管驻守长安、保卫皇宫的南军）李广为骁骑将军，太仆（九卿之一，掌管皇帝的舆马和马政）公孙贺为轻车将军，大行令王恢为将屯将军，太中大夫李息为材官将军率领，隐藏在马邑的山谷里，而御史大夫韩安国为护军将军，作为全军的统帅。

聂壹逃入匈奴，实行反间计，告诉单于他将杀掉马邑的县令、县丞，开城投降，全城所有的财物都归单于。回到马邑后，聂壹将死囚的头颅悬挂在城下，伪称自己已经杀了马邑的县令，于是单于率领10万骑兵由武州塞（今山西省大同市附近）向马邑进发。匈

1 《汉书》卷52《窦田灌韩传》。
2　同上。

奴军行进了百余里，见满地牛羊却无人放牧，便有所怀疑，于是攻打了一个亭，俘虏了雁门的尉史（低级军官），在从尉史口中获悉了事实真相后，立即撤退，汉军追之不及。王恢的任务是负责袭击匈奴的后勤辎重，但他听到匈奴撤军后，竟然因害怕对方人多而不敢出击。

汉武帝很痛恨王恢的怯战，王恢却为自己辩解，他只率领3万军队，寡不敌众，因此虽然知道自己会被处死，但是如此一来却保全了3万人马。廷尉判决王恢死罪当斩，王恢用千金贿赂丞相田蚡，田蚡不敢直接在汉武帝面前求情，而是通过他的姐姐王太后转告汉武帝。汉武帝认为是王恢首先倡导、策划的马邑之谋，所以他才动员了天下几十万的军队。即使不能擒获单于，如果王恢所部能够成功袭击匈奴的辎重，也会有些战绩，至少可以宽慰天下人。现在不诛杀他，无以谢天下。王恢知道汉武帝的态度后，就在狱中自杀了。

举朝大臣均反对与匈奴开战，只有王恢一人竭力主战，且得到了汉武帝的支持，然而精心策划了伏击匈奴单于的马邑之谋，劳师动众，调用了举国的军队，原想毕其功于一役，没想到却以失败告终。开局不利，汉武帝心中的懊恼可想而知，他本人的威信受损，所以即使从主观上，他也要杀王恢以泄自己内心的愤怒。作为诸位大臣中唯一的主战派，自己却因胆怯坐失战机，真是一个莫大的讽刺，所以王恢并不值得同情。以后的事实将证明，想一战解决匈奴问题太过天真，汉武帝轻信了王恢只要动用极小的力量，巧妙运用，就能战胜匈奴的狂言，严重低估了与匈奴作战的长期性、艰巨性。但既然大幕已经拉开，年轻气盛、不可一世的汉武帝就会让汉匈对决这幕波澜壮阔的大戏一直上演，他慧眼识英才，亲自挑选了两位出色的男主角。

在姐姐平阳公主家，汉武帝宠幸了在酒席间演唱的歌女卫子夫。建元二年（公元前139年），卫子夫入宫后怀孕得宠，她异父同母的弟弟，原平阳公主家的骑奴卫青（生父是郑季，因是私生子，从母姓）也被汉武帝召入宫中当上了侍中（皇帝的贴身侍从），随后又提拔为太中大夫。朝夕相处、骑马打猎，汉武帝非常赏识卫青的军事指挥才能。元光五年（公元前130年），他任命卫青为车骑将军、太仆公孙贺为轻车将军、大中大夫公孙敖为骑将军、卫尉李广为骁骑将军，四人各率领一万骑兵，分别从上谷（今河北省张家口市宣化区）、云中（今内蒙古自治区呼和浩特市附近）、代郡（今河北省蔚县附近）、雁门（今山西省右玉县附近）出击匈奴。卫青率军直抵匈奴祭祀天神的茏城（一作“龙城”，今内蒙古自治区锡林郭勒盟境内），斩首数百级。公孙敖损失了7 000骑兵，卫尉李广也战败被俘，随后逃脱。这两人按均律当斩，在交付了赎金后，被双双贬为庶人，公孙贺也没有立功。第一次主动出击匈奴，汉朝可以说基本以失败告终，四路军中唯有卫青获得了一场小胜利。这也许是汉武帝对此次出击唯一能感到欣慰的地方——他将一个奴隶在短短的几年内提拔为将军，让他承担首次主动出击匈奴的重任，并有最优异的表现，超过了资格、经验比他丰富得多的名将，这证明了自己具有卓越的眼光和胆识。

此次出击中，兵败被俘、后又逃脱的李广早在汉文帝时期就崭露头角，从军抗击匈奴入侵萧关，射杀了很多敌人，后担任过汉文帝的郎卫。汉文帝很欣赏李广的英勇，曾叹惜李广生不逢时，如果在汉高帝时期，他可以轻易受封万户侯。汉高帝所规定的“非有功不得侯”在汉朝初期执行得相当严格，窦太后一直对哥哥窦长君未能封侯一事耿耿于怀，这也是丞相周亚夫反对汉景帝封王皇后的哥哥以及匈奴降人为侯的依据。虽然从汉景帝起，无功的外戚开始封侯，但普通人封侯主要还是依据其功劳，此次取得小胜利的卫青被封为关内侯，低于列侯一等。

元朔元年（公元前128年）秋天，匈奴2万骑兵攻汉，杀辽西郡（治所在今辽宁省义县西）太守，包围并击败了韩安国；又攻入了渔阳（今北京市密云附近）、雁门，来势凶猛，战况紧急。汉武帝起用李广，拜为右北平（治所在今内蒙古自治区宁城县附近）太守，匈奴人称他为“汉之飞将军”[1]，几年内不敢再入侵此地。与此同时，汉武帝命令车骑将军卫青率领3万骑兵从雁门出击，将军李息则从代郡出击，卫青此次斩首数千级。

第二年，匈奴入侵上谷（治所在今河北省怀来县附近）、渔阳，汉武帝派遣卫青、李息从云中出击，攻打河南（黄河河套地区），斩首数千级，俘获牛羊数十万头，收复了自秦末起被匈奴占领的河南地。汉武帝因功封卫青为长平侯（列侯），卫青的属下校尉（中级军官）苏建、张次公为平陵侯、岸头侯。

中大夫主父偃认为河南地肥饶，外围还有黄河天险，秦朝大将蒙恬曾在此修筑长城，驱逐匈奴。如果以河南地为基地屯垦戍边，可以节省从内地转运后勤物资的消耗，不仅扩张了版图，还拥有了攻灭匈奴的根据地。但其余所有的大臣认为，秦朝动员了30万人防守此地，劳民伤财，最终也没有守住，因此都反对这个建议。但是汉武帝力排众议，采纳了主父偃的建议，下令在河南地设置朔方郡，命令苏建（他的儿子就是著名的苏武）动员十几万人筑朔方城，修复蒙恬所建的长城，力图凭借黄河固守。河南地距离首都长安只有数百里，骑兵仅两三日便可抵达，是匈奴南下的重要前进基地，也是经济基地。收复了河南地，并设立郡县，纳入版图，是汉朝反击匈奴的一个非常重大的胜利，大大改变了对匈奴作战的不利态势，新设置的朔方郡成了汉军出击匈奴的重要基地。为了修筑河南地以防备匈奴的城池、要塞，汉朝也付出了沉重的代价，耗费钱财上亿，包括山东（西汉时泛指太行山以东的地区）地区在内的全国各地都负担了这个巨大的工程，政府仓库储存的物资也全部用尽。

---

1 《史记》卷109《李将军列传》。

元朔五年（公元前124年），匈奴右贤王几次侵扰朔方郡，汉武帝又一次命令车骑将军卫青亲自率领3万骑兵自高阙（要塞，在今内蒙古自治区乌拉特后旗境内）反击匈奴，卫尉苏建、左内史李沮、太仆公孙贺、代国相李蔡所部也受卫青节制，一起从朔方出兵；另外大行令李息、岸头侯张次公则从右北平出击，汉军此次共动员了10余万人。右贤王以为汉兵距离还很远，不会立即到达，于是放松警惕，喝醉了酒，没想到卫青率部出塞六七百里，夜里突然抵达匈奴军营，包围了右贤王所部。右贤王大惊，仅与数百骑趁夜突围，向北逃跑。汉军俘虏了匈奴男女1.5万余人，牲畜数百万头。这是一次漂亮的突袭战，汉军第一次取得了对匈奴歼灭性的重大胜利。汉武帝得到消息之后非常高兴，派遣使者持大将军印在塞上迎接凯旋的汉军，在军中拜车骑将军卫青为大将军，所有将军均归大将军节制，并增加卫青六千户的食邑，卫青的三个尚在襁褓中的儿子竟也全部封侯。卫青的部下护军都尉公孙敖、都尉韩说、骑将军公孙贺、轻车将军李蔡、校尉李朔，校尉赵不虞，校尉公孙戎奴均封列侯；将军李沮、将军李息、校尉豆如意有功，均封关内侯。

元朔六年（公元前123年）的春天和夏天，大将军卫青两次率领公孙敖、公孙贺、翕侯赵信、卫尉苏建、郎中令李广、左内史李沮共六位将军从定襄（治所在今内蒙古自治区和林格尔县附近）出发攻击匈奴，第一次斩首数千级，第二次斩首一万余级。但汉军的损失也很大，右将军苏建、赵信所部的3 000余骑阵亡，赵信本来就是匈奴的降将，兵败后遂率领余部800骑兵投降匈奴。但在第二次出征中，军中涌现出一个更加灿烂的将星——霍去病。

平阳县吏霍仲孺曾在平阳侯家做事，后与卫青的姐姐卫少儿私通，生下了霍去病。17年后，擅长骑射的霍去病被汉武帝宠爱，当上了侍中。元朔六年，霍去病以票姚校尉的身份，率领麾下轻骑800人，跟随大将军卫青出击匈奴，他们一行离开大部队，长途奔袭数百里，斩首2 000余级，其中包括单于的祖父、叔父。汉武帝认为霍去病勇冠全军，于是封他为冠军侯。上谷太守郝贤四次跟随大将军卫青出征，斩首、俘虏匈奴2 000余人，被封为众利侯。

元朔五年、六年，卫青三次率领十几万将士出征，总共斩首3.4万级，战果辉煌，但为此付出的代价也极其高昂，仅赏赐给立功将士的黄金就达20余万斤，俘虏的数万匈奴人除厚赏外，衣食也都由汉朝政府承担；汉军士兵、马匹死亡高达10余万，这还未将武器、盔甲、物资及其转运的费用计算在内。但汉武帝仍然要维持对匈奴的高压，继续进攻。元狩二年（公元前121年）春天，以冠军侯霍去病为骠骑将军，率领一万骑兵从陇西（治所在今甘肃省临洮县附近）出发进攻匈奴，接连击破匈奴5个属国；又转战六日，越过焉支山千余里，杀折兰王，斩卢侯王，俘虏浑邪王子及相国、都尉，斩首8 900余级，并俘获休屠王的祭天金人。汉武帝因此加封霍去病二千户食邑。

同年夏天，在汉匈边境的西端，霍去病再次与合骑侯公孙敖率领数万骑兵从北地郡出发，分道进军，但最后公孙敖军没能及时与霍去病军会合。霍去病孤军深入2 000余里，越过居延海、小月氏，到达祁连山，俘获单桓王、酋涂王及其相国、都尉以及投降者2 500人，斩首3万余级，俘获匈奴的小王70余人，又一次取得了辉煌的战绩。汉武帝加封霍去病五千户食邑，封其立功的部将鹰击司马赵破奴为从票侯，校尉高不识为宜冠侯，校尉仆多为辉渠侯。同时在汉匈边境的东端，博望侯张骞、郎中令李广率军从右北平出发，李广率领4 000骑兵为前锋，张骞率领将10 000骑兵随后。匈奴左贤王率领数万骑兵包围了李广，激战两天，汉军虽有一半战死，但消灭了更多的敌人。在张骞率军到达后，匈奴撤军。

此次汉朝的四路大军全面向匈奴进攻，却只有霍去病一路取得了辉煌的胜利，公孙敖、张骞均因行军迟缓，按律当斩，赎为庶人，李广与匈奴死伤相当，不罚不赏。诚然，其他将领所率领的军队从士兵到马匹都不如霍去病所部精锐，但霍去病率领的精兵强将敢于深入敌后，甚至经常亲自率领少数精骑充当先锋，也非他人所能企及。霍去病很幸运，从来没有被包围过，而其他诸将却经常因行动迟缓而失去战机。因此汉武帝越来越重视、宠信骠骑将军霍去病，他的地位与大将军卫青已经相同。

## 2．匈奴未灭，无以家为也：横绝大漠的决战

元狩二年秋天，因被汉军杀伤、俘获数万人，害怕单于责杀，匈奴的浑邪王、休屠王决定投降汉朝。汉武帝担心他们诈降，命令霍去病率军迎击。果然休屠王反悔，被浑邪王所杀，部下也被吞并。匈奴人中的大多数并不想投降，于是霍去病骑马闯入匈奴军营与浑邪王相见，并斩杀了想逃跑的8 000人，胁迫浑邪王所部4万余人号称10万，渡河降汉。汉武帝大喜，赏赐了有功将士和匈奴降众数十亿钱，并封浑邪王为漯阴侯，食邑万户，封其部下等四人为列侯，并加封霍去病食邑一千七百户；由于这两部的投降，汉武帝同时减少陇西、北地、上郡（今陕西省榆林市附近）一半的戍卒，以减轻天下人民的负担。

霍去病的两次征伐与匈奴浑邪王的投降使得汉朝占领了原属匈奴的整个河西走廊。匈奴人失去了这块水草丰美、冬温夏凉、适宜畜牧的土地，为此悲歌："亡我祁连山，使我六畜不蕃息；失我燕（焉）支山，使我嫁妇无颜色。"[1]后来汉武帝在河西走廊先后设置了武威、酒泉、张掖、敦煌四郡，史称"河西四郡"；在与西域交界处设置了玉门关、阳关，号称"列四郡，据两关"[2]。河西走廊是连接中原与西域的最重要通道，具有极其重要的战略意义，张掖

1 《史记》卷110《匈奴列传》注文中唐代司马贞《索隐》引佚名《西河旧事》。
2 《汉书》卷96《西域传》。

即“张国臂掖（腋），以通西域”之意。只有控制了河西四郡，才能从匈奴手中夺得并控制西域，汉朝的版图才能借此一直扩张到时称“葱岭”的帕米尔高原以西，中国与中亚、西亚、欧洲间的丝绸之路才能得以开辟。河西走廊从游牧区变成了农业区，大量的中原移民居住此地，隔绝了蒙古高原与青藏高原两大游牧区，改变了中原王朝不利的战略态势，同时这一地区的经济文化也得到了极大的发展。在此后1 000多年里，这块土地将在中国历史上扮演重要的角色。

元狩二年是汉朝取得重大战果的一年，斩杀、俘获近10万匈奴部众，占领了整个河西走廊，但付出的代价也极其高昂，仅这一年内就花费了100多亿钱。虽然代价如此高昂，但斗志昂扬的汉武帝却决定要发动对匈奴的总攻击。匈奴骑兵机动性强，他们可以主动选择入侵的地点，很难应对，因此，如果不进行主动的打击，汉军只能在长达数千千米的边境线上设置重兵，处处设防，处处挨打，疲于奔命，非常被动，而且效果很差。汉武帝想要主动进攻，消灭匈奴的有生力量，从而消灭他们入侵的能力，而只有建立一支强大的骑兵部队才有可能达成这一目标。

元狩四年（公元前119年），汉武帝决定出其不意，集结几十万大军与14万匹马横越大漠，直扑匈奴单于主力。汉军兵分两路，分别由大将军卫青、骠骑将军霍去病各率领5万骑兵先行，其余几十万步兵、后勤部队跟随其后。汉武帝将所有精锐全部调拨给了霍去病，想让他立下歼灭单于主力的大功。汉武帝原本想让霍去病从定襄出兵攻击单于，后又听说单于在东面，于是又将他调往代郡出兵，变为卫青从定襄出兵。这件事充分证明汉武帝是一个爱之欲狂的人，他宠爱霍去病已经到了丝毫不加掩饰的地步，不仅将年仅21岁的霍去病提拔到与他的舅舅大将军卫青一样的级别，而且将所有的精锐调拨给他，甚至不惜改变战前部署，就是想让他立下歼灭单于主力的这一最大功劳，丝毫不顾忌卫青的感受。非常幸运的是，霍去病从17岁第一次从军征伐匈奴起，每一次都用战绩证明了他从未辜负汉武帝异常出格的偏爱，这也是汉武帝宠爱他的根本原因所在，否则以汉武帝的脾气，一定会翻脸不认人。

此时郎中令李广请求从军，汉武帝认为他年老，而且多次战败，没有答应他，过了很久，禁不住李广的多次请求，才勉强应允，任命他为前将军，与左将军公孙贺、右将军赵食其、后将军平阳侯曹驤所部均隶属于大将军卫青。赵信为单于谋划："汉兵渡过大漠，人马疲乏，我们就坐等收容俘虏了。"匈奴将辎重囤放在北边后方，集结精兵，在漠北以逸待劳，等待汉军。人算不如天算，卫青率军出塞千余里，穿越大漠，正好遇见单于的主力，汉武帝刻意的安排落空。卫青见匈奴列阵以待，于是命令用武刚车（一种战车）环绕为营，派出5 000骑兵与匈奴的1万骑兵作战。此时太阳落山，刮起了大风，沙砾击面，两军都看不见对方，汉军从左、右两翼包围了单于。单于见汉军人马众多、兵强马壮，于是在傍晚时乘着骡车，与数百精骑突围，向西北逃跑。汉匈两军在昏暗中继续混战，双方死伤相当。当汉军知道单于已经逃跑，随即派遣轻骑在夜里追击，卫青率大军跟随其后。天亮后，已经追击了200余里，仍然不见单于踪影。汉军一路追杀，抵达了赵信城（今蒙古国杭爱山南麓），获得匈奴在此囤积的粮食，大军停留了一天后撤军，并将剩余的粮食全部焚毁。卫青所部一共俘获、斩首达1.9万级。卫青回到大漠以南后，才遇到了迷路的前将军李广、右将军赵食其。为了向皇帝汇报情况，卫青命令长史（掌管有关官署日常事务的官员）按法律所列的罪状逐条审问李广，李广以自己"年六十余矣，终不能复对刀笔之吏"[1]而自杀，赵食其则下狱，论罪当死，赎为庶人。如果李广、赵食其的军队能及时赶到战场，汉军的战绩将会更大，匈奴单于也很可能没有逃跑的机会。没有俘获、斩杀匈奴单于

---

1 《史记》卷109《李将军列传》。

是汉武帝一生最大的遗憾。

并非汉武帝、卫青有意想迫害李广，相反，汉武帝对李广还是非常信任、赏识和宽容的，他刚即位，就提拔李广任未央宫的卫尉，保卫皇宫；李广曾因兵败判处死罪，赎为庶人，饮酒后夜行到霸陵亭（今陕西省西安市东郊），霸陵尉喝醉了，呵斥李广。李广骑在马上说："我是前李将军。"霸陵尉回道："现任将军都不能夜行，不要说前将军了！"命令李广在亭下停留一夜，等天明再走。不久匈奴入侵，汉武帝重新起用李广为右北平太守，李广要求霸陵尉去参军，到军前就斩杀了他，然后再上书谢罪。汉武帝宽恕了李广，并告诉他："将军者，国之爪牙，应该用自己的名声震慑四夷，用自己的威风恐吓邻国。我希望将军为国除去祸害，并放弃残暴屠杀的行为。你像现在这样脱帽光脚，屈膝下拜，以额头触地向我请罪，难道是我所希望的吗？"汉武帝这段谴责李广的话不见于《史记》，而保留在对李广没有个人感情的班固所著的《汉书》中，这是《史记》《汉书》取材、价值观的不同。

残杀霸陵尉的行为说明李广为人心胸狭隘，报复心极强，将私人恩怨置于国家大事之上，在匈奴入侵、自己承担抵抗重任之际，竟然还残暴、自私地利用机会滥杀无辜。汉武帝对此的回应可以说是有情、有理、有节，指出李广身为将军，职责是抵御外侮，肩负重任，而不应借机以私怨残杀无辜，事后却又来向他求情宽恕。这番话显示了他的宽容大度。汉武帝之后仍然任命李广为郎中令，位列公卿，地位仅在三公之下，全面负责皇宫及他本人的安全保卫，这充分表明他对李广是绝对信任并且非常器重的。不仅如此，李广的三个儿子李当户、李椒、李敢均担任过汉武帝的侍卫，李椒也曾被提拔为代郡太守，而李敢继父亲后也担任了郎中令，这在汉朝是绝无前例的，由此可以证明，与人们通常的认识相反，汉武帝绝没有迫害过李广，否则怎么敢将自己的性命托付给他的儿子？李广的长子李当户的性格也类似于他的父亲，非常刚直、忠勇。倍受宠爱的佞臣韩嫣与汉武帝调笑，作为警卫侍立在旁的李当户一厢情愿地认为韩嫣过分放肆，竟然当场将他打得抱头鼠窜，却因此深得汉武帝赏识，可惜因他早死而未能得到重用。后来李当户的遗腹子李陵也担任了汉武帝的警卫，可以说李广一家祖孙三代都深受汉武帝的赏识、信任。

汉武帝为人慷慨大方，甚至大方得有点过分，赏赐有功将士从不吝惜，卫青收复河南地，他一次就封卫青部下十人为侯，如果李广有功，他又怎么会不封呢？李广曾宣称，名声远不及自己的堂弟李蔡也能以军功封侯，而地位不高的诸部校尉以下，才能均不及中人，当然更不及自己，却也有数十人能以军功封侯。这些事实虽然让李广很不服气，但恰好证明汉武帝的封侯只凭军功，而不以名声、地位。在卫青出兵前，因为李广的年龄太大，并且在与匈奴作战中的运气太差，战绩不佳，汉武帝担心会影响此次决战，于是暗中命令卫青不要让李广当前锋，对付匈奴单于的主力；另外，卫青也想让自己的老部下，新失去侯位的公孙敖打败匈奴主力立功，所以也想将李广调离，但主要还是服从汉武帝的命令，从而导致了李广迷路不能按期到达的悲剧。

司马迁对李广抱着深切的同情心，先秦时期，他们两家都在秦国世代为将，司马迁的祖先是率军灭亡蜀国、巴国的司马错，李广的祖先是率军追杀燕太子丹的李信。《史记》中的《李将军列传》是千古传诵的名篇，因此李广的形象深入人心，大家似乎都认为李广没有受到汉武帝重用，“李广功高，封侯无份”，甚至最后因被卫青排挤、迫害而死，但历史的事实并非如此。前面讲过，汉高帝规定“非有功不得侯”，这一规定在当时还是得到较为严格的遵守的。李广与匈奴的几次主要作战，不仅没有立功，甚至还打了败仗，最后也因迷路自杀，按照汉朝法律，当是死罪。司马迁因受李广的孙子李陵的牵连，遭受了残酷的刑罚，与命运坎坷的李广同病相怜，产生了共鸣。汉朝人普遍喜欢刚烈、质朴、耿直、忠勇的品质，因此世代为将的李广及其一家的遭遇博得了很多同情，他的事迹，如被俘后奇迹般逃脱，射箭入石，对部下关怀备至等在当时已经成了传奇，他也因此享有了很高的声誉。

显然汉武帝对卫青所部的表现并不满意，没有加封卫青本人，部下更无一人封侯。与之形成鲜明对比，霍去病及其所部却大获封赏：加封五千八百户食邑给霍去病本人，其部下共有5人封侯，其中就包括了李广的儿子李敢，他因作战勇敢，夺得左贤王旗鼓，斩首众多，被封为关内侯，并担任了郎中令，负责保卫皇帝人身安全的重任。这些事实均证明了汉武帝从没有贬抑、排挤过李广，更不用说迫害、陷害了。

虽然霍去病没有遇到单于的主力，但是他的战功却远远超过了卫青。他从代国、右北平北上2 000余里，轻装横绝大漠，取食于敌，俘虏匈奴的屯头王、韩王等3人，将军、相国、当户、都尉83人，封狼居胥山（今蒙古国肯特山，在山上祭天）、禅姑衍山（今蒙古国肯特山之北，在山上祭地），一直到达了翰海（今俄罗斯境内的贝加尔湖），斩首7万余级，这是自汉朝建立以来对匈奴取得的空前辉煌的胜利。

这场胜利的代价也是非常高昂的，出塞时两路汉军共有马14万匹，入塞时只剩下了3万匹，霍去病所部也损失了十分之三。汉武帝特地设立了大司马一职，大将军卫青、骠骑将军霍去病均担任大司马，相当于以前的太尉，并规定骠骑将军的等级、待遇与大将军相同。从此之后，大将军卫青越来越谦退，骠骑将军霍去病越来越显贵，卫青的门客大多去向霍去病寻求官爵，只有司马迁的好友任安不肯这样做。

至此，从元光五年（公元前130年）到元狩四年（公元前119年）的11年间，汉朝几次发兵主动征讨匈奴，共俘虏、斩首约24万人，其中霍去病的战绩就占了近一半；元狩四年的两路北伐，俘虏、斩首匈奴9万余人，使得匈奴遭受了重大损失，从此向北方远遁，而不敢在大漠以南设立王庭（匈奴的统治中心）。此后，汉军越过黄河，从朔方郡向西至令居（今甘肃省永登县）构筑防线，开凿水渠，灌溉屯田，戍守士兵达五六万人，并向北蚕食了少量匈奴土地。据最新的考古发现，汉长城已经修筑到了今蒙古国境内，比起1 000多年后修筑在河北、山西、陕西、宁夏境内的明长城，明显呈现出更强的攻击性姿态。因此现在的历史地图关于汉朝北部边境画法都是错误的。

然而因为马匹数量少，同时汉军又在向南征伐闽越、南越，向东征伐朝鲜，向西征伐羌、西南夷，因此很久没有再大规模征伐匈奴，汉与匈奴之间的关系暂时进入了一个相对和缓的时期。西汉扬雄盛赞汉武帝反击匈奴的伟大功业："其后深惟社稷之计，规恢万载之策，乃大兴师数十万，使卫青、霍去病操兵，前后十余年。于是浮西河，绝大幕，破寘颜，袭王庭，穷极其地，追奔逐北，封狼居胥山，禅于姑衍，以临翰海，虏名王、贵人以百数。"[1]

似乎就是为了征伐匈奴而生，在封狼居胥、到达人生顶点后仅两年，年仅23岁的大司马、骠骑将军霍去病去世，其短暂的一生犹如一颗灿烂夺目的流星。汉武帝深感哀痛，将他安葬在自己的陵墓茂陵（位于今陕西省咸阳市兴平市境内）旁边，霍去病的墓被修筑成祁连山的形状，以彰显他的军功，并动员了霍去病招降的原匈奴浑邪王、休屠王所部，让他们穿戴铁甲，从长安列队直至茂陵为他送葬，队列长近40千米。这可能是中国史上最宏大、最动人心魄的葬礼。

霍去病是汉武帝一生中最钟爱的臣子，他为人沉默慎言、任性使气、敢作敢为。汉武帝曾想亲自教他《孙子兵法》与《吴起兵法》，但他却认为作战要灵活机变，没必要学这些古代的兵法；汉武帝曾经为他置办住宅，命他前去查看，他回答了一句至今仍让人

---

1 《汉书》卷64《匈奴传》。

热血沸腾的话："匈奴未灭，无以家为也。"[1]汉武帝因此越发宠爱他。由于霍去病少年得志，年仅17岁就贵为侍中，因此不懂得体察下情。他率军出征，汉武帝派专人给他送去数十车的酒肉，直到班师还没有吃完，但同时士兵们却饿着肚子。在塞外时，士兵因缺粮而士气不振，可他却命令士兵为他修建球场蹋球。郎中令李敢曾因怨恨卫青逼死父亲李广而打伤了卫青，卫青隐匿不报，不多久，李敢随从汉武帝去甘泉宫打猎，听闻此事的霍去病，当即射杀了贵为郎中令的李敢，但汉武帝竟然宣称李敢是被鹿角撞死的，包庇了霍去病的胆大妄为。

在日常生活中，霍去病这样的人就是一个典型的贵公子，年轻气盛，极度以自我为中心，恃才傲物，甚至品行不端，但他却是一个不世出的军事天才。这样的人只有在一个壮怀激烈的大时代中才有其用武之地，也只有一个像汉武帝这样雄才大略的帝王才能赏识他、包容他。从本性上讲，霍去病与汉武帝是同一类人，为人处事非常相似。或许比霍去病大16岁的汉武帝正是在他身上看到了自己年轻时的影子，因此才对他极度宠爱，毫无顾忌地破格重用。中国历史上只有一个汉武帝，只有他才能发现并敢于放手任用一个年轻的军事天才，所以，中国历史上也只有一个霍去病，能够率领几万精骑横绝大漠，封狼居胥。

霍去病的舅舅卫青虽贵为大将军，位极人臣，为人却仁善退让，以温和、柔软的身段讨得汉武帝的喜欢，但天下却没人称赞他，这可能是因为当时的人普遍质朴、刚烈，看不得卫青老于世故，对汉武帝曲意承欢的样子，也瞧不起他出身奴隶，因裙带关系而发迹。卫青的行事风格或许是天生，但更多可能是后天的惨痛经历所致。他的奴隶出身决定了他必须时时小心谨慎、察言观色。汉武帝拥有至高无上的权力，可以爱之欲其生，恨之欲其死，予夺生

1 《史记》卷111《卫将军骠骑列传》。

死、决断杀伐，更何况汉武帝的爱恨转换极为迅速，最后两次出征后，卫青没有被加封，年轻的霍去病却后来居上。这些都是明显的信号，表明汉武帝对卫青的宠爱已经急剧衰减。从这个意义上讲，霍去病的早逝未必是件坏事，在之后的很多年中，汉匈之间并无大规模的战事，他失去了用武之地，一旦汉武帝对他的宠爱衰减，以他的桀骜不驯，下场会很危险。

元光、元狩年间，汉朝对匈奴的战争波澜壮阔，场面极为宏大，战场从东到西，直线距离超过了2 000千米，从南到北则超过了1 000千米。匈奴全部是骑兵，机动性强，很难捕捉，战斗力强劲，而汉朝的旧时名将如韩安国、李广、程不识等人均无法适应这种大规模、高强度的机动作战，汉武帝发现了自己身边这两位出身卑贱的年轻人具有军事才能，便让他们有机会在实际的战争中锻炼，证明自身的能力，然后再破格提拔，让他们超越了所有将领，授予他们北伐匈奴的最高指挥权。卫青、霍去病也以其超人的指挥能力、惊人的战功证明了自己是最优秀的军事家。汉武帝识人、用人的能力之强，魄力之大，都是中国历史上绝无仅有的。一位领导人最重要的素质之一就是知人善任，凭这一点，汉武帝就不愧为中国历史上最伟大的帝王之一。

《史记》《汉书》对立有大功的卫青、霍去病的评价明显不同。与对李广抱有深切同情相反，司马迁对卫青、霍去病的感情相对微妙，因为他们二人都是汉武帝的亲戚、亲信，司马迁竟然在《佞幸列传》这样的篇章中提到了他们："卫青、霍去病亦以外戚贵幸，然颇用材能自进"[1]，而在他们本传结尾的评价中只字不提他们的战功。与之相反，班固在《汉书》中盛赞卫青、霍去病的战功："长平桓桓，上将之元，薄伐猃允，恢我朔边，戎车七征，冲輣闲闲，合围单于，北登阗颜。票骑冠军，猋勇纷纭，长驱六举，电击雷震，饮

1 《史记》卷125《佞幸列传》。

马翰海，封狼居山，西规大河，列郡祁连。”[1]两千年后，这段话仍然是对卫青、霍去病最好的颂扬。毕竟班固有一个镇守西域30多年的弟弟——孤胆英雄班超，他本人也随大将军窦宪横绝大漠、勒石燕然，是中国众多历史学家中的独一位。在出征漠北的时候，他一定想起了200年前率大军纵横大漠的卫青、霍去病，英雄相惜，更能理解他们的伟大不凡。从来不存在完全客观的历史，记录者的经历、阅历、见识、史德、价值取向都会在文字中留下深刻的烙印。

## 第三节　开疆拓土：一定要超越秦始皇

### 1．攻灭南越、闽越：版图直达北纬十三度

攻伐匈奴取得的伟大战绩一雪汉朝70多年的耻辱，基本解决了北方的边患，但汉武帝的眼中不只是遥远、危险的北方，他雄心万丈，想要恢复秦朝疆域，甚至要超越秦始皇的功业，他的目光转向了秦朝的岭南三郡，即此时属于南越国版图的南海、桂林、象郡。

南越国的开国君主赵佗已于建元四年（公元前137年）以百岁高龄去世，这是一位与秦始皇、汉高帝同一时代的风云人物，在其长达70年的统治时间内，南越国向南扩张到今越南中部的长山山脉以东及大岭一线以北的地区，大约为北纬13度。随着秦朝时南下的北方人逐渐老去，南越国的本土意识越来越强烈，也爆发了“本省人”“外省人”间的矛盾。

---

1 《汉书》卷100《叙传》。

南越王赵胡（又名赵眜）在位期间，派遣太子赵婴齐为汉武帝的宿卫，但他本人却一直称病不去长安朝见。赵胡去世后，太子赵婴齐继承王位。赵婴齐在长安时曾娶邯郸樛氏的女儿为妻，并生下了儿子赵兴，他即位后，上书请求汉武帝批准立樛氏为王后，赵兴为太子。赵婴齐喜欢吃喝玩乐，胡作非为，杀人取乐，他害怕采用汉朝的法规，成为直属朝廷的内诸侯国，因此称病不朝见，只是派遣儿子赵次公充当汉武帝的宿卫。

赵婴齐死后，太子赵兴继位，他的母亲樛氏为太后。樛太后婚前曾经有一位情人——霸陵人安国少季（安国为复姓），元鼎四年（公元前113年），了解这一内情的汉武帝派遣安国少季出使南越，要求南越王赵兴、樛太后入朝归附为内诸侯。此时樛太后与安国少季旧情复燃，结果举国皆知，引起众怒。樛太后害怕发生动乱，于是劝南越王与群臣上书汉武帝，取消独立，归附汉朝，撤除边境上的关卡。汉武帝答应了南越国的内附请求，赐南越国丞相吕嘉银印，内史、中尉、太傅印也全部由朝廷颁发，并废除南越的肉刑，采用汉朝的法律。汉朝使者留在南越镇抚，南越王与王太后整理行装，准备去长安朝见。

南越丞相吕嘉是三朝丞相，是本地越人，宗族中有70余人当官，儿子娶的都是国王的女儿，女儿全部嫁给王子和宗室，他在南越国享有崇高的威望，甚至超过了南越王。吕嘉多次劝阻南越王归附汉朝，但国王不听，于是吕嘉有了反叛的念头，几次称病不接见汉朝的使者。汉朝使者注意到吕嘉的异常，但没有机会诛杀他，南越王赵兴和王太后密谋杀害吕嘉，但又未果。汉武帝得知这一情况后，想派庄参率领两千人出使南越解决吕嘉的问题，但庄参认为，如果是和平出使，只要几个人就行了，如果想用武力解决，两千人又太少，因此推辞不去，被汉武帝罢官。前济北相韩千秋自告奋勇，认为小小的南越国，又有国王、王太后做内应，他只需要带勇士200人就可以斩杀吕嘉。汉武帝对此非常欣赏，于是派遣他与王太后的弟弟樛乐率领两千人抵达南越，吕嘉闻讯后便造反，公告全国：“国王年少，太后是汉朝人，又与使者淫乱，就一心想要归附，将先王的宝器献给汉家天子，并将随从带到长安卖为奴仆。为了一时的利益，而出卖赵氏的万世社稷。”吕嘉杀了南越王赵兴、王太后以及汉朝的使者，并立赵婴齐与越人妻子所生的儿子术阳侯赵建德为王。

此时韩千秋率领的两千人攻破了南越的几个小城，攻打到离南越首都番禺（今广东省广州市市区）20千米的地方，被南越军队消灭，韩千秋、樛乐战死。汉武帝认为韩千秋虽然没有成功，但十分英勇，因此封其子韩延年为成安侯，樛乐的儿子樛广德为龙亢侯。汉武帝下令动员罪犯与江淮以南的楼船水师10万人大举征讨南越。元鼎五年（公元前112年）秋，汉武帝任命卫尉路博德为伏波将军，率军从桂阳郡（治所在今湖南省郴州市）沿湟水（今湟川）南下；主爵都尉杨仆为楼船将军，率军从豫章（治所在今江西省南昌市市区）沿湞水（今湞江）南下；归义越侯严为戈船将军，率军从零陵郡（治所在今广西壮族自治区兴安县北）沿离水（今漓江）南下出发，甲为下濑将军，率军自苍梧郡（治所在今广西壮族自治区梧州市）出发；驰义侯遗率领由巴蜀的罪犯以及夜郎国（在今贵州、云南、四川等地）士兵组成的军队沿牂柯江（今北盘江）东下，四路大军直指番禺。

元鼎六年（公元前111年）冬，楼船将军杨仆率军攻陷南越的两个要塞后，与伏波将军路博德会师，进抵番禺，杨仆所部攻打东南面，路博德攻打西北面。到了傍晚，杨仆击败南越军，纵火烧城，守城的南越军向路博德投降，吕嘉与南越王赵建德趁夜率领数百人乘船逃入大海。路博德派遣下属追击，校尉司马苏弘俘虏了赵建德，后被封为海常侯，南越人都稽俘虏了吕嘉，被封为临蔡侯。伏波将军路博德因功加封食邑（他已是侯位），楼船将军杨仆则被封为将梁侯。

苍梧王赵光、揭阳令定（无姓氏记录）投降了汉军，南越的将军毕取率领军队归降，桂林监居翁也率领30多万瓯骆人归降，他们四人均被封侯。戈船将军、下濑将军、驰义侯三路军队还没有到达，立国93年的南越国已经被平定。后汉朝在其故地设立了儋耳（治所在今海南省儋州市附近）、珠崖（治所在今海南省海口市附近）、南海（治所在今广东省广州市市区）、苍梧（治所在今广西壮族自治区梧州市附近）、九真（治所在今越南清化市附近）、郁林（治所在今广西壮族自治区桂平市附近）、日南（治所在今越南广治市附近）、合浦（治所在今广西壮族自治区合浦县附近）、交阯（治所在今越南河内市附近）九郡，汉的版图已经扩张到今越南中部，约北纬13度线一带，远远超出了秦朝。此时汉武帝正在巡游天下，“行东，将幸缑氏，至左邑桐乡，闻南越破，以为闻喜县。春，至汲新中乡，得吕嘉首，以为获嘉县”[1]。汉武帝为纪念灭亡南越亲自赐名，这就是今日山西省闻喜县、河南省获嘉县的得名由来。

在汉军平定南越国时，东越王驺余善曾经要求发兵八千水师协助进攻，他是汉朝所封的闽越王驺无诸的后代，闽越王驺无诸与东海王驺摇，又都是春秋时越王勾践的后代，被秦灭国后，其地被设置为闽中郡。秦末时他们起兵反秦，随后又站在刘邦一边与项羽作战，因此在汉朝建立后，驺无诸被封在故地，复立为闽越王，都城在东冶（今福建省，地点不详）。汉惠帝时，又封驺摇为东海王，俗称为东瓯王，都城在东瓯（今浙江省永嘉县附近）。闽越国、东瓯国仅在名义属于汉朝，实际上是独立的两个王国。

建元三年（公元前138年），闽越举兵围攻东瓯，东瓯向汉朝求援。当时汉武帝年仅18岁，便向太尉田蚡询问解决之法。田蚡认为越人相互攻击是常有的事，不必理会，而且当年秦朝也弃守了闽中郡。中大夫庄助[2]驳斥田蚡："当年秦朝连首都咸阳也弃守了，

---

1 《汉书》卷6《武帝纪》。

2 班固为了避汉明帝刘庄的名讳，在《汉书》中将“庄助”改为“严助”，见《汉书》卷64《严朱吾丘主父徐严终王贾传》。

怎么可以拿它当榜样？现在小国有危难，来向天子救援，如果置之不理，如何治理天下万国呢？”年轻的汉武帝当即表示田蚡的话没有道理，但他刚即位，不想用虎符发动郡国兵，于是派遣庄助持节调动会稽郡兵。会稽太守不见虎符不肯发兵，于是庄助斩杀了一个郡司马（郡的军事长官），传达了汉武帝的谕旨，会稽太守才发兵从海上救援东瓯，闽越随即撤兵。东瓯王请求举国内徙，得到允许后，便率领全体国民迁移到江淮之间居住。

3年后，闽越再次兴兵攻打南越，南越不敢擅自发兵，而是向汉武帝告状。汉武帝派遣韩安国、王恢两位将军率兵准备诛灭闽越。汉军还没有到达闽越，驺余善就已经杀了哥哥闽越王，请求投降，汉武帝封驺丑为越繇王，后又封驺余善为东越王。南越王赵胡感激汉朝救援，于是派遣太子赵婴齐去做汉武帝的宿卫，以表达自己的忠心。元鼎六年（公元前111年），驺余善反汉，任命将军驺力等为“吞汉将军”，杀了汉军的三个校尉，汉将大司农张成、故山州侯刘齿却不敢进攻，被汉武帝以畏缩、懦弱罪诛杀。驺余善还刻了“武帝”玺，自立为帝。汉武帝闻讯。派遣横海将军韩说、楼船将军杨仆等兵分四路，水陆并进，而越繇王驺居股等人密谋杀了驺余善，举国投降。汉武帝认为东越道路险阻，越人剽悍，反复无常，于是命令举国军民全部迁移到江淮之间，东越地遂变成无人区，属会稽郡，直到此时，汉朝终于恢复了秦朝的闽中郡故地。

## 2．汉孰与我大：征服西南夷

为了进攻南越国，驰义侯征发南夷兵，南夷且兰国国君害怕本国民众被征发远行，起兵杀掉了汉朝的使者及犍为郡（治所在今四川省宜宾市附近）太守。汉朝调动由原来巴、蜀罪人组成用以进攻南越国的八校尉军队，由中郎将（皇帝的侍卫官）郭昌、卫广率领，进攻且兰国，诛杀且兰国国君及邛君、莋侯，平定了南夷，设立了牂柯郡（治所在今贵州省贵阳市以东）。

在汉朝西南边境地区，有数十个少数民族的部落政权，其中以夜郎国最大。此前夜郎王曾问过汉使者："汉孰与我大？"[1]留下了著名的成语——夜郎自大。夜郎国的西面是靡莫等数十个部落政权，其中以滇国最大。战国时，楚威王派遣楚庄王的后代、将军庄蹻率兵攻略楚国的巴郡（治所在今重庆市）、黔中郡（治所在今湖南省沅陵县以西）地区，一直打到了滇池，发现周围是平原，有数千里肥饶之地，因此想使之归属楚国。后来因秦国攻击楚国的巴郡、黔中郡，庄蹻与楚国断绝了联系，自立为滇王，为了便于统治，他改变了服饰，遵从当地人的习惯。滇国的北面也有数十个的部落政权，其中以邛都最大，他们的头发扎成锥形，能够耕田，并形成了城市聚落。由此向西为嶲、昆明，人们的头发都是编起来的，他们是游牧社会，常常迁徙，居无定所，也没有政权君长。在嶲的东北面，有数十个部落政权，其中最大的是徙和筰都；在筰的东北面，有数十个部落政权，其中最大的是冉駹，他们有的人定居，也有人仍在游牧迁移，是在蜀郡（治所在今四川省成都市）的西面。在冉駹的东北面，有数十个部落政权，其中最大的是白马，人民都是氐族人。以上这些都是巴郡（治所在今重庆市）、蜀两郡西南外面的蛮夷。

夜郎国曾经归附过南越国，南越国灭亡后，夜郎王到长安朝见，被汉武帝任命为夜郎王。冉駹是游牧于今四川西部、北部的羌人部落，冉駹听闻夜郎归附后，大为振恐，也要求归附汉朝，于是汉朝以邛都为越嶲郡（治所在今四川省西昌市），莋都为沈黎郡（治所在今四川省汉源县东北），冉駹为汶山郡（治所在今四川省茂县北），广汉西白马为武都郡（今甘肃省成县西）[2]。

1 《史记》卷116《西南夷列传》。

2 邛都、莋都、广汉西白马均为当地部落名、国名。

早在夜郎归附前的20多年，即建元六年（公元前135年），汉军攻打闽越胜利后，王恢就曾派遣番阳（今江西省鄱阳县）令唐蒙出使南越国。唐蒙在南越吃到了蜀郡特产的枸酱，感到很惊奇，便问是如何运过来的，南越人回答是利用牂柯江水运而来。唐蒙回到长安后，问蜀郡的商人同样的问题，才知道蜀郡的枸酱需要先偷偷运到夜郎。夜郎国临着牂柯江，江宽达百余步，足以行船。随后唐蒙上书建议汉武帝，如果从长沙、豫章攻打南越，走水道会很困难，因此可以动员夜郎兵顺牂柯江而下，并建议在夜郎设置汉朝的官吏。汉武帝任命唐蒙为郎中将，率领1 000人，带着1万多人用的辎重，经过巴蜀的筰关，见到了夜郎王多同。唐蒙馈赠了大量物资给夜郎国，威逼利诱，将多同的儿子任命为汉朝的夜郎县令。夜郎附近的小部落都贪图汉朝的纺织品，同时以为道路险阻，汉朝不可能真正占领它们，于是都暂时答应唐蒙归附，汉朝在此设立了犍为郡。

唐蒙征用巴蜀的士卒修筑了自僰道（今四川省宜宾市）通向牂柯江的道路。在此期间，唐蒙动员了巴、蜀两郡共计数万人开通道路、转运物资，并施以严刑峻法，结果激起了当地民众的暴乱。汉武帝闻讯后，决定派遣自己身边的郎官、著名的文学家、蜀郡成都人司马相如回到家乡，安抚处理善后事宜，并宣称，唐蒙的扰民之举并非自己的本意。司马相如回京汇报时，唐蒙已经差不多完成了夜郎的道路，又开始修筑通往西南夷的道路，前后征发了数万人，修筑了两年也没有成功，不但人员大多死亡，也耗费了数以亿万计的钱财。

元光五年（公元前130年），邛、筰的部族首领听说南夷归附汉朝后，得到了很多赏赐，因此也想模仿南夷要求归附。汉武帝为此征求司马相如的意见，司马相如认为邛、筰、厓、駹这些西夷离蜀郡更近，道路也更容易修通，秦朝曾为郡县，如今重新归附，好处比南夷还要大。汉武帝认为有理，于是提拔司马相如为中郎将，持符节出使西夷，又派遣副使王然于、壶充国、吕越人坐着四匹马拉的传车赏赐西夷。西夷诸部的首领全部请求归附汉朝，撤除边境上的关卡，纳入了汉朝的版图，并在此设置了一个都尉和十余个县，隶属于蜀郡。司马相如评价了自己招抚西夷的功绩："盖世必有非常之人，然后有非常之事；有非常之事，然后有非常之功。"[1]作为一个文学家，司马相如承担了招抚西夷、建立郡县的任务，诚然是一位非常之人所立的非常之功，但这段话其实也是对当时包括汉武帝在内的许多人物与事件很好的概括。

汉武帝为经营西南夷付出了沉重的代价，修筑的道路长时间无法完成，士卒因为恶劣的气候与饥饿死伤枕藉，西南夷又几次造反，发兵平叛，却师老无功。汉武帝于是派遣御史大夫公孙弘去实地考察，回来后公孙弘根据所见，建议汉朝放弃经营西南夷。此时正逢征讨匈奴，收复河南地设置了朔方郡，同样耗费了极其巨大的人力、物力，元朔三年（公元前126年），汉武帝决定放弃经营西夷，只在南夷夜郎设置两县一都尉。汉朝在西夷的转机出现在15年后，借着灭亡了南越、闽越的余威，元鼎六年（公元前111年）汉军又平定了反叛的南夷，设立了牂柯郡，夜郎王、西夷诸部族随后决定归附汉朝，经营西南夷的事业开始走向全盛。

汉武帝并不满足眼前取得的成果，他还要再接再厉，征服滇国，打通沿身毒（印度）道通向大夏（巴克特里亚，今阿富汗北部）的道路。他派遣王然于以攻灭南越、闽越，征服南夷的事例威吓滇王入朝归附，但是滇国的东北还有与滇王同一家族的劳浇、靡莫两个政权，它们不仅阻止滇王归附，还几次袭击汉朝的使者和士兵。元封二年（公元前109年），汉武帝征发巴、蜀二郡的军队消灭了劳浇、靡莫，并兵临滇国城下，滇王举国投降，汉朝在滇国故地设置了益州郡（治所在今云南省晋宁区东）。至此，经过几十年

---

1 《史记》卷117《司马相如列传》。

的不懈努力，汉武帝经营西南夷的事业取得了最终的成功，不仅在西南方向恢复了秦朝的故土，更进一步将版图扩张到今云南、缅甸一带。

几乎与经营西南夷达到顶峰同时，元鼎五年（公元前112年），居住在今甘肃临夏以西、青海东北部的西羌部落10万人造反，并与匈奴互通使节，攻打令居县（治所在今甘肃省永登县西北）、故安县（今甘肃省临洮县西南）、包围枹罕（今甘肃省临夏东北）；与此同时匈奴也侵入五原郡（治所在今内蒙古自治区包头市）攻杀太守。第二年，汉武帝征发10万大军，由将军李息、郎中令徐自为率领，征讨西羌，“西逐诸羌”“河西地空”[1]，于是迁移内地民众前往居住，并在湟水流域设置护羌校尉，持节统领该地，汉朝的版图又向西扩张到今青海东部一带。

### 3．向东：设置朝鲜四郡

汉武帝的扩张是全方位的，东南为闽越，南方为南越，西南为西南夷，西方为诸羌，北方为匈奴，东北则为朝鲜。汉朝建立时，与统治朝鲜半岛的箕氏政权以淏水（今朝鲜清川江）为界。后来燕王卢绾叛逃匈奴，他的部属卫满率领千余名部下渡过淏水，将头发扎成锥形，身着蛮夷服装，定居下来。后来他受当地的真番、朝鲜蛮夷及以前燕国、齐国亡命者拥戴，灭亡了箕氏朝鲜，自立为朝鲜王，都城在王险（今朝鲜平壤市），史称“卫满朝鲜”。汉惠帝、高后时，卫满成为汉朝的藩属外臣，承担了阻止塞外蛮夷侵犯汉朝边境的职务，同时不能阻止诸蛮夷君长朝见汉朝天子。卫满的地位获得汉朝认可后，趁机征服了周边的东夷小国，版图幅员数千里，统治了大半个朝鲜半岛。等到卫满的孙子卫右渠即位后，从不朝见皇

1 《后汉书》卷87《西羌传》。

帝，且诱使汉人逃亡至朝鲜，并且阻止周边蛮夷去汉朝朝见，汉与朝鲜的关系开始紧张。元封二年（公元前109年），汉朝的使者涉何代表汉武帝去责问朝鲜王卫右渠，但他还是不肯奉诏。于是涉何启程回国，到了汉朝边界河浿水之畔，涉何刺杀了护送他的朝鲜裨王长，随即迅速渡河入塞，谎称自己杀了朝鲜的将军。汉武帝对他的行为非常欣赏，不仅不追究，还提拔他为辽东郡的东部都尉。朝鲜因此痛恨涉何，随后发兵袭杀了他，从而拉开了战争的帷幕。

汉武帝下令募集罪犯攻打朝鲜。这一年的秋天，楼船将军杨仆率兵5万人，从齐国渡渤海，左将军荀彘从辽东郡（治所在今辽宁省辽阳市）出发，分水陆两路征讨，朝鲜王卫右渠也调集兵力，距险抵抗，汉军陆路率先失利，左将军属下的卒正（中级军官）率辽东兵逃跑，被按军法斩首。楼船将军杨仆率先头部队7 000人抵达朝鲜的都城王险，朝鲜兵见汉军人数少，即出城攻打，这一路的汉军也溃败了，后杨仆独自逃入山中躲藏了10余天，并召集溃散的士卒重新成军。

汉武帝见两路军都失利，于是派遣卫山前去劝降。卫右渠见到使者，顿首谢罪，说明他原本想投降，但害怕被两位将军诈杀，现在见到了皇帝的使者，因此决定投降，并派遣太子入朝谢罪，献上5 000匹马，并赠送粮食给汉军。在朝鲜太子率领全副武装的一万多人正要渡过浿水之际，使者卫山及左将军荀彘担心其中有诈，要求他们不要携带兵器，朝鲜太子也怀疑会被诈杀，随即调头不去朝见。因双方的互不信任，此次招降失败，汉武帝为此诛杀了卫山，战事再次爆发。

左将军荀彘突破朝鲜的浿水防线，包围朝鲜都城的西北部，楼船将军杨仆包围了城南，但是在朝鲜的顽强抵抗下，历经数月不能攻克。荀彘是侍中，一向被汉武帝宠幸，所部又是燕代一带的骄兵悍将，而杨仆率领的齐国将士在渡海时已经损失不小，之前又被击败，因此士气低迷，想与朝鲜休战，双方约定和谈。荀彘几次与杨仆约定进攻，但杨仆均爽约，因此怀疑他要造反。汉武帝听到前方统帅不和，久攻不下后，派遣济南太守公孙遂去朝鲜军前，让他便宜行事。荀彘向公孙遂告状，说杨仆数次爽约合兵进攻，而且他会反叛，与朝鲜军一同消灭汉军。公孙遂同意了荀彘的看法，用皇帝赐予的符节传召杨仆到左将军营中议事，随即将其逮捕，并且接管了他的军队。

左将军荀彘合并两军后，加紧攻打朝鲜都城，元封三年（公元前108年）夏，朝鲜官员杀朝鲜王卫右渠投降，但汉军还未来得及进入王险城，朝鲜大臣成巳又造反，后被汉军诛杀。至此朝鲜终于被平定，被汉朝设为真番（治所在今韩国首尔市）、临屯（治所在今韩国江陵市）、乐浪（治所在今朝鲜平壤市）、玄菟（治所在今朝鲜咸兴市）四郡，史称“大汉朝鲜四郡”。

朝鲜杀国王、成巳投降的官员中有5人被封侯，而汉军的统帅左将军荀彘却因与杨仆争功相嫉，又违背战争计划而被弃市；济南太守公孙遂也因协助荀彘逮捕杨仆，吞并其军队而被诛杀。楼船将军杨仆因为没有等待左将军部，擅自发兵导致损失惨重，依法当诛，赎为庶人。

这场朝鲜战争对于参与其中的汉军将领来说是一场大悲剧，擅自挑起事端的涉何被朝鲜袭杀；招降朝鲜国王的使者卫山本来已经大功告成，结果功亏一篑，被汉武帝诛杀；济南太守公孙遂偏听偏信，逮捕杨仆，破坏了正在进行的和谈，因而被杀；左将军荀彘与杨仆争功，擅自逮捕对方，违背战争计划，因而被杀；楼船将军杨仆也因争功冒进导致军队损失，论罪当诛，赎为庶人。与此形成鲜明对比的是，这场战争因功封侯的五人却均是朝鲜的投降者。由此可见汉武帝对军事行动的赏罚完全只看其功过，而不管其地位、名声、背景、关系，左将军荀彘虽然是他的宠臣，最终也平定了朝鲜，但依然因功不抵过而被弃市。

## 4．万里凿空：丝绸之路的开辟与中亚的扩张

此时汉朝的版图在各个方向上已经全面超越了秦朝，但汉武帝仍然不满足，他的目光投向了万里之外的西域。按汉人的理解，西域东起玉门关、阳关，西止于葱岭（帕米尔高原），东西长6 000余里，南北宽千余里，起初共有36个国家，后来分裂至50余国，它们都位于匈奴的西面，乌孙的南面。自玉门、阳关出西域有两条道路：从鄯善（今新疆维吾尔自治区若羌县一带）沿着昆仑山的北麓、塔里木河西行至莎车（今新疆维吾尔自治区莎车县一带），为南道，南道再向西越过葱岭则到达大月氏（今阿姆河流域）、安息（古国名，在今伊朗高原、两河流域）。自车师国的都城交河城（今新疆维吾尔自治区交河故城遗址）沿着天山西行至疏勒国（今新疆维吾尔自治区喀什、疏勒一带），为北道，北道向西越过葱岭则达到大宛（古国名，在今费尔干纳盆地）、康居（古国名，在今锡尔河、阿姆河流域）、奄蔡（古国名，在今咸海西北、里海之北）。西域诸国大多数是定居国，有城郭田地，蓄养牲畜，与匈奴、乌孙随畜移徙的风俗不一样，但它们都臣服于匈奴。匈奴的日逐王设置僮仆都尉管理西域，他常居住在焉耆（古国名，在今新疆维吾尔自治区焉耆县一带）、危须（古国名，在今新疆维吾尔自治区和硕县一带）、尉黎（古国名，在今新疆维吾尔自治区尉犁县一带）之间，向诸国收取赋税，征发物资。

汉武帝刚即位不久，有投降汉朝的匈奴人称，几十年前匈奴攻打在祁连山、敦煌一带放牧的月氏部落，杀了月氏王，并以他的头骨作为饮器，致使月氏人大部分西逃，号称“大月氏”，仍然留在原地号称“小月氏”。大月氏痛恨匈奴，却找不到共同攻打匈奴的合作者。汉武帝听说之后，便想与大月氏联合攻打匈奴，但此时道路已被匈奴隔绝，风险很大，因此需要招募出使大月氏的使者。

建元三年（公元前138年），时任皇帝郎卫的张骞应募，率领一行100人的代表团从位于汉朝最西部的陇西郡出发。途经已被匈奴占领的河西走廊时，张骞被匈奴俘获，扣留了10年，并且娶了匈奴女子为妻，与其生子，但仍然持汉节不失。汉节“以竹为主，柄长八尺，以牦牛尾其毦三重”，长约1.8米，代表皇帝与国家，是身份与忠诚的象征，因此使者又称“使节”。终于一天有了逃跑的机会，张骞抛妻别子，但没有返回汉朝，而是率领部属继续西行，寻找大月氏，完成使命。

张骞一行向西翻越时称“葱岭”的帕米尔高原，到达位于今中亚费尔干纳盆地的大宛国首都贵山城（今乌兹别克斯坦苦盏），据张骞观察：“其俗土著，耕田，田稻麦。有蒲陶（葡萄）酒。多善马，马汗血，其先天马子也。有城郭屋室，其属邑大小七十余城，众可数十万。其兵弓矛骑射。”[1]“宛”（yuān）是巴利语“耶婆那”（Yavana）的转译，即古代印度对希腊人的主要一支“爱奥尼亚人”的称呼，“大宛”在字义上就是“大爱奥尼亚”，与其南方的“大夏”即“巴克特里亚”（Greco-Bactrian Kingdom）是200年前亚历山大大帝远征的结果。亚历山大帝国分裂后在中亚形成了两个希腊人国家，而贵山城很可能就是“最遥远的亚历山大城”（Alexandria Eschate）。这是中国文明与希腊地中海文明第一次直接接触，是两大文明跨越帕米尔高原的握手。

大宛王听说汉朝富裕，却无从交往，所以见到张骞很高兴，问他要去哪里，张骞告诉了他此行的目的。之后大宛王为张骞配备了向导和翻译，他们一行经过康居（中心区在今乌兹别克斯坦撒马尔罕一带），渡过妫水（阿姆河，希腊人称为Oxus），到达了大月氏。张骞向大月氏女王表达了汉武帝十年前的意愿：汉朝与月氏两家联合夹攻匈奴。当时的大月氏刚刚征服了希腊人的大夏，攻克了大夏

1 《史记》卷123《大宛列传》。

的首都蓝氏城（今阿富汗巴尔赫附近）。这是一座高度发达的希腊城市，有宽敞的居所、剧场、浴室、神庙，土地富饶，文明昌盛，大月氏人安居乐业，乐于偏安，女王已经失去了为丈夫复仇的心思——能否打败匈奴另讲，即使打胜了，也不过重回故乡河西走廊的草原牧马放羊，有如今日从一线城市回到牧区，毫无吸引力。张骞"竟不能得月氏要领"[1]，没有达成联合大月氏攻打匈奴的目的。

阿富汗位于四战之地，早在张骞到达前的400多年，便已被居鲁士大帝建立的波斯帝国吞并为巴克特里亚省（Bactria)。在张骞到达前的200多年，亚历山大大帝率领希腊联军灭亡了波斯帝国，阿富汗又成为亚历山大帝国以及帝国分裂后的塞琉古帝国（Seleucid Empire）的巴克特里亚省。在张骞到达阿富汗的100多年前，中亚兴起的帕提亚部族南下占领了伊朗高原，建立了安息帝国（Arsacid），又称帕提亚帝国（Parthian），将塞琉古帝国与其东部分割，巴克特里亚的希腊人独立建国，即希腊—巴克特里亚王国（Greco-Bactrian Kingdom），当时中国人称之为"大夏"。

1961年，阿富汗国王穆罕默德·萨米尔汗（Mohammed Zahir Shah）打猎时在阿姆河左岸的阿伊—哈努姆（Ai-khanoum）发现了一些希腊的科林斯柱头（Corinthian Order），后经法国DAFA考古队发掘，找到了一座古希腊城市，张骞回国时可能就由此城经过。

留在大夏一年多，"不得要领"的张骞决定回国复命，此时他已经离开长安12年了。早在元光二年（公元前133年），汉武帝已经与匈奴开战，到此时已经涌现了一颗光彩夺目的将星——卫青，他的胜仗一个接一个，汉朝正逐渐获得对匈奴作战的优势。张骞启程回国的这一年，卫青因军功封为长平侯，当然，远在万里之外、异乡绝域的张骞是不可能知道这些的。

充满好奇心的张骞再次翻越葱岭，他从蓝氏城一路向东，沿着

1 《史记》卷123《大宛列传》。

阿富汗巴达赫尚省的科克恰河谷，走到了妫水上游的喷赤河谷，就进入了俗称的“瓦罕走廊”[1]。这条路线是葱岭东西两侧交流的常规路线，它将是“丝绸之路”的主要干道。700多年后，一位名叫玄奘的僧人从印度东归长安时，也将从这条道路走过。

翻越葱岭以后到达莎车绿洲，张骞决定取道昆仑山北麓归国。为了避免再次被匈奴人俘获，他想绕开河西走廊，取道青藏高原上自然条件恶劣的羌人占领地区（羌中）返回长安，结果再次被已经占领了西域的匈奴俘获。张骞“为人强力，宽大信人，蛮夷爱之”[2]，因此即使再次被俘获，也没有因逃跑而受到匈奴人的处罚，且被送回家中，夫妻团聚。这次张骞被扣留了一年多，后趁着单于身死，匈奴内乱，携带妻儿和他的随从堂邑父一道逃回了长安。堂邑父是胡人，善射，他们一路捕猎返回长安。张骞出发时有100人，13年后的元朔三年（公元前126年），原使团仅有这两人得以生返长安。从未想到过竟然还能重逢的汉武帝提拔他为太中大夫。梁启超称赞张骞：“坚忍磊落奇男子，世界史开幕第一人。”

梁启超的这句话并不是夸张，正是张骞此次的“凿空”之旅，使得当时的中国人第一次获得了临洮以西的河西走廊，河西走廊以西的西域，西域最西部的葱岭，葱岭以西的大宛、康居、大月氏、大夏的第一手信息。如同15世纪末的哥伦布发现“新大陆”，当时正处于文明青春期、奋发进取的中国人也发现了自己的“新大陆”：这是一片充满别样风情的异域，那里很多人是金发碧眼白肤，有各种各样当时中国闻所未闻的物产，尤其是汉武帝最心仪的“汗血宝马”。

张骞不仅是历史记录的从中国到达中亚的第一人，也是从中亚到达中国的第一人，而且是将中国文明圈和波斯—希腊—地中海文明圈直接联通的第一人，他的路线被《汉书·西域传》记录：“自

1 “瓦罕走廊”在阿富汗，并不在中国境内，虽然很多人，甚至当地政府也这样误认为。

2 《史记》卷123《大宛列传》。

玉门、阳关出西域有两道。从鄯善傍南山北，波河西行至莎车，为南道；南道西踰葱岭则出大月氏、安息。自车师前王廷随北山，波河西行至疏勒，为北道；北道西踰葱岭则出大宛、康居、奄蔡焉。”他所行走的路线被记录在《汉书·西域传》中，后来被19世纪的德国地理学家李希霍芬命名为“丝绸之路”。丝绸之路的南、北两道都位于天山以南时称“西域”的塔里木盆地，且经过了玉门、阳关、葱岭，它们是丝绸之路上的三个最重要的地理坐标。张骞是通西域、“凿空”第一人，司马迁将他的13年经历记录于《史记·大宛列传》，因此汉武帝是丝绸之路的开创者，张骞是丝绸之路的“凿空”执行者，司马迁是丝绸之路的记录者。

“及秦始皇攘却戎狄，筑长城，界中国，然西不过临洮”[1]，秦统一后至汉武帝前期，秦汉版图的最西界仅到临洮（今甘肃省岷县）一线，张骞给当时的中国人带来了第一手的西部世界信息。汉武帝了解到东西长达1 000余千米，地处祁连山、北山间狭窄的河西走廊是通往西域的最主要通道，可以隔绝蒙古高原的匈奴人与青藏高原的羌人，而且水草丰茂，可兼农牧，是匈奴人的主要经济基地。单纯的游牧经济非常脆弱，受自然气候影响很大，缺乏稳定的经济来源。匈奴趁着秦末战乱，南下占领了河南地，又于汉初驱逐了大月氏，占领了河西走廊，并进一步占领了西域（南疆塔里木盆地），这三地成为维系匈奴物资来源的重要经济基地，而且河南地与河西走廊从北、西北对汉朝形成了包围之势。汉武帝对匈奴的战略就是在不断北征漠北蒙古高原，杀伤匈奴有生力量的同时，逐步夺取这三块经济、军事战略要地，以解除匈奴对汉朝的包围，同时扼杀匈奴的生存空间，因此汉军要不断西进。

早在张骞被俘获、羁留于匈奴的元光二年（公元前133年），汉朝已向匈奴开战，并于元朔二年（公元前127年），他回国的前

1 《汉书》卷96《西域传》。

一年，取得了对匈奴的第一次大胜利——卫青率军收复了秦末丧失的河南地，夺取了匈奴重要的经济基地与南侵的前沿阵地。回国后，张骞也跟随卫青大军北征匈奴，因军功而获封“博望侯”。在张骞回国5年后，霍去病的两次征伐与匈奴浑邪王的投降使得汉朝占领了原属匈奴的整个河西走廊，并随后设立河西四郡：武威、张掖、酒泉、敦煌，并于敦煌郡的西边设立了玉门关、阳关，这就是著名的“列郡祁连”“列四郡，据两关”。不占领河西走廊，丝绸之路不可能开通。

张骞不仅直接影响了汉朝向西北开辟丝绸之路，还间接影响了汉朝向西南的扩张。第一次出使，他亲身到过大宛、大月氏、大夏、康居四国，并听说了其他五六个邻国的情况，他将这些国家的地形物产全部告诉了汉武帝，并提供了一个信息：可以另辟蹊径，绕开匈奴，从蜀郡经过身毒（今印度）到达大夏；大宛、大夏、安息都是大国，多奇珍异物，也是定居生活，和汉朝风俗相差不大，但军力薄弱，看重汉朝的财物；他们北边的大月氏、康居军力强劲，可以用赠送财物的方式诱使他们来朝见，“且诚得而以义属之，则广地万里，重九译，致殊俗，威德遍于四海”[1]，如此一来可以开拓万里疆域，将皇帝的威德遍于四海。不愧是曾经朝夕相处的警卫员，张骞的这些话非常对汉武帝的胃口，激发了汉武帝的雄心，他决定从蜀郡、犍为郡派出四路使者，分别从冉駹、莋都、徙邛、僰向身毒进发，但各路都走了一二千里就被周边部族阻拦。后汉武帝又听说昆明以西1 000余里、人民以大象为坐骑的滇越国（今云南省腾冲市一带）与蜀郡有商业往来，于是为了寻找通往大夏的道路，汉朝开始与滇国交往，并最终将其征服。原本汉朝经营西南夷的事业因为耗费人力、物力太大已经中止，张骞回来提及可以从西南寻找通往大夏的道路，从而使得这一事业获得了新生。

---

1 《史记》卷123《大宛列传》。

张骞通西域与经营西南夷的事业可以称得上是2 000多年前的中国地理大发现，汉武帝欲将“威德遍于四海”的雄心是这一地理大发现的原动力。虽然联合大月氏对付匈奴的计划并没有实现，但在地理大发现后，汉武帝开始对西域产生了浓厚的兴趣。

元朔六年（公元前123年），张骞以校尉身份跟随大将军卫青攻打匈奴，他因在匈奴生活长达十数年，有着丰富的经验，能在大漠中找到水草居处，军队得以不困乏，因功被封为博望侯。但两年后，升为卫尉的张骞因贻误战机当斩，后赎为庶人。

“列郡祁连”后，金城（今甘肃省兰州市）、河西并南山（祁连山）至盐泽（罗布泊），“空无匈奴”[1];漠北决战后，“幕（漠）南无王庭”[2]，匈奴主力远遁漠北，再难威胁戒备森严、重兵戍守的河西走廊，通往西域的通道自此敞开。好奇心极强的汉武帝仍然不时询问罢为庶人的张骞西域、大夏等国的情况，汉朝男人的最高理想就是立功封侯，已经失去侯爵之位的张骞立功心切，告诉汉武帝，他当年在匈奴时，听闻乌孙王名叫昆莫，昆莫的父亲难兜靡本来与大月氏均在祁连、敦煌间游牧，大月氏攻杀了难兜靡，夺取其地，乌孙民众逃亡到匈奴。在难兜靡的儿子昆莫刚出生时，就被匈奴的老上单于抚养。长大后，昆莫率领父亲的部众为匈奴打仗，几次立功。此时，大月氏被匈奴击败，西迁攻打西域的塞王（游牧于欧亚草原的塞种人，印欧人种），塞王南迁，大月氏占领其地。昆莫为报父仇，向西进攻，打败了大月氏，大月氏被迫再次西迁，占领了大夏地盘。

这是2 000多年前发生在亚洲内陆的多米诺骨牌式的民族大迁徙，大月氏人后来建立了贵霜帝国，成为葱岭以西、伊朗高原以东的霸主。汉朝、贵霜、安息、罗马是丝绸之路上的四个主要帝国。贵霜继承了大夏的希腊文明，后来又信仰了佛教，形成了犍陀罗艺

---

1 《史记》卷123《大宛列传》。
2 《史记》卷110《匈奴列传》。

术，犍陀罗艺术沿着丝绸之路，翻越葱岭，东传至中国，成为中国汉传佛教造像艺术的来源，深刻影响了中国历史。

张骞向汉武帝分析中亚草原的形势，认为乌孙昆莫势力大增，且正逢养父老上单于去世，故不再臣服于匈奴，匈奴攻打乌孙，没能取胜，现在匈奴单于远逃漠北，乌孙故地空无人居。乌孙怀念故地，又贪图汉朝财物，如果送财物贿赂乌孙，招他们回故地居住，再将公主嫁给他们做夫人，结为同盟，就可“断匈奴右臂（面南，西为右）也”[1]。与乌孙结盟，再向西可以招大夏等国为外臣。

汉武帝认可了张骞的建议，于是任命他为中郎将，率领300人与600匹马，数万头牛、羊，带着价值亿万的金币、帛出使乌孙及其附近各国。这次他到达了位于匈奴以西、伊犁河谷与中亚草原的乌孙，但是乌孙王对汉朝了解不多，没有答应张骞联合攻打匈奴的建议，只是派人送张骞回国，顺便访问汉朝。张骞的出访并没有达到目的，一直到几十年后的汉宣帝时期，汉朝才与乌孙结成政治军事同盟，终于实现合围匈奴的战略目标，合击摧毁了匈奴，匈奴被迫向汉朝投降，只有小部分远遁中亚，汉元帝时这部分也被汉军追击歼灭。

第二次出使回来后，汉武帝提拔张骞为大行令，一年多后，张骞去世。张骞“凿空”（开辟孔道）西域及其中亚、西亚直至地中海诸国，因此享有崇高的声誉，以后汉朝使者往往自称为“博望侯”，以取信这些国家。张骞在乌孙时又派遣多位副使继续西行，一直到达了位于伊朗高原与两河流域的安息，安息2万骑兵在东界迎接。其余副使到达了大宛、康居、大月氏、大夏、身毒等中亚、西亚、南亚诸国，以后的汉使更进一步，最远到达了条支（地中海东岸的塞琉古帝国）、黎轩（地中海南岸的托勒密帝国），中国从此与地中海地区有了直接的政治、经济联系。张骞第一次出使只是

1 《史记》卷123《大宛列传》。

单向的交往，第二次出使后，西域诸国也派遣使者前往长安，由此汉朝与西域诸国开始了常态化的官方、民间双向交往。商人沿着西域南道、北道进行贸易往来，西域的特产石榴、黄瓜、葡萄、葡萄酒、苜蓿、乐器、良马及佛教向东传入，中国以特产丝绸为代表的商品向西输出，终于形成了由长安至地中海的“丝绸之路”。

此后汉朝派往大宛诸国的使者相望于道，一年中多达十几批，但一定会经过楼兰、姑师（车师）两国。这两国曾经攻击、劫持使者王恢等人，又充当匈奴的耳目，会通知匈奴兵前来拦截汉使。使者们认为这两国虽有城邑，但是兵力很弱，于是在元封三年（公元前108年），汉武帝派遣从票侯赵破奴率领数万人攻打这两国。赵破奴仅率领轻骑700人就俘虏了楼兰王，并攻破姑师，汉朝的军威震动了乌孙、大宛等国。后赵破奴被封为浞野侯，副手王恢被封为浩侯。这次胜利后，汉朝的军队和势力开始进入西域，并将各种军事、民用设施一直修筑到玉门关（今甘肃省敦煌市西北玉门关遗址）。

自“列郡祁连”控制河西走廊之后，汉朝最西的边界由临洮（今甘肃省岷县）向西扩张到玉门关、阳关，关外就是西域。当时的西域诸国是由当地土著形成的绿洲国家，“有城郭田畜”，不同于匈奴、乌孙的游牧生活。在汉文帝时期，至少26个西域国家被匈奴征服，匈奴日逐王在焉耆、危须、尉犁间设置了僮仆都尉以统治西域，向诸国收取赋税。因此汉军进入西域，就是抢夺匈奴的地盘、给养，扼杀匈奴的生存空间。

第一次出使回国后，张骞曾告诉汉武帝，离长安有12 550里（长安至大宛直线距离为3 300千米）的大宛国产好马，以“汗血马”著称。骑兵是汉武帝最重视的军事力量，是对付匈奴的主力，再兼汉武帝一向酷爱好马，因此他派遣使者持千金、金马去大宛国买马。但大宛王认为汉朝遥不可及，因此没有答应。汉朝的使者辱骂了大宛王，破坏了金马，因而被杀，财物也被大宛夺走。汉武帝为此大怒，太初元年（公元前104年）征发属国的6 000骑兵及郡国的“恶少年”（流氓无赖的青少年）数万人，由李广利率领征伐大宛。因为此次征伐的目标是宝马产地——大宛的贰师城（今吉尔吉斯斯坦奥什），所以任命李广利为“贰师将军”。李广利是汉武帝宠爱的李夫人的哥哥，汉武帝任命他出征大宛也有私心，即想让他借此机会立功封侯，复制卫青、霍去病的成功案例。由于路途遥远，需要途经无边无际的大沙漠，翻越高耸入云的雪山，而沿途诸国都闭门坚守，不提供给养，因此一路前行一路攻打，等到了大宛东部的郁成城（今乌兹别克斯坦安集延以东），全军只剩下数千疲兵，攻城又死伤惨重，无法攻克。李广利因此率军东返敦煌，全军幸存者不过十之一二，他上书汉武帝，认为路途太过遥远，没有食物，兵力又不足，无法攻克大宛，请求罢兵，等以后准备充分了再去远征。汉武帝大怒，派遣使者拦在玉门关外，宣他的旨意：“军中如有敢入玉门关者，就地斩首！”李广利害怕，只好留在敦煌郡等待援兵。第一次远征大宛失败。

此时与匈奴的战争再次爆发，汉军在漠北大败，因此大臣们全部认为应该放弃征讨大宛，专心对付匈奴。汉武帝独排众议，认为如果连大宛这样的小国都不能征服，大夏等国肯定会轻视汉朝，乌孙、轮台（古国名，今新疆维吾尔自治区轮台县东南）也会刁难汉使，更不要想能得到好马了。于是汉武帝处罚了极力要求停止征伐大宛的邓光等人，赦免囚犯，征发恶少年及边防骑兵共6万人组成远征军（志愿从军者还不计算在内），携带了粮食、兵器，并配备牛10万头，马3万匹，数以万计的驴、骆驼，天下为之骚动。因为沿途后勤的限制，大军兵分数路，分别沿着西域南道、西域北道向西进军。罪犯当义务兵，冒险家当志愿者，这是非常巧妙的搭配，汉武帝充分利用了罪犯们急于立功免罪，冒险家们热衷建功立业的心理。当然远征军的中坚力量还是职业的军人、边防骑兵，这样的组合才有战斗力。

沿途诸国见到此次汉军人多势众，莫不出迎提供食物，但轮台却不理会汉军，因此被围攻数日，在被汉军攻克后遭到了屠城。自此而西，汉军顺利到达了大宛的首都贵山城（今塔吉克斯坦苦盏），此时这支征伐大军只剩下3万人。为了防备匈奴攻打远征军的后方基地，以致切断远征军后路，汉武帝另外征发18万戍卒驻守酒泉、张掖以北，并在居延、休屠两地设置屯兵以保卫酒泉，又征发了天下罪犯运载粮食供给大宛远征军。

远征军到达大宛首都贵山城后，大宛兵出城迎击，被汉军用强弓劲弩击败，之后汉军围城，断绝城中水源，围攻达40余天，大宛贵族决定杀掉国王求。此时外城已经被攻破，大宛贵族出示国王的头颅，并答应提供好马。李广利考虑到内城中已经凿井，害怕久攻不下，康居救兵将至，因此答应了求和的条件。在大宛献上的马匹中，汉军挑选了宝马数十匹，中马以下3 000余匹，并立大宛亲汉的贵族昧蔡为王，然后撤军回国。之前李广利已经派遣搜粟都尉上官桀攻克了郁成，郁成王逃往康居国，汉军便一路追击。到了康居国后，康居王听说大宛已被征服，于是将郁成王交给汉军斩首。一年多后，大宛贵族发动政变，杀了汉军所立的国王昧蔡，立前国王的弟弟蝉封为国王，蝉封派遣儿子做了汉朝的人质，并决定每年向汉朝贡献天马两匹。汉朝的使者在大宛采集了葡萄和苜蓿的种子，将葡萄、苜蓿引进汉地。之后又有十几批使者前往大宛西面的诸国，以大宛为例，向诸国威胁索要奇物。

远征军东返，沿途诸国听说大宛已被征服，全部将国王的子弟送去汉朝当人质，表示臣服。远征军进入玉门关后，只剩下一万余人，马千余匹。此次远征不缺食物，战死者也不多，损失主要是将领们贪财，不爱惜士卒，反而侵吞他们的财物所致。汉武帝认为此次远征万里，十分辛苦，所以不追究将领们的过错，并封李广利为海西侯，食邑八千户；封斩杀郁成王的赵弟为新畤侯；提拔功劳最大的军正赵始为光禄大夫（由中大夫改称）；任命敢于深入康居的上官桀为少府；任命出谋划策的李哆为上党郡（治所在今山西省长治市北）太守。远征军中被任命为九卿者三人，任命为诸侯相、郡守、二千石百余人，千石以下千余人。自愿从军远征者得到的官职都超过预期，罪犯从军者均免除罪行，士兵们得到了价值4万金的赏赐。两次远征大宛，前后总共花费了4年时间，此后汉朝在敦煌郡设置酒泉都尉，西至盐泽，并设有亭障，在轮台、渠犁（今新疆维吾尔自治区尉犁县以北）驻扎数百士兵屯田，并设置使者保护田地，储存粮食，供应汉使。此时汉朝的版图已经向西扩张到今新疆维吾尔自治区轮台一带，比起秦朝时的西部边境临洮（今甘肃省岷县），向西扩张的直线距离达2 000千米，汉长城也从河西四郡、玉门关延伸到罗布泊，整个西域纳入了汉朝的势力范围。汉武帝为了庆祝远征大宛的胜利，赋诗《西极天马之歌》："天马来兮从西极，经万里兮归有德。承灵威兮降外国，涉流沙兮四夷服。"[1]

汉朝远征大宛，是中国文明与地中海—希腊文明的第一次军事冲突。在中亚的费尔干纳盆地，汉军面对的是曾从地中海一路远征到帕米尔高原、印度河，战无不胜的希腊—马其顿方阵，但最终他们却被汉军的强弓劲弩击败。这是超过6万大军的万里远征，是中国军队第一次翻越帕米尔高原，堪称世界军事史上的一大奇迹。但这个奇迹却因为主将李广利后来投降匈奴而被有意忽视。

至此汉朝有效控制了西域南道、北道的第三个重要地标——葱岭，汉朝的官吏、军队、使节、商人可以由长安出发，沿着丝绸之路，经过河西走廊、玉门关、阳关，到达西域，然后翻越葱岭，安全到达中亚的地中海文明圈，而中亚诸国的国王、人质（各国太子充当）、贵族、官吏、商人则东行到达长安朝觐。从地理上讲，丝绸之路是从长安出发，经河西走廊向西经过中亚，直至地中海地区的道路系统；从政治、军事上讲，丝绸之路是汉朝为了反击、扼杀

1 《史记》卷24《乐书》。

匈奴生存空间的西进路线；从经济、文化上讲，丝绸之路是中国与中亚、西亚、南亚直至地中海贸易往来和文化交流的纽带，因此丝绸之路并不单纯是地理上的道路概念。

近来有一种观点很流行，即早在张骞出使之前，中国与中亚甚至更远的西方就有交通往来，因此“丝绸之路”早就存在。凡有人类甚至动物，则必有道路相通，道路是随着人类的迁徙形成的，早在几万年前，人类就由非洲迁徙到亚洲；早在3 000多年前，新疆和田的玉石就到了殷墟；2 500年前的波斯帝国，也建立了完善的御道系统，其后的丝绸之路必然会利用这些早就存在的道路，但这并不代表这些道路就是“丝绸之路”，否则丝绸之路至少已经有几万年历史了。

“丝绸之路”，顾名思义运输的是当时中国产的丝绸，它们是从张骞通西域后才开始大规模、稳定地向西方出口，因此在此之前肯定不会存在。当时世界上只有中国能生产丝绸，价格昂贵，在西方世界是奢侈品，甚至与等重的黄金同价，且便于陆路运输。当时陆路运输的成本很高，高到如果不运送昂贵的丝绸就会无利可图，因此中国销往西方的主要大宗商品只能是丝绸。交通的首要条件是安全，如果河西走廊、西域仍然被匈奴控制，丝绸之路不可能形成。只有在汉朝夺取了河西走廊，“列四郡、据两关”，并进一步控制西域及其最西端的交通枢纽葱岭之后，丝绸之路才能最终形成并畅通，这是《汉书》重点强调玉门关、阳关、葱岭的原因所在，所以对于“丝绸之路”这个概念，我们可以反向定义：凡是不经过玉门关、阳关和葱岭（三者之一）的路线都不是丝绸之路。葱岭是隔绝中国文明和波斯—希腊—地中海文明的天然险阻，匈奴是隔绝两大文明直接交流的人为障碍，因此，只有张骞凿空，汉军控制河西走廊与西域，丝绸之路才会诞生。

后世史家指责汉武帝好大喜功，为了区区的马匹，竟然劳师动众，远征万里之外的小国大宛。表面上看，远征大宛是为了引进良马，汉军远征的战果似乎也仅仅是1 000余匹大宛马。但是为了对付匈奴，汉军必须装备大量的马匹，因此引进优秀的马种，改良马匹是非常重要的，这1 000多匹大宛马就是为了培育更多优良的马匹。更重要的是，远征大宛是为了树立并维护汉朝在西域诸国中的威望。西域诸国是汉朝与匈奴争夺的对象，如果远征大宛失败，西域诸国就会彻底倒向匈奴，刚刚开辟的丝绸之路也会因此断绝，“断匈奴右臂”的目标就会失败。汉武帝正是看到了这点，才不惜代价，动员全国力量，发动万里远征，自此汉朝开始威震西域诸国，版图扩张到今新疆维吾尔自治区中部，势力更是越过了帕米尔高原。远征大宛是汉武帝表示的决心，即汉朝绝不会放弃对西域诸国的控制，从而有效对抗匈奴，并维护牵涉欧亚政治、军事、贸易交通等诸多问题的丝绸之路，而并非只是为了引进良马。远征大宛就是与匈奴争夺对西域诸国的控制权，“以断匈奴右臂”。汉武帝在此次远征中再次体现了他不达目的绝不罢休的强悍个性，远征的胜利是他强大意志力的体现。如果没有汉武帝，此次远征不可能成功，丝绸之路不可能畅通，汉朝的势力更不可能深入西域。李广利或许并非卫青、霍去病那样的军事天才，但这次万里远征仍旧是军事史上的奇迹。在当时的交通条件下，超过6万的汉军从全国各地集中到玉门关出发，横穿沙漠，翻越帕米尔高原，往返行程达5 000余千米，其中一部甚至追击敌人直到中亚的康居，其艰苦卓绝是今天难以想象的。如果没有坚强的意志、高效的动员、严明的纪律、强大的后勤保障以及旺盛的进取冒险精神，此次远征是不可能成功的。这场胜利充分证明了汉朝综合国力的强大，这是当时西域诸国畏服汉朝的根本原因所在。

汉武帝四面主动出击，开疆拓土，新纳入汉朝版图的计有：东南征闽越，今天的浙江南部、福建等地；南方征南越，今天的福建南部、广东、广西以及越南北纬13度线以北地区；西南征西南夷，今天的云南、贵州、四川、甘肃、缅甸等部分地区；西征诸羌，今天的青海省东部；东征朝鲜，今天的朝鲜半岛大部地区；北征匈奴，今天的陕西省北部、内蒙古自治区中部地区；远征大宛，今天的新疆维吾尔自治区东部地区。以上地区中的绝大部分都成了今天中国版图的一部分，这是汉武帝对中国历史的最大贡献。秦末汉初，中国分裂，汉朝丢掉了秦朝岭南、闽中、河套地区，统治的疆域已经远小于秦朝，再加上汉初分封，中央政府控制的地区更是仅有15个郡，实际处于分裂状态。即使平定了七国之乱，汉朝内部基本统一，但仍然没有恢复秦朝的版图。继秦始皇短暂统一之后，汉武帝再次统一了中国，他不仅恢复了秦朝的所有疆域，而且更进一步，远远超过了秦朝的版图。汉武帝的这些功绩是西汉盛世最辉煌的标志，他不仅根除了匈奴大规模入侵、威胁中原的可能，而且为子孙后代占据了资源，开拓了生存空间，此时的中国才真正成为一个长期统一稳定的国家。西汉末年的扬雄用华丽的语言总结了汉武帝的大扩张："往时尝屠大宛之城，蹈乌桓之垒，探姑缯（西南夷）之壁，藉荡姐（西羌）之场，艾朝鲜之旃，拔两越之旗，近不过旬月之役，远不离二时之劳，固已犁其庭，扫其闾，郡县而置之，云彻席卷，后无余灾。"[1]

汉武帝的全面扩张也付出了惨重的代价，有大量的人力、物力损失，民众的生活水平比起文景之治也大幅度下降。从普通民众的角度看，生活在文景时代是幸福的，而生活在汉武帝时代是不幸的，但更往后甚至今天的中国人，仍然还在享用汉武帝留下来的遗产。每一代人都有每一代人的命运，诚哉斯言。

虽然唐太宗与汉文帝有些类似，但不同的是，唐朝的对外征伐早在唐太宗时期已经开始。唐初，北方蒙古草原的东突厥是重大威胁，唐朝一度向东突厥称臣。东突厥在唐太宗继位之初，曾一度兵逼首都长安以北的渭水，唐朝许诺进贡财物，签订了"渭水之盟"

---

1 《汉书》卷64《匈奴传》。

方才退兵。但唐朝的反击要比西汉快得多，仅仅3年后，东突厥发生内乱，又逢暴雪，牲畜大多冻饿而死，唐军趁机联合蒙古高原其他部落一起进攻东突厥。贞观三年（629年）十一月，10余万唐军在李靖的统率下兵分六路进攻东突厥。李靖在定襄（今内蒙古自治区和林格尔县西北土城子）、白道（今内蒙古自治区呼和浩特市）两次击败东突厥。第二年二月，又利用与东突厥和谈之际突袭，俘获了颉利可汗，东突厥汗国灭亡。唐朝在东突厥的领地上设置了六个都督府，势力范围到达漠北，唐太宗被四夷尊为“天可汗”，重建了西汉华夷一统的王朝，这是唐朝盛世的第一个高峰。唐高宗显庆二年（657年）闰正月，唐军在苏定方的率领下在曳咥河（今新疆维吾尔自治区额尔齐斯河）、金牙山（今新疆维吾尔自治区博尔塔拉河南天山山脉之登努勒台山）两次大败了西突厥，俘获了沙钵罗可汗，西突厥汗国灭亡，唐朝在此建立了昆陵、蒙池两个都护府，统辖西突厥故地，版图又扩大到中亚。唐高宗永淳元年（682年），颉利可汗族人阿史那骨咄禄反唐，重建汗国，史称后突厥汗国，恢复了东突厥故地，与唐朝和战不定。唐玄宗天宝四年（745年），后突厥汗国被漠北兴起的回纥汗国与唐军联合进攻灭亡。虽然唐朝的扩张从表面上看与汉朝非常类似，但不同的是，汉朝长期稳定有效地统治扩张的地区，而唐朝只是维持了很短的时间，安史之乱之后，唐朝扩张的版图几乎完全丧失。

# 第五章

# 雄才大略：不拘一格用人才

汉武帝时代最突出的特点是人才辈出，他们出身底层，极具冒险意识、进取精神，其中最杰出的代表就是卫青、霍去病。这些平民精英建功立业，迅速崛起，“盖世必有非常之人，然后有非常之事；有非常之事，然后有非常之功”。这是一个由众多“非常之人”建立“非常之功”的伟大时代。

## 第一节 生不五鼎食，死即五鼎烹：平民精英的崛起

### 1. 盖世必有非常之人，然后有非常之事

从前章的叙述中，我们可以清晰地看出汉武帝的扩张模式，都是由某个“小人物”提出方案或制造事端，比如马邑之谋的王恢，攻打闽越的庄助，出使南越的韩千秋，经营西南夷的唐蒙、司马相如，挑起朝鲜战争的涉何，凿空西域的张骞，痛骂大宛王的无名使者，等等。这些人都具有强烈的冒险、进取精神，他们热衷于建功立业、食邑封侯。因此他们能够用言辞或既成事实打动同样具有强烈冒险、进取精神的汉武帝，虽然这些方案常常会遭到全体大臣的

极力反对，但汉武帝会独排众议，执意推动，并最终获得成功。

一批批有名、无名的使者，被汉武帝派遣到西域、西南夷等未知的地区，率领少则几十、上百人，多则一二千人的队伍到处探险，寻找通往更遥远之地的道路——行迹与1 000多年后西方地理大发现时代的探险家们非常相似——他们发现一块有价值的土地，即要求汉武帝出兵占领，设为郡县。

即使是卫青、霍去病，也遵循同样的模式。他们出身低贱，具有极强的冒险、进取精神，全凭个人能力与军功不断获得封赏，越级提拔，直至位极人臣，他们二人是这些“小人物”的最杰出代表。“小人物”没有家世背景，只能凭借个人能力与功劳获得升迁，因此积极进取，勇于开拓，极富创造力，这些正好符合汉武帝改弦更张、创立不世之功的要求。但这都要有一个前提条件，就是汉武帝赏罚严明，有功必赏，有过必罚，即使贵如大将军卫青，汉武帝也因他最后远征时没有消灭匈奴单于的主力而不予封赏。汉武帝的赏罚行为给了这些一心建功立业的“小人物”一个强烈、可信的预期，只要他们主动、积极、甚至超额完成任务，一定会得到重用，反之则一定会受到严厉的惩罚。

与汉武帝得心应手任用的这些“小人物”不同，以巩固自己地位作为人生主要目标的“大人物”高官显爵，当然不敢以身家性命做赌注，投入这些冒险的事业中，这就是古人常说的“暮气已重”，失去了锐意进取的动力。司马相如所说的“盖世必有非常之人，然后有非常之事；有非常之事，然后有非常之功”，就是这个朝气蓬勃、积极进取、全面扩张时代的真实写照，汉武帝本人就是这个时代最杰出的代表，他是立意要做“非常之事”的“非常之人”，也是这群“非常之人”的最高领袖。汉武帝选拔人才的眼光非常卓越，这不仅体现在对外扩张，也体现在汉朝内政。

伟大的政治家不仅要有伟大的政治理念、目标，还要有实现这些理念、目标的手段，人才是其中最重要的要素，用人能力也是政治家个人能力的集中体现。汉武帝非常善于发现、提拔、运用人才，甚至与他有个人恩怨的司马迁也给予充分肯定："至今上即位，博开艺能之路，悉延百端之学，通一伎之士咸得自效，绝伦超奇者为右，无所阿私。"[1]即汉武帝广开识拔人才之路，不拘一格，只要有一技之长，就有机会报效国家，如果才能出众，就会被提拔，整个过程公平公正，没有偏私。

汉武帝的"内朝智囊团"就是由他提拔的平民精英组成的，他们足智多谋，当以丞相为首的外朝提出某项决策方案，汉武帝就让内朝扮演"反对党"的角色诘难辩论，这些人中包括了庄助、朱买臣、主父偃、吾丘寿王等。

朱买臣与庄助都是会稽郡吴县（今江苏省苏州市）人，虽然家中贫穷，但爱好读书，不治产业，以砍柴为生，常常一边担着柴薪走路，一边读书朗诵。他的妻子跟在他身后，好几次阻止他，但朱买臣越来越大声，妻子觉得羞耻，要求离婚。朱买臣笑着说："我50岁时就要富贵，如今已经40多岁了。你受苦太久，等待我富贵了会报答你。"妻子愤怒地回答道："像你这种人，只会在沟渠中饿死，哪里能富贵！"朱买臣眼看无法挽留妻子，就答应了离婚。后来朱买臣像往常一样，背着柴薪在路上独行朗诵，走到墓地时，正好遇见前妻与她的丈夫家在上坟。前妻见他饥寒，就叫住了他，给了他一些食物。过了几年，朱买臣去长安诣阙上书，但很久得不到答复，连饭都没有吃，幸亏同乡庄助引荐，得以见到汉武帝，为他解说《春秋》和《楚辞》，深受汉武帝赏识，拜为中大夫，并成为内朝侍中。此时，御史大夫公孙弘反对建筑朔方城，汉武帝就让朱买臣驳倒了公孙弘。之后朱买臣攻打东越的良策被采纳，汉武帝了解他的想法，特地说："富贵不归故乡，如衣绣夜行，今子何如？"[2]于是任命朱买臣为家乡会稽的太守，让他回到家乡炫耀。朱买臣当

---

1 《史记》卷128《龟策列传》。

2 《汉书》卷64《严朱吾丘主父徐严终王贾传》。

然不会放弃天赐良机，他曾在失意时寄居在会稽太守的看门人家中，这次回到家乡，朱买臣穿着旧衣，怀揣印绶，步行到会稽郡邸（驻京办事处）。正逢上计[1]之时，会稽郡吏正在一起喝酒，没有人理会他。朱买臣走进房间内，与看门人一起吃饭，快吃完的时候将印绶稍稍露出，看门人取出来一看，发现是会稽太守印，不由大惊，报告给上计的掾吏，但他们都醉了，大呼"妄诞"。看门人说："请过来一看便知。"一位从前轻视朱买臣的掾吏入内察看，吓得逃跑，大声疾呼："果真！"举座皆惊，很快报告了守丞，所有人在庭中列队等待拜谒朱买臣，朱买臣却故意缓缓走出，接受了众人的拜见。过了一会儿，长安厩吏乘坐驷马车来迎接朱买臣，朱买臣就乘坐传车离开了。会稽郡的官员听闻太守要到了，就征发民众修路，让所有官吏一起送迎，共有百余乘车。进入吴县地界，朱买臣看到前妻和丈夫也在修路，就下令停车，让后面的车载这对夫妻一起到太守府邸，将他们安置在花园中，日日供应饭食，一个月后，前妻自杀，朱买臣还给了她丈夫安葬的费用。他又召见了所有当年给他饭吃、有恩于他的故人，一一报答。张汤曾力主杀害朱买臣的同乡庄助，时为丞相长史的朱买臣借机诬陷，导致张汤下狱自杀，后来事发，他也被汉武帝诛杀。

丞相公孙弘曾上奏，要求禁止民众挟带弓弩，因为10个盗贼持弩，100名吏也不敢向前围捕，盗贼不能服罪，逃脱者众多，因此对于盗贼而言，持弩害寡利多，这就是盗贼众多的原因。如果能够禁弓弩，那么盗贼只能使用短兵器，如此一来官吏一方人多势众，就会取胜。盗贼有害无利，就不会犯法。汉武帝要求属下讨论，吾丘寿王反对这个建议，他认为古代圣王"合射以明教矣（射箭为六艺之一）"[2]，从来没听说禁过弓弩，而且禁止的理由竟然是盗贼持弓弩抢劫杀人。抢劫杀人是死罪，无法禁止，因为穷凶极恶的盗贼本

1　下一级政府将自己辖区内的年度工作汇报呈交上一级政府。

2　《汉书》卷64《严朱吾丘主父徐严终王贾传》。

来就不怕死刑。因此官府禁止不了盗贼使用弓弩，而良民持弓弩自卫却被处罚，这是助长了盗贼气焰而剥夺了良民的自卫权利。因此禁止弓弩不仅无益于制止犯罪，更是废弃了先王之典，使学者无法习行其礼，因此不能实行。汉武帝以这个意见驳斥公孙弘，公孙弘认输。后来吾丘寿王也因犯法被诛。一切历史都是当代史，也说明人的见识、智力没有本质的变化、提高，当今美国禁枪的正反双方的论点、论据，早在2 000多年前的中国长安未央宫就已经讨论过了，“合射以明教”就是宪法第二修正案，了无新意。人类的技术、物质文明在增长，但人的见识与智慧仍然原地踏步。

## 2．第一位拜相封侯的布衣

汉朝选拔人才，一开始是任用开国功臣集团，即司马迁所说的“自汉兴至孝文二十余年，会天下初定，将相公卿皆军吏”[1]，代表人物是汉初前后任丞相（相国）的萧何、曹参、王陵、周勃、陈平等。随着时间的推移，汉景帝时开国功臣凋零殆尽，逐渐退出历史舞台。汉景帝开始任用开国功臣的儿子们，他们承袭了父辈的侯爵，如先后任丞相的开封侯陶青、桃侯刘舍，而其中的杰出人物就是曾任太尉、丞相的条侯周亚夫。汉景帝执政后期，开始任用汉文帝的旧臣、因平定七国之乱而封侯的新一代军功贵族建陵侯卫绾为丞相，直至汉武帝继位后才被罢免。接任丞相的是同样因平定七国之乱而封侯的魏其侯窦婴，之后是开国功臣的第三代柏至侯许昌、平棘侯薛泽，两人之间是新兴的外戚贵族，汉武帝的舅舅、武安侯田蚡。汉朝开国后的80余年里，除一位外戚贵族外，担任丞相的都是军功贵族或其世袭侯爵的子孙，直至平民丞相公孙弘的出现。

公孙弘是一位儒生，大器晚成，早年在海边放猪为生。建元元

---

1 《史记》卷96《张丞相列传》。

年（公元前140年），汉武帝刚刚即位，招纳天下贤良、文学之士，年已花甲的公孙弘被招为博士，但后因出使匈奴不称职被免。10年后的元光五年（公元前130年），已是古稀之年仍旧“状貌甚丽”的公孙弘被家乡菑川国推举，应征文学之士，因对策被汉武帝赏识，以第一名再次成为博士，后来被提拔为御史大夫，直至元朔五年（公元前124年），以高龄被任命为丞相，并被封为平津侯。自汉朝建国，历代均以列侯为丞相，公孙弘是第一位先任丞相而后封侯的人，这又一次体现了汉武帝破格提拔、重用“小人物”的人才方针。汉景帝首先打破了汉高帝“无功不侯”的规定，开始封外戚为侯，汉武帝则第一次任命一介儒生为丞相，并封侯以显示尊崇，这一方面显示了此时汉武帝皇权独大，操控功名利禄于股掌之间；另一方面也是以此作为不拘一格重用人才的表率。这件事象征着军功贵族垄断政权的时代已经过去，平民精英与外戚共治的时代来临。

另一位深受汉武帝赏识的平民精英是主父偃，他是齐国临菑人，属于纵横家学派，后来还学习过儒家的《易》《春秋》及百家言论，属于综合性人才。他生活一直不如意，穷困潦倒。元光元年（公元前134年），他到达长安，投在了卫青门下，仍然不得志，钱财早已用尽，但久居不去，因此其他门客都很讨厌他。主父偃感到山穷水尽，便直接去宫门给汉武帝上书，不想早晨上书，当天傍晚时分就被汉武帝召见，他所奏的九件事中，八件都被采纳，制定为法规。汉武帝一见到主父偃及同时上书的徐乐、严安就说：“公等皆安在？何相见之晚也！”[1]随后任命主父偃、徐乐、严安为郎中。主父偃更是一年中被四次提拔，最后被任命为中大夫。

主父偃最重要的建议是“推恩令”，他认为各诸侯国仍然势力很大，会威胁中央政府，但如果削藩又会激起他们造反。当时有些诸侯王有十几个儿子，但其中只能有一个继承王位，其他的没有尺

1 《史记》卷112《平津侯主父列传》。

寸封地，这不符合仁孝之道。汉武帝不如下令，让诸侯王“推恩”给他们的全部儿子，即除了继承王位的一个外，其他儿子都可以封侯，从原来的诸侯国获得封地。这样一来每个人都会高兴，感念皇帝的恩德，实际上又可将诸侯国分裂，不用削藩就能达到削弱他们的目的。汉武帝听从了他的建议，于元朔二年（公元前127年）开始实行推恩令，命令诸侯王分封诸子，各王子侯国脱离了原来的诸侯国，隶属于邻近的中央政府直辖的郡，这样一来大大削弱了各诸侯国的实力。主父偃的另一大功绩是建议汉武帝不要放弃卫青收复的秦朝故土河南地，认为此地是“灭胡之本”。以公孙弘为代表的所有大臣都反对这个建议，独有汉武帝支持，前文提到的朱买臣就是用主父偃的理由驳倒了公孙弘，后来汉朝在河南地设置了朔方郡，朔方郡成为汉朝进攻匈奴的重要基地。

汉武帝一即位就开始建设自己的陵墓茂陵，并于建元二年（公元前139年）设置茂陵邑，“赐徙茂陵者户钱二十万、田二顷”，鼓励民众迁移、定居。主父偃提出，可以将天下的豪强、兼并之家、乱众之民全部迁徙到茂陵邑，如此不仅可以增强首都的经济实力，又可以将地方的奸猾豪强连根拔除。汉武帝采纳这个建议，元朔二年（公元前127年），“又徙郡国豪杰及訾（财）三百万以上于茂陵”[1]。

在立卫子夫为皇后、揭发燕王刘定国乱伦之事上，主父偃都立了功。大臣们都害怕他揭发、告状，因此纷纷贿赂他。有人劝主父偃不要太骄横，他回答：“我在社会上混了40多年，爹不亲，娘不爱，兄弟不认，也没什么朋友，不如意的时间太久了。何况丈夫生不五鼎食，死即五鼎烹。我年龄已经老了，要做的事还很多，所以才要倒行逆施，不管不顾。”

主父偃是一位出身社会底层、有经天纬地之才的平民精英，深

---

1 《汉书》卷6《武帝纪》。

受汉武帝器重，但因其个性乖戾张扬，过分恃才傲物，蔑视社会规则，又急功近利，急于建功立业，结果不久之后，便因为逼死了齐王，又向诸侯索取贿赂，而被担心遭他陷害的赵王告发，以致最终被族诛。汉武帝起初因为惜才，不想处死主父偃，结果被另一位平民精英、时任御史大夫的公孙弘劝阻，他以一顶“齐王自杀无后，国除为郡，入汉，主父偃本首恶，陛下不诛主父偃，无以谢天下”[1]的大帽子让汉武帝别无选择——齐王只有生活作风问题，如果不杀主父偃，天下人就会认为是皇帝贪图诸侯王的钱财，利用主父偃当白手套整人，虽然可能实质就是如此。这也许是平民精英难以避免的缺陷，他们在底层穷困太久，心理失衡，忌恨上层，一旦上位，出于补偿心理，得志便猖狂，个性张扬，难免吃相难看，不管不顾，没有原则。一度被汉武帝器重的庄助、朱买臣、吾丘寿王最终都被诛杀，绝非偶然。

公孙弘为人表面宽容，实则嫉妒心极强，与人发生矛盾后，他总是表面与人为善，但暗中却要报复。他对主父偃这颗冉冉升起的政治新星非常恐惧，因为后者的政治主张比他高明太多，一定要落井下石，除之而后快；对同样是儒生出身，但学问远高于自己的董仲舒也心存猜忌，怕他被重用，因此劝说汉武帝任命他为胶西相。既无主父偃之才，又无董仲舒之学的公孙弘能深得汉武帝宠信，以丞相封侯而善终于相位，必有常人不可及之处。公孙弘政治手腕高超，每次朝会时，总是拿出几种不同的方案让汉武帝自行选择，从不和汉武帝争辩，甚至为此背弃与汲黯等人的约定，以致汲黯当庭指责他：“齐人多诈而无情，始为与臣等建此议，今皆背之，不忠。”汉武帝询问公孙弘，他却说：“夫知臣者以臣为忠，不知臣者以臣为不忠。”[2]他精通行政、司法业务，却又用儒生的身份装扮自己，类似于现代所谓的“儒商”，古今伎俩同理。

---

1 《史记》卷112《平津侯主父列传》。

2 同上。

# 第二节 世家大族与平民精英的冲突

## 1. 十世公卿的社稷之臣

公孙弘位列三公，生活却非常艰苦朴素，而且乐善好施，因此名声非常好。公孙弘常常与公卿大臣商量好了意见，但到了汉武帝面前，如果发现形势不对，就会立即背弃与群臣的约定，顺从汉武帝。刚烈、正直的汲黯一向看不惯公孙弘的翻云覆雨，在汉武帝面前告他的状，认为他身为三公，俸禄很多，却盖着布被，显然是沽名钓誉。公孙弘非常聪明，他知道汉武帝英明过人，瞒是瞒不住的，所以不如直接承认："我身为御史大夫，盖着布被，确实如汲黯所讲的，这样九卿以下直到小吏，就都没有等级差别了。如果没有汲黯的忠诚，陛下如何能听得到这样坦诚直率的言论呢？"汉武帝听了之后，不仅不认为他虚伪，反而认为他很谦让，更加重视他，不久就升任丞相。

建元元年（公元前140年）征诏贤良时，曾经因直言得罪太皇窦太后，而被罚与野猪搏斗的辕固也在其列，当时他已经90多岁了。公孙弘对辕固侧目而视，辕固回应道："公孙子，务正学以言，无曲学以阿世！"[1]他一眼洞穿了公孙弘仅将儒学当作求取功名工具的本质。辕固这样坦诚、正直的人才是真正表里如一的儒家。

公孙弘明明是个虚伪、奸诈、圆滑的小人，却伪装成艰苦朴素、宽厚待人、忍辱负重的君子；明明是个精通行政、司法业务的公务员，却装扮成一位儒生；他对国事一无建树，却建议放弃战略

1 《史记》卷121《儒林列传》。

要地河南地。公孙弘对国家的贡献根本无法与主父偃相比，但享有很高的社会声誉，而主父偃却身败名裂。当然，公孙弘并非一无是处，他曾竭力主张放弃经营西南夷，放弃设置朔方郡、沧海郡（治所在今朝鲜）而未果，于是劝汉武帝至少放弃西南夷、沧海郡，集中力量经营朔方郡。此事足证其手段之柔软、灵活，能劝说一生只会奋勇向前的汉武帝做出了极少有的让步，这是汉武帝从政期间做的一件节省民力的善事。汉武帝并不指望公孙弘这个丞相真的能做什么经天纬地的大事，真正的军国大事实际全由他自己乾纲独断，公孙弘只是一个摆饰，丞相也只是备位而已。元狩二年（公元前121年），公孙弘以80岁高龄病逝，他竟然能在丞相位上善终，令时人司马迁也不禁感慨，我们以后就会明白他感慨的原因。

汉武帝虽然宠信公孙弘这样圆滑、逢迎、阴柔的人，但他敬重的却是汲黯这样刚正不阿的人。汲黯的家族历经了周、秦、汉三朝，创造了一个惊人的纪录——“十世为公卿”。他为人傲慢，不讲究礼数，会当场让人下不了台，因此人缘不好，但他爱憎分明，行侠仗义，注重节操，正大光明，直言敢谏；他信奉黄老学说，为官清静无为，但注重民生，在太守任上，将东海郡治理得井井有条。一次河内郡（治所在今河南省武陟县）失火，烧毁了1 000余户人家，汉武帝派遣汲黯前去视察，他回来报告说：“火灾不足忧，但是现在河内一万余家百姓被水旱灾害波及，发生了父子相食的情况，我就见机行事，手持天子符节，将河内郡仓库中的粮食发放给了灾民。现在请陛下治我矫诏之罪。”汉武帝认为汲黯做得正确，没有治他的罪。汉朝法治严厉，矫诏是重罪，汲黯这样做，是将百姓疾苦放在了个人生死之上，与那些以损害民众利益来取悦上级的官员真是天差地别。

汲黯有十世公卿的显赫家世，信奉黄老学说，因此对汉武帝的舅舅、提倡儒学的丞相田蚡很瞧不起，认为他不过是因裙带关系上位。当时二千石的高官对田蚡都要行跪拜礼，田蚡却不还礼，而时为主爵都尉（二千石，主管封爵事务）的汲黯对田蚡只是拱手作揖。群臣见了大将军卫青也都要跪拜，唯有汲黯拒绝，有人说他这样做不妥，他反问："难道大将军会因为有人只是作揖，就不重视此人了吗？"卫青听说后反而格外看重汲黯，并多次向他请教国家大事。当时汉武帝招揽天下儒生，宣扬要施行仁政，汲黯对此直言不讳："陛下内多欲而外施仁义，奈何欲效唐虞之治乎！"[1]汉武帝听了之后气得说不出话来，脸色陡变，随即罢朝，公卿都为汲黯感到担忧。汉武帝退朝后对左右的人说："汲黯太戆（愚鲁）了！"有大臣抱怨汲黯不应该这样让汉武帝下不了台，汲黯却回答："天子设置了辅弼的公卿大臣，怎么可以阿谀奉承，置皇帝于不义呢？况且已在其位，即使爱惜自己的生命，但也不能损害朝廷！"

## 2．陛下用群臣如积薪耳，后来者居上

汉武帝杀伐决断，视臣民性命如草芥，在他执政的54年里，除了汲黯，几乎没有其他人敢这样顶撞他。他毕竟是个英明之主，很了解汲黯的为人。一次他问庄助对汲黯的看法，庄助回答说："汲黯的行政能力一般，却非常有原则性，不为利益、威吓所动，适合辅佐少年君主，维护社稷。"汉武帝点头称是："古有社稷之臣，至如黯，近之矣。"[2]虽然大将军卫青位极人臣，但汉武帝可以随意坐在床边接待他；接见丞相公孙弘时，汉武帝也可以不戴帽子；但对汲黯，汉武帝却"不冠不见"。有一次汲黯前来汇报政事，汉武帝没戴帽子，就躲在武帐中，派人接待了他。淮南王刘安策划谋反时，很忌惮汲黯，说他好犯颜直谏，守节死义，没法拉拢，至于丞相公孙弘，则是个投机分子，很容易拉拢。以前汲黯位列九卿时，公孙弘、张汤还只是小吏；等到这两人上升到与汲黯同级别时，汲黯便

---

1 《史记》卷120《汲郑列传》。

2　同上。

开始攻击这两人；随后公孙弘升任丞相、封侯，张汤为御史大夫，地位高于汲黯，而丞相府的官员都与他同一级别，有的人甚至超过了他，汲黯的心理开始失衡、他对汉武帝抱怨："陛下用群臣如积薪耳，后来者居上。"[1]汉武帝无言而对。汲黯也曾当众痛骂酷吏张汤："天下谓刀笔吏不可以为公卿，果然，必汤也。令天下重足而立，侧目而视矣！"[2]有人向汉武帝提议罢免汲黯，汉武帝说："人果真不可以不学无术，汲黯的话越来越没谱了。"

从先秦到西汉初期，中国的政治是世袭制，公卿大臣父子相传，西汉初年基本是开国功臣及其子孙垄断公卿，到了汉武帝时期有了一个重大转变，汉武帝开始提拔、重用平民精英。丞相公孙弘、御史大夫张汤都出身于社会底层，短时期内就成为三公，在"十世公卿"的汲黯看来，他们都是政治上的暴发户。汉武帝对汲黯的评价是公允的，他并没有出色的治国才能，且个性太过刚直，不能容人，虽然坚守原则，却不能意识到新形势的变化。

为了征伐四夷，恢复秦朝版图并开疆拓土，就必须要实行中央集权，以便能更有效地集中各种资源，汉武帝提拔、重用有一技之长的平民精英就是为此。选拔平民精英既可以扩大人才的来源基数，还有利于皇帝大权独揽，实行独裁政治。平民精英没有家世背景，没有自己的势力，只能依附于皇权，皇帝使用起来得心应手，阻力小、效率高，其中最杰出的代表是卫青、霍去病，只不过他们多了一层外戚的身份；而功臣世家人数本来就少，随着开国一代的凋零，第二、三代中的人才更是稀少，青黄不接，又是既得利益集团，失去了进取心，希望"不折腾"，政治上不希望有太多的变动，即使有少数干才，也会自恃世袭贵族的背景，坚持贵族本有的原则，皇帝使用起来，远不如平民精英那样顺畅，甚至他们还会与皇权抗争，其中最典型的就是周亚夫。一个朝气蓬勃的进取时代，人

---

1 《史记》卷120《汲郑列传》。

2 同上。

才流动与上升的渠道必须畅通无阻，而一旦社会阶层开始固化，就意味着社会走向了僵化、停滞，社会矛盾必然会激化，这是衡量盛世与衰世的重要指标。

汲黯与公孙弘、张汤间的矛盾不仅是个人之间的矛盾，也是世家贵族与平民精英之间的矛盾，是这一时代大背景的生动反映。在这一大转型的时代，世家贵族开始没落，平民精英快速崛起，两者发生了激烈的矛盾，平民精英动摇了世家贵族对政治资源的垄断，两者间的矛盾是难以调和的。由于平民精英崛起于底层，凭借自己的聪明才智被君主的赏识、提拔，因此行为处事常常机智巧滑、见风使舵、溜须拍马，没有原则，也容易得志便猖狂；而世家贵族出身的子弟可以单纯凭借其背景得到升迁，人生一帆风顺，因此行事往往直率、坦然，坚守原则，他们难以理解平民精英奋斗的艰辛、曲折，平民精英的行为作风因此不可避免地会招致一些正直的世家贵族的反感与鄙夷。提拔平民精英早在汉文帝重用贾谊、汉景帝重用晁错时已经发端，但由于当时开国功臣集团的势力强大，贾谊终身未得重用成为公卿，而晁错虽位列三公却惨死于东市。世家贵族的势力是皇权最大的威胁，因此他们与平民精英之间的权力消长实质上反映了皇权的消长。平民精英的崛起、世家贵族的没落意味着皇权开始不断增长。在这个时代大背景下，汲黯的失落是必然的。

元狩二年（公元前121年），匈奴浑邪王率众来降，汉武帝下令动员2万辆马车前去迎接，长安县政府没钱，要从民间借马，但民间藏匿马匹不借。汉武帝大怒，要斩杀长安县令。汲黯反对，说道："长安令无罪，你只要斩了我，民间就会借马了。况且浑邪王背叛单于降汉，只要让沿途各县接送就可以了，何至令天下骚动，让汉朝民众疲于奔命来接待夷狄呢？"汉武帝无言以对。浑邪部到了长安后，商人与他们做生意，触犯了汉朝"不得与匈奴贸易"的法律，有500余人被判死刑。汲黯又一次反对道："为了攻打匈奴，汉军死伤无数，耗费亿万。我认为应该将这些投降的匈奴人和俘获的财产赐给战死者的家庭，这样才能安慰天下百姓。即便今天不这样做，也不能将数万投降的匈奴人当成贵宾招待！普通老百姓怎么会知道和匈奴人在长安市场做生意，就会被那些死守法律条文的官吏当成是走私出关呢？陛下现在不将匈奴的人与财物赐给百姓，却要拘泥于法律，斩杀500余名无知的子民，这就是为了树叶却伤了枝干，真是不该！”汉武帝沉默不许，认为汲黯又在胡言乱语。几个月后，汲黯因犯了小错误被免官，退隐田园。

此事反映了汉武帝非常爱面子，尤其是在对外宣传上。他一方面对归顺的匈奴人盛情招待，一方面却对汉朝子民极为苛刻，这几乎是所有好大喜功独裁者的通病，700多年后的隋炀帝杨广——一位山寨版的汉武帝，也做过类似的事情。匈奴本是游牧民族，汉武帝为了宣扬自己的慷慨、仁义，炫耀汉朝的强大、富庶，竟然要征用民众的马匹拉着2万辆马车去将这些归顺的匈奴人接到长安，结果民众因不能理解他的“深谋远虑”，拒不借马，他怎能不大光其火？所以他才需要杀长安令泄恨。汉武帝也不想想，匈奴人在草原上四处放牧、南下中原抢掠之时需要过汉朝的马车吗？

过了几年，因民间盗铸五铢钱的现象严重，汉武帝强行任命汲黯就任淮阳郡太守。汲黯行前去拜访大行令李息，让他提醒汉武帝：“御史大夫张汤非常机智、奸诈，能言善辩，可以隐藏别人对他的批评意见。他只会一门心思讨好皇帝，却不肯说正确的意见，皇帝喜欢什么，他就称赞什么，皇帝不喜欢什么，他就诋毁什么。张汤还喜欢无事生非，玩弄法律条文，内心奸诈，逢迎皇帝，并且依靠贼吏加强自己的权威。你是九卿，如果不早点揭发，迟早要被他害了。”但因为害怕张汤，李息始终不敢向汉武帝揭发他的罪行。后来张汤暴露，汉武帝听说此事，便治了李息的罪，并将汲黯的待遇提高到诸侯相的级别。此后直至去世，汲黯一直担任淮阳太守，始终用清静无为的黄老理念治理淮阳，颇有成效。

汉武帝总认为招揽人才不够，因此一即位就延续了汉文帝时期天下举荐贤良方正的政策，并听从了董仲舒的建议，兴办国家的最高学府——太学，讲授儒家经典。元光元年（公元前134年），又听从董仲舒的建议，命令各郡国举孝、廉（孝敬长辈，道德高尚的人才）各一人。元朔元年（公元前128年），因各地举孝廉不力，他曾下诏给各地方长官："不举孝，不奉诏，当以不敬论；不察廉，不胜任也，当免。"[1]

汉武帝的性格严厉、暴虐，即使是宠信的大臣犯了小错，或者有所欺瞒，也会被他诛杀。汲黯虽然很鄙视汉武帝提拔的这些底层出身的人才，但他对此却非常愤怒，于是进谏："陛下非常渴求贤才，但未尽其用，就杀了他们。你不断杀害有限的人才，我担心天下贤才都被你杀尽了。那样的话，陛下和谁共治天下呢？"汉武帝却笑着回答："世上怎么可能没有人才呢？我只是不能发现罢了。如果能发现人才，哪里需要担心没有人才？人才就像有用的工具，有才而不肯尽力施展，这就和没有才能一样，为何不杀？"汲黯回答："我虽不能用言辞说服陛下，但心里还是认为你不对。希望陛下自今天起能够改变，不要以为臣愚蠢，不懂道理。"汉武帝看着群臣说："如果汲黯说自己阿谀奉承，肯定不对，但他说自己愚蠢，却是没错的。"

虽然汉武帝的人才观非常残酷，但也有他内在的道理。世上确实有许多人才需要被发现，不能发现人才当然谈不上使用人才，因此发现是第一位的。汉武帝发现人才的能力是旷古罕见的，但人才被发现并发挥自己的作用后，功成名就，就容易失去锐气和进取心，开始想要保全自己的地位和名声，这对于一意进取开拓、至死方休的汉武帝来说是不能接受的，他不能容忍臣下享受功名利禄、高官显爵，却躺在功劳簿上吃老本，成为新进人才上升道路上的障

1 《汉书》卷6《武帝纪》。

碍。由于他性格的零容忍度，以及汉朝法律的残酷、苛刻，他经常会对这些失去进取心并且犯有过错的老人才采用简单粗暴的手段，进行直接的人身消灭。因此汉武帝时期朝臣们新陈代谢是非常快的，这是由积极进取、扩张的时代特征或汉武帝的个性决定的——每个人才在汉武帝看来就是使用的工具，如果使用起来得心应手，他会就破格提拔、重用、封赏，一旦失去了作用，或成为事业的障碍，他就会毫不犹豫地予以清除。

如果将汉朝看成是一家公司，汉武帝就是一位绝对控股、握有最高权力的董事长兼CEO，他的管理风格是大胆进取，积极开拓市场，特别热衷于兼并其他公司；他手下的大臣们就是各级的部门经理或业务员，汉武帝总是分派给他们极高的业务指标，完成了就重赏（封侯），失败了轻则降级（除爵），重则开除（死罪）。由于赏罚极为分明，一些积极进取的底层职员常常能提出一项项极富创意、胆略但会遭到他们上级主管反对的项目计划，这些计划总是能得到董事长兼CEO的大力支持，而且总是能获得成功。在激烈的市场竞争中，对于对手们来说，这种公司实在是太可怕了。

元封五年（公元前106年），大将军卫青去世后，前期的功臣名将也凋零殆尽，汉武帝求贤若渴，特地下诏求才："盖有非常之功，必待非常之人。故马或奔踶而致千里，士或有负俗之累而立功名。夫泛驾之马，跅驰之士，亦在御之而已。其令州、郡察吏、民有秀材、异等可为将、相及使绝国者。"[1]这篇诏书表达了汉武帝不拘一格发现、重用人才，以建立非常之功的雄心。好马桀骜不驯、可能会踢伤人，却能奔驰千里；能人也有各自被世人批评的缺点，但能建功立业，关键就在于如何驾驭。汉武帝求贤之心可谓真切，虽然真切，但他本质上还是将人才当成能为他使用的工具，用得称心就重赏，一旦不称心，常常就诛杀。

---

1 《汉书》卷6《武帝纪》。

班固曾经高度评价了汉武帝一朝重用人才的成就："上方欲用文武，求之如弗及，始以蒲轮迎枚生，见主父而叹息。群士慕向，异人并出。卜式拔于刍牧，弘羊擢于贾竖，卫青奋于奴仆，日磾出于降虏，斯亦曩时版筑饭牛之朋已。汉之得人，于兹为盛，儒雅则公孙弘、董仲舒、兒宽，笃行则石建、石庆，质直则汲黯、卜式，推贤则韩安国、郑当时，定令则赵禹、张汤，文章则司马迁、相如，滑稽则东方朔、枚皋，应对则严助、朱买臣，历数则唐都、洛下闳，协律则李延年，运筹则桑弘羊，奉使则张骞、苏武，将率则卫青、霍去病，受遗则霍光、金日磾，其余不可胜纪。是以兴造功业，制度遗文，后世莫及。"[1]这个评价虽然没有触及汉武帝对人才苛刻与暴虐的一面，但也非常简练地总结了汉武帝时期人才的盛况。

汲黯对汉武帝的评价"内多欲而外施仁义"可谓一针见血。人人都有欲望，马斯洛理论将人的欲望需求按层次从低到高分成了生理需求、安全需求、社交需求、尊重需求和自我实现需求五类。汉武帝贵为天子，前四类的欲望需求都可以随心所欲地实现，他所追求的是最高层次的自我实现，即对内大一统、中央集权个人独裁，对外征服四夷、开疆拓土、万国来朝。因此强调清心寡欲的黄老学说不能满足他的需要，虽然儒家学说强调大一统符合他的理想，但儒家同时强调"王道"，强调道德礼义的教化，需要施行仁政，君主更要以身作则，成圣成仁，这要求君主克制自己的欲望，不能好大喜功，显然，儒家学说也不能完全满足汉武帝的需要，他真正信奉的是"霸、王之道"。

---

1 《汉书》卷58《公孙弘卜式兒宽传》。

# 第六章

# 汉家自有制度：霸、王之道

西汉继承了秦朝的严刑峻法，到了汉武帝时期，更是大量任用酷吏，严厉打击豪强、权贵，这不仅是为了抑制贫富分化，维护中央集权的权威和国家的统一，也是为了在“国进民退”、官僚掌握大量资源的背景下有效抑制贪腐，虽然方法非常简单粗暴，但在缺乏先进技术手段的前提下，却行之有效。

## 第一节 “国进民退”与酷吏的兴起

### 1. 非此母不能生此子

汉武帝的优秀继承人、他的曾孙汉宣帝曾一语道破汉朝政治的实质：“汉家自有制度，本以霸、王道杂之，奈何纯任德教，用周政乎！”[1]王道，即儒家宣扬的以道德礼义教化为核心的仁政，它只是汉朝施政的一方面，而霸道，即以法家宣扬的严刑峻法为核心，是施政的另一方面。更进一步说，自汉武帝“独尊儒术”后，实际施行的是“外儒内法”，即以儒家作为装饰，以法家为核心才是汉朝

---

1 《汉书》卷9《元帝纪》。

真正的施政方针。“施仁义”只不过是汉武帝表面上倡导的意识形态，官方的宣传，如果相信未免太过天真。法家的严刑峻法，令行禁止，信赏必罚，效率高，组织、动员性强，才能满足汉武帝的“多欲”，也更符合他的处事风格，因此汉武帝重用酷吏是理所当然的，张汤就是他们中的佼佼者。

张汤从小就喜欢审案，是这方面的天才。他出身于小吏，先后讨好过庄助、朱买臣这些皇帝近臣，之后被周阳侯田胜、武安侯丞相田蚡兄弟二人推荐给了汉武帝。他在处理陈皇后巫蛊案件时穷追党羽，被汉武帝赏识，提拔为太中大夫，后与另一位酷吏赵禹一起制定各种法律条文，力求严厉细密，对官吏尤为严苛。张汤将赵禹看作兄长，两人关系很好。赵禹为人廉洁、倨傲，不养食客，也不与公卿大臣有私人来往，常暗中追查官员的罪行，后来升任少府。赵禹以前是丞相周亚夫的下属，丞相府中的同事都称赞他清廉、公平，然而周亚夫却不重用他，认为他虽然非常能干，无人能及，但是深文周纳，行事严苛，不能重用，后来赵禹升任九卿，行事果然如周亚夫所料。张汤、赵禹一同制定的律、令总共有359章，大辟（斩首）罪409条，案例1 882件，判处死罪的参照案例多达13 472件，法令文书堆满房间，法官也看不完。没人能完全掌握如此庞杂的法律，正好给了一众酷吏上下其手，玩弄法律条文、制造冤假错案的机会。

张汤升为廷尉、位列九卿后，与天下名士大夫来往，虽然他内心里对这些人很不以为然，但表面上还装作很仰慕。当时汉武帝喜欢儒学，因此张汤想投其所好，审案也要附会古代的经典，还请专门研究《尚书》《春秋》的博士充当他的下属帮助断案。张汤在上奏疑难事件时，通常会预先为汉武帝分析案件的原委，如果得到了肯定，就将汉武帝的意见制定为法律条文，以宣扬他的圣明。如果奏事被批评，张汤就谢罪，揣摩汉武帝的意见，然后说他的下属们也是这个意见，但是因为自己愚笨，不加采纳，才弄错了，因此常常被宽恕。如果奏事受到表扬，张汤也会说这不是他的本意，而是他听取了下属意见的缘故。张汤如果想要推荐某人，就会扬其善掩其过；如果汉武帝想要治某人的罪，张汤就会想尽办法定罪；如果汉武帝想要赦免某人，他就会与下属想方设法减轻那个人的罪行。如果审问的罪犯是豪强大户，张汤则必定曲解法律条文，将其严厉治罪；如果审问的对象是弱势底层，他就去见汉武帝，为其减轻罪行。

张汤对高官非常尊敬有礼，经常送食物给他们的宾客；对于故人子弟无论贫富贵贱，都照顾得很周到，更是不避寒暑，拜访高官；所以张汤虽然奉行严刑峻法且并不公平，但在官场的声誉却很好。他的下属们虽然执法严酷，却依附于儒学之士，因此儒者丞相公孙弘多次称赞张汤。2 000多年前的人也知道披一层儒学的皮便能掩盖自己的本质，以博取好名声，如同现在大把的所谓“儒商”“儒官”。

张汤在办理淮南、衡山、江都三位诸侯王的谋反案时，不留余地，穷追猛打，株连杀掉了好几万人。汉武帝原本不想追究卷入此案的庄助与伍被，张汤却一反自己事事逢迎的习惯，力争将这两人处死。他多次通过类似的手段清除同事，用来作为自己的功劳，汉武帝因此认为他秉公执法，既忠心又能干，将他提拔为三公之一的御史大夫。

匈奴浑邪王等部投降汉朝后，汉武帝又大举发兵征伐匈奴，不料正逢山东地区水旱灾害，灾民流离失所，全部需要政府接济，文景以来的国库积蓄为之一空，甚至连跟随卫青、霍去病北伐士兵的薪水都发不出。于是张汤又秉承汉武帝意旨，主持国家的经济工作，改变了汉文帝制定的经济自由、藏富于民的方针，采用了“国进民退”的新经济政策，铸造白金及五铢钱[1]，以获取铸币税，又将

1 “铢”是古代的重量单位，一两的二十四分之一为一铢，相当于0.58克。

天下的盐业、铁矿冶炼业收归国有，由国家垄断其生产与买卖，扩大征税范围、提高税率，打击富裕阶级与中产阶级。

元狩四年（公元前119年），漠北决战的同时，汉武帝任命齐国的大盐商东郭咸阳、南阳的铁商孔仅为大农丞（主管国家财政的九卿之一大农的属官），主管盐、铁的生产、经营事务，而洛阳商人家庭出身的侍中桑弘羊因精于计算，也参与筹划，三人对于经营、敛财都非常精通。盐铁专营的方案就此确定，东郭咸阳和孔仅认为：山、海的资源都是属于皇帝的，因此盐、铁要由政府专营，如果有人违反规定私自经营，不仅要没收他们的生产器具，还要砍掉他们的左脚。于是汉武帝又任命了很多商人充当官吏，便于垄断盐铁的生产和经营。但由于垄断，缺乏市场竞争，由政府所建的冶铁工厂制造的产品质量低劣，价格高昂，却还要强迫民众购买。

同年，汉武帝命令少府铸造"白金币"，所谓的"白金"就是白银，其中还掺杂了锡，上以龙、马、龟为纹样，号称"白金三品"，并规定其价值分别为三千钱、五百钱、三百钱，完全是一种赤裸裸的盘剥行为。同时又铸造发行了三铢钱，但仅过了几个月，主管部门认为三铢钱太过轻薄，容易被盗铸，于是又命令各郡国重新铸造五铢钱。虽然法律规定"盗铸诸金钱罪皆死"，但仍然是"吏民之盗铸白金者不可胜数"[1]。铸造白金、五铢钱后的几年内，因盗铸犯法者太多，无法全部诛杀，以致盗铸金钱应该判处死罪的吏民中，被赦免的就达数十万人。汉武帝又派遣博士褚大、徐偃等巡视各郡国，举报盗铸钱币谋利的豪强富商以及太守、诸侯国相。为了确保新经济政策的顺利推行，汉武帝重用了御史大夫张汤，又提拔了减宣、杜周、义纵、尹齐、王温舒等一批酷吏为御史中丞（御史大夫的主要助手）、九卿，派遣直指（特派员）巡视各地。

同样在元狩四年（公元前119年），被汉军赶到漠北的匈奴单于

---

1 《史记》卷30《平准书》。

求和，群臣讨论此事，博士狄山认为应该答应匈奴。汉武帝询问张汤的意见，张汤回答道："愚儒无知。"狄山说："我是愚忠没错，但像张汤这样的却是诈忠。张汤审理淮南王、江都王两人的谋反案，用深文峻法严惩诸侯，离间骨肉，使诸侯胆战心惊，因此我知道张汤是诈忠。"听到这里，汉武帝脸色已变，他说道："我任命你为郡太守，你能防御匈奴入侵吗？"狄山说："不能。"汉武帝又问道："那么做县令呢？"狄山回答说："也不能。"汉武帝再问道："守卫一个障（边防要塞）呢？"狄山心想这样辩论下去，理屈词穷，会被治罪，就说："我可以。"于是汉武帝派遣他到边境的障去，一个多月后，匈奴人砍下了狄山的头。自此以后，群臣震惊惶惧。由此可见，汉武帝整人比秦始皇高明多了，秦始皇太过简单粗暴，怕反动思想传播就焚书，有人背后说坏话就坑儒，但"坑灰未冷山东乱，刘项原来不读书"，徒留千古笑骂名。狄山是典型的腐儒，腐儒的重要特征是：凡事好讲大道理，占据道德高地，能提出问题，解决不了问题，没有实干的能力。更重要的是，他们还要解决能解决问题的人和事。汉朝和匈奴和亲70多年，匈奴从来没有遵守过和亲协议，此时再提又能解决什么问题？只不过是匈奴单于惨败后的缓兵之计。

为了尽量敛聚钱财，汉武帝与张汤想出了一个创意：将皇家园林中所饲养白鹿的皮制成皮币，价值40万钱，并规定王、侯、宗室朝见时，必须交纳皮币。这实际上是纸币发行的开端，但这种皮币因面值太高，无法流通，因此只能成为盘剥诸侯的一种手段。大农颜异为人清廉正直，他对发行皮币有异议，认为以前王侯朝贺时只需要交纳价值数千钱的仓璧，而现在却要交纳价值40万钱的皮币，这不合理。汉武帝听到之后很不高兴，一向与颜异有矛盾的张汤立即抓住了机会。有位客人抱怨当时政策的不合理，颜异没有回答，但嘴唇轻微动了动，张汤获悉后上奏："颜异是九卿，见政策不合理，不公开提意见而腹诽，论罪当死。"竟然以腹诽的罪名处死了颜异，而此后腹诽罪竟然成了法律条文，许多公卿大臣因此恐惧，只好对张汤阿谀奉承。

汉初规定要交纳财产税，即具有一万钱（折合金一斤）以上的人家全部征收高额的“訾（赀）算”，每一万钱征收一算即一百二十钱，税率为1.2%。汉武帝于元光六年（公元前129年）开始增收车船税，一度废除，又于元狩四年（公元前119年）恢复。车船税打击了商品贸易，从而引起了物价上涨。汉朝原有针对商人的现金税“算缗”（一缗为一千钱），即规定每一千钱财产抽税一算二十钱，税率为2%，因为财政紧张，元狩四年，汉武帝决定提高税率，将商人囤积的所有货物折成钱抽税，税率高达6%。为了切实执行还规定：如果报税不全、不实，报税者会被罚戍边一年，财产全部没收，揭发者则会得到其全部财产的一半作为奖励；有商人户籍者如果冒用农民户籍占用田地，财产全部没收。

新征税方法出台后，商人不愿意老实交税，纷纷选择了隐匿财产，元狩六年（公元前117年），汉武帝又任命杨可负责“告缗”，即发动天下人告发逃税，告发者可得其一半财产，以致中等商人以上者大多被告，案件大多由杜周负责审理，基本均被从重治罪。汉武帝又分别派遣御史、廷尉、正监前往各郡国搜罗缗钱，获得财物以亿计，奴婢以千万数，田亩大县数百顷、小县百余顷，并没收了很多住宅。于是中等商人以上者大多破产，民间有钱就尽情消费，不敢再积蓄家业，而政府通过垄断盐、铁的生产、贸易，以及收取高额的财产税变得富足。

张汤制定的一系列经济政策的中心目的是打击各地豪强、地主、富人，他通过玩弄法律条文来达到目的，因此深受汉武帝宠信。他每次朝见奏事，讨论国家财政问题，经常到傍晚，以致汉武帝都忘记了吃饭。当时丞相只是备位充数，天下大事都取决于张汤。百姓不能安定生活，天下骚动，政府做的事还未产生利益，就被奸吏们侵占，于是又用严刑峻法惩罚奸吏，因此从公卿到普通百姓的所有阶层都痛恨张汤。但张汤却非常受宠，他生了病，汉武帝还亲自去探视，即使包括汲黯在内的任何人向汉武帝揭发张汤奸诈都没用。

但由于张汤得罪人实在太多，并威胁到丞相庄青翟的地位，因此丞相的三位长史（其中之一是朱买臣）共同设计陷害了他，汉武帝派他的好友赵禹审问他。赵禹责怪他说："你自己审案杀了多少人？现在你的罪状都有根有据，皇帝也很重视你的案子，你还辩解什么呢？"张汤一听，便上书谢罪："我没有尺寸之功，从刀笔吏发家，被陛下宠幸，位列三公，不应该开脱自己的罪行。然而是丞相的三位长史陷害我的。"随即自杀。张汤死后，众人发现他家中只有汉武帝赏赐的五百金财产。张汤的母亲认为儿子是被诬陷而死，不能厚葬，只用一辆牛车载着没有外椁的棺木安葬了他。汉武帝听说此事后感叹："非此母不能生此子"[1]，随后杀了诬告张汤的三位长史，丞相庄青翟也因此自杀。汉武帝怜惜张汤的结局，重用其子张安世，后提拔为内朝处理机要的尚书令，成为昭宣时代的名臣。

张汤是酷吏的典型，也是平民精英的代表，他没有背景，没有势力，一切权力全部来源于皇帝；他为人清廉，聪明机智，精明强干，从一个普通的刀笔吏被汉武帝破格提拔为御史大夫，位列三公，实际的权力已经超过了丞相；他只忠于汉武帝个人，一切秉承汉武帝的意志行事，法律条文只不过是表面的装饰，可以任意修改、曲解、制定。对于汉武帝个人来说，张汤非常忠诚，尽心尽力，恪尽职守，可以高效地完成指派的一切艰巨任务，不怕得罪任何人，可以克服一切阻力，是汉武帝施行个人独裁统治的最得力、最贴心的工具，这也正是汉武帝重用酷吏的本意——除了皇帝的意志，酷吏不应该有个人的原则，是非曲直，黑白美丑，甚至没有个人的利益，而是应该一切为了皇帝，将自己的一切献给皇帝的事

---

1 《史记》卷122《酷吏列传》。

业。所以被张汤当成兄长的赵禹在审问他时也同样铁面无私，不为他开脱，且不论他的罪行是否属实，这才是一名合格的酷吏，一名优秀的皇帝战士。独裁者最喜欢用这样的人，不——这样的工具。皇帝将脏活、累活推给酷吏去做，当他们失去利用价值后，皇帝再将他们扔出去牺牲，能邀买所谓的民心，民众还会一片叫好“圣上英明”。这样的人皇帝怎么会不喜欢？当然，并非所有酷吏都像张汤那样不讲个人物质利益，只做皇帝的战士，甘于做皇帝的工具。杜周、王舒温等人在利用严刑峻法打击别人的同时，也不忘捞钱，他们都变成了巨富，不过他们的家产会被查抄没收，最终沦为皇帝敛财的工具。

另一位著名的酷吏杜周一语道破天机，当有人说他不遵守法律条文，而专以皇帝的意志审案时，他却回答：“法律条文又是来源于哪里？它们就是来自皇帝的意志。”汉文帝本人对司法很尊重，到了汉武帝时期，司法已经成为皇帝本人意志的工具。在专制社会，缺乏有效制约，司法完全取决于统治者本人的意愿，司法独立是一种奢谈。汉文帝克制欲望，自我约束力强，司法相对就独立；汉武帝欲望强烈，个人膨胀，司法就沦为他个人意志的工具。

## 2．盐铁专卖、均输：政府变为超级垄断公司

汉武帝用严刑峻法统治，又实行“国进民退”的政策，他喜欢任用酷吏严厉打击官僚。与其他利益集团一样，各级政府官僚掌握了太多的资源，有自身的利益诉求，总是倾向于扩大自己的编制、掌握更多的资源和权力，极易滋生贪腐，有自身的利益诉求，因为官僚掌握公权力，对政权的潜在危害特别大，因此在当时技侦手段落后的背景下，这样做可以提高效率。杜周任廷尉时“诏狱”（皇帝亲自下诏定罪）很多，狱中二千石高官不下百人。郡太守一年交给廷尉的案件就有千余件，一件案件要逮捕数十人至数百人，牵涉

范围从数百里到数千里，审案时罪犯不服就严刑拷打。廷尉及中都官奉诏逮捕的人多达六七万，属官又逮捕了10多万人。

当时大多数地方官模仿张汤的弟子王温舒，采用残酷、凶暴的治理方法，结果导致犯法者越来越多，武装暴力犯罪集团此起彼伏。多达数千人的大团伙打出旗帜，攻打城池，抢夺武器，释放死囚，俘虏、杀害地方官；数百人的小团伙则掳掠乡里。汉武帝一开始派遣御史中丞、丞相长史镇压，但没有效果，于是派遣光禄大夫范昆等人衣锦持节，用虎符发兵大举镇压，斩首一万余级，又牵连到诸郡多至数千人。过了几年，暴力犯罪集团的首脑基本被杀光了，剩下的成员们跑到地势险要处群居，官兵对此无可奈何。汉武帝于是制定了“沉命法”，规定地方官如果不能及时发现暴力犯罪集团起事，或发现后不能有效镇压，自二千石（郡守、国相一级）至主管治安的小吏全部处死。结果导致底层的地方官发现了暴力犯罪集团也不敢报告，怕无力镇压，反而会连累了自己和上级，郡守一级地方官也因相同的原因不让下级汇报，上欺下瞒，导致暴力犯罪集团人数越来越多。

张汤死后，“国进民退”的新经济政策继续深化。元鼎四年（公元前113年），汉武帝采纳了大农桑弘羊的意见，取消郡国铸钱的权力，收归中央所有；郡国将以前所铸的旧钱全部销毁，铜则送往中央；废除过去铸的一切钱币，以上林三官铸的五铢钱为全国唯一通行的货币。此次货币改革的措施是非常成功的，五铢钱真材实料，铸造精美，难以盗铸仿制，一直流通到700年后的隋朝，其形制则被唐、宋至清历代模仿，流行到民国年间。

元封元年（公元前110年），桑弘羊创立了“平准法”，在京城设置隶属于大农的平准官，集中天下的商品物资，垄断天下的商业贸易，贱买贵卖，防止了大商人囤积居奇，将以前属于商人的利润全部收归政府所有。经过这一系列的新经济政策，政府的财政收入大增，后来汉武帝巡游天下，北到朔方，东到泰山、海上，又到了北部边境，所过之处赏赐帛百余万匹，钱金以亿万计，都是由大农属下国有企业的利润支付的，此时大农的角色类似于今天国资委与发改委的综合体。元封二年（公元前109年），代理大农职位的桑弘羊代替孔仅管理全国的盐铁生产、经营。他认为各级政府部门各自在市场购买物品，相互竞争，导致物价腾贵，而各地运输到京城的贡赋，运输费用常超过贡赋本身，得不偿失，于是设置了大农部丞数十人，分别主持各郡国的贡赋事务，每个县设置均输官、盐铁官，将各地原要交给中央政府的贡赋折算成当地产量多、便宜的物资，然后转卖到需求多、价格贵的地方，其收入当作赋税，这样一来不仅减少了以前转运到京城的高额运费，增加了国家的财政收入，还调节了各地的物价，促进了商品的流通，有利于经济的发展，改善了民众的生活。

桑弘羊又请求汉武帝批准官吏可以通过向政府缴纳粮食补官，罪人可以纳粮赎罪；民众如果向甘泉宫的仓库缴纳一定数量的粮食，可以终身免除赋役，不受告缗令的影响，其他郡县的百姓则可向各自所在地政府的仓库交纳。这个政策一经实行，山东地区每年通过漕运到达京城的粮食就增加了600万石，一年之内，长安的太仓、甘泉宫仓库就堆满了粮食，边境仓库剩余的粮食、其他物资因消费不了，按均输法折算成了帛500万匹。由于不用增收赋税就满足了国家的财政需要，汉武帝赐给桑弘羊左庶长的爵位和黄金200斤。

汉武帝新经济政策总的思路是：扩大政府的财源，将盐、铁等产业由政府垄断经营，利润作为政府财政收入；中央政府垄断货币发行，收取铸币税；物资不运往首都而转入商品流通，赚取利润，减少运输成本；政府垄断商品贸易，将原属商人的利润收归政府所有；国进民退，将有利可图的产业全部收归政府所有，政府成为超级垄断大公司。另外，对中产阶级以上的商人阶层征收高额税款，甚至动用暴力强行没收逃税者的财产（告缗），这种杀鸡取卵式的短期行为虽然搜刮了大量的钱财，但无法长期维持，不久即被废除。为了扩大财政收入，汉武帝甚至提高了人头税标准，汉朝原本规定7岁至14岁，每人每年交口赋20钱，汉武帝将其提高为23钱，且将征收的年龄提前到了3岁。

## 第二节 严厉打击：控制贵族豪强

### 1．物盛而衰：重本抑末，打击豪强、兼并之家

汉武帝的经济政策不仅是为了敛财，还有着政治上的深意。汉朝自建立起就推行“重本抑末”的国策，“本”即农业，“末”即工商业，这也是继承了战国时期秦国的传统。农业是当时的支柱产业，国家的赋税、徭役主要由自耕农承担。商品经济会破坏农业经济，使农民不仅无力承担赋税、徭役，还会破产、流离失所，成为无地游民。这样一来，社会贫富悬殊，矛盾激化，会导致动荡不安，将直接威胁到政权的稳定与存亡。因此汉高帝禁止商人穿丝绸、坐车，并课以重税；汉惠帝、吕后则禁止商人及其后代成为官吏。但随着国家稳定，经济发展，商人阶层变得越来越富裕，形成了“背本趋末”的趋势，越来越多的人抛弃农耕，选择经商。所以贾谊、晁错都对汉文帝提出了重农抑商的建议，并被采纳。文景时期，农业生产非常受到重视，皇帝、皇后亲自从事农桑作为天下表率，轻徭薄赋以诱导民众从事农业。但趋利避害是人性，能赚取更高利润的商业比农业具有更大的吸引力，晁错为此哀叹：“今法律贱商人，商人已富贵矣；尊农夫，农夫已贫贱矣。”[1]反映的正是这个残酷的现实。按照传统，富裕起来的商人阶层必定会求田问舍，成

1 《汉书》卷24《食货志》。

为“兼并”（或作“并兼”）之家，相对应地，无地游民就会出现，这会导致贫富悬殊越发严重，进一步激化社会矛盾。

晁错曾深刻地分析过普通自耕农的艰辛：“一户农户五口之家，能服役的不下两人，他们所能耕作的田地不过百亩，百亩的收入不过百石。一年之中，春夏要耕耘，秋天要收获，冬天要贮藏，需要砍伐薪樵，还要从事政府的工程，服徭役。春天避不了风尘，夏天避不了暑热，秋天避不了阴雨，冬天避不了寒冻，四季之间，无日休息。此外还要负担亲戚朋友之间的送往迎来，吊死问疾，养育未成年的子女，赡养年老的父母。农民即使如此勤苦，仍然要遭受水旱之灾，还要承担政府的横征暴敛，政府早晨下达了命令，晚上农民就得将粮食交齐。有粮食的农户只好半价出卖粮食用以交税，没有余粮的只好向富人借高利贷，于是有的农户需要卖田宅、卖儿女来偿债。但是大商人们囤积居奇，发放高利贷，小商人则开店贩卖商品牟取利润。商人天天观察市场，发现政府急需什么商品，就趁机哄抬价格。所以商人中男人不用耕耘，女人不用纺织，却穿着华丽的衣服，吃着美食，不用承受农民的辛苦，却能从农业中获取利益。因为商人富有，所以他们能与王侯贵族交往，势力要大过官吏，又为了追逐利润，互相倾轧。商人们到各地游玩，冠盖相望，坐着豪华的马车，穿着奢华的衣服，到处炫耀。这就是商人之所以能兼并农民，农民之所以流亡的原因所在。今法律以商人为贱，商人却已经富贵了，以农夫为尊，农夫却已经贫贱了。世俗看重的商人，却是皇帝轻贱的；官吏鄙视的农民，却是法律尊重的。现在的事实是上下相反，好恶颠倒，在这种情况下想让国家富强、法令顺利施行是不可能的。”

晁错的意见揭示了以户为单位的自耕农经济极度脆弱的现实状况，稍微有水旱灾害、人世变故，自耕农就会无法承担政府的赋役，不得不出卖土地、住宅甚至子女，向商人借高利贷，最终走向破产，成为流民。商人在此过程中却可以通过低价收购农民的财产而更加富有，因此贫富悬殊越发严重。自耕农是汉朝政府所依靠的经济、政治支柱，他们是承担徭役、兵役的主力军，一旦经济破产成为流民，就脱离了政府的管理与控制，政府就会陷入无人服役、无人交粮的窘境。不仅如此，流民缺乏生计，会铤而走险，走上暴力抗争的道路，秦末民众纷纷起事，导致强大的秦朝在几年内土崩瓦解，一直是汉朝诸位皇帝的梦魇。而且，商人因富有而兼并，会形成势力庞大的经济利益集团，必然要进一步谋求政治的保障，从而形成政治—经济利益的豪强集团，会威胁到汉朝政府的统治。因此，汉朝政府打压商人，打击豪强是确保政权稳定的重要措施。

文景之治时代，由于政府采取自由放任的政策，“（法）网疏而民富，役财骄溢，或至兼并豪党之徒，以武断于乡曲。宗室有土，公卿大夫以下，争于奢侈，室庐舆服僭于上，无限度”，强势集团越发肆无忌惮，但“物盛而衰，固其变也”[1]，到汉武帝时期，那些常规的“重农抑商”手段已经无法奏效。汉武帝借财政紧张之际推行的一系列新经济政策，以打击商人、抑制兼并为重点，运用政权暴力，直接剥夺商人的经济权益，征收高额财产税，再由政府垄断高利润的产业，将商人从这些产业中彻底清除，釜底抽薪。但兼并之家不仅仅是商人，还有贵族、官僚、地方豪强、游侠（类似于黑社会）等各阶层，这些人的社会影响力远比单纯的商人要大，因此他们同样是汉武帝打击的对象。

对豪强的打压早在汉朝开国的时候就实行了。汉初著名的谋臣娄敬（后改姓刘）出使匈奴回来后，给汉高帝提了一个建议：“河南地的匈奴白羊王、楼烦王两部离长安只有七百里，轻骑一日一夜便可以抵达秦中（即关中）。秦中刚经过战火破坏，人很少，但土地肥饶，可以移民充实。秦末诸侯初起反秦时，不是齐国诸田（齐国

---

1 《史记》卷30《平准书》。

王族），楚国的昭、屈、景三姓（楚国王族）起事就没人响应。如今陛下虽都关中，实际上人手并不够用，北边邻近匈奴，东边有势力强大的六国王族，一旦发生战乱，陛下也很难高枕无忧。我建议陛下将齐国诸田，楚国昭、屈、景，燕、赵、韩、魏诸国王族的后代，以及豪强名家迁徙到关中。这样无事时可以防备匈奴，关东诸侯一旦有变，也可以东伐。这是强本弱末的方法。”汉高帝采纳了这个建议，将关东豪族10余万人迁到京城所在的关中地区，以便于朝廷监控，且随之而来的财富、人力也可以充实关中，同时能够让他们远离故土，脱离了自己的势力范围，防止他们趁机作乱。这一政策被汉武帝继承，他接受了主父偃的建议，将天下豪强大族与家财在300万钱以上的富人迁移到关中的茂陵邑居住，还规定强宗大姓不得族居，这样一来豪强大族就失去了田产与影响势力。

著名的游侠郭解就是当时被强行迁徙到茂陵的。他是典型的黑社会头目，年轻时为人阴险狠毒，为了发泄自己一时的意气杀了很多人，又不惜自己的性命为朋友报仇，事发后亡命，以抢劫、私铸钱币、盗掘坟墓为生；年纪大后，他摇身一变，成了社会贤达、慈善家，自命行侠仗义，经常救人命而从不表功，但江山易改，本性难移，内心的阴险狠毒还是改不掉，经常会爆发出来。元朔二年（公元前127年），因作为县掾（县官属吏）的同乡杨季主之子的建议，郭解也被列入迁徙茂陵的名单中，但他的财产达不到300万的标准。大将军卫青为他说情，认为他不够迁移的标准，汉武帝则认为“布衣权至使将军为言，此其家不贫”[1]，因此命令他迁去陵邑。郭解家乡轵县（治所在今河南省济源市）的人赠送了1 000余万钱为郭解送行，随后他的侄子砍了杨姓县掾的头，从此两家结下了仇。

郭解到了关中以后，认识与不认识他的人都争相与他交往，名声大噪。杨季主家人来京告状，结果告状人反在宫门被杀，汉武帝

---

1 《史记》卷124《游侠列传》。

下令捉拿郭解。郭解一路逃亡，有很多人帮助他，但最终还是被捉拿归案，却发现他亲自杀人的事件都发生在大赦之前。轵县有个儒生陪同查案使者聊天，有一个郭解的门客盛赞郭解，儒生回应道："郭解专以奸犯公法，何谓贤？"[1]门客听到这话，就将儒生杀死，割了他的舌头。郭解并不知道这个凶手是谁，因此审案的官吏汇报郭解无罪。但御史大夫公孙弘议认为，郭解以平民身份，滥施权力，经常为了小事就杀人，他虽不知道门客杀人一事，但比亲自杀人还要过分，应该判处他大逆不道之罪，于是郭解被族诛。

汉武帝族诛郭解一事并非因为他亲自杀人，而是忌惮一个黑社会头目竟然拥有如此巨大的社会影响力：大将军卫青为他说情，告他状的人竟然在皇宫门口公然被杀，皇帝亲自下令捉拿却有很多人隐藏他，别人说他一句坏话就会被他的门客杀死……这种人对于一个政权来说实在是太可怕了，如果他蓄意图谋不轨，马上就可以聚集暴乱，因此郭解是不得不除的。

郭解只是游侠与豪强的一个代表，他们都是威胁汉朝统治的不稳定因素，单纯迁徙并不能解决问题，更直接的手段就是进行人身消灭。早在汉景帝时期，就用酷吏打击过豪强，当时济南郡的瞷氏是地方豪强，宗族300余家，郡太守对他束手无策，汉景帝便任命郅都为济南太守，族灭瞷氏。汉武帝继承了这一政策，任命义纵为河内都尉，族灭当地的豪强穰氏，河内自此路不拾遗；王温舒为河内太守，逮捕本郡的豪强，连坐者1 000余家，罪行严重者族灭，轻者诛杀本人，以致流血10余里；周阳由在多地任过太守，每到一任，必定诛杀当地的豪强。汉武帝任用酷吏一个重要目的就是打击豪强，因为普通官吏难以承担这一重任。酷吏是汉武帝运用得心应手的杀伐工具，不按照任何法规行事，效率极高，可以有效打击地方豪强，进行人身消灭，没收他们的财产，既能充实国库，也能

1 《史记》卷124《游侠列传》。

遏制贫富分化的加剧，还能消灭潜在的不稳定因素，可谓一举多得。但酷吏也有自身的利益，有机会的情况下也会贪腐，像张汤那样廉洁的酷吏毕竟是极少数，杜周、王舒温家财巨富，因此汉武帝会任用后起的酷吏来清除他们的前辈。

汉武帝打击权贵、豪强与富人阶层的手段残酷，这不仅有他个人作风强悍的因素，也有客观的原因。文景之治时期，自由主义经济的大发展导致了社会贫富分化严重，权贵、富裕阶层的财产来源也不可能正当、干净，再兼他们骄奢淫逸、为富不仁、横行地方，不仅激化了社会矛盾，而且也威胁到了政权的稳定；当时又缺乏有效的金融、财会等方面的技术手段来准确、有效地统计个人财产，确保现有的税收，也没有财产税、所得税、遗产税等税收制度来进行有效的财富二次分配，因此汉武帝剥夺他们的部分财产（迁陵邑），简单粗暴却又十分高效，有其内在的合理性，至于严厉打击不法豪强更是理所应当。

## 2．黄河如带：拿诸侯王、贵族、官僚开刀

兼并之家当然不止这些普通的地方豪强，还有贵族、官僚，这才是导致贫富悬殊，威胁国家稳定、安全更重要的因素。汉武之所以是汉武，就在于他敢于拿这些势力强大的既得利益集团开刀。汉朝最大的既得利益集团是分封的诸侯王、列侯。前面提过，汉武帝采纳了主父偃的建议，实施“推恩令”，即诸侯王的儿子除了继承王位的一个外，其余均在原有诸侯国内封侯，称为“王子侯”，这是解除诸侯王对中央政府威胁的根本措施。但事实上，在“推恩令”推出之前，汉武帝就采取了一系列严厉打击诸侯王的行动。建元三年（公元前138年），梁孝王刘武之子、济川王刘明射杀了中尉，犯了死罪，后被汉武帝赦免，废为庶人，流放到房陵（今湖北省房县），济川国被废除，成为直属中央的济川郡。元朔二年（公

元前127年），燕王刘定国与父亲的妾通奸，抢夺弟妻为妾，又杀了人，在被主父偃揭发后，汉武帝想要诛杀他，而刘定国闻讯自杀，燕国也被废除。

汉武帝时期势力最大的诸侯王之一是淮南王刘安，他是汉文帝的弟弟淮南王刘长的儿子。刘长谋反自杀后，汉文帝又封他的儿子刘安为淮南王，刘勃为衡山王，刘赐为庐江王，他们都是汉武帝的堂叔。建元二年（公元前139年），淮南王刘安入朝，好友太尉武安侯田蚡到霸上迎接他，说："皇帝没有太子，你是高皇帝的孙子，平常施行仁义，具有很高的威望，一旦皇帝去世，除了你，谁还能继承皇位?"刘安听后大喜，赠送黄金财物给田蚡，暗中结交宾客，养士数千，准备叛逆。元朔三年（公元前126年），汉武帝模仿汉文帝，赐淮南王几杖，免除了他朝见的义务，以示优宠。两年后，刘安的太子刘迁因犯法拒捕，刘安也因包庇被牵连而筹划谋反。汉武帝虽然又一次原谅了刘安，但双方芥蒂已经形成，最终刘安于元狩元年（公元前122年）谋反，事败后自杀，王后、太子均被诛杀，淮南国被废除，后设为九江郡（治所在今安徽省寿县）。同年，刘安的弟弟衡山王刘赐谋反自杀，王后、太子被杀，衡山国被废除，后设为衡山郡（治所在今湖北省黄冈市）。淮南、衡山谋反案由张汤负责审理，被株连处死的列侯、二千石、豪强等有数万人。第二年，曾与淮南王、衡山王串通谋反的江都王刘建事发，也被处死，江都国被废除，后设为广陵郡（治所在今江苏省扬州市）。以后又陆续有常山王刘勃、济北王刘宽因犯罪，封国被废除；清河、山阳、胶西三国因无嗣，封国被废除。汉武帝的亲信庄助也因此案被张汤力主诛杀。

对诸侯贵族打击最大的是"酎金案"。"酎金"是汉朝诸侯于宗庙祭祀之时，随同酎酒所献的黄金；酎酒是经长时间酿造的优质酒。汉文帝时规定，每年八月在长安祭祀高祖庙献酎、饮酎时，诸侯王、列侯都要按封国人口数献上黄金助祭，每千人献金四两，余数超过500口的也是四两，由少府验收。

元鼎六年（公元前111年），正值征伐南越，齐国相卜式上书要求与儿子一起从军，他说："臣闻主忧臣辱。南越反叛，臣愿和我的儿子与齐国所有精通驾船的人一起去战死。"汉武帝下诏表彰了卜式急天下所急的义举，封他为关内侯，赏金60斤，田10顷以作为榜样，布告天下，但天下并没有人响应。尤其让汉武帝失望、愤怒的是，当时全国有列侯100多位，他们世袭封土，与国同休戚，如果说将汉朝看成一个股份公司，那么诸侯与皇帝一样，都是这个公司的股东，他们应该是汉朝最热心、最得力的支持者，现在却竟然没有一人愿意从军，这让汉武帝极为恼怒，因此决定利用一年一度祭祀宗庙的机会惩治列侯。往年诸侯献上的酎金经常缺斤短两，但朝廷都没有认真计较。这一年汉武帝命令少府严格检查、复核诸侯献的酎金，结果令人震惊——多达106位列侯所献的酎金都少了分量。这些人立即被全部罢免列侯爵位，废除封国，其中刘姓的王子侯就有64人，而诸侯王也因此被削除封地。高陵侯、丞相赵周因此案被控知情不报，下狱自杀。

"酎金案"对当时最大的既得利益集团——诸侯的打击是巨大的，当时一半的列侯被一举罢免，其中又有一多半是皇族，另一小半则是自汉朝开国以来分封的功臣侯和外戚侯。汉高帝在分封列侯时曾立誓："使黄河如带，泰山若厉（砾石），国以永存，爰及苗裔。"[1]列侯是世袭的贵族地主，他们的封国大者有数万户，小者有数百户，占地达100顷。"酎金案"一举清除了106位世袭贵族大地主，对缩小贫富差距、缓解社会矛盾，增强中央政府的财力与控制力都起到了重要作用。后世很少有人有汉武帝这样的魄力，能如此严厉地打击贵族集团的势力。

意味深长的是，"酎金案"很大程度上体现了一个人类社会的

---

1 《史记》卷18《高祖功臣侯者年表》。

共同规律，当法律被长期忽视，得不到切实执行时，很多人就会忍不住犯法，以为法不责众。诸侯所交的酎金比起他们的财产来说几乎微不足道，可他们竟然连这种小便宜也要贪，根本不顾宗庙祭祀的神圣性，及其用以维系诸侯与皇帝臣属关系的重要性，这也显示了诸侯对意识形态仪式性的忽视。虽然酎金的短斤缺两早已成了潜规则，皇帝对此也抱着容忍的态度，但如果皇帝强调意识形态的重要性，以不尊重列祖列宗的罪名来惩罚这种行为，诸侯就会完全无从辩解，理屈词穷，只能受罚除国，此时法律和意识形态就会成为打击他们的有力武器。汉武帝巧妙地利用了这一事件，通过惩罚除国，收回了106位诸侯持有的汉朝股份。

汉初开国时，汉高帝共分封了137位功臣侯，6位诸侯王子、外戚侯，合计143位，到了100年后的汉武帝太初年间（公元前104年至公元前101年）只剩下5位，其他的“皆坐法陨命亡国”，再过20年，到了汉武帝末期，开国功臣侯则已经一位不剩，全部除国。汉武帝时共有75位因功封为列侯的功臣（其中有5位因父亲建功而封列侯），178位王子（列）侯，9位外戚列侯，是除了汉高帝开国时外，因功封侯人数最多的时期，而同时因犯罪罢爵、绝嗣除国的列侯就多达283人，其中有20多人被处死或自杀，因此到了汉武帝末年，全国的列侯仅余93人[1]。在新兴的外戚、功臣中，以皇后卫子夫、大将军卫青一家最为显赫，共有5位列侯，但卫青三个封侯的儿子在他生前就被夺爵除国，卫青死后，他的爵位由儿子继承，不久也被夺爵除国。卫青封侯后仅24年，卫氏就从“一门五侯”的鼎盛局面沦落为空无一侯的境地，可见汉武帝对功臣贵族的打击不分新旧亲疏。他无法容忍贵族的富N代无德、无才、无能却可以坐享父、祖辈的余荫，这样整个社会就会不思进取，无法激励后进，而且贵族人数增加也会加剧社会贫富分化，激化社会矛盾。

---

1　283名除国的列侯，以及汉武帝末期余下的93名列侯，他们的始封时间涵盖了从开国至汉武帝时期。

汉武帝制定了“阿党法”，规定“诸侯有罪，傅、相不举奏，为阿党”[1]，即将任命的诸侯国太傅、相变成了诸侯王的监督者，诸侯王实际已经变成了他们的下属；制定了“左官律”，规定诸侯王的官员不得再成为皇帝的官员，以此杜绝优秀人才为诸侯所用；又制定了“附益法”，禁止朝廷官员与诸侯王结交来往，否则会受到严厉处罚。这一连串的措施制定，导致“诸侯唯得衣食租税，贫者或乘牛车”[2]，从过去拥有相对独立政治、军事权力的首领成了世袭的地主。

封赏慷慨、有功必赏，惩罚严厉、有罪必罚，这是汉武帝执政极为突出的特点。除了“酎金案”集中打击了一批贵族外，整个汉武帝朝对官僚贵族集团的打击是持续不断的，当时的官僚贵族集团一直承受着巨大且可怕的压力，有如前面提到过的，杜周任廷尉时，仅在监狱中关押二千石的高官就有100多人。

对官员的管理与监督不仅需要立案审查，还要有一整套的制度建设。元封元年（公元前110年），汉武帝建立了官员监察制度，他将全国分为13部刺史监察区，即：交阯、朔方、冀、幽、并、兖、徐、青、扬、荆、豫、益、凉，每部监察若干郡、国，长官为13名刺史，每人负责一部的监察事务。刺史设有官府，职能为“刺史班宣，周行郡国，省察治状，黜陟能否，断治冤狱，以六条问事，非条所问，即不省”，主要包括：

第一，“强宗豪右田宅逾制，以强凌弱，以众暴寡”。即打击地方豪强欺压百姓、兼并的行为。

第二，“二千石不奉诏书、遵承典制，倍公向私，旁诏守利，侵渔百姓，聚敛为奸”。即打击地方二千石官员（郡守、国相）不遵守皇帝的命令与朝廷的制度，以权谋私，欺压百姓，贪污腐败的行为。

---

1 《汉书》卷38《高五王传》颜师古注引张晏语。

2 《汉书》卷38《高五王传》。

第三，“二千石不恤疑狱，风厉杀人，怒则任刑，喜则淫赏，烦扰刻暴，剥截黎元，为百姓所疾；山崩石裂，妖祥讹言”。即打击地方郡守、国相不遵守法律制造冤狱，以个人喜怒奖赏，以及散布妖言的行为。

第四，“二千石选署不平，苟阿所爱，蔽贤宠顽”。即打击地方郡守、国相不能公平举荐人才的行为。

第五，“二千石子弟恃怙荣势，请托所监”。即打击地方郡守、国相的子弟依仗权势为非作歹的行为。

第六，“二千石违公下比，阿附豪强，通行货赂，割损正令”[1]。即打击地方郡守、国相与地方豪强勾结，行贿受贿，损害中央政权的行为。

十三部刺史每年于秋分之际率领下属巡视各地，通过接触下级官吏和民众，了解两千石的郡守、诸侯国相的执政情况，以及地方豪强的不法行为，平时则在府内接受对地方官、豪强的检举、揭发。由于刺史秩仅为六百石，位卑权重，有很大的上升空间，因此有工作热情，积极主动，这是汉武帝用人的惯用手法。

征和四年（公元前89年），为了加强对首都及附近的监察，汉武帝又设置了司隶校尉，秩为二千石，持节，负责代表皇帝监察中央政府官员，直接向皇帝本人负责，甚至可以监察皇太后、皇太子。司隶校尉的监察区域包括了三辅（京兆、左冯翊、右扶风，今陕西省关中一带）、河东、河南、河内、弘农（今河南省、陕西省一带）共七郡的汉朝腹心地区。

十三部刺史、司隶校尉的设立加强了对贵族、官僚的监察和控制，这也是皇权加强的一个明显体现。但汉武帝在政治上更大的制度创新是内朝制度的创立，这从根本上改变了君主与臣下的关系，并且一直影响到20世纪。

---

1 《汉书》卷19《百官公卿表》颜师古注引《汉官典职仪》。

# 第七章

# 大一统王朝的建立与统治末期的转向

汉武帝时期，2 000多年中华大一统王朝的基本格局与意识形态开始奠定，汉武帝本人是真正的奠基者，自他之后，中国人才真正形成了统一的国家认同。以后无论统一还是分裂，大一统国家都是历代中国人的共同追求。汉武帝不仅武功彪炳，而且文治斐然，他是许多重要制度的创立者，包括对后世影响极为深远的内朝制度、侍从制度以及改易正朔、服色等。到了晚年，汉武帝幡然悔悟，不惜以今日之我与昨日之我决裂，完成了从“削民”到“富民”的大转变，更让后世感佩、景仰，他真正无愧为中国历史上的千古一帝。

## 第一节　绝对独裁的体制：外朝与内朝

### 1．丞相权力的消长与内朝的建立

汉朝初期，丞相、太尉、御史大夫号位三公，位列群臣之上，分担政府职能，但太尉不常设置，平时的军政也归于丞相；御史大夫则为丞相的副手，主管监察。丞相（有时称相国，有时分右、左丞相）位居一人之下，万人之上，是全体外朝官僚的首长，秩万石，月俸六万钱，均以列侯出任，地位与权力远高于其他官僚，位高权重，“掌丞天子，助理万机”[1]。凡有国事，官僚均要先向丞相汇报，然后丞相在府中召集六百石以上的官员开会讨论，议定后再以丞相的名义上奏皇帝批准；重大人事变动、政策调整，也都是由丞相主持廷议，然后领衔上奏；皇帝的诏命，都必须先下达丞相，由丞相副署后负责实施，而且丞相有封驳诏命的权力。丞相对属下大臣有生杀予夺的大权，申屠嘉曾威胁要杀汉文帝最宠爱的邓通，经邓通拼命求饶与汉文帝亲自求情才得以幸免。申屠嘉还后悔没有行使丞相先斩后奏的权力，诛杀汉景帝最宠爱的内史晁错。汉武帝即位初期，舅舅田蚡为丞相，可以随意任命二千石的高官，以致汉武帝不满抱怨：“你任命官员够了没有？留点名额，我也要任命官员。”

皇帝对丞相非常礼遇，如果两人乘车在路上相遇，丞相迎见，皇帝要下车还礼；皇帝接见丞相，要起立行礼，旁边的礼官还要高唱：“皇帝为丞相下舆”“皇帝为丞相起”；皇帝要用“君”称呼丞相。汉文帝曾问陈平丞相的职责，陈平回答：“作为宰相，我向上要辅佐天子，分辨阴阳，顺应四时，向下要培育万物，让万物生长得宜，还要对外镇抚四夷、诸侯，对内安抚百姓，使得卿大夫可以各得其职。”[2]陈平的回答非常符合汉初的实际，丞相是皇帝之下群臣的领袖，辅佐皇帝管理一切国家大事。

汉朝初期的丞相不仅有行政权、议政权，甚至还有相当大的决策权。一个职位拥有多大的权力并非单纯是由制度规定的，而且与担任这个职位的具体个人息息相关，汉初丞相的权力之所以如此之大，就是这个原因。汉高帝时期的第一任丞相（当时又改称相国）萧何是开国第一号功臣，随后是位列开国功臣第二的曹参，以后历

---

1 《汉书》卷19《百官公卿表》。

2 “宰相”是中国古代最高行政长官的通称，“丞相”“相国”是具体的官职，汉初丞相（相国）为宰相，但汉武帝以后丞相并非宰相，具体见下文。

任的王陵、陈平、周勃、审食其、灌婴、张苍，一直到汉景帝时期的申屠嘉，都是以开国功臣、列侯的身份出任丞相。随着开国功臣退出历史舞台，任丞相的都是开国功臣的第二代或新一代的功臣，他们也均以列侯任丞相。这些功臣、列侯、丞相都有自己的封地，有独立的经济基础和政治基础，再加上他们对汉朝江山的建立和巩固有功，与皇帝一样享有股份，因此并不是皇帝的奴仆，并不需要完全依附于皇帝。对于汉高帝以后的诸位皇帝而言，这些开国功臣还是他们的长辈，因此汉初丞相拥有相对独立、尊贵的地位以及相应的大权是顺理成章的。这个惯例一直持续了70多年，直至汉武帝时期。

最初汉武帝任命舅舅田蚡任丞相，这是沿用了汉初的惯例，保留了一些丞相的权威，但一心想大权独揽的汉武帝是不会允许任何人掌握如此大的权力的，即使是他的心腹、舅舅也不行，因此要收回丞相的用人大权。汉武帝为了更好地控制朝政，开始逐步矮化丞相的地位。田蚡前后的几任丞相柏至侯许昌、平棘侯薛泽都是开国功臣的第三代列侯，谨小慎微，既没能力，也没创新，更没什么功业，汉武帝只是让他们备位丞相充数，以便自己大权独揽，而此时大将军卫青的地位已经高于丞相。

更重要的转折点出现在元朔五年（公元前124年），汉武帝任命公孙弘为丞相，并因此封他为平津侯，他是汉朝第一位没有列侯爵位而任丞相的人。公孙弘出身社会底层，原本在海边养猪，后以一介儒生的身份参加贤良、文学的选拔，因对策受到了汉武帝赏识。他没有任何背景、势力，所有的权力和影响力全部来自汉武帝本人，所以只能顺从汉武帝的意志，没有自己独立的人格与主见，自此以后，丞相沦为朝廷的摆设，更不复以前的权威。公孙弘以后，李蔡、庄青翟、赵周、石庆、公孙贺、刘屈氂相继为丞相，从李蔡到石庆时期，丞相府的下属、幕僚居住的客馆已经废弃，到了公孙贺、刘屈氂在任时，已经毁坏为马厩、车库、奴婢居室。这些丞相中唯有石庆谨小慎微，一无建树，最终得以在相位善终，其他人则全部被汉武帝诛杀（含下狱自杀）。石庆虽然善终，但他任丞相时不仅没有决策权，甚至连议政的权力也失去了。元封四年（公元前107年），公卿大臣讨论关东的流民问题，汉武帝甚至不让他参加议政。虽然丞相已经没有了实际的权力，但名义上仍然是百官的首长，仍要为皇帝承担决策、行政的失误，充当皇帝的替罪羊，因此丞相一职在汉武帝时期已经完全成了一个形同虚设的高风险职位，当事人对此最有深刻的认识。

太初二年（公元前103年），丞相石庆去世，汉武帝决定任命卫青的老部下公孙贺为丞相，因为此前三任丞相李蔡、严青翟、赵周三人均因罪自杀，石庆也经常被汉武帝斥责，公孙贺一听到自己要被任命为丞相，当时就不肯接受印绶，吓得顿首涕泣，推辞说："我本是边鄙之人，凭借骑射的本事才做了官，我的才能真的不足以做宰相。"汉武帝和满朝大臣看着公孙贺这位勇猛的武将竟然悲泣不止，深受感动，不由落泪。汉武帝命令侍从扶起公孙贺，公孙贺不肯起来，汉武帝生气离席，公孙贺这才不得不受命出任丞相。后来当有人问他为何不愿意担任丞相时，公孙贺说："主上贤明，我的才能配不上丞相，担心需要承担很重大的职责，从此我要倒霉了。"果然12年后，公孙贺被汉武帝族诛。

虽然在实质上汉武帝已经废除了丞相，自己直接充当了政府的首长，但他一个人不可能有如此多的精力管理整个国家，因此他必须要重新建立一个新的机构来协助自己，承担部分以前丞相的权力，这个机构就是"内朝"（设置于宫廷内，与宫外的政府机构"外朝"相对），又称"中朝"。

汉朝三公以下的诸卿大臣中，与皇帝日常生活关系最为密切、也最信任的是郎中令，职责是"掌宫殿、掖门户"[1]，负责保卫皇宫

---

1 《汉书》卷19《百官公卿表》。

及皇帝本人的安全，下属有大夫、郎、谒者，还有期门、羽林，他们中不仅有皇帝的侍卫，也有政治、文学、生活方面的侍从，平时在宫廷中活动，跟随皇帝左右。汉武帝刚即位，就通过举贤良、文学等途径招揽了各方面的人才充当他的侍从，如庄助、朱买臣、吾丘寿王、司马相如、主父偃、徐乐、严安、东方朔、枚皋、胶仓、终军、严葱奇等。汉武帝命令庄助等内廷侍从与以丞相为首的外朝大臣辩论，建元三年（公元前138年），时任中大夫的庄助就当众驳斥反对出兵征讨闽越的太尉田蚡，此时已经形成了事实上的内朝。但是此时的内朝成员还是属于郎中令的属官，从体制上仍然属于丞相所领导的外朝的一部分，为了使内朝制度化，正式成为体制的一部分，就必须实行加官。

汉朝的加官有侍中、左右曹、诸吏、散骑、中常侍，这些头衔可以加给列侯、将军、大夫、将、都尉、尚书、太医、太官令、郎中，没有固定的编制，可以多至数十人。侍中、中常侍可以出入宫廷禁中，诸曹承担尚书（帮助皇帝处理文书的秘书）的职责，诸吏有监察、举报官员的权力，散骑、中常侍骑马跟随在皇帝的座车前后，有建议权。给事中也是加官，可以加给大夫、博士、议郎，充当顾问应对的角色，位于中常侍之下。具有以上这些加官头衔的都是汉武帝的亲信，他们跟随汉武帝左右，充当智囊、顾问、秘书，掌握国家的机密要务，直接从汉武帝本人处接受命令，完全避开了外朝，脱离了丞相的控制，形成了另一个，也是更重要的权力核心，而外朝却被逐渐边缘化，沦为单纯的执行机构。汉武帝的宠臣卫青、霍去病、霍光、金日磾都是他的侍中，他们的权势都大于丞相。

内朝制度化的最后步骤是设置中书、尚书官署，直接承担原来丞相的职能。尚书原是少府的属官，职能是为皇帝收发公文，为“六尚”之一，与尚冠、尚衣、尚食、尚浴、尚席并称。汉武帝规定，臣下的奏疏先交给尚书，然后由尚书呈送皇帝，最后再将皇帝的意见传达给丞相执行；皇帝与尚书讨论政事的处理方案，因此尚书的地位开始变得重要。尚书成为汉武帝亲信的加官后，就从少府脱离，成了直属皇帝的内朝官，并成立了尚书官署——尚书台，长官称为尚书令，副职为尚书令丞，下辖四尚书分曹办事，分别为：侍曹尚书，主管丞相、御史事务；二千石尚书，主管刺史、二千石事务；户曹尚书，主管平民上书事务；主客尚书，主管外国、四夷事务。此时的尚书台“总典纲纪，无所不统”[1]，所管辖的事务包括了民政、财政、外交、监察等方面，已经成为正式机构。

原属外朝御史承担的诏命章奏的权力也转给了尚书，官民的章奏可不经外朝而直接通过尚书呈送皇帝；皇帝的诏旨也由原来经御史传达改为由尚书下达丞相执行。全国各地的章奏由公车司马令直接送给尚书，经尚书处理后上奏皇帝；汉武帝则由随侍左右的诸吏、给事中、左右曹、侍中、中常侍协助处理尚书上奏的事务。汉武帝晚年由于倦于政事，耽于后宫游乐，尚书出入不便，于是又设立了中书，职责与尚书相同，长官为中书令，由宦官担任。

内朝制度在汉武帝之后有进一步的发展，汉昭帝时辅政的大司马、大将军霍光“领尚书事”。按当时的规定，臣下给皇帝的奏疏都有两份，即正本和副本。在将这些奏疏呈送皇帝之前，领尚书事者先审查副本，并有权将之摒弃，不报告皇帝，因此内朝的权力极大，已经成了国家实际的中枢机构，取代了拥有决策、议政权力的外朝丞相府，“领尚书事”者才是掌握议政、决策权力的真宰相。与之形成鲜明对比的是，由于丞相没有加官，不能进入宫廷参与皇帝的议政、决策，外朝已经沦为单纯的行政执行机关，丞相的权力大为缩减，不能再称之为“宰相”，无怪丞相府的宾舍变成了废墟、车库。

汉武帝创立的内朝制度对后世的影响极为深远，以后各朝各代

1 （清）孙星衍辑《汉官典职仪》。

基本都模仿汉武帝建立了内朝，皇帝通过内朝来抑制外朝权力，如唐代的“知制诰”“内枢密使”，明朝的“内阁”“司礼监”，清朝的“南书房”“军机处”都是内朝性质。

## 2．侍从制度与绝对控制的军权

军权是皇权最重要的基础，汉武帝当然对此紧抓不放。汉初太尉掌握军政，但太尉一职并不经常设置，汉武帝之前，仅有卢绾、周勃、灌婴、周亚夫四人担任过，而平时的军政事务归于丞相府。汉武帝即位当年，就任命舅舅田蚡为太尉，处理军政事务，第二年罢免之后，再也未设置太尉一职。元朔五年（公元前124年），汉武帝封卫青为大将军，地位在丞相之上，成为最高军职；元狩四年（公元前119年），又任命大将军卫青为大司马，但只是虚职，并无印绶、官邸与下属。此时军政权当然不会归属已经失去权力的丞相府，而是由皇帝本人亲自掌握。

皇帝的禁卫军为南军，由卫尉率领，承担保卫皇宫的责任，称为“卫士”，是皇帝的外层警卫（外卫）；皇宫中的警卫由郎中令（后改称光禄勋）率领的郎（卫）承担，执戟宿卫殿门，皇帝出行时则车骑跟随，是皇帝的内层警卫（内卫）。南军卫士是普通的士兵，而郎卫则是军官，秩从三百石至六百石，分属秩为二千石的五官、左、右中郎将，合称“三署”。郎中令以下的郎属于皇帝的贴身侍从、警卫，地位特殊，对外朝的公卿大臣没有礼敬的义务，只服从皇帝及顶头上司郎中令。汉武帝将郎卫扩充至千人，后又增设期门、羽林两支禁卫部队，人数合计近3 000人，平时警卫殿门，出行随侍车骑，与郎卫共同形成了保卫皇帝的三支核心军事力量。汉武帝又收养在匈奴战争中牺牲的烈士孤儿，增设“羽林孤儿”，父子世袭，人数不限，充当羽林骑兵，这些人当然是汉朝、皇帝的基本铁盘。

郎卫、期门、羽林不仅是汉武帝最信任的核心警卫，也是他最重要的人才储备库。终汉武帝一朝，人才辈出，而人才大多发迹于他的贴身侍卫群，如大将军卫青、骠骑将军霍去病、骑将军公孙敖、“飞骑军”李广、丞相李蔡、博望侯张骞、关内侯李敢、骑都尉李陵、使节苏武、左将军荀彘、后将军赵充国等。这些侍卫与汉武帝朝夕相伴，对汉武帝有着绝对的忠诚，汉武帝也有机会从中观察、识拔人才，而且这些人都是他的亲信，因此他可以放心、大胆地使用他们，在战时让他们充分掌握军权，率军出击，或让他们承担重要的、冒险的出使任务。

汉武帝创立的侍从制度后来被唐朝、清朝继承。唐朝开元、天宝极盛时期的著名战将王忠嗣就是烈士之后，被唐玄宗收养在宫中，充当侍从，后来他身兼四镇节度使（总共九镇），掌握天下大半雄兵，开疆拓土，是当时战功最为卓著的将领。清朝的满洲八旗大臣则更是大多数有做过侍卫的经历。

驻防在京城、三辅的军队为北军，由中尉（后改称执金吾）率领，汉武帝派驻监军御史（后改监北军使者）加以控制，但北军并非常备军，汉武帝又增设了屯骑、步兵、越骑、长水、胡骑、射声、虎贲七校尉，率领由皇帝亲自掌握的中央常备军。驻防天下各郡国的地方军队为更卒卫士，各郡由都尉率领，各诸侯国由中尉率领；边境各郡则由戍卒驻防，由都尉率领，这些地方军队并非常备军。全国军队平时虽然名义上属于太尉、大将军、将军率领，但他们只有训练管理权，而无调兵权，在诛杀诸吕的事件中，太尉周勃就曾因为没有虎符被北军拒绝入营；只有皇帝有权用虎符调兵，并临时派遣将帅率军出征，这些将帅也多是皇帝的亲信侍从，出征完毕，士兵散归各自军营，或退伍回家。在这种军事体制下，全国只有皇帝一人掌握军权，而且汉武帝还有亲自率领驻守在皇宫、京城的常备军郎卫、期门、羽林、七校尉等，这是他能大权独揽超过半个世纪的权力基础。

### 3．封禅泰山与改易正朔、服色

除了初期几年，汉武帝在位的半个世纪，都掌握了至高无上的绝对权力，再加上国力雄厚，人才辈出，使得他可以随心所欲，施展自己的政治理念。汉武帝一生最重要的目标是征伐头号的敌人匈奴，对外开疆拓土，此外，在内政方面，他也是一位制度的开创者。

战国时期阴阳家邹衍创立了“五德终始说”。“五德”指五行中的木、火、土、金、水代表的五种德性，“终始”指“五德”周而复始的循环。他认为“五德从所不胜，虞土、夏木、殷金、周火”，木克土、金克木、火克金、水克火、土克水，因此这几个王朝被渐次替代。按照这个理论，秦朝取代周朝为“水克火”，黑色属水，所以秦朝崇尚黑色。汉朝建立，张苍认为秦朝暴虐且二世而亡，不属于正统的朝代，因此汉朝取代的是周朝，仍然尚黑，为水德。汉文帝时期贾谊、公孙臣认为汉朝应为土德，土克水取代秦朝，但均被否决。文景时代崇尚不折腾，改五德就得易服色，所以此事一直拖延到汉武帝时期。

元狩元年（公元前122年），汉武帝猎获一头异兽，众大臣认为是天降祥瑞，建议设立年号制度，仍然以汉为水德，数以六纪，将该年定为元狩元年，并将此前汉武帝在位的18年分为三元，每元六年，分别称“建元”“元光”“元朔”，这是中国年号制度的开始，后来一直沿用到清朝末年。

汉武帝于元鼎五年（公元前112年）开始了巡游天下的漫长历程，他东渡黄河，河东太守没想到皇帝突然到来，未曾辩解便直接自杀；又西行翻越陇山，陇西太守因为皇帝一行人来得太仓促，没做准备，致使皇帝的随从没饭可吃，陇西太守随即自杀；随后又率领数万骑兵北出萧关，在新秦中（即河套以南的河南地）打猎以检阅边防军，后回到长安。在新秦中时，汉武帝发现有的地方千里没有亭徼（边境哨所、工事），于是下令诛杀北地太守及下属。由此可见汉武帝驭下极为严厉。

元封元年（公元前110年），对外，汉朝屡征匈奴，匈奴已逃往漠北，又攻灭了南越；对内，诸侯国已经完全被控制，又因采取一系列新经济政策，财力雄厚。志得意满的汉武帝诏告天下："南越、东瓯，咸伏其辜；西蛮、北夷，颇未辑睦；朕将巡边垂，躬秉武节，置十二部将军，亲帅师焉。"他亲率18万骑兵，队伍旌旗长达1 000余里，自云阳出发，向北历经上郡、西河、五原，出长城，北登单于台，至朔方，临北河，巡视汉匈边境，并派遣使者通知匈奴单于，公开向匈奴挑战："南越王的头已经悬挂在汉庭北阙。今日单于能战，天子将会在边境亲自等待单于前来一战；单于若是不能，即刻向汉朝臣服，何必向漠北苦寒之地逃亡隐匿！"匈奴单于一怒之下，扣留了使者，但也不敢发兵较量。于是汉武帝到达桥山祭祀黄帝陵，后祭祀中岳太室（今嵩山），又向东巡视海滨，以求见蓬莱神仙，最后抵达泰山封禅。秦始皇统一中国后曾举行封禅泰山的大典，这一举动象征着太平盛世的来临，汉武帝这样做，是宣告自己为一统天下的正统君主。封禅标志着继秦朝短暂统一中国后，此时汉武帝再次统一中国，因此必须在攻灭南越、闽越，超越了秦朝版图后才能进行，只有这样，才是确立了大一统王朝的诞生，否则就会沦为历史笑柄，有如后世封禅泰山的唐玄宗、宋真宗。封禅完成后，汉武帝又一次来到海滨求见神仙，当然未果，于是沿着海滨北至碣石，巡狩辽西，经历北部边境，至九原（今内蒙古自治区包头市九原区），花费7个多月的时间，最后回到了甘泉宫，全部行程长达1.8万里。此后汉武帝又五次封禅泰山，他是中国封禅次数最多的皇帝。

元封元年封禅泰山意义重大，象征着自周王室王纲解纽，天下分裂之后的大一统重建，而秦始皇的统一因仅持续了13年，并未被当时天下的认同而被无视。太史令司马谈因故没能参加封禅，忧愤而死，临终前对儿子司马迁哭诉了强烈的遗憾以及封禅的重大意义："余先周室之太史也。自上世尝显功名于虞夏，典天官事。后世中衰，绝于予乎？汝复为太史，则续吾祖矣。今天子接千岁之统，封泰山，而余不得从行，是命也夫，命也夫！余死，汝必为太史；为太史，无忘吾所欲论著矣。且夫孝始于事亲，中于事君，终于立身。扬名于后世，以显父母，此孝之大者。夫天下称诵周公，言其能论歌文武之德，宣周邵之风，达太王、王季之思虑，爰及公刘，以尊后稷也。幽厉之后，王道缺，礼乐衰，孔子修旧起废，论《诗》《书》，作《春秋》，则学者至今则之。自获麟（麒麟被猎获，孔子悲叹去世）以来四百有余岁，而诸侯相兼，史记放绝。今汉兴，海内一统，明主贤君忠臣死义之士，余为太史而弗论载，废天下之史文，余甚惧焉，汝其念哉！"[1]这段话表达了两层意思：一、汉朝是周朝大一统的继承者，无视统一仅十来年的秦朝，汉武帝封泰山标志着重建并继承了中国文明的千岁之统；二、要求司马迁继承遗志，继承孔子作《春秋》的传统，撰写《史记》，记录、颂扬重建大一统的汉朝明主贤君忠臣死义之士。

封禅泰山后就要改正朔。秦统一中国后，在全国颁行《颛顼历》，以十月为一年的第一个月（岁首），闰月设在九月之后，称为后九月。太初元年（公元前104年），大中大夫公孙卿、壶遂、太史令司马迁等建议："历纪坏废，宜改正朔。"[2]汉武帝遂命令御史大夫兒宽与众博士商议，他们认为，夏朝以正月为岁首，宜用夏正。汉武帝听取了这一建议，当年五月，他命令公孙卿、壶遂、司马迁等共同制定《太初历》，以正月为岁首，色尚黄，数用五，定官名，协音律，定宗庙、百官之礼仪，并将这些确定为后世沿袭的制度。《太初历》对后世影响极为深远，它精密的历法计算确定了与农时

---

1 《史记》卷130《太史公自序》。

2 《汉书》卷21《律历志》。

对应的二十四节气日期，符合农业生产的需要，几条基本原则也一直沿用至今。汉武帝为此特地建造明堂接受《太初历》，更改正朔（正、朔分别为一年和一月的开始）。

## 第二节 晚年的悲剧与幡然悔悟

### 1. 子弄父兵：家事即为国事

独掌大权半个世纪，汉武帝几乎心想事成，文治武功彪炳千古，这是他“内多欲”表现的一方面，另一方面，内心的欲望又驱使他纵情于声色犬马。前文讲过，汉武帝年轻时，常自称“平阳侯”在长安郊外打猎，致使民怨沸腾。于是他索性圈地建造了专供自己打猎之用的上林苑，周长达340里。他又性好女色，后宫中有宫女数千人，与之相比，汉高帝、汉文帝、汉景帝的宫女不过十几人。为了容纳这些宫女以及满足自己骄奢淫逸的生活，汉武帝又大兴土木，建造了柏梁台、建章宫、明光宫等几十处宫苑。人世间的一切已经应有尽有，汉武帝又几乎毕其一生斥巨资寻求神仙，希望求得长生不死之术，却接连被江湖术士欺骗，甚至将自己的女儿嫁给了骗子栾大，直到晚年才醒悟。

汉武帝的第一位皇后是姑母长公主刘嫖和堂邑侯陈午的女儿。刘嫖曾帮助汉武帝成为太子，陈皇后倚势而骄，与汉武帝关系不好，又十几年没有生子，嫉妒新入宫的卫子夫，数次想害死她。陈皇后于元光五年（公元前130年）因巫蛊（一种用以加害仇敌的巫术）被废。卫子夫入宫后，已经为汉武帝生育了3个女儿，并在陈皇后被废除的两年后，汉武帝29岁时，生下了长子刘据，因此被立为皇后。7年后，嫡长子刘据被立为太子。后来卫子夫年老色衰，汉武帝又宠幸了王夫人、李夫人、尹婕妤、赵婕妤[1]。皇帝的家事实际上是国事，这一连串的恩怨情仇引发了日后的惊天事变。

刘据年幼时很得汉武帝喜欢，但长大后，汉武帝嫌他才华不够出众，性格温和宽大，不像自己，而宠爱其他几个儿子。皇后卫子夫与刘据察觉到汉武帝的宠爱衰减，心中不安。汉武为此特地告诉太子的舅舅大将军卫青："汉家诸事草创，四夷又不断侵陵中国，我不变更制度，后世没有章法，不出师征伐，天下不会安定，为此不得不劳民。如果后世的君主又像我一样，那是承袭了亡秦的轨迹。太子敦重好静，必定能安天下，不使我忧虑。我想要寻找守住文治的君主，哪里还有比太子更贤能的呢？听说皇后与太子有不安之意，你可以这样告诉他们。"卫青顿首谢恩，卫子夫听说后也脱簪请罪。太子刘据经常劝谏汉武帝不要频繁征伐四夷，汉武帝笑答："我做完这些辛苦差事，将一个太平天下留给你，难道不好吗？"

汉武帝不愧是一位杰出的政治家与战略家，他清楚地明白自己一生的使命，征伐四夷，开疆拓土，创立制度，建立一个真正的大一统王朝以垂范后世。中国绵延2 000多年大一统格局的首创者虽然是秦始皇，但秦朝只是短暂统一即分崩离析，这充分证明秦朝的制度在当时并不能维系统一的王朝。汉朝虽然在表面上沿袭了秦，但本质的制度已经改变。汉朝并没有沿袭秦朝的郡县制，而是采用直属中央的郡县与诸侯分封并行的制度，且版图远小于秦朝。直到汉武帝对外征伐四夷，开疆拓土，版图才超过秦朝；对内实行推恩令等一系列政策，将诸侯国变成了实质上的郡县，这才最终完成了从先秦分封制到统一王朝的转变，从此奠定了中国长达2 000多年大一统王朝的政治格局，中国2 000多年帝制时代的核心版图也由此奠定。汉武帝的历史地位足以与秦始皇并列，是中国文明的重要开创者与奠基者，对历史的影响是极为深远的。汉武帝的伟大在于

1　夫人、婕妤均是皇帝妾的名号。

他非常清楚自己的使命、责任及局限，他的扩张政策不可能一直持续，一定要有所改变，否则就会成为秦朝第二，本性仁厚的太子正是改弦更张、维持汉朝天下长治久安的合格人选，但不幸的是，后来发生的事使得这一改变只能由他自己执行。当然，正如一枚硬币有其两面，汉武帝雄才大略、英明果断、宏图伟业的同时也好大喜功、简单粗暴、骄奢淫逸，这给他同时代的大臣、百姓甚至自己的亲人都带来了沉重的灾难，其中就包括了他一度深爱的皇后卫子夫与长子刘据。

汉武帝离开京城出巡时，经常将国事交付太子刘据处理，并且对处理结果没有异议。但毕竟父子二人的执政理念不同，父亲用法严酷，喜欢任用酷吏；太子宽大仁厚，经常平反冤狱，虽然得民心，但一众酷吏都很不高兴，尤其担心太子继位后，他们的下场不会好。皇后卫子夫经常劝诫儿子要考虑父亲的意愿，不要自作主张，但汉武帝听说后，却肯定太子的行为，因为只有这样，太子才能逐渐树立自己的威信，便于他继位后实行宽仁政治，这是汉武帝的精心布局。但此时朝廷大臣已分成了两派，一派依附、支持太子，而酷吏一派则想方设法诋毁太子。舅舅大将军卫青去世后，太子失去了奥援，竟然有大臣想构陷太子。晚年的汉武帝一心想长生不死，同时又特别担心被人谋害，自我封闭，深居简出，到处巡游，与儿子的关系逐渐疏远，皇后也难得见到他，致使与皇后、太子、大臣的联系只通过地位低下但大权在握的宠臣江充之流进行。终日在他身边的宦官苏文、常融、王弼趁机诋毁、诬陷太子，虽然未获成功，但太子的处境已经开始微妙。

更加不利的情况出现了。太始三年（公元前94年），赵婕妤怀孕14个月生下了儿子，取名刘弗陵，汉武帝大喜："听说昔日尧是其母怀孕十四月才降生，今日钩弋夫人（即赵婕妤，因她住在钩弋宫，故称）也是这样。"将刘弗陵出生居所的大门命名为"尧母门"。既然赵婕妤是尧的母亲，那么刘弗陵就是"圣君尧"，这使得很多人开始联想，皇帝是否想要易储？而且皇帝特别宠爱幼子，认为他“壮大多知”，经常当众夸赞“类我”[1]。显然，按照现代的生理规律，不可能有怀孕14个月的情况，因此这一定是个骗局。向前溯源，赵婕妤的来历也极为可疑。汉武帝晚年巡游河间国（原属赵国，今河北省），望气者说这里有位奇特的女子，他立即召见，发现这位赵姓女子天生两手都握着拳。汉武帝用手触碰，结果女子的双手就张开了，于是以为自己是这位女子的真命天子，宠幸有加，纳为婕妤，号“拳夫人”。联系到赵婕妤的父亲曾犯法判处宫刑，入宫为中黄门（宦官），这一切明显并非偶然，只有熟悉汉武帝情况、个性、行程的人才有可能精心策划、安排这一违背基本生理规律的连环骗局。骗局的设计者利用了晚年汉武帝自我感觉极其良好、骄傲自大、志得意满、极度虚荣的心理弱点，一击即中。《汉书》的作者班彪、班固为了维护本朝皇帝的尊严、脸面，羞于揭穿这一层面纱，但也留下了很多线索。

既然有了宠爱的幼子“尧”与宠爱的“尧母”赵婕妤，那么就等待最后的时机到来。时机终于来了。当时有许多巫婆、神汉齐集京城装神弄鬼，巫婆经常出入后宫，教唆宫女在屋内埋木人祭祀。宫女因争风吃醋互相揭发、诬告对方以妖术诅咒汉武帝，汉武帝大怒，诛杀宫女并牵连大臣达数百人。征和二年（公元前91年），刘弗陵3岁，而汉武帝已经65岁，垂垂老矣，身体每况愈下，又经常疑神疑鬼，曾在白天睡觉梦到众多木人持杖攻击他，醒来后身体感到不舒服，又变得很健忘。汉武帝的亲信江充曾得罪过太子，怕他继位后诛杀自己，因此趁机向汉武帝进谗言，说他的身体状况是由巫蛊所致，由此掀起了“巫蛊之祸”。由底层平民查到官僚，甚至皇后卫子夫的女儿诸邑公主、阳石公主、卫青儿子长平侯卫伉、丞相公孙贺全家都因巫蛊被汉武帝诛杀，这个绞索明显是套向太子，

1 《汉书》卷97《外戚传》。

因为用其他任何借口陷害太子都很难达到目的，但只要诬陷太子用巫蛊诅咒汉武帝，便足以致太子于死地。汉武帝下令追查巫蛊，民众相互诬告，官吏就判决他们大逆不道；从京师、三辅连带郡国，因巫蛊案被处死的有数万人。

年老多疑的汉武帝又怀疑左右的人都对他施了巫蛊，江充就说皇宫有蛊气，如果不清除，皇帝身体就不会康复。于是汉武帝命令江充入宫搜蛊，甚至将御座毁坏，掘地求蛊，皇后、太子宫全部被掘，甚至连放床的地方也不放过。江充扬言在太子宫中获得很多木人，并发现了有不当言论的帛书，要报告皇帝。太子害怕，少傅（太子的师傅）石德认为，汉武帝被奸臣包围在甘泉宫，不知生死，要吸取秦朝扶苏的教训，劝太子矫诏持节，逮捕江充等人。太子一开始想去甘泉宫面见父亲辩解，但被江充逼迫，只好抢先下手，逮捕并杀了他。

太子一不做二不休，分发武库的兵器，动员长乐宫卫士保卫长安。曾经陷害过太子的宦官苏文逃到甘泉宫，称太子造反，但汉武帝并不相信，派遣使者去召太子来见，但使者不敢去见太子，伪称太子确实造反，自己侥幸才得以逃回。汉武帝此时开始真的相信太子造反，于是命令丞相刘屈氂发兵镇压。太子则宣称皇帝在甘泉宫养病，被奸臣挟持作乱。汉武帝亲自赶到长安城西的建章宫，命令丞相率领三辅军队攻打长安，两军激战5天，战死者达数万人，最终太子兵败逃跑。汉武帝命令收回皇后的玺绶，表示要废除皇后，卫子夫为此自杀，卫氏家族全部被诛；跟随太子起兵者也全部被族诛。汉武帝狂怒不已，群臣惶惶不可终日，不知如何劝解，此时壶关（今山西省壶关县）三老[1]令狐茂上书，认为太子被江充陷害，起兵只是为了自保，并无反意。汉武帝阅后有所感悟，但仍然没有公开下令赦免太子。不久，逃亡到湖县（今河南省灵宝市）的太子

1　汉朝每乡置一名，推荐年五十以上、有修行、能率众为善的人为“三老”。

刘据与他的两个儿子被当地官吏发现并围捕，太子上吊自杀，他的两个儿子也在格斗中被杀。汉武帝闻讯悲痛不已。张富昌、李寿两人曾试图将太子抱下解救，后因此被双双封侯。

第二年，在逐渐查明巫蛊案中许多人是被诬告之后，汉武帝意识到太子确实是被陷害。此时高寝郎（刘邦高庙的守卫官）田千秋上书为太子鸣冤："子弄父兵，罪当笞。天子之子过误杀人，当何罪哉！臣尝梦一白头翁教臣言。"汉武帝闻言彻底悔悟，于是召见田千秋："父子之间，人所难言也，公独明其不然。此高庙神灵使公教我，公当遂为吾辅佐。"[1]立即任命田千秋为大鸿胪（即原来的大行令），而族灭江充，焚死宦官苏文，在围捕中伤害太子的人已是北地太守，也被族诛。丞相刘屈氂因此前与亲家贰师将军李广利谋立其外甥昌邑王刘髆为太子、率军攻打刘据，已经被腰斩于东市，李广利全家也被逮捕。在漠北，率军远征匈奴的李广利闻讯方寸大乱，进退失据，被匈奴击败，7万大军全军覆没，李广利投降匈奴，这是汉朝对匈奴作战以来遭受的最惨重的失败，李广利因此被族诛，本人后来也被匈奴所杀。一场人伦惨剧由此上升为国家的惨剧。汉武帝痛惜太子无辜而死，于是建思子宫，并于湖县建归来望思台以思念太子。一场巫蛊之祸的惨剧至此方才落幕，参演双方均以最悲惨的结局收场。

人治时代，国家领袖不由民众选举产生，而是由上一任领袖挑选。当血缘关系成为决定人选的首要条件时，它能够以亲情和信任保证继承的顺利、平滑，能将权力继承的纠纷和风险降到最低。这就是古今中外的人治国家都不约而同地采取血缘继承的原因，因为它是人治社会最合理的继承制度。虽然中国历史上有禅让的传说，即只以才能选择没有血缘关系的人继承，但历史的真相更可能如《竹书纪年》记载的"舜囚尧"，而不是经后世修饰的温情脉脉的禅

1 《汉书》卷66《公孙刘田王杨蔡陈郑传》。

让。即便是亲情，也无法防止权力继承中的尔虞我诈，甚至拔刀相向，父子、兄弟为了皇位相残的事件，史不绝书。英明如汉武帝，竟也不能避免这一人伦惨剧，足以证明父子相传的制度也不可靠。

## 2．朕即位以来，所为狂悖：千古一帝的悔悟

汉武帝晚年已经开始逐渐反思自己一生的所作所为。征和元年（公元前92年），赵王刘彭祖去世，汉武帝为他征询继承人时就说："多欲的人不适合当国君。"接着又发生了巫蛊之祸，太子惨死，李广利征伐匈奴惨败，汉武帝反思之余不得不亲自改变一贯奉行的大肆扩张的国策。征和四年（公元前89年）正月，汉武帝不顾群臣劝阻，又一次东巡大海，寻求神仙，但因水面波涛汹涌而未能下海，神仙当然是一如既往，没能见到。三月，汉武帝在钜定（今山东省广饶县）亲耕，又去泰山封禅，后召见群臣，公开宣称："朕即位以来，所为狂悖，使天下愁苦，不可追悔。自今事有伤害百姓，糜费天下者，悉罢之。"田千秋建议将寻求神仙的方士全部罢斥，汉武帝也同意了。以后他经常对群臣自叹："向时愚惑，为方士所欺。天下岂有仙人，尽妖妄耳！节食服药，差可少病而已。"[1]亲人因他的多疑、轻信、暴虐相继惨死，这件事深深刺激了唯我独尊、自信自大的汉武帝，他终于开始了彻底的反省。

一般人越老越容易固执，这不仅因为老人自诩人生经验丰富，盲目自信，也是害怕今是而昨非，晚年做改变等于否定自己的一生，而且无法重新来过，机会成本实在太高，此外当然也有面子的问题；而一向英明神武远超众人、独掌绝对权力达半个世纪、功勋盖世的汉武帝竟然能在晚年公开承认自己一生行为"狂悖"，为此向天下百姓道歉，这绝非一般人所能及。纵观中国历史，汉武帝此

---

1 《资治通鉴》卷22《汉纪十四》。

举，千古一人而已，没有超凡的大智慧、大勇气是不可能做到的。虚伪的谦虚让人不屑，伟大的谦恭让人感动，汉武帝之所以是汉武帝，不仅因为他建立了不朽的功绩，更因为他晚年的幡然悔悟，以天下民生为第一，而置个人颜面、威望于不顾，此诚不易也！后世有些雄才大略的皇帝其功业或许可勉强与汉武帝比肩，但均没有他的以今日之我与昨日之我决裂的勇气与智慧；而当今之世，各类文过饰非、欺世盗名之徒更是如过江之鲫，其事功不及汉武帝之万一，不仅不能自省，反而大肆自吹自擂，与汉武帝相比，实应羞愧而死！

汉宣帝时的大臣夏侯胜总结汉武帝的过失："武帝虽有攘四夷、广土斥境之功，然多杀士众，竭民财力，奢泰亡度，天下虚耗，百姓流离，物故者半，蝗虫大起，赤地数千里，或人民相食，畜积至今未复。"[1]史称汉武帝朝战争连绵30余年，"天下户口减半"[2]，虽然"户口减半"说的只是政府可以控制的户籍人口减半，而并非实际的人口减半，但汉武帝征伐四夷，全方位扩张，以及因骄奢淫逸导致的社会动荡、民变四起、经济倒退，百姓生活困苦、流离失所的现象已经非常严重，再不改变以往的国策将难以为继。汉武帝清醒地意识到问题的严重性，所以才毅然决然将国策进行180度的大调整。其实在此之前，已经有大臣对汉武帝的缺点提出过严厉的批评，除了汲黯的"内多欲而外施仁义"外，亲信侍从东方朔也曾当面对他直言不讳："尧、舜、禹、汤、文、武、成、康都是上古的事情，已经历经数千载，很难讲明白，我不敢轻易谈论。我想要谈谈近在眼前的孝文皇帝一朝，这是当代的耆老之辈都曾耳闻目睹过的。孝文帝贵为天子，富有四海，却衣饰素朴，生活节俭，以道德仁义为美。因此天下望风成俗，迅速被教化。今日陛下生活淫侈奢靡，却想要让民众生活简朴，不放弃农耕，这是很困难的。"对于这些尖锐的批评，汉武帝至少并不怪罪，这说明他也明白自己的缺

1 《汉书》卷75《眭两夏侯京翼李传》。

2 《汉书》卷27《五行志》。

点，这是他能幡然改过的基础，否则一切将无从谈起。

从泰山回到甘泉宫后，汉武帝任命大鸿胪田千秋为丞相，封富民侯，这标志着国策的正式改变，由过去的“削民”变成了“富民”。田千秋只因上书平反太子而获重用，并无突出的才能与功劳，竟于几个月内封侯拜相，千古仅有，也是汉武帝重用“非常之人”的又一特例。搜粟都尉桑弘羊等人曾建议在轮台以东屯田，派兵驻守，汉武帝否决了这一建议，并且下诏反省既往开疆的过失：“上既悔远征伐……乃下诏，深陈既往之悔，曰：‘……乃者贰师败，军士死略离散，悲痛常在朕心。今请远田轮台，欲起亭隧，是扰劳天下，非所以优民也。今朕不忍闻。’……由是不复出军。而封丞相车千秋为富民侯，以明休息，思富养民也。”[1]他认为此前为了戍边之事而增加的每人口赋30钱已经让百姓困苦，轮台更为遥远，如果在那里屯田驻守，更会增重百姓负担。当今一定要禁止苛刻残暴的政策，禁止擅自加赋，要大力重视农业，恢复免除为国养马之人徭役赋税的马复令，用来补充战马的缺额，只要不让国家军备削弱即可。这就是著名的《罢轮台罪己诏》，从此汉武帝不再出兵征战。

“当今务在禁苛暴，止擅赋，力本农”[2]，成书于西汉的《盐铁论》记载，“先帝哀怜百姓之愁苦，衣食不足，制田二百四十步而一亩，率三十而税一”[3]，即推出小亩改大亩，三十税一的措施。富民政策首先是重视农业生产，减轻农民的负担，统一亩制，将洛水以东地区的百步小亩改为240步的大亩，由于税率仍为三十税一，这意味着税率实质变成了七十二税一。汉武帝又命令大农改良农具和推广新的耕作技术代田法，甚至亲自下令在全国推广新发明的耦犁和耧车，使得农业生产效率大幅度提高。80年后，汉哀帝时的太仆王舜、中垒校尉刘歆公开上疏：“（汉武帝）功业既定，乃封丞相

1 《汉书》卷96《西域传》。

2 同上。

3 《盐铁论》卷3《未通第十五》。

为富民侯，以大安天下，富实百姓”[1]，更是明白无误地指出了汉武帝晚年的政策大转变。

此时汉武帝年事已高，丞相田千秋与群臣共同为他祝寿，歌功颂德，并劝汉武帝施恩惠，缓刑罚，欣赏音乐，修身养性，安度晚年。汉武帝又一次沉痛地进行了自我批评：“朕之不德，自左丞相（刘屈氂）与贰师（李广利）阴谋逆乱，巫蛊之祸流及士大夫。朕日一食者累月，乃何乐之听？痛士大夫常在心，既事不咎。虽然，巫蛊始发，诏丞相、御史督二千石求捕，廷尉治，未闻九卿、廷尉有所鞫（审问）也。曩者，江充先治甘泉宫人，转至未央椒房，以及敬声之畴、李禹之属谋人匈奴，有司无所发，令丞相亲掘兰台蛊验，所明知也。至今余巫颇脱不止，阴贼侵身，远近为蛊，朕愧之甚，何寿之有？敬不举君之觞！谨谢丞相、二千石各就馆。《书》曰：‘毋偏毋党，王道荡荡。’毋有复言。”[2]汉武帝的痛悔是真心诚意的，功业盖世的千古一帝对自己进行了如此深刻的剖析、批评，可以说触及了灵魂，2 000多年之后读到，仍让人为之动容。

当今有学者翻案，认为汉武帝晚年的后悔与政策改变是宋朝司马光编撰《资治通鉴》时，出于政治目的编造的，并不是历史事实，号称司马光“制造汉武帝”[3]。但以上“禁苛暴，止擅赋，力本农”“制田二百四十步而一亩，率三十而税一”“由是不复出军。而封丞相车千秋为富民侯，以明休息，思富养民也”“功业既定，乃封丞相为富民侯，以大安天下，富实百姓”，不再相信长生不老和神仙传说等种种政策的大转变，均是出自成书于西汉的《盐铁论》、成书于东汉的《汉书》以及西汉当朝人的言论。班固的《汉书》直接指出：“是以末年遂弃轮台之地，而下哀痛之诏，岂非仁圣之所悔

---

1 《汉书》卷73《韦贤传》。

2 《汉书》卷66《公孙刘田王杨蔡陈郑传》。

3 辛德勇：《制造汉武帝：由汉武帝晚年政治形象的塑造看〈资治通鉴〉的历史构建》，北京：生活·读书·新知三联书店，2015。

哉”[1]，再清楚不过表明了汉武帝晚年的后悔与政策转变，司马光应该没有能力穿越到1 000年前去篡改《盐铁论》《汉书》，“制造汉武帝”。

## 3. 顾命大计：周公辅成王与花海遗诏

继承人的问题已经迫在眉睫了。汉武帝总共有6个儿子，此时太子刘据、齐王刘闳、昌邑王刘髆均已去世，只余下燕王刘旦、广陵王刘胥和尚未成年的幼子刘弗陵3人。刘旦多才多艺，“为人辩略，博学经书、杂说，好星历、数术、倡优、射猎之事，招致游士”[2]。大哥刘据自杀后，二哥齐王刘闳又早死，刘旦认为按照顺序，应该自己当太子，于是上书求入宿卫，被父亲猜透心思，大怒，杀了派来的使者[3]，刘旦出局。刘旦的同母弟广陵王刘胥“好倡乐逸游，力扛鼎，空手搏熊彘猛兽。动作无法度”[4]，当然更不可能被考虑。

汉武帝讨厌两个成年的儿子，却极其喜爱身高体壮又极为聪明的刘弗陵，认为他很像自己，因此想立他为太子，但因为他年龄太小，母亲还年轻，犹豫了很久。汉武帝知道自己将不久于人世，刘弗陵未成年继位，必然要有人辅佐。他观察群臣，认为唯有奉车都尉、光禄大夫霍光忠厚可靠。一天，他将一幅描绘周公背负着未成年的周成王接见诸侯的图赐给了霍光，暗示他以后要模仿周公辅佐幼主。过了几天，汉武帝突然痛斥刘弗陵的母亲赵婕妤，对赵婕妤屡屡求情也不为所动，随即被赐死。过后汉武帝曾向左右侍从解释处死赵婕妤的原因：主少、母壮容易导致国家动乱，太后唯我独

1 《汉书》卷96《西域传》。
2 《汉书》卷63《武五子传》。
3 《史记》记载使者被杀，《汉书》记载被囚禁。
4 《汉书》卷63《武五子传》。

尊，一定会淫乱放纵，没人能阻止得了她，甚至会成为吕后第二，所以不得不预先处死。站在人道主义的立场，汉武帝的行为非常残暴；站在现实政治的立场，没人能预见赵婕妤是否会成为吕后第二，作为一位冷静、理智、残酷的政治家，汉武帝一定会消灭这种可能性，他绝对不会允许任何人有任何机会危及他爱子的皇位，危及汉朝的天下。其实还有一个原因，此时汉武帝肯定已经悟到赵婕妤本人是害死太子巨大骗局的关键角色，但他无法公开承认，只能暗中借机复仇。

后元二年（公元前87年）二月，汉武帝居住在盩厔（今陕西省周至县）的五柞宫，得了重病，霍光涕泣不已，询问谁可继位，汉武帝说："你还未理解我送你画的意思吗？立少子，你仿效周公辅佐他。"霍光谦让，认为自己不如侍中金日磾，而金日磾也谦让，认为自己是匈奴人，不适合辅佐。汉武帝下诏，立年仅7岁的刘弗陵为皇太子，并任命霍光为大司马、大将军，金日磾为车骑将军，太仆上官桀为左将军，共同接受遗诏辅佐少主，又任命搜粟都尉桑弘羊为御史大夫。第二天，汉武帝结束了他波澜壮阔的伟大一生，终年70岁。他的遗体被运回长安未央宫前殿入殡，三月入葬茂陵，谥号"孝武皇帝"，以表彰他的赫赫武功，但并没有庙号，直到15年后，他的曾孙汉宣帝即位，加其庙号为"世宗"。后刘弗陵即位，即为孝昭皇帝。

按一般规律，开国君主的陵墓最高大，后世子孙不会超过，但西汉完全不同，据实测数据，汉高帝刘邦的长陵现高32米，汉武帝的茂陵现高46.5米，西汉其他皇帝的陵墓一般在30米左右，而秦始皇陵现高34米。"一定要超过秦始皇"，汉武帝不仅在生前的事业功绩上要超过他，而且死后的陵墓也要超过他。汉武帝茂陵是中国古代帝王陵中最雄伟高大的一座。这座汉武帝即位第二年就开始修建的雄伟陵墓是他对自己一生的期许，也是他留存于世的纪念碑。茂陵地处咸阳原西汉九座帝陵的最西端，远离其他陵墓，这也许是为了避免祖先陵墓看上去是他的陪葬墓吧。

《史记》《汉书》只记载了汉文帝的遗诏，而在位54年，文治武功彪炳史册的汉武帝，临终前所思所想竟没有一字记录，非常遗憾。幸运的是，1977年在甘肃玉门市花海公社（现花海镇）的烽燧遗址出土了约汉昭帝末年、宣帝初年的六面体木觚，一位在此戍守的士兵用它练习写字，错别字连篇、歪歪扭扭地抄写了下发到边防军基层的汉武帝遗诏："制诏：皇大（太）子，朕体不安，今将绝矣！与地合同，终不复起！谨视皇天之嗣，加增朕在，善遇百姓，赋敛以理；存贤近圣，必聚糈士；表教奉先，自致天子。胡亥自圮，灭名绝纪；审察朕言，终身毋失！苍苍之天不可得久视，堂堂之地不可得久履，道此绝矣！告后世及其孙子，忽忽锡锡，恐见故里，毋负天地，更亡更在，去如舍庐，下敦闾里。人固当死，慎毋敢佞。"

遗诏直截了当地宣称今天自己就要死亡，而且要葬于地下，永远不可能复生，要求继承人皇太子善待百姓，赋税以理，以圣贤作为楷模，招揽天下人才，自己一定要成为天下表率，要以葬送江山与全家族性命的秦二世胡亥为反面教训，并要求皇太子一定记牢这些遗言。以后自己再也见不到苍天，再也不能在大地行走，人生道路在今天就终止了。另外告诫后世子孙，一定要忠于职守，不要辜负苍天大地，对不起自己的乡亲父老。人必有一死，一定要谨慎，不能用奸佞之人。这份遗诏只有可能是汉武帝的亲自口述或亲笔，带有强烈的个人感情色彩，臣下没人敢如此代拟——直接宣称皇帝今天就要死亡，永无复生之日，再也不能头顶苍天，脚踏大地，既表达了人生的留恋，也表达了坦率面对死亡的心境：一位勇敢雄健、刚强猛烈，与天，与地，与猛兽，与各种内部、外部敌人斗了一世的战士，一位独揽天下大权达半个世纪的最高统治者，临终前英雄迟暮的无奈、留恋。遗诏也非常符合晚年汉武帝的大转变历程：由迷信追求神仙的长生不老，转变为坦然面对死亡；由对百姓的横征暴敛，转变为赋敛以理；秦二世胡亥亡国的惨痛教训是汉武帝晚年最大的忧虑，以胡亥来警告皇太子，也绝不是臣下敢代拟的。

汉宣帝对他的曾祖父汉武帝评价非常高，认为他文治武功之大，言辞都无法描述。班固在盛赞汉武帝功业的同时，又可惜“如武帝之雄才大略，不改文、景之恭俭以济斯民，虽《诗》《书》所称，何有加焉”[1]，只谈文治，竟然无一字提及他的武功。后世的司马光对汉武帝评价比较苛刻：“孝武穷奢极欲，繁刑重敛，内侈宫室，外事四夷，信惑神怪，巡游无度，使百姓疲敝，起为盗贼，其所以异于秦始皇者无几矣。然秦以之亡，汉以之兴者，孝武能尊先王之道，知所统守，受忠直之言，恶人欺蔽，好贤不倦，诛赏严明，晚而改过，顾托得人，此其所以有亡秦之失而免亡秦之祸乎！”[2]汉哀帝时，有大臣以“亲尽”（过五世而亲尽）为由请求不再祭祀汉武帝庙，太仆王舜、中垒校尉刘歆提出的反对意见是对汉武帝一生比较全面的总结：

及汉兴，冒顿始强，破东胡，禽（擒）月氏，并其土地，地广兵强，为中国害。南越尉（赵）佗总百粤，自称帝。故中国虽平，犹有四夷之患，且无宁岁。一方有急，三面救之，是天下皆动而被其害也。孝文皇帝厚以货赂，与结和亲，犹侵暴无已。甚者，兴师十余万众，近屯京师及四边，岁发屯备虏，其为患久矣，非一世之渐也。诸侯郡守连匈奴及百粤以为逆者非一人也。匈奴所杀郡守、都尉，略取人民，不可胜数。孝武皇帝愍中国罢劳无安宁之时，乃遣大将军、骠骑、伏波、楼船之属，南灭百粤，起七郡；北攘匈奴，降昆邪十万之众，置五属国，起朔方，以夺其肥饶之地；东伐朝鲜，起玄菟、乐浪，以断匈奴之左臂；西伐大宛，并三十六国，结乌孙，起敦煌、

1 《汉书》卷6《武帝纪》。
2 《资治通鉴》卷22《汉纪十四》。

酒泉、张掖，以鬲（隔）婼羌，裂匈奴之右肩。单于孤特，远遁于幕（漠）北。四垂无事，斥地远境，起十余郡。功业既定，乃封丞相为富民侯，以大安天下，富实百姓，其规跡（规模）可见。又招集天下贤俊，与协心同谋，兴制度，改正朔，易服色，立天下之祠，建封禅，殊官号，存周后，定诸侯之制，永无逆争之心，至今累世赖之。单于守藩，百蛮服从，万世之基也，中兴之功未有高焉者也。高帝建大业，为太祖；孝文皇帝德至厚也，为文太宗；孝武皇帝功至著也，为武世宗，此孝宣帝所以发德音也。[1]

汉朝之所以是大国、强国，之所以被称为“强汉”，并不是因为汉初的黄老之治，文景之治，诸侯林立、郡国并行，更不是因为与匈奴屈辱的“和亲”，而是因为汉武帝真正完成了政治、军事、意识形态、精神认同的统一，真正塑造了统一的民族国家意识，这一切都是建立在他南征北伐、东西开拓、开疆拓土的赫赫武功之上。一个国家要有强烈的统一认同，就需要有强烈的民族自豪感。但“独尊儒术”需要用现实的功绩来保证、来证明儒家“大一统”“尊王攘夷”观念在实践中的正确性，而不是仅仅停留于意识形态领域，仅仅是口头的宣传，否则没有人会真心信服。

汉武帝洗刷了汉朝长达70年的耻辱，“名为中兴，实同开创”，他是“强汉”的创建者，没有他，西汉留给后世的印象就是一个富而不强、小而分裂的懦弱政权，只能依靠向匈奴送钱送女人苟延残喘，只能称为“弱汉”；后世对汉初的评价就不是所谓的韬光养晦，而是屈辱胆怯。可以说，汉武帝洗刷了他父亲、祖父、曾祖父三代的耻辱，奠定了他们的历史地位。王舜、刘歆的评价非常准确地反映了“强汉”形成的过程以及汉武帝个人的作用与历史地位，“万

1 《汉书》卷73《韦贤传》。

世之基也，中兴之功未有高焉者也”，这具有强烈深厚的历史感与现实感。

另一个强盛的王朝大唐，之所以在官方、私人场合频频自称“汉家”“汉国”“汉皇”“汉将”“汉兵”……正是出于对汉朝的强烈认同，希望能够彰显自己是汉朝的合法、正统、合格的继承人，因此才不懈努力，要恢复汉朝的故土朝鲜半岛与西域。地球上第一大民族称为“汉”，不是因为“弱汉”，而是因为汉武帝创建的“强汉”——这一民族历史上最光荣、最自豪的时代。

汉武帝建立了与秦始皇一样伟大的功业，同时也犯了与秦始皇类似的错误，但他勇于改过，因此汉朝不仅没有重蹈秦朝的覆辙，还能继续兴盛强大。如果汉文帝要想建立汉武帝那样的功业，就必须动员大量人力、物力，四处征伐，仅靠个人生活的节俭无济于事，那么他也就不再是汉文帝；如果汉武帝想休养生息，清静无为，就不可能开疆拓土，个人生活的简朴与否也起不到关键作用。每一代人有自己不同的使命，在最需要休养生息、韬光养晦、积聚国力的时期，在位的恰好是爱惜民力的汉文帝、汉景帝，而在其后需要解除匈奴威胁、恢复秦朝故土之时，在位的恰好是雄才大略的汉武帝，如此罕见的因缘际会正是成就西汉盛世的重要前提。假如汉武帝早在位几十年，以其张扬、挥霍的个性，很可能会重蹈秦朝覆辙；而另一方面，正是因为此前文景之治积累下的国力、民心，使得汉武帝能够大展宏图，并且在民力耗尽、天下疲弊之时还能挽回国运，再现辉煌，出现“昭宣中兴”。当然，这也与汉武帝本人晚年改弦更张，并且选择了优秀的继承人息息相关。

唐朝有一位与汉武帝比较类似的皇帝唐玄宗李隆基，即位时他也是一位奋发有为的年轻才俊，统治时间也很长，近半个世纪。在位期间，以曾祖父唐太宗为榜样，唐玄宗励精图治，任用贤相能臣，开创了唐朝的极盛期，即史称的“开元盛世”。当时天下承平日久，经济高度发展繁荣，据官方统计，人口超过了5 200余万，凭借着雄厚的国力，唐玄宗立志开疆拓土，四处征伐。当时唐朝最强大的敌人是青藏高原的吐蕃，唐与吐蕃的战争旷日持久，双方损失惨重，但谁也不能取得决定性的胜利。在西南，又与兴起于今云南、四川一带的南诏作战，唐军损失极其惨重，前后丧师高达20万，终告失败。在北方又与突厥、契丹开战，同样无法取得胜利。这一时期唐朝四处出击，形势与汉武帝时期非常相似，但结果却大不相同。为了提高战争效率，唐玄宗沿着边境线设立了九个节度使和一个经略使，他们不仅有辖区内的军事指挥权，还有财权与管内地方州县的监察权，军队则实行招募制，而且大量招募周边的少数民族，形成了事实上的独立王国。在政治军事制度的设计上，唐玄宗犯了致命的错误——天下精兵尽集于四境，而内地包括首都长安所在的关中则兵力空虚。不仅如此，他竟然任命宠信的胡人安禄山身兼三镇节度使，掌握了天下近一半的精兵，结果安禄山发动了叛乱，导致了长达8年的大规模内战，唐朝100多年开疆拓土的成果丧失殆尽，西域、河西走廊尽归他人，终结了唐朝的盛世，并且形成了藩镇割据、河北胡化、国家分裂的局面。

唐玄宗一意模仿汉武帝开疆拓土，兴礼作乐，文治武功，封禅泰山，结果画虎不成反类犬，成了山寨版的汉武帝，遗祸千年：他仿汉制，改“州”为“郡”，长官由“刺史”改“太守”；汉武帝收养烈士子弟养于羽林，称作“羽林孤儿”，唐玄宗将年仅9岁的烈士之子王忠嗣收养于宫中，称“去病孤”，期许他成为自己的“霍去病”。王忠嗣后参加羽林军，节度四镇，成为开元、天宝年间开疆拓土的名将。唐高祖谥号为神尧大圣光孝皇帝，唐太宗谥号为文武大圣大广孝皇帝，唐高宗谥号为天皇大圣大弘孝皇帝，唐中宗谥号为孝和大圣大昭孝皇帝，睿宗谥号为玄真大圣大兴孝皇帝，“以汉家诸帝皆谥孝故也”[1]，连谥法也仿效汉朝。

---

1 《资治通鉴》卷217《唐纪三十三》。

唐玄宗的心思世人皆知，后人经常以汉喻唐，以汉武帝喻唐玄宗，其中最著名的就是杜甫《兵车行》中的“边庭流血成海水，武皇开边意未已”和白居易《长恨歌》中的“汉皇重色思倾国，御宇多年求不得”。但同样是四处征伐，民众负担沉重，汉武帝却能够一直掌控局势，国内始终没有发生危及统治的重大内乱，不仅保持了扩张征战的所有战果，晚年还能幡然悔悟，改变国策，与民休息，度过危机，为昭宣中兴打下了良好的基础。因此，汉武帝在政治成就、历史地位上要远远高于唐玄宗，西汉盛世的成就也远远高于唐朝盛世，前者开创了中国历史上第一个稳定的大一统王朝，确立了中国的核心疆域，并第一次产生了统一的国家认同，由此奠定了以后两千年中国历史的基本格局，而后者带来的却是藩镇割据及五代十国大分裂。

# 第八章

# 盛极一时：舟车所通，无不臣妾

汉宣帝集汉文帝、武帝长处于一身，他既施仁政，屡屡减税，创立亲亲相隐的司法原则，施行仁政，宽以待民，同时又以严刑峻法打击豪强、官僚等既得利益集团；对外积极进取，北服匈奴，西辟疆土，在他治下，西汉达到了极盛，号称“政教明、法令行、边境安、四夷亲。单于款塞，天下殷富，百姓康乐，其治过于太宗之时”。

## 第一节 “国进民退”还是“国退民进”

### 1. 三驾马车的辅政团队

曾国藩说过：“办大事者，以多选替手为第一义。”诚哉斯言！这是衡量一个人对事业是否尽责的重要标准。如果一个人对自己的事业没有责任心、使命感，那么他对寻找一位合格的继承人就不会用心，反正自己即将离任，事业好坏与己何干？现实生活中有太多这样的人，在位时奉行短期行为，离任前狠捞一笔，离任后哪管他洪水滔天，他怎么会想到要培养、选拔合格的继承人？中国的帝制时代是家天下，皇帝是天下的唯一所有者，担负着最终的无限责任；他的江山传自祖先，并且还要传给子孙，江山的毁灭对他意味着家破人亡，因此选择一位合格的继承人几乎是他日思夜想的头等大事。

汉武帝选择年仅7岁的幼子刘弗陵继位是对自己识人之明的终极考验。幼主继位，风险极高，因为他无法实际执政，必然有人要代行皇权，这就意味着此人是事实上的皇帝，一旦心怀不轨，江山就会易手。汉武帝选择的“替手”即辅政团队由霍光为首的三人组成，另两位是金日磾、上官桀，他们以内朝大臣的身份共“领尚书事”，代行皇权。

辅政的三位大臣之所以被汉武帝选中，是因为他们都各有优点。霍光是霍去病的弟弟，他作为侍从在汉武帝身边长达20余年，小心谨慎，未曾犯过错误；为人沉静详审，每次出入殿门，行进、站立都有固定位置，没有尺寸之差。金日磾的出身极为传奇，他是被汉军所杀的匈奴休屠王的太子，在被霍去病俘虏降汉后，入宫养马，获得汉武帝赏识。他在汉武帝左右，几十年目不斜视，不敢与赐给他的宫女亲近，汉武帝想纳他的女儿为妾，也不肯答应，因此倍受宠信。汉武帝极其喜欢金日磾的长子，从小就将他放在宫中抚育，但他长大后因与宫女调情被父亲所杀。汉武帝得知后大怒，金日磾顿首谢罪，详细说明了原因，汉武帝虽悲伤哭泣，但因此更加敬重金日磾。金日磾还曾在一起刺杀事件中救过汉武帝的性命。上官桀曾主管未央宫养马事务，汉武帝病后视察，见他养的马大多瘦弱，大怒，说道：“你想让我再见不到这些马吗？”要将上官桀下狱治罪。上官桀顿首谢罪，边流泪边说道：“我听说圣体不安，日夜忧惧，没有心思养马。”汉武帝认为他真心关爱自己，于是提拔他为侍中、太仆。这三人都是汉武帝非常信任的内朝近臣，因此才被赋予托孤辅政的重任。此前这三人的地位并不高，最高也不过二千石，由此可看出，这时内朝的地位远高于外朝。

始元元年（公元前86年）九月，金日磾去世。汉武帝临终前曾封金日磾为秺侯，上官桀为安阳侯，霍光为博陆侯，他们全部是因为当年逮捕欲刺杀汉武帝的莽何罗立功而受封，但金日磾谦逊不受封，霍光、上官桀也不敢接受。直到金日磾病危，经霍光建议，他才躺在床上受封，第二年正月，霍光与上官桀也分别封侯。当时因汉昭帝年少，霍光是实际的最高统治者，所有的政事由他决定，丞相田千秋只是谨厚守位而已。起初，霍光、上官桀这两位辅政大臣关系很好，霍光休假时，就由上官桀代替他执政。霍光的女儿嫁给了上官桀的儿子上官安，并生有一位女儿。为了封侯富贵，上官安通过汉昭帝姐姐盖长公主的关系，将年仅4岁的女儿安排入宫，成为年仅10岁的汉昭帝的婕妤，次年又立为皇后。几年后上官安被提拔为车骑将军，并封为桑乐侯，上官氏的势力逐渐坐大，将与霍光发生激烈的冲突。

始元二年（公元前85年）三月，朝廷为没有种子与食物的贫苦农民借贷；八月，霍光又以汉昭帝的名义下令，因灾害免除借贷农民的偿还义务，以及取消当年全国的田赋。始元五年（公元前82年），谏大夫杜延年几次向霍光进言，认为汉武帝几十年奢侈挥霍、大肆征伐导致了国家穷困。此时又连年农业歉收，流民未能返回家乡，因此应该恢复汉文帝的执政理念，提倡节俭、宽和，顺应天心，取悦民意。霍光采纳了他的建议，废除了汉武帝时额外增加的诸多赋税，使之恢复到文景时期的水平。

## 2. 盐铁会议：一个至今未能解决的争论

此时汉朝高层面临着执政理念的重大分歧，即是要恢复汉文帝时期“小政府、大社会”、藏富于民的政策，还是继续维持汉武帝时期“国进民退”的大政府政策。始元六年（公元前81年）二月，朝廷特地召集天下各郡国推荐的60多位贤良、文学人士，与御史大夫桑弘羊为首的政府官员展开辩论，此次会议的主题是政府对盐、铁、酒的专卖权和均输制度的存废，因此称为“盐铁会议”。经过之前汉武帝“罢黜百家，独尊儒术”后，此时举荐的贤良、文学人士均是儒生，他们是大儒董仲舒的信徒。董仲舒信奉“正其谊不谋其利，明其道不计其功”的儒家思想，他痛恨秦国“用商鞅之法，改帝王之制”“田租，口赋，盐、铁之利，二十倍于古”，曾向汉武帝建议政府不要垄断经营盐、铁，而要归于民营，反对政府与民争利。因此辩论一方的贤良、文学人士同样痛恨汉武帝时期的盐、铁、酒官营专卖以及政府垄断商业的均输制度，要求全部废除，归于民营，并且还提出应该将山海泽的资源及钱币铸造权向民间开放。桑弘羊是辩论的另一方，他从12岁起就一直在汉武帝身边，长达30余年，是盐、铁、酒官营专卖和均输制度的创立者与主管者。他针锋相对，不同意废除这些制度，认为“此国家大业，所以制四夷，安边足用之本，不可废也”[1]，既可以增加国家财政收入，充当边防的军费，又能发展农业生产，并且可以有效防止既得利益集团兼并坐大，有利于社会稳定与国家统一。贤良、文学人士认为“昔汉文帝之时，无盐、铁之利而民富，今有之而百姓困乏，未见利之所利也，而见其害也”[2]，他们想通过与汉文帝的对比，批评汉武帝四处征伐、奢侈无度，只能使用政府垄断资源、与民争利的手段来弥补财物的不足。

客观地讲，贤良、文学与桑弘羊两派的观点都有其合理之处。重要资源与产业由政府经营，国进民退，有利于政府高效地聚敛财富，但如果这些财富只是用于政府无节制的挥霍，贪污腐败，而不是用于提高民众生活水平、福利保障，以及国防、重要的基础建设，那么这就是一个坏政策。按这个标准衡量，汉武帝时期的国进民退、政府垄断好坏参半：好的方面，政府聚敛财富主要是为了征伐四夷、开疆拓土，解除匈奴对汉朝的威胁，因此采取这些措施是

1 《汉书》卷24《食货志》。
2 《盐铁论》卷2《非鞅》。

理所应当的，否则无以为继；坏的方面，政府垄断资源、聚敛财富并非全部为了这些正事，其中汉武帝生活奢侈、大兴土木、纵情声色以及各级官僚贪污腐败也占用不少。

中国的帝制社会，对官僚的监督只能来自皇帝一人，汉武帝吏治极严，臣下犯错、犯罪必严惩不贷，但他一人不可能监督全国众多的官僚，还得任命官僚来实行监督，酷吏就是他的撒手锏。但讽刺的是，他重用的酷吏大多本身也是贪污犯，当然他又会任用一批新的诛杀旧的。由于权力自上而下的制度，也由于信息流通不畅，缺乏资金、财产监管的技术手段，在如此之大的国家无法杜绝贪腐，因此政府、官僚掌握的资源越多，权力越大，贪腐就会越严重，物资、财富的利用效率就会越低，由于垄断，官营企业的产品质量也很差。更何况，谁又能够监督、制约汉武帝本人的骄奢淫逸呢？从这个角度，贤良、文学人士反对政府掌握太多资源、太大权力是非常有道理的。但从另一方面讲，因为缺乏现代的财税管理技术手段，如果政府不掌握大量的财富资源，则无法集中力量动员全国的人力、物力对抗匈奴，开疆拓土。实行经济自由主义的政策，有利于竞争，会提高经济效率，但由于缺乏有效的收入再分配调节，财富资源必然越来越集中，这又会导致社会分化与贫富悬殊越来越严重，地方豪强与兼并之家兴起，威胁到社会的稳定与安全，甚至会影响国家的统一。

贤良、文学人士用汉文帝的个人品质与政治理念来抨击汉武帝，既有其合理一面，也有其偏颇一面。汉文帝时承秦末战乱不久，国家亟须休养生息，恢复社会经济生产，因此轻徭薄赋，减轻民众的负担，采用经济自由主义，政府开放国有资源与各项产业，国退民进，以提高经济效率，藏富于民，施政宽仁简约。汉武帝肩负的使命是解除匈奴的长期威胁，恢复秦朝版图，重建大一统王朝，奠定可以垂范后世的各项制度与意识形态，他需要集中全国的各项资源，提高动员效率，政府积极有为，介入社会生活的各个领域，施政必然要以严刑峻法，这也是为了有效制约因国进民退而掌握了太多资源的官僚。汉文帝与汉武帝的执政是不同历史时期采取的不同手段，它们之间是继承关系，而并非对立关系，因此贤良、文学人士将汉文帝、汉武帝完全对立起来，是只看表相，不看实质，失之偏颇、浅薄；汉文帝生活俭朴、宽厚仁慈，而汉武帝却穷奢极欲、残忍多杀，臣民当然更爱戴汉文帝，这是他们批评的合理一面。

无论“国退民进”还是“国进民退”，都只是不同的国家发展道路，它们的目标都只应是一个，即“国强民富”。“国退民进”更强调自由竞争，小政府、大社会，让民间充分利用各种资源发展经济，但如果没有有效的财富二次分配制度，容易导致贫富分化，社会不稳定；“国进民退”则有利于集中力量办大事，但如果缺乏有效的监督制度，就会沦为各级官僚聚敛财富的路径，必然导致腐败现象加剧，同样会导致社会不稳定。为了避免这两种不同发展道路的弊端，汉武帝采用了严刑峻法的酷吏统治，虽然简单粗暴且十分残酷，但行之有效，而且错案、冤案率也不会太高，毕竟为富不仁与贪污腐败是基本的人性，很少有人能幸免。西汉时期，由于缺乏现代的金融、财政、税收、信息等技术支持，没有全国联网的报税系统、增值税发票，无法用现代的手段阻止税收流失，因此我们不能用现代法治的标准来要求汉武帝的行为，如果没有他的铁腕打击，无论“国退民进”还是“国进民退”都只会沦为官商勾结敛财的不同途径，与“国强民富”的目标背道而驰。

盐铁会议结束后，执掌朝政的霍光只是废除了酒的官营专卖以及关内冶铁业的官营垄断，其他政策照旧保留，尤其是盐税，实质上就是人头税，因为人人必须吃盐，而传统的人头税容易通过瞒报逃税。如果真的按照贤良、文学人士要求的，废除所有汉武帝时期的政府垄断政策，国家财政会立即破产，内政、国防也无法维持；更何况政府的权力扩张容易，收缩极难，一个组织总是倾向于不断扩张，增加自身的资源与权力，尤其是权力不被制约的政治组织。汉武帝时期增加的赋役全部被废除，恢复了汉文帝、汉景帝时的征税范围和标准，这是霍光执行汉武帝末年制定的富民政策的一大德政。

### 3．危机：谁来继承皇位

在表面和平稳定的局面下也酝酿着政治危机，一度亲密无间的最高执政者之间发生了矛盾。汉昭帝的皇后是上官桀的孙女，同时也是霍光的外孙女。上官桀父子均封侯为将军，而且在汉武帝时期曾为九卿，地位高于霍光，因此逐渐不满，想要夺权。他与一直怀疑汉昭帝身世不明、自己当登帝位的燕王刘旦及盖长公主、御史大夫桑弘羊结成联盟，陷害霍光。刘旦上书，声称霍光调集军队意图造反，但年仅13岁的汉昭帝聪明异常，认为霍光调动军队不需要10天，而这么短的时间内，远在燕国（国都蓟城，今北京市区）的刘旦不可能知道，更不可能来得及上书，一定是预先安排好的阴谋。看到汉昭帝如此反应，上官桀、刘旦索性企图造反，结果事情暴露，上官桀被族诛，桑弘羊被杀，刘旦、盖长公主自杀，燕国也被废为广阳郡。在权力斗争面前，汉武帝生前最信任的三人竟然落得互相残杀的下场，亲情、友情灰飞烟灭。此时霍光“威震海内”[1]，全权处理所有的政事，已经成为汉朝事实上的最高统治者。

经过汉武帝长达20多年的穷追猛打，匈奴逃到了漠北，漠北水草不如漠南丰美，人畜损失惨重，疲惫已极，多次想和汉朝恢复和亲，后来又发生了继承纠纷，导致左贤王、右谷蠡王分裂，不再服从单于，从此匈奴开始衰落。后匈奴终于与汉和亲，并放还了被扣留了19年之久的汉朝使者苏武。霍光对外与匈奴和平相处，对内轻徭薄赋，与民休息，民众的生活开始变得富裕充实，终于在一定程度上恢复了文景时期的繁荣景象。

---

1 《汉书》卷68《霍光金日磾传》。

元平元年（公元前74年），年仅20岁的汉昭帝去世，且无子嗣，皇位继承问题凸显。此时汉武帝的儿子中仅有广陵王刘胥在世，群臣商议后认为应该立其为帝。但霍光认为刘胥行为不检，性喜与猛兽搏斗，一向不为汉武帝喜爱，因此以上官皇太后的名义，下诏立汉武帝的孙子昌邑王刘贺为帝。

远在昌邑国的刘贺天未亮时接到长安来的玺书，中午立即出发，晡时（下午3点到5点间）就到达了135汉里（约为60千米）外的定陶，以致“侍从者马死相望于道”，与他的祖宗汉文帝当年从代国前往长安的从容不迫形成鲜明对比；路过弘农还劫持了当地的女子；望见长安东都门（外郭门）以嗓子痛为由而不哭丧，到了城门仍然不哭。

刘贺即位后，荒淫无度，行为乖张，霍光心中愤懑，独自征询他的老部下大司农田延年的意见，田延年建议按照商朝伊尹废太甲的成例，废掉刘贺，再选立一位新皇帝。于是霍光与田延年、车骑将军张安世（张汤之子）策划好后，召集丞相、御史、将军、列侯、中二千石、大夫、博士在未央宫开会讨论废立。霍光开门见山：“昌邑王行为昏乱，恐危社稷，如何是好？”群臣皆惊愕失色，没人敢发言。见此情景，田延年离席按剑，上前说道：“先帝托孤给将军，认为将军忠诚贤良，能安定刘氏的天下。现在社稷将倾，将军即使死，又有何面目去地下见先帝？今日事情紧急，群臣中如有不积极响应者，我用剑斩杀。”霍光又道歉说：“九卿责备我是应该的。天下不安定，我理应受到责难。”一个唱红脸，一个唱白脸，于是群臣叩头：“万姓之命在于将军一人，唯大将军令是从。”

霍光率群臣向皇太后报告批准，仅当了27天皇帝的刘贺被废，他带来的属下二百余人被诛杀，临刑前，众人呼号“当断不断，反受其乱”[1]，由此可见，刘贺也曾动过除掉霍光的念头。并非如有些

1 《汉书》卷63《武五子传》。

人讲的，霍光栽赃刘贺27天做了1 127件坏事，那么刘贺一个人平均一天要做40多件坏事，这当然不太可能，但《汉书》原文："受玺以来二十七日，使者旁午，持节诏诸官署征发，凡千一百二十七事"，是他派遣多位使者做出来的，并非一个人所为。刘贺被废表面有很多原因，最严重的一条是在汉昭帝丧礼期间与后宫淫乱，这在以孝治天下的汉朝是不能容忍的："五辟之属，莫大不孝……宗庙重于君，陛下未见命高庙，不可以承天序，奉祖宗庙，子万姓，当废。"当然，对于霍光个人而言，刘贺从昌邑国带来了二百余人，明显是想代替他全盘掌权，也严重损害了霍光的利益，但这些无法摆上台面，所以在所有留存的官方文件中一字未提，这二百余人被诛杀的原因也可想而知。刘贺被废时，忍不住当面怼了霍光一句："闻天子有争臣七人，虽无道不失天下"，讽刺霍光不是争（诤）臣，不能匡正他的错误，霍光只能以"你已经被皇太后废了，不能自称天子"的答非所问回应。

刘贺回到了昌邑，封国、封爵皆废，但所有财产均被保留，并赐汤沐邑二千户回旧王宫居住。地节四年（公元前66年），山阳太守张敞前去探视刘贺，事后给汉宣帝上了一份中国史书中罕见的人物形象报告："故王年二十六七，为人青黑色，小目，鼻末锐卑，少须眉，身体长大，疾痿，行步不便。衣短衣大裤，冠惠文冠，佩玉环，簪笔持牍趋谒"，现代人才由此知道刘贺是一位高个子，腿脚有问题的年轻人。有妻妾16人，正妻严罗紨；有11位儿子，11位女儿，还有183位奴婢为他服务，平时关大门，只开小门，只能有一个人出去采购物资；他当27天皇帝的时候年仅18岁左右。张敞要求刘贺放归他父亲昌邑哀王刘髆生前、现守陵园的歌女舞女，但被刘贺拒绝。这些情况都被张敞汇报给了汉宣帝，认为刘贺"其天资喜由乱亡，终不见仁义"，汉宣帝由此认为刘贺不足忌惮。

元康三年（公元前63年）春，汉宣帝以舜封弟象的成例，封刘贺为海昏侯，食邑四千户，封地就在今江西南昌郊区，但“不得奉宗庙朝聘之礼”。几年后，扬州刺史柯揭发刘贺与故太守卒史（小吏）孙万世有过一次谈话，孙万世问刘贺当年被废时，何不坚守在宫中，斩大将军霍光，为何让人夺去皇帝玺绶？刘贺竟然回答，对啊，这是我的错误。孙万世又认为刘将要成为豫章王，当不了多久列侯。刘贺回答：也对，但不适宜讲出来。有关部门要求逮捕贺，汉宣帝下令“削户三千”。神爵三年九月乙巳（公元前59年10月6日），封侯仅4年多的刘贺去世，年仅约33岁。悲剧接二连三，刘贺死后，他的第一继承人儿子刘充国、第二继承人儿子刘奉亲也相继去世，朝廷以“是天绝之也”为理由，剥夺了其他儿子的继承权，废除了海昏国。

2011年，位于江西省南昌市新建区大塘坪乡观西村的海昏侯刘贺墓被发现并考古发掘，是现今唯一被考古发掘的汉朝皇帝墓，且保存完整，没有被盗，却是列侯墓规模。墓中还出土了上书“海昏侯臣贺……酎黄金……”的酎金实物，以及放置于主人腰部、上篆“刘贺”的私人玉印，在没有墓志铭的时代，这是确认墓主人的最重要证据。海昏侯墓出土400多件、120千克黄金，两百多万枚五铢钱，还有大量的青铜器、玉器等珍贵文物，其丰富程度远远超乎想象，其原因何在？原因就在于海昏国被废除，这些黄金、器物、五铢钱，很多由昌邑国带来，很多五铢钱甚至还未及打开由昌邑发出的封条，它们不能由已是平民的刘贺子嗣继承，所以主持葬礼的朝廷官员将它们全部打包陪葬墓中。由此也可以证明当时吏治严明，官员至少不敢明目张胆大规模私吞财物，以及朝廷允许刘贺将昌邑王的财产转移千里至海昏国。墓中有一件中国南方地区唯一一份汉代诏书实物——“海昏国除国诏书”，由此才得知刘贺精确的去世日期。

刘贺是中国历史上唯一的一位当过王子、诸侯王、皇帝、废王、列侯的人，短短的一生大起大落、跌宕起伏，但海昏国的传奇在其身后依然继续，汉元帝即位，复封刘贺的儿子刘代宗为海昏侯，海昏国一直延续到东汉班固写作《汉书》时。

## 第二节 故剑情深：平民出身的汉宣帝

### 1. 从婴儿囚犯到皇帝：皇曾孙的传奇

皇位由谁继承又成了一个问题，光禄大夫、给事中丙吉向霍光推荐汉武帝的曾孙、时年17岁的刘病已。刘病已是废太子刘据的孙子，在巫蛊之祸中，刘据全家被害，当时还在襁褓之中的刘病已被关在郡邸狱，因此他不仅是巫蛊之祸中最年轻的囚徒，而且将是中国历史上唯一囚徒出身的皇帝。时任廷尉监、管理郡邸狱的丙吉可怜他无辜被囚，就吩咐女囚轮流哺乳、照顾他，否则他在牢狱中很难幸存。刘病已身体不好（所以名“病已”），几次差点死掉，幸亏丙吉让人照顾、医治，才得以死里逃生。即使如此，这位婴儿囚犯在坐了4年牢后，还差点遇上杀身之祸。汉武帝临死前，因患病往来居住于长杨宫和五柞宫，有望气者说长安狱中有天子气，于是他派人将囚犯全部杀掉。当内谒者令郭穰连夜赶到郡邸狱时，丙吉关门不让他进入，并抗议道：“皇曾孙在牢里。他人无辜枉死尚且不可，何况是武帝的亲曾孙呢！”就这样一直僵持到天明，郭穰回宫向汉武帝告状，汉武帝忽然醒悟，认为这是天命，大赦天下。这位年仅4岁的小囚徒被赦后，由他祖母史良娣的母亲抚养，随后又被养在掖庭（后宫）中，被承认为宗室。掖庭令张贺原是废太子刘据的部下，因此他出钱供刘病已读书，后来还想将自己的女儿嫁给他，但因他的弟弟张安世嫌弃刘病已出身不好而作罢，于是他就为刘病已迎娶了掖庭暴室属官（掖庭中从事染织官署的低级官吏）、受过宫刑的许广汉之女许平君为妻。在许、史两家的资助下，刘病已师从东海澓中翁学习《诗经》，才华出众又勤奋好学，但同时也喜欢游侠，斗鸡走狗，在长安附近四处游荡，还曾在莲勺县（今陕西省蒲城县南）探险时被困于盐池中，因此他熟知民间的疾苦与吏治的得失。

霍光认可了丙吉关于皇位继承人的建议，他与丞相杨敞等上奏皇太后："孝武皇帝曾孙病已，有诏掖庭养视，至今年十八，师受《诗》《论语》《孝经》，躬行节俭，慈仁爱人，可以嗣孝昭皇帝后，奉承祖宗，子万姓。"[1]获得上官皇太后批准后，霍光派人迎接刘病已到未央宫参见皇太后，封他为阳武侯，随后由霍光奉上皇帝玺绶，拜谒高庙，而后即位，这就是汉中宗孝宣皇帝，史称汉宣帝。汉宣帝即位后，因原名"病已"是常用字，民众不易避讳，于是改名"询"。

汉宣帝即位后，霍光要求归政，但被汉宣帝拒绝，并规定所有的政事都要先报告霍光，然后再上奏。霍光每次朝见，汉宣帝都对他非常尊敬，态度谦恭有礼。此时霍氏权倾朝野，霍光的儿子霍禹与霍去病的孙子霍云任中郎将，霍云的弟弟霍山任奉车都尉、侍中，统领胡越骑，霍光的两个女婿范明友、邓广汉为东、西宫卫尉，其他兄弟、诸婿、外孙都为诸曹大夫、骑都尉、给事中，他们掌握了军政大权与皇宫的警卫，形成了庞大的政治势力集团。汉宣帝刚即位时，公卿大臣讨论选立皇后一事，大家都想立霍光的女儿，但汉宣帝却下诏寻找在他是平民时用过的剑，众大臣于是领会他的意思，建议立时为婕妤的许平君为皇后，此即"故剑情深"。霍光的夫人霍显一直想让自己的女儿霍成君成为皇后，于是在许皇后怀孕时，买通医生毒死了她，霍光知道后也不揭发，随后女儿霍成君虽被立为皇后，但埋下了日后被族诛的大祸。

---

1 《汉书》卷8《宣帝纪》。

## 2. 祸起骖乘：二元权力结构的隐患

本始二年（公元前72年），汉宣帝认为他的曾祖父汉武帝“躬履仁义，选明将，讨不服，匈奴远遁，平氐、羌、昆明、南越，百蛮乡风，款塞来享；建太学，修郊祀，定正朔，协音律；封泰山，塞宣房，符瑞应，宝鼎出，白麟获。功德茂盛，不能尽宣，而庙乐未称，其议奏”[1]。虽然这一动议遭到著名大儒夏侯胜的极力反对，但在汉宣帝的坚持下，仍然为汉武帝加庙号“世宗”，这显示了汉宣帝将以汉武帝为自己的榜样。汉宣帝的颂词中提到的“塞宣房”是指元光年间，黄河于瓠子决口，20余年不能堵塞，汉武帝亲临决口处，动员数万士卒，并命令群臣负薪以填，功成之后，于其上筑宫，名为“宣房宫”，以示工程质量绝对可靠、安全，这是汉武帝在内政方面的一大功绩。

地节二年（公元前68年），霍光病逝，汉宣帝在他临终前亲自探望，并与太皇太后亲临吊丧，以皇帝的待遇赐给他梓宫、葬具，可谓备极哀荣，随后封霍山为乐平侯，以奉车都尉领尚书事。但此时霍家已经显露了不祥的征兆，汉宣帝接纳了御史大夫魏相的建议，剥夺了领尚书事者先审阅上奏的副本、并可扣留奏疏的权力，以后又将由尚书呈送奏疏的权力转给了中书，正是借此，汉宣帝才了解到许皇后死亡的真相。第二年，汉宣帝立许皇后所生的儿子刘奭为皇太子，以丙吉为太傅，封太子的外祖父许广汉为平恩侯。霍光的夫人霍显为此气得绝食吐血，她认为刘奭是汉宣帝在民间时生的儿子，不配当太子，太子只能由她的女儿霍皇后所生，因此命令霍皇后毒死太子，但因防范严密未果。霍氏家族骄奢蛮横已久，汉宣帝在民间时对此就十分厌恶，现在又风闻许

1 《汉书》卷8《宣帝纪》。

皇后是被霍家谋害，于是他开始进行人事部署，将霍家人调离了关键岗位，尤其是将他们掌握的军权、警卫权全部交到了许氏、史氏的子弟手中。在这种情势下，霍氏感受到了威胁，因此想先发制人谋反，结果事发，霍氏被族诛，还牵连到数十家被诛灭，霍皇后也被废。

汉宣帝即位时参拜高庙，霍光当时与他共乘一辆马车，汉宣帝内心对霍光很是敬畏，如芒刺在背，后来众人传说霍氏被族诛的祸根就在于此，此即“祸起骖乘”。这件事只是一个象征，即作为大臣的霍光让皇帝感受到了威胁，形成了二元权力中心，这种结构是极不稳定的，迟早会失去平衡。霍光自己贪恋权力，汉昭帝成年时还不归政；汉宣帝即位时已经成年，仍然不归政，而且亲属子弟掌握了朝廷的关键权力，尤其是中央警卫，直接威胁到皇权，这是霍氏被族诛的根本原因，任何一个皇帝都不会长久容忍这样一位权臣的存在。霍光去世后，本来是霍氏软着陆、逐步淡出权力核心的一个良机，但由于霍氏与汉宣帝之间缺乏基本的互信甚至好感，再加上许皇后被谋害，双方的矛盾已经不可调和，必然会鱼死网破。霍氏的不幸在于遇上了一位多谋善断、英明果敢的皇帝，他们的遭遇会给后来者一个深刻的教训，实际上掌握了皇权的权臣很难实现软着陆，平安淡出，与其如此当然不如篡位。

这件事更深刻地反映了汉武帝遗留下的制度性隐患，他以内朝代替外朝，由掌握军权的大司马、大将军领尚书事辅政，从而掌握了政治的决策权，权力集中于一人，基本取代了皇权。霍光可以废立皇帝，这表明他才是汉朝真正的最高统治者，他本人完全有可能取而代之，自立为帝。汉武帝起初的安排是由三人联合执政，相互牵制，可不久这个格局就被打破，由霍光一人单独执政，此时汉朝的存亡就完全取决于霍光个人的忠诚，这不啻汉武帝以江山为抵押的豪赌，但赌赢了一次，还会赌赢第二次吗？尤其在有了霍氏的遭遇为鉴后。自此大司马领尚书事辅政成为西汉的定制，内朝完全凌驾于外朝之上，埋下了以后政权被权臣篡夺的祸根。当然汉武帝并不应该为近一个世纪后发生的事情负责，任何制度都不可能长久有效，或放之四海皆准，而是需要根据实际的情况做调整、修正，这才是一位合格政治家的本分；再好的制度如果没有合格的人来执行也只能流于纸面的空谈。汉武帝有充分的信心掌控局面，但是他却无法保证后代子孙都具有他的能力，这是家天下制度的命门，是一道无解的难题。

## 第三节 天下殷富，百姓康乐，其治过于太宗之时

### 1. 与我共此者，其唯良二千石乎

汉宣帝在民间生活了多年，为人聪明刚毅，了解民间的疾苦、艰难。霍光去世后，他开始亲政，励精图治，每五天听取一次大臣的工作汇报，大臣不敢苟且糊弄；每当任命刺史、太守、诸侯国相时，他都会亲自召见他们，倾听他们的言论，然后再考察他们的实际行为与言论是否一致；如果发现言行不一致，他一定会追究原因。他常说："庶民所以安其田里，而亡叹息、愁恨之心者，政平讼理也。与我共此者，其唯良二千石乎！"[1]汉宣帝认为二千石国相、太守是各地方吏民之本，不能轻易变动，否则会产生短期效应，只要国相、太守有政绩，他就经常用玺书勉励，赏赐财物，甚至封为关内侯；公卿大臣有空位，就按大臣受到表彰的顺序依次替补，因此汉宣帝时期涌现的优秀官员最多。

1 《汉书》卷89《循吏传》。

“盖闻有功不赏，有罪不诛，虽唐、虞不能以化天下。”[1]汉宣帝此语真是至理名言，这也是他曾祖父汉武帝的信条。有功必赏，有罪必罚是吏治乃至一切管理制度的根本，汉宣帝更是引入了量化概念进行人事管理。汉朝是自上而下的政治体制，地方国相、太守由皇帝任命，并不受其治下民众的监督，更不由他们选举产生，因此对地方官的监督只能由皇帝本人承担，所以皇帝本人的能力与敬业精神会直接关系到吏治的好坏，并影响到国家的兴亡，这是汉宣帝如此重视地方官工作的原因所在。

“官以任能，爵以酬功”，这是中国帝制时代奉行的一项基本政治原则。汉朝主要以军功封侯，军功是出生入死换来的，而且军人除了战争常常别无所长，因此不能用官职酬功，官职只能给有相应能力的人，否则就会沐猴而冠，祸国祸民。况且官职毕竟有限，一旦被占，其他有能力的人就得不到。立功封爵，给予政治、经济上的优厚待遇是合理的。汉宣帝开创了地方官以治绩封爵的先例，这是一个重要的制度创新。官僚是产权所有者皇帝雇用的职业经理人，任期有限，一旦离职，权势、收益则会大减，在职、离职落差太过巨大，因此不可避免会出现贪腐行为，为离职后的自己和子孙谋取长远利益，这也是常见的人类行为。封爵是给职业经理人一个合理的、长期预期，以防止他们的短期行为。官僚因功绩获得了爵位，享有优厚的政治、经济待遇，还可以由子孙世袭，与皇帝共同分享江山的股权，成为利益共同体，因此不仅会减少他们贪腐的冲动（贪腐即除爵），更增强了他们尽心工作取得成绩的动力以及对政权的支持。反过来，如果以官代爵，以官酬功，官有权且任期有限，则会产生一大批既无能又贪腐的官员，而且他们还会不论称职与否，千方百计将自己的子孙安插在体制内，充任各种官职，变成一种事实上的官职世袭制，这是一种非常坏的制度。简单、极端地

1 《汉书》卷89《循吏传》。

讲，一个能力低下的人可以有爵位，但不能当官，否则就是一个贻笑天下的闹剧。

## 2. 毋出今年租赋与亲亲相隐

汉宣帝非常重视农业生产，除了各地方官吏劝民从事农桑外，最有力的措施就是频繁免除田赋，减轻农民的负担。即位的第二年，本始元年（公元前73年）五月，他就大赦天下，并免除全国的田赋；两年后，因天下大旱，免除了全国的田赋，三辅地区的民众流亡到其他地区，则免除两年的田赋以及徭役。本始四年（公元前70年）四月，49个郡国地震，汉宣帝命令废除苛刻扰民的法规条令，受灾严重的地区免除田赋。元康二年（公元前64年）五月，因全国疾疫流行，汉宣帝下令免除受灾严重郡国的田赋。神爵元年（公元前61年）三月，汉宣帝出巡到河东，下令赈贷给百姓的货物不必归还，并赐给鳏寡孤独者物资，所经过的地区免除田赋。五凤三年（公元前55年）、甘露二年（公元前52年），下令减少全国的口钱和算赋，一算减30钱，并额外赐给鳏寡孤独者和老年人绢帛。关东地区每年要向长安运输粮食400万斛，耗费劳动力达6万人，汉宣帝采纳了大司农中丞耿寿昌的建议，只从长安附近地区输入粮食，节省了一半的漕运劳力。破产失业的流民对社会秩序、国家政权稳定的威胁最大，汉宣帝对他们不仅采取减免赋税，借贷种子、食物的方式救济，并且常常免予偿还，还直接将政府掌握的公田出租给流民耕种，并最终让他们拥有公田的产权，成为自耕农。

可以说，汉宣帝是汉文帝之后对社会弱势群体最为关心的一位皇帝，继汉武帝苛政后，仁政终于重现。但与汉文帝不同的是，汉宣帝同时非常重视发展官营的农业生产与手工业生产，在车师、金城郡（治所在今甘肃省兰州市）大规模屯田，官营的纺织业、冶铁业、铸钱业生产规模庞大，经济生产欣欣向荣。元康四年（公元前

62年），农业大丰收，每石谷仅五钱，仅为文景时期的一半价格，经济状况到达西汉时期的极盛。粮食大丰收，价格下跌，会损害农民的利益，于是汉宣帝采纳了大司农中丞耿寿昌的建议，在全国各地设常平仓，粮价低时用高于市场的价格买粮储存，粮价高时则用低于市场的价格卖出，以调节市场，使社会各行各业均从中获利。

尊崇儒学的汉宣帝提倡仁政，他的统治是继汉文帝以后最为宽仁的时期。他不仅频繁下诏免除天下的赋役，救济鳏寡孤独者和老人，而且还在中国历史上首次将"孝"这一儒学的核心价值观制定为法律。地节四年（公元前66年）春二月，汉宣帝下诏，规定民众如果遇到祖父母、父母丧事，就免除这一年的徭役，以免影响丧礼举行，有损孝道；夏五月，又下诏，认为父子之亲，夫妇之道，是人的天性，遇到灾祸尚且情愿以自己的死保全对方的生命，"诚爱结于心，仁厚之至也，岂能违之哉"[1]！因此他命令自今往后，如果子女隐瞒父母、妻子隐瞒丈夫、孙子女隐瞒祖父母的罪行全部不要追究；父母隐瞒子女、丈夫隐瞒妻子、祖父母隐瞒孙子女的罪行，如果犯的是死罪，由廷尉决定是否追究他们的隐瞒罪责，死罪以下就不必追究。

"亲亲相隐"的法律原则直接来源于孔子的"父为子隐，子为父隐，直在其中矣"，它尊重至亲的人伦与人性，不以所谓的国家利益、政治利益损害人伦，从而杜绝了父母子女、夫妻间相互告发的人伦丑剧。"亲亲相隐"成为此后2 000多年里中国遵循的基本法律原则，一直沿用到民国时期（现在我国台湾地区仍然沿用）。亲亲相隐的原则闪耀着人道主义的光辉，它不仅是中国的司法传统，而且许多现代西方国家也遵循这个原则，这是对人性、人情的基本尊重。汉宣帝的祖父母、父母均死于冤狱，他本人自襁褓起就成为囚犯，并在监狱中度过了自己的幼年时期，因此他对冤狱及监狱中

1 《汉书》卷8《宣帝纪》。

的迫害非常痛恨。他认为："死者不可复生，刑法不会止。现在的囚犯有的因为被拷打，有的因为饥寒而瘐死狱中，这真是有意违背人道！我感到很心痛。"因此命令丞相、御史考核狱吏的优劣，上奏皇帝，以防止囚犯因笞掠、饥寒或疾病而死亡。

元康四年（公元前62年），汉宣帝又下诏："自今以来，诸年八十以上，非诬告、杀伤人，它皆勿坐"[1]，即除了诬告、杀人、伤人三项罪名外，赦免80岁以上老人的一切罪行。仁政的另一重要内容是司法的公平，汉宣帝对此也极为重视，他认为只有执政与司法公平，才能无"叹息愁恨之心"。元康二年（公元前64年）夏五月，汉宣帝又下诏："司法牢狱，是百姓万民仰仗的根本，用它来禁止暴力，去除邪恶，养育众生。如果能使活着的人不抱怨，死去的人不恨司法不公平，这才是合格的司法官吏。现在的情况却不是这样的，有些官吏玩弄司法条文，执法不公平，刻意罗织罪名，而且不如实上报，上级也无从知晓事实的真相。这都是因为我不英明，官吏也不称职导致的，如此一来四方黎民还有什么好依靠的呢？希望二千石封疆大吏们与各监察部门，千万不要任用此类人当官。官吏执法一定要公平，有些人却擅自摊派徭役，提高自己的生活待遇，对上级溜须拍马，以求好名声以便提拔，这样就好像踩在薄冰上等待太阳出来，这真是很危险啊！现在天下疫病流行，我感到非常痛心，免除今年的全国田赋。"司法公正是社会坚守的最后底线，汉宣帝对此有着清醒的认识。这一年，汉宣帝又因为许多百姓触犯他的名讳"病已"而改名"询"，就此赦免了此前所有因触犯名讳而被治罪的人。

汉宣帝与汉文帝并称为"仁君"，虽然他们的政治信仰并不相同：汉文帝信仰黄老道家，强调清静无为，与民休息；汉宣帝信仰儒家，以民为本，以孝治天下，强调道德教化。但汉宣帝绝非一位

1 《汉纪》卷18《孝宣纪二》。

普通的儒生，他更是一位英明的政治家，曾下诏："因为我并不英明，所以数次下诏给公卿大臣，要求他们执行政务必要宽大，顺应民心，体谅民众的疾苦。现在有的官吏不禁止奸猾、邪恶的罪行，以放纵罪犯为不苛刻，以为这才是宽大；有的又以残酷、凶恶的执政为贤能，这两种官吏都失去了执政的公正性。一面奉行我的命令，一面却这样执政，阳奉阴违，实在是谬误！现在天下太平，徭役省减，兵革不动，但是很多民众却生活贫困，盗贼不断产生，为政的问题究竟出在哪里？每年呈报上来的统计报表都是胡乱编造用来应付、欺骗上级的，就是为逃避赋税。公卿大臣对此无所谓，那我怎么办呢？现在废除奉诏出使者的报销制度，以免他们贪污；御史要审察计簿，将伪造者按律治罪。"

## 第四节　五星出东方，中国大利

### 1. 征伐四夷、国威远播

霍光执政的汉昭帝时期，汉朝仍然保持对外扩张的势头，在河西走廊的张掖郡大败入侵的匈奴，在辽东大败匈奴的盟友乌桓，孤胆英雄傅介子出使楼兰，当场刺杀心属匈奴的楼兰王，呵斥楼兰王部下："王负汉罪，天子遣我来诛王，当更立前太子质在汉者。汉兵方至，毋敢动，动，灭国矣。"[1]遂即携带楼兰王首级返回长安，悬挂在未央宫北诣阙，建功封侯。以后孤胆英雄班超出使西域，"不入虎穴，焉得虎子"，诛杀匈奴使团，就是仿效傅介子的行为。汉使率领几十上百人的使团深入西域，之所以英勇无畏，是因为他们

1 《汉书》卷70《傅常郑甘陈段传》。

对自己国家充满着信心，相信国家是他们强大的后盾，就如傅介子所言“汉兵方至，毋敢动，动，灭国矣”，强大的不是使者本身，而是身后的国家。

汉昭帝时期，被匈奴扣留19年，在北海（今俄罗斯贝加尔湖）“杖汉节牧羊，卧起操持，节旄尽落”的苏武也被释放回国。匈奴威胁要杀害他，苏武大骂：“南越杀汉使者，屠为九郡；宛王杀汉使者，头悬北阙；朝鲜杀汉使者，即时诛灭。独匈奴未耳。若知我不降明，欲令两国相攻，匈奴之祸从我始矣。”[1]就充分表达了这一点。几十年后的汉元帝时期，匈奴郅支单于杀害汉使，后因害怕远遁中亚草原康居，结果被汉军追歼，悬首长安。斩杀郅支单于的甘延寿和陈汤留下了一句千古名言：“明犯强汉者，虽远必诛。”[2]果然应验了苏武的预言。

苏武与投降匈奴的李陵都曾是汉武帝的警卫，彼此非常熟悉，李陵苦劝苏武投降匈奴：“你的两个哥哥都因犯错误而自杀，母亲去世，妻子改嫁，陛下年事已高，法令无常，大臣即使无罪，也有数十家惨遭夷灭，你即使回到汉朝，安危也不可知，你坚持忠诚有什么用呢？”苏武回答：“武父子亡（无）功德，皆为陛下所成就，位列将，爵通侯，兄弟亲近，常愿肝脑涂地。今得杀身自效，虽蒙斧钺汤镬，诚甘乐之。臣事君，犹子事父也。子为父死亡所恨。愿勿复再言。”后来李陵又来北海告诉苏武，匈奴捕获的云中汉人俘虏“言太守以下吏民皆白服,曰上崩”[3]。苏武听说之后向南号哭以致呕血，一连数月，每日早晚凭吊。

汉昭帝即位后，汉匈关系改善，汉使要求苏武回国，匈奴人托词说苏武已死。此时曾跟随苏武一起出使的常惠偷偷去见汉使，让他去和单于说，汉朝天子在上林苑中射中了一只大雁，雁足系着帛

1 《汉书》卷54《李广苏建传》。

2 《汉书》卷70《傅常郑甘陈段传》。

3 《汉书》卷54《李广苏建传》。

书，帛书上说苏武等在荒泽之中。汉使就这样告诉了单于，单于只好释放苏武及其属下，出使时的100多人中只有9人回到了长安。

汉宣帝时期，不仅是西汉的经济极盛期，也是西汉的国威极盛期。神爵元年（公元前61年）居住在今天青海一带的羌人部落渡过湟水，与汉朝发生了冲突，并攻打郡县，杀害地方官，光禄大夫义渠安国所部损失严重。汉宣帝想起用已经70多岁的赵充国平定羌乱，但又担心他年老，便派遣御史大夫丙吉问他谁可以充当此重任。赵充国回答："没有人比老臣更合适了。"汉宣帝仍然不放心，继续询问他要多少军队，赵充国回答："百闻不如一见。等我到达金城郡再写方略报告。羌戎是小夷，违逆天意背叛汉朝，很忙就会灭亡，愿陛下将重任交给老臣，勿以为忧。"汉宣帝笑答："好！"赵充国果然很快就平定羌乱，共斩首7 600级，降者31 200人，溺于黄河、湟水、饥饿而死者五六千人，几乎全歼了5万羌人军队。后汉宣帝采纳了赵充国的意见，驻军屯田，以减轻后勤的压力，设置金城属国，安置投降的羌人。汉宣帝曾下诏激励赵充国奋勇杀敌："今五星出东方，中国大利，蛮夷大败。"[1]2 000多年后的1995年，考古人员在汉代西域精绝国首都尼雅古城（今新疆维吾尔自治区民丰县）的王室墓地发现了一块精美的织锦，上面赫然有"五星出东方，利中国"几个字。历史与现实如此完美地结合到一起，相互印证了那个明君名将辈出、生机勃勃、自信阳刚的伟大时代。

汉朝与匈奴在西域的角逐还在继续，当时汉朝完全控制了西域南道及部分北道，匈奴还控制着西域北道的东端车师国。张骞第二次出使西域时，汉朝与乌孙建立了密切的外交关系，并先后以江都王刘建的女儿细君为公主，楚王刘戊的孙女解忧为公主嫁给乌孙王。匈奴迁怒乌孙，发兵攻打，解忧公主向汉朝求援，要求共同出兵合击匈奴。

---

1 《汉书》卷69《赵充国辛庆忌传》。

本始三年（公元前71年）正月，汉宣帝响应解忧公主的提议，命令对匈奴展开全面进攻，这是继汉武帝元狩四年（公元前119年）后最大规模的军事行动，仅骑兵就动员了16万，分别由祁连将军田广明、度辽将军范明友、前将军韩增、后将军赵充国、虎牙将军田顺率领，分兵五路，相约各自出塞2 000余里，围剿匈奴。汉宣帝又命令曾跟随苏武出使匈奴，一起被扣留19年的常惠为校尉，率领乌孙兵一起进攻匈奴。匈奴听说汉军大举进攻，老弱驱赶畜群遁逃，五路大军斩获很少，无功而返；乌孙昆弥（乌孙的王号）率领将5万骑兵与校尉常惠的军队从西方进攻，到达右谷蠡王庭，斩获4万级，马、牛、羊、驴、骆驼70余万头，常惠因功被封为长罗侯。但虎牙将军田顺因只前行了800里，祁连将军田广明则因怯战被逮捕下狱，双双自杀。虽然五路军队没有捕捉到匈奴，但匈奴民众四处逃散，畜产因远遁死亡很多，匈奴遭受了重大损失，进一步衰落。

这年冬天，匈奴单于亲自率领数万骑报复，进攻乌孙，撤军时忽遇大雨雪，一日之间积雪深丈余，军民、畜产大多冻死，生还者不到十分之一，于是北方的丁令，东方的乌桓，西方的乌孙三路合击匈奴，斩首数万级，俘获很多马匹、牛羊，匈奴民众因大雨雪死亡的达到了十分之三，畜产死亡一半，匈奴的附属国全部瓦解脱离。

汉朝多次远征漠北打击匈奴，但很难克竟全功，究其原因，不外是匈奴主力躲藏在漠北，汉军必须横越大漠，人困马乏；匈奴一旦作战不利，可以向茫茫草原深处逃跑，当时缺乏有效的侦察手段，更没有精确的定位技术，难以捕捉，因此汉朝在匈奴的西部寻找同盟者，一起从东、西两个方向合击匈奴是最佳的战略。这就是早在建元三年（公元前138年），年仅18岁的汉武帝派遣张骞出使大月氏的初衷。这一战略布置直至近70年后才结出硕果。

这同样也是被困匈奴19年的常惠个人的完美复仇。长罗侯常惠多次出使西域，在敦煌以东的悬泉置也多次留宿，悬泉置遗址保存了著名的汉简《过长罗侯费用薄》，它是证明常惠人生经历的第一手原始档案。

几乎与此同时，在西域驻军屯田的骑都尉郑吉攻灭了车师国；随后匈奴发生内乱，日逐王决定投降汉朝。汉朝征发渠犁（今新疆维吾尔自治区库尔勒市南）、龟兹诸国（都城在今新疆维吾尔自治区库车县城附近）5万军队迎接日逐王部，汉军威震西域。神爵二年（公元前60年），“吉既破车师，降日逐，威震西域，遂并护车师以西北道，故号都护。都护之置自吉始焉”[1]。自此西域南、北两道全部被汉朝控制。

郑吉被任命为西域都护，治所在乌垒城（今新疆维吾尔自治区轮台县东北），距离阳关2 700余里，匈奴从此不敢与汉朝争夺西域。西域都护肩负督察西域乌孙、康居等36国的任务，有征伐、废立诸国君主之权，“汉之号令班西域矣，始自张骞而成于郑吉”[2]，这一过程近80年，汉武帝、张骞这两位开拓西域、开拓丝绸之路的主人公也已去世多年。西域都护府的设立标志着自巴尔喀什湖向东南，包括整个帕米尔高原在内，天山南北的广大西域地区正式归属汉朝的版图。

## 2．匈奴臣服、单于向化

匈奴历经汉、乌孙及周边民族的轮番打击后，各部分裂内战，又遇到了天灾，于是汉宣帝秉承《春秋》“不伐丧”的原则，决定以德服人，不乘人之危。几年后，走投无路的匈奴呼韩邪单于决定归附、臣服于汉朝。汉宣帝为此特地召开会议，讨论呼韩邪单于朝见的礼仪。群臣之首丞相黄霸、御史大夫于定国认为，单于朝见的礼仪应该如诸侯王，且位次要在诸侯王之下。但太子太傅萧望之认为，应该对待单于“以不臣之礼，位在诸侯王上”，以显示“羁縻

---

1 《汉书》卷70《傅常郑甘陈段传》。

2　同上。

之谊”，被汉宣帝采纳，下诏“以客礼待之，令单于位在诸侯王上，赞谒称臣而不名（不称呼其名字以示尊重）”[1]。甘露三年（公元前51年）正月，呼韩邪单于在甘泉宫朝见汉宣帝，朝见后，汉宣帝与呼韩邪单于共赴长安，诸蛮夷君长王侯数万人，全部于渭桥夹道列队迎接，向汉宣帝共呼“万岁”，这标志着汉宣帝到达个人事业的最高峰，汉朝到达了极盛。

呼韩邪单于在长安居住了一个多月后返回匈奴，他请求率众居住在长城外为汉朝防守边疆。至此，与秦、汉为敌长达100余年的匈奴臣服，秦始皇、汉武帝没有达成的目标在汉宣帝手中实现，汉朝国威于此达到了顶峰。至此，大漠南北的蒙古高原、广大的西域诸国全部臣服于汉朝，困扰丝绸之路畅通的匈奴问题得以最终解决。这就是史称的“匈奴称藩，百蛮宾服，舟车所通，尽为臣妾”[2]。

汉宣帝因此感念股肱之臣，将11位大臣的画像悬挂于麒麟阁，并署其官爵、姓名，居首者即为霍光，但只署“大司马、大将军、博陆侯，姓霍氏”[3]而不署名，以示尊重，其次为张安世、韩增、赵充国、魏相、丙吉、杜延年、刘德、梁丘贺、萧望之、苏武，以表彰他们辅佐自己达成中兴之功。霍氏为汉宣帝的仇敌，谋杀了许皇后，并试图谋杀皇太子，被族诛，但汉宣帝仍然充分肯定了霍光的功劳，将他列于麒麟阁中兴功臣之首，且极为尊敬，这充分显示了汉宣帝作为一名优秀政治家，心胸开阔，尊重事实，赏罚分明，不以个人好恶抹杀、篡改历史的理智、客观的态度，这也是汉宣帝中兴事业得以实现的重要保证。早在汉武帝时期，汉朝开国功臣的后代均被罢爵除国，而汉宣帝命令寻找开国功臣绛侯周勃等136家的子孙，并任命他们担任尊奉其祖先祭祀的职位，世世相袭，以表彰、纪念他们祖先的功劳。

---

1 《汉书》卷78《萧望之传》。

2 《汉书》卷24《食货志》。

3 《汉书》卷54《李广苏建传》。

唐贞观十七年（643年），唐太宗为了表彰功臣，曾仿照麒麟阁制度，命著名画家阎立本描绘了24位功臣的画像，悬挂于凌烟阁；清乾隆年间，乾隆帝出于同样的目的，曾先后4次将十全武功的功臣画像悬挂于中南海紫光阁。

## 第五节　以德治国还是以法治国

### 1．无德不报：第一位儒生皇帝

汉宣帝是一个有恩必报、眷恋旧情的人，他曾下诏说："朕微眇时，御史大夫丙吉，中郎将史曾、史玄，长乐卫尉许舜，侍中光禄大夫许延寿皆与朕有旧恩。及故掖庭令张贺辅导朕躬，修文学经术，恩惠卓异，厥功茂焉。《诗》不云乎：'无德不报。'"[1]因此他封张贺的养子张彭祖为阳都侯，追赐张贺为阳都哀侯，丙吉等人均为列侯，当年在郡邸狱照顾过他的诸人也均赏赐官禄、田宅、财物，各以恩情深浅报答。

丙吉是汉宣帝幼时的救命、抚育的恩人，而且向霍光推荐了汉宣帝即位，但他在皇帝面前绝口不提，这个秘密一直保守了20多年，无人知晓，直到丙吉就任御史大夫。此时发生了一件事，汉宣帝想向当年在狱中抚养哺育他的女囚犯报恩，有人冒充，丙吉作为证人前来辨认，如此一来当年他救命、抚育的恩德才被皇帝知晓。于是汉宣帝封丙吉为博阳侯，邑千三百户，"强行"封侯报恩，但丙吉病重，一直推辞。

汉朝中兴的伟业与汉宣帝高超的政治才能密切相关。汉宣帝崇

1 《汉书》卷8《宣帝纪》。

尚儒学，他本人在青少年时期就学习《诗》《论语》《孝经》等儒学经典。汉宣帝即位后，听说他的祖父卫太子喜欢穀梁《春秋》，于是征诏天下精通的学者讲授，并与五经名儒、太子太傅萧望之等在大殿中讨论公羊与穀梁的异同，从此穀梁《春秋》学派大为兴盛。甘露三年（公元前51年），汉宣帝于石渠阁召开了一次儒学研讨大会，参与者有当世著名大儒萧望之、刘向（当时名“刘更生”）、韦玄成、薛广德、施雠、梁丘临、林尊、周堪、张山拊等，他们讨论五经的异同，由汉宣帝本人亲自主持评判，并将会议的讨论内容辑成《石渠议奏》一书，又名《石渠论》，共155篇。在汉武帝设立的五经博士之外，汉宣帝增设了大、小夏侯《尚书》，大、小戴《礼》，施、孟、梁丘《易》，穀梁《春秋》等博士。

汉宣帝时期的公卿大臣也多为儒学之士，韦贤为邹鲁大儒，精通《礼》《尚书》《诗》；魏相精通《易》，举贤良时因对策而被重用；黄霸在狱中，以“朝闻道，夕死可矣”的精神向大儒夏侯胜学习《尚书》长达3年；于定国曾恭敬礼聘老师学习《春秋》，以上4人均以儒生身份在汉宣帝时封侯拜相。汉宣帝时期共5位丞相，包括汉宣帝的救命恩人博阳侯丙吉在内，所有人都是精通五经的儒生学者。大儒夏侯胜因反对汉宣帝加汉武帝庙号，并对其大肆攻击而下狱，3年后因地震大赦出狱，被任命为谏大夫。以后朝廷每遇重大事件，汉宣帝都鼓励夏侯胜直言敢谏；夏侯胜被提拔为太子太傅，承担教育太子的重任，并由汉宣帝委托撰写有关《尚书》《论语》的著作。夏侯胜90岁高龄去世，汉宣帝让他陪葬于汉昭帝的平陵，皇太后赐钱200万，并为他素服5日，以报答他教育太子的恩情，可谓备极哀荣，作为一介儒生，他的荣耀到达了顶峰。

### 2．严刑峻法，破奸宄之胆：法治下的仁政

汉宣帝完全清楚道德教化仅仅是治国的一个方面，而以法治天

下更为重要；他反对滥用司法公权力的苛政，同时也反对没有是非原则的“宽政”，对于实际出现的宽严皆误的情况，他认为这两种执政理念“皆失其中”，没有公正性，因此继承了汉武帝的政策，继续严厉打击地方豪强，防止产生兼并之家。他曾两次下令，迁徙天下家财在百万以上的巨富豪强到关中的平陵（汉昭帝陵）和杜陵（汉宣帝陵）居住，并任命酷吏严延年治理治安混乱的涿郡，剪除为非作歹的豪强大族西高氏、东高氏。后严延年任河南太守，汉宣帝赐了他黄金20斤，其治理方针“务在摧折豪强，扶助贫弱”，贫弱即使犯法，他也想办法减免他们的罪行；但豪杰侵害小民的利益，他就利用法规严厉打击，从此河南郡豪强的气焰顿消，盗贼也绝了踪迹，以致“威震旁郡”[1]。

丙吉作为丞相，为人宽厚，心胸开阔，虽然他是以狱吏起家，但后来学习《诗》《礼》等，通晓大义。属下如果有错有罪，不称职，就让他们长期休假，从不处罚。有人对丙吉说：“君侯你作为汉朝丞相，奸吏营私，怎么不处罚呢？”丙吉回答：“如果三公之府有处理下属的名声，我私下认为很可耻。”后来这成为了汉朝的惯例。一天上朝时，丙吉看见街上有人群起斗殴，死伤横道，他过而不问，以致属下在背后嘀咕；继续前行，看到有人在追逐牛，牛喘吐舌，丙吉命令停车，并让骑马的随从问那个人已追逐牛跑了几里。属下感到更加奇怪，质问丙吉为何问牛而不问人。丙吉回答：“民众斗殴相互杀伤，长安令、京兆尹会负责抓捕，岁末的时候我会考核他们的政绩，上奏皇帝予以赏罚。宰相不亲自处理小事，所以我不理会道路上的打斗死伤。但现在是春天，天还没有很热，牛只走了一点路，就热得喘气，这是气候异常，怕有恶果。三公的职责在于调和阴阳，所以我要问。”属下敬服，认为丙吉识大体。

汉宣帝时期是整个西汉优秀官吏最多的时期，他们共有两类：

---

1 《汉书》卷90《酷吏传》。

一是赵广汉、韩延寿、尹翁归、严延年、张敞等，他们治理各地注重刑罚；二是王成、黄霸、朱邑、龚遂、郑弘、召信臣等，他们能让民众富裕，离开时能让民众怀念，其中尤以黄霸最为突出。汉宣帝刚即位，就任用执法公正的黄霸为廷尉，后因夏侯胜攻击汉武帝，黄霸被连累入狱，3年后出狱，又被任命为扬州刺史、颍川太守。当时汉宣帝频频下诏实行仁政，但基层官吏却不向百姓宣读，黄霸就选择良吏，到各地宣布诏令，让民众领会汉宣帝的德政。他的施政是先"力行教化，而后诛罚""外宽内明得吏民心，户口岁增，治为天下第一"[1]，被汉宣帝封为关内侯，随后提拔为太子太傅、御史大夫，直至丞相，封建成侯。黄霸是汉宣帝心目中理想的地方官，既重德政教化，又重行政实效，深具执行力，以法治国，实行"中道"，以使民众富裕，安居乐业。

虽然汉宣帝尊崇儒学，自己也通晓儒学经典，实行仁政，但他绝非简单的儒生；他重视法治，对违法乱纪的官僚、地方豪强依法严厉打击，绝不手软，但他并非是一位"不别亲疏，不殊贵贱，一断于法"的法家刑名之士，因为他又非常重视"亲亲尊尊之恩"[2]，也就是由他确定并延续了2 000多年的"亲亲相隐"的法律原则。

大儒萧望之是汉宣帝最器重的大臣，在当皇帝之前，汉宣帝就听说过他。萧望之因为性格耿直，顶撞过霍光，后来又因天下灾荒，认为"是大臣任政，一姓擅势之所致也"，矛头直指当时执政的霍光之子大司马霍禹、霍去病之子尚书令霍山，因此深受汉宣帝的器重、信任，官至二千石。霍氏谋反族诛，萧望之更受看重，被任命为平原太守，但他不愿离开中央核心，于是改任少府，掌管皇帝的私人府库、财产，成为最受信任的大臣。汉宣帝认为他"经明持重，论议有余，材任宰相"[3]，但需要地方行政经验，想要派他去

1 《汉书》卷89《循吏传》。
2 《史记》卷130《太史公自序》。
3 《汉书》卷78《萧望之传》。

长安附近的左冯翊，负责管理当时京畿附近的地方行政事务，但他又称病不想离开中央。汉宣帝派侍中金安上（金日磾的侄子）前去劝说，表达了栽培的意思，萧望之才勉强上任。3年后，因政绩斐然，萧望之被调到中央任大鸿胪，后来提拔为三公之一的御史大夫，离丞相大位只有一步之遥。此时任丞相的是汉宣帝极为尊重的大恩人丙吉，但萧望之却借着灾荒攻击年老多病的丙吉，等不及想抢班夺权，这引起了汉宣帝的强烈不满。此时萧望之又被揭发有更多针对丙吉的失礼行为，而且公车私用，被汉宣帝训斥，贬为太子太傅。萧望之贬官后，此前因附和夏侯胜攻击汉武帝而被判死刑的黄霸成为御史大夫。数月之后，丙吉去世，黄霸做了丞相。黄霸薨，于定国做了丞相，终宣帝一朝，萧望之也没有如愿成为丞相。

汉宣帝对萧望之的处罚相当宽仁，但对当时另外三位名臣赵广汉、盖宽饶、杨恽的处理可谓非常严厉。

赵广汉是著名的能吏，他精力过人，可以通宵达旦处理政务，擅长逻辑推理破案，执法公正严厉，敢于诛杀豪强，他凭着优异的政绩与能力，从普通小吏一步步上升为长安市长，又是大将军霍光的亲信，参与了拥立汉宣帝，被封为关内侯。但他的政治嗅觉极为敏感，觉察到汉宣帝与霍光之间的微妙关系。等霍光死后，他为了向皇帝表忠心，率领属下闯入霍光府中查抄违法事宜。当时霍光的女儿为皇后，在汉宣帝面前哭诉告状，但汉宣帝在内心里却对赵广汉的行为很欣赏。赵广汉的门客因为卖私酒，被丞相魏相的手下驱赶，因此两人结下了仇。正好丞相府的一位侍女因偷盗被逐回家自杀，赵广汉认为时机已到，就想诬陷丞相夫人妒杀侍女。赵广汉问太史星象，太史说当年当会有大臣被杀，赵广汉以为说的是丞相，因此上书告丞相罪，皇帝下令让京兆尹处理。赵广汉亲自率领属下突入丞相府，召丞相夫人跪在庭下受审，又抓走了奴婢十余人审问。汉宣帝一向信任的丞相魏相上书喊冤，皇帝下令廷尉处理此案，结果真相大白，是赵广汉诬陷丞相。由于自身的惨痛经历，汉宣帝一向痛恨冤狱，于是下令逮捕赵广汉，但长安官吏、百姓数万人在未央宫门前喊冤，甚至要以自己相替，性格刚强的汉宣帝更加愤怒，下令用极刑腰斩处死赵广汉。

盖宽饶为人刚直高节，虽然家里贫穷，但他常常将数千月俸的一半以给下属、百姓，让他们充当耳目、提意见。身为二千石的司隶校尉（京城与周边地方的监察官），他的儿子盖常却步行去北部边疆戍守，可见非常廉洁奉公。但盖宽饶心胸狭隘阴暗，喜欢陷害他人，得罪了很多同僚与贵戚；又喜欢嘲讽讥刺，屡次触犯皇帝，汉宣帝认为他是儒生，所以十分优容，但是也不升迁他。盖宽饶目睹同级甚至下级都超越自己，成为九卿，认为自己行清能高，对国家有很大贡献，却被凡庸超越，愈发失意不快，数次上疏谏争，话说得越来越难听。同事劝他不要总用古代的事讽刺现代，但他从不听从。当时汉宣帝以严刑峻法治国，又任用宦官参与决策政事，盖宽饶对此非常不满，上疏谏诤："方今圣道浸废，儒术不行，以刑余为周（公）、召（公），以法律为《诗》《书》。……《韩氏易传》言：'五帝官天下，三王家天下，家以传子，官以传贤，若四时之运，功成者去，不得其人则不居其位。'"[1]在奏疏中，竟然要求皇帝学习上古的五帝不传子而传贤，这是直接要求禅让。禅让是儒家经典中理想的君主继承制度，是否真实存在过，已经无从证明，而此时儒学作为国家意识形态已经七八十年，深入人心，汉宣帝本人也以儒生自居，用儒家经典攻击现行制度，会将皇帝逼向死角，让他既无法正面驳斥，又无法容忍如此大逆不道的主张，因此要求臣下议罪。执金吾（原名中尉，北军司令）认为盖宽饶意欲求禅，大逆不道。逮捕令下达后，盖宽饶以佩刀自刭于未央宫北阙下。

杨恽是司马迁的外孙，父亲是汉昭宣二帝时的丞相、安平侯杨敞，是汉朝开国功臣、在垓下追杀项羽立功受封赤泉侯的杨喜后

---

1 《汉书》卷77《盖诸葛刘郑孙毋将何传》。

代。《史记》的书稿即是由杨恽公布才得以流传于世。杨恽才华横溢，喜欢结交诸儒。霍氏谋反，杨恽得知后，通过侍中金安上报告，汉宣帝亲自接见并听取汇报，然后先发制人。霍氏伏诛后，杨恽因功被封为平通侯，迁中郎将，又因能力、政绩突出，被提拔为皇帝最亲信的负责皇帝警卫的光禄勋。杨恽轻财好义，继承了父亲的巨额财产，封侯后，又得到了千余万财产，全部散给宗族，为人廉洁无私，属下的郎官都认为他处事公平。但他喜欢炫耀自己，性格又阴狠，好揭发别人的隐私，同僚得罪了他，他就一定会报复陷害，以显示自己高人一等，因此得罪了很多人。他尤其得罪了一个最不能得罪的人，就是汉宣帝的发小——太仆戴长乐。一次，杨恽见到有一匹拉车的马撞死在殿门，宣称以前发生过同样的事，结果不久汉昭帝就驾崩，现在又发生了同样的事，这是天时所致，而非人力可及；他又曾忽略尧、舜、禹、汤的画像，偏偏指着桀、纣的画像对乐昌侯王武说："天子经过此处，一一询问他们的罪过，就像是得到了老师。"他与盖宽饶是好友，又上书为被逮捕、处死的好友左冯翊韩延寿辩护，连同其他不检的言行，都被戴长乐向皇帝告发，廷尉于定国认为他大逆不道，要求将他逮捕治罪，但汉宣帝不忍，将杨恽、戴长乐双双免为庶人。罢官后，杨恽居家治产业，盖了房子，以钱财自娱，朋友孙会宗写信劝他低调处事，不能这样花钱大会宾客，杨恽回信说道："努力寻求仁义，常担心不能教化任民的是卿大夫；努力寻求财利，常担心困乏的是庶人。故道不同，不相为谋。你今日怎能用卿大夫的标准来要求我一介庶民呢？"表达了被罢官后的怨诽之意。此时正好发生日食，有人趁机告发杨恽有罪，汉宣帝下令查办，结果搜到了他给孙会宗的回信底稿，非常生气，认为以前格外法外开恩，没有治他罪，结果现在他不仅不感恩、领情，还用出格的言行抱怨、抗议，于是下令抓捕杨恽。廷尉判决杨恽大逆不道，处以极刑腰斩，妻儿流放到酒泉郡，侄子安平侯、典属国杨谭因不劝阻而被免为庶人。

汉宣帝处死了赵广汉、盖宽饶、杨恽、韩延寿4位能力超强、名望很高的大臣，说明他驭下严厉，与曾祖父汉武帝相似，而且性喜诛心，常常追究言外的动机治罪，这与他对普通百姓频施仁政形成了鲜明的对比，可见他对官僚、平民采取不同的司法标准和要求。

### 3．南园遗爱：功光祖宗，业垂后嗣

刘奭是汉宣帝的太子，他是汉宣帝与皇后许平君在民间时所生，幼年母亲惨遭霍家毒杀，在7岁时被立为皇太子。刘奭是一位虔诚的儒学信徒，性格优柔寡断，他看不惯父亲执法严明，重用刑名之士诛杀当时著名的大臣盖宽饶、杨恽等人，有一次劝父亲："陛下持刑太深，宜用儒生。"汉宣帝听后脸色一变，怒斥："汉家自有制度，本以霸、王道杂之，奈何纯任德教，用周政乎！且俗儒不达时宜，好是古非今，使人眩于名实，不知所守，何足委任？""是古非今"，即认为一切都是古代好于现代，"眩于名实"，意为弄不清楚名词、概念与实际事物之间的关系，即汉宣帝认为"俗儒"喜欢玩弄概念、辞藻，夸夸其谈来迷惑他人。随后他又叹道："乱我家者，太子也！"[1]从此汉宣帝开始疏远太子，认为太子是个"眩于名实"的俗儒书呆子，而宠爱另一个儿子淮阳王刘钦，认为他为人明察秋毫，且重视法治，与自己很相似，更适合当接班人；他又特别宠爱刘钦的母亲张婕妤，于是有意立淮阳王为太子，替代刘奭，但由于念及民间时的结发妻子许平君，最终还是不忍心废除太子。

黄龙元年（公元前49年）十二月，在位25年的汉宣帝因病于未央宫去世，年仅42岁，他没有选择祖先所在的渭水以北的咸阳

1 《汉书》卷9《元帝纪》。

原作为自己的长眠之地，而是选择了他少年时代经常游玩以及与许平君成家的地方——长安南郊的杜陵。临终前，他任命侍中乐陵侯、外戚史高为大司马、车骑将军，太子太傅萧望之为前将军、光禄勋，少傅周堪为光禄大夫，让他们三人一同到禁中受遗诏辅政，领尚书事。太子刘奭即位，即为汉元帝。至此，汉宣帝中兴的一页翻了过去，西汉盛世也走到了尽头。

汉宣帝生前亲自为许皇后和自己选择他们当年生活过的地方作为陵园。依照汉朝制度，一帝一后需同陵园但不同穴合葬，按人情常理，汉宣帝应该与结发的许皇后合葬，但事实上，许皇后的少陵在杜陵以南直线7千米外，与汉宣帝合葬的是第三任皇后王氏。2 000多年了，没人能解释这样不合情理的布局。我曾去现场考察，汉宣帝的杜陵虽然高不到30米，但由于建在杜陵原的顶部，是长安与秦岭之间的制高点：既不像汉武帝茂陵那样霸气恢弘、不管不顾，远远超过太祖汉高帝的长陵，但南侧面向秦岭，借着地势，又显得非常高大雄伟，其东侧500多米略低处就是王皇后陵。站在少陵原顶的许皇后陵上，向北眺望，正可见远处高大杜陵原顶上的汉宣帝陵，而不见王皇后陵。2 000多年来，这一对平民结发夫妻占据了长安南郊的两个制高点，遥遥相望，但同时又给了皇太子的养母，皇帝特别选择的没有亲生子女的王皇后应有的尊重与待遇。2 000多年后，汉宣帝刚柔相济、讲究平衡的缜密心思终于暴露无遗。

几十年后，汉宣帝宠爱的孙子汉成帝刘骜曾问刘向哪一个皇帝可与汉宣帝治理国家的能力相比。刘向回答："中宗之世，政教明，法令行，边境安，四夷亲。单于款塞，天下殷富，百姓康乐，其治过于太宗之时，亦以遭遇匈奴宾服，四夷和亲也。""中宗"为汉宣帝的庙号，"太宗"为汉文帝的庙号。刘向认为汉文帝和汉宣帝在内政方面同样出色，但汉宣帝时匈奴臣服，因此武功要超过汉文帝；刘向又认为汉文帝在节俭自律，对大臣的宽容度方面要超过汉宣帝；但“如其聪明远识，不忘数十年事，制持万机，天资治理之材，恐文帝亦且不及孝宣皇帝”[1]，即汉宣帝的个人政治素质要超过汉文帝。刘向的评价是客观中肯的。

东汉著名的政论家崔寔认为：“（治理天下）严之则治，宽之则乱。何以明其然也？近孝宣皇帝明于君人之道，审于为政之理，故严刑峻法，破奸宄之胆，海内清肃，天下密如（太平安定）。荐勋祖庙，享号中宗。筭计（政治谋略能力）见效，优于孝文。”[2]即汉宣帝深知治理天下的要诀，他的政治谋略与执行力很强，因此天下太平。但崔寔的评论只提及汉宣帝严刑峻法的一面，而未提及他多次免除全国的赋税，制定“亲亲相隐”的司法原则等的仁政一面。只有将汉宣帝施行仁政、严刑峻法这两方面的执政理念结合在一起，才能理解“汉家自有制度，本以霸、王道杂之”这句话的深意：既实行霸道，用法家的治国理念治理国家，以严刑峻法对待犯法的官僚、贵族、地方豪强以及普通民众；又实行王道，轻徭薄赋，让利于民，并提倡道德教化，宽严相济，只有这样才是在法治、秩序下真正的仁政。

班固对汉宣帝赞赏有加：“孝宣承统，纂修洪业，亦讲论六艺，招选茂异，而萧望之、梁丘贺、夏侯胜、韦玄成、严彭祖，尹更始以儒术进，刘向、王褒以文章显，将相则张安世、赵充国、魏相、丙吉、于定国、杜延年，治民则黄霸、王成、龚遂、郑弘、召信臣、韩延寿、尹翁归、赵广汉、严延年、张敞之属，皆有功迹见述于世。”[3]他认为汉宣帝时期人才之盛仅次于汉武帝时期。盛世是由人才创造的，没有了人才，一切都是空谈，这是衡量是否盛世最重要的标准之一，当然，人才也是评价领导能力最重要的标准。班

---

1 （东汉）应劭《风俗通义》卷2《正失·孝汉文帝》。汉宣帝的庙号“中宗”为西汉末年汉平帝所上，成帝时期的刘向不会知道这个庙号，应为应劭所改。

2 《后汉书》卷52《崔骃列传》。

3 《汉书》卷58《公孙弘卜式兒宽传》。

固认为汉宣帝统治时期是一个中兴时代："孝宣之治，信赏必罚，综核名实，政事、文学、法理之士咸精其能，至于技巧工匠器械，自元、成间鲜能及之，亦足以知吏称其职，民安其业也。遭值匈奴乖乱，推亡固存，信申威北夷，单于慕义，稽首称藩。功光祖宗，业垂后嗣，可谓中兴。"[1]

1 《汉书》卷8《宣帝纪》。

# 第九章

# 乱我家者，太子也：家天下的悲哀

汉元帝改变西汉严厉打击豪强、官僚的国策，废除了“实陵邑”的制度，再加上他本人“优游不断”，执政能力低下，强汉终于开始走下坡路。更糟糕的是，之后的继承者一蟹不如一蟹，甚至出现了堪称汉元帝第二的王莽。他所进行的理想主义激进改革，最终致使天下大乱。西汉是唯一被“和平演变”颠覆的朝代，其中原因令人深省。

## 第一节　明犯强汉者，虽远必诛

### 1. 矫制远征康居，斩首单于

呼韩邪单于向汉臣服后，他的哥哥郅支单于仍旧敌对自立，因为害怕汉朝，率众西迁，先是兼并匈奴支部，又击破乌孙、乌揭、坚昆、丁零等国，并定都于坚昆故城。由于怨恨汉朝支持呼韩邪单于，所在距离汉地又遥远，郅支单于逐渐开始对汉朝不恭敬，常常借故困辱汉朝使臣。汉元帝初元四年（公元前45年），郅支单于派使臣前往长安，要求作为人质的儿子回国。朝廷想派遣卫司马谷吉送郅支太子回国，但御史大夫贡禹等人认为郅支单于所在绝远，又未表归化之心，建议朝廷使者送郅支太子到边塞就可以。谷吉上书说："中国与夷狄的恩义绵延不绝，现在他的太子已经在汉朝十年，养育之恩甚厚，如果不把他送到老家，有弃捐不顾之意，会令他们失去向化汉朝之心。万一匈奴杀了我，肯定会畏罪远逃，这样一来我国边境就会安宁清静。死掉一个使臣而使百姓安乐，这也是我心所愿。"汉元帝以谷吉上表宣示群臣，贡禹等人仍坚持以为不可，认为谷吉前去匈奴王庭，肯定会为汉朝滋生事端。右将军冯奉世却认为可行，于是汉元帝就派谷吉等人出使匈奴。不想谷吉等人千里迢迢将太子送回匈奴王庭后，郅支单于不但不领情，反而想起这几年汉朝偏袒呼韩邪单于，一怒之下杀了谷吉等人，又害怕汉朝报复，因而率众向西，直奔中亚草原的康居国。康居国王和郅支单于互相嫁女，成为姻亲，康居国王原是想狐假虎威，假借郅支单于的影响威吓邻国。郅支单于多次借康居兵攻打乌孙，杀掠抢劫，乌孙不敢抵抗，致使边境千里无人居住。郅支单于打胜仗后更加骄横无礼，寻衅杀害康居国王的女儿、贵臣及数百民众，有的杀掉后甚至肢解，投入河中；又强迫康居国人替他建筑城防，遣使威胁阖苏、大宛等国给他进贡。汉朝三次派使臣向郅支单于索取谷吉等人的遗体，郅支单于不肯，并且困辱使者，百般欺骂。

建昭三年（公元前36年），甘延寿、陈汤分别担任西域都护、副校尉，奉命前往西域。陈汤为人深沉智勇，"多策谋，喜奇功"[1]，每过城邑山川，都要极目远眺，考察地形。到达西域都护治所以后，陈汤对甘延寿说："畏服强者是夷狄的天性。西域本来就是匈奴的地盘，郅支单于又威名远闻，不时侵陵乌孙、大宛等国，又常常为康居国出谋划策、四处劫掠。假设他哪天灭掉乌孙和大宛，挟众四处扩张，数年之间，那些向汉朝进贡的城郭国家肯定都会被他灭掉。而且郅支单于为人剽悍凶猛，喜好征伐，且屡战屡胜，若长久

1 《汉书》卷70《傅常郑甘陈段传》。

姑息，以后必为大患。郅支单于所在虽绝远，但匈奴传统上没有坚城劲弩的守备，如果我们调发屯田兵士，加上乌孙国士兵，出其不意，直攻其城，他定然无处可逃，即使守城也不足以自保，千载之功，一朝可成。”甘延寿觉得陈汤的话很有道理，想上奏朝廷请求发兵。陈汤说：“朝廷那些公卿大夫议事只会空谈，肯定不会依我之计。”但甘延寿坚持要上奏。正巧那些日子甘延寿因生病不能处理事务，陈汤就假借朝廷名义征发了西域各城郭士兵及屯田的汉军。直到城外大军调动纷纷，甘延寿才惊觉，想出外制止，陈汤大怒，按剑怒叱甘延寿：“大队人马已经集结，你小子敢阻挡众军吗？”甘延寿无可奈何，就依势一起勒兵行阵，并增加扬威、白虎、合骑3个纵队，大军共有4万多人。与此同时，他们又上书朝廷，弹劾自己矫制擅自出兵，并奏明了军队的情况。

4万大军分为6队，3队从南道越过葱岭直向大宛，另外3队从北道入赤谷，经过乌孙，到达康居国境。大军在行进中遇到了康居副王带领数千骑人马侵掠赤谷城，他们不仅抢夺到了大批畜产，还常常侵袭汉军。陈汤命所部西域联军进攻康居副王，杀死敌军400多人，夺回了被康居副王俘虏的赤谷城民，将俘获的牛、羊、马等作为军粮。到达康居东界后，陈汤、甘延寿又严禁汉军抢掠当地人，并与当地的康居首领饮酒为盟，谕以威信。汉军势如破竹，一直到距单于城60里才停军立营。当地的康居人因为怨恨郅支单于的残暴，将城内匈奴人的实情尽数告知陈汤。第二日，大军又前行30里，扎营待命。直到此时，郅支单于才知道汉兵已在眼前，他十分慌张，立即派遣使臣前去询问汉兵为何而来。陈汤回答道：“天子可怜单于远弃国土，屈身于康居境内，现在派西域都护前来迎接单于一家回去，怕惊动单于，所以没有直接抵达城下。”双方使节如此往来问答数次。甘延寿、陈汤认为时机已到，攻城准备工作就绪，就责备郅支单于的使臣：“我们为单于远道前来，至今没有名王大人前来拜见听命，郅支单于怎么如此无礼！我们兵来道远，人畜疲惫，军粮将耗尽，恐怕这样子回不去了，希望单于与大臣尽快商议，回复我们。”

第三天，汉军前进，大军直抵郅支城都赖水边，在距城3里远的地方安营布阵。只见单于城上遍布五彩旗幡，数百人于城上披甲站立，又有百余骑在城下来往驰骋，炫耀兵威。城门口还有百余步兵摆鱼鳞阵，操练演习。城上的人还不停向联军挑衅："前来进攻！"如此迹象，反而暴露出郅支单于的胆怯和心虚，这就像人走夜路大声叫喊，不过是给自己壮胆罢了。正观望间，匈奴骑兵百余人朝联军阵前驰来，汉军将弩机瞄准来人，匈奴兵立即掉转马头跑了回去。陈汤下令，向城门口的骑兵步兵放箭，吓得那些人都跑回城中。甘延寿、陈汤亲自击鼓，诸军立时一齐向前冲，直扑城下，穿堑攻城，劲弩数发，城楼上的披甲兵士不得不跑往楼下。由于土城外有木城，匈奴兵从木城栅格中向外射箭，汉军伤亡不少。联军又纵火烧掉木城，数百骑匈奴兵禁不住大火灼烧，趁黑天向外逃窜，全部被迎头射杀。

起初，郅支单于知道汉兵到来的消息时，本想逃跑，但他怀疑康居人因怨恨自己而做了汉兵的内应，又听说敌国乌孙及其他城郭国都出兵帮助汉人征伐自己，认为根本无所逃遁。当时他已经带人出城，思前想后，决定回城坚守，对左右说："汉兵远来，不能久攻。"郅支单于身披甲胄，在城楼上指挥，他的几十个妻妾也很英勇，都操弓向汉军射箭。汉军同样矢发如雨，一支箭不偏不倚，正中郅支单于鼻子，他的几十个妻妾也死伤殆尽。郅支单于勉强支撑下城，随即骑马逃入内城。到了半夜，木城被联军攻陷，守城匈奴兵向城外高声大呼，当时还有亲匈奴的万余康居骑兵绕城环行，声援匈奴。黎明时分，四面火起，汉军士兵大呼登城，锣鼓之声惊天动地，汉军推着攻城车攻进土城中。见势不好，康居兵仓皇逃走，汉兵攻入内城，到处纵火，郅支单于在格斗中被杀，脑袋被汉兵杜勋一刀割下。此次战役共斩单于阏氏、太子、名王以下1 500多级，生俘145人，投降1 000多人。

大胜之后，甘延寿、陈汤给汉元帝上疏："臣闻天下之大义，当混为一。匈奴呼韩邪单于已称北藩，唯郅支单于叛逆，未伏其辜，大夏之西，以为强汉不能臣也。郅支单于惨毒行于民，大恶通于天。臣延寿、臣汤将义兵，行天诛，赖陛下神灵，阴阳并应，陷阵克敌，斩郅支首及名王以下。宜悬头槁街于蛮夷邸间，以示万里，明犯强汉者，虽远必诛！"[1]这次胜利，结束了西汉与匈奴的百年战争，汉匈交战以来，汉军第一次阵斩单于，为受辱遇难的汉使报仇雪恨，提高了汉朝在西域各国的威信。

但当朝的丞相匡衡、中书令石显对陈汤都有意见，痛恨他矫制，而陈汤又一贯贪婪，违背法令，私自将缴获的战利品运回了塞内。司隶校尉命令属下查处此事，陈汤上疏说："臣与吏士一同诛杀了郅支单于，天幸能够万里回师，应当有使者一路慰劳。但如今司隶校尉反而关押士兵、查验所获，分明是为郅支单于报仇。"汉元帝立即命令不要查处，而且命令地方官在沿途准备酒食犒劳军队。陈汤回到长安后论功行赏，石显、匡衡认为："甘延寿、陈汤擅自矫制兴师，不诛杀已是侥幸，如果还要封爵赐土，那么后来者定然会为了立功而在蛮夷之地生事，如此将为国招难，不可开此先例。"汉元帝在内心认可甘延寿、陈汤的功劳，但他又看重匡衡、石显的意见，因此久议不决。

宗正刘向高度评价甘、陈二人的功绩："总百蛮之君，揽城郭之兵，出百死，入绝域，遂蹈康居，屠五重城，搴歙侯之旗，斩郅支之首，悬旌万里之外，扬威昆山之西，扫谷吉之耻，立昭明之功，万夷慑伏，莫不惧震。呼韩邪单于见郅支已诛，且喜且惧，乡风驰义，稽首来宾，愿守北籓，累世称臣。立千载之功，建万世之安，群臣之勋莫大焉。"要求论功行赏。于是汉元帝下诏盛赞："匈奴郅

1 《汉书》卷70《傅常郑甘陈段传》。

支单于背畔礼义，留杀汉使者、吏士，甚逆道理，朕岂忘之哉！所以优游而不征者，重协师众，劳将帅，故隐忍而未有云也。今延寿、汤睹便宜，乘时利，结城郭诸国，擅兴师矫制而征之。赖天地宗庙之灵，诛讨郅支单于，斩获其首，及阏氏、贵人、名王以下千数。虽逾义干法，内不烦一夫之役，不开府库之臧，因敌之粮以赡军用，立功万里之外，威震百蛮，名显四海。为国除残，兵革之原息，边境得以安。然犹不免死亡之患，罪当在于奉宪，朕甚闵之！其赦延寿、汤罪，勿治。"[1]下诏让公卿商议他二人的封爵。参与讨论的群臣都以为应该按照军法，以捕获、斩单于的功劳封赏，但匡衡、石显认为郅支早已失国，逃亡他地，只是窃取了单于的名号，而并非真的单于。汉元帝想仿效安远侯郑吉的先例，折衷封二人为千户，但匡衡、石显仍然不同意，最终只好封甘延寿为义成侯，陈汤为关内侯，食邑各三百户，加赐黄金百斤。

甘延寿、陈汤的远征是中国古代军队到达的最西端，又一举消灭匈奴的统治阶层核心，第一次斩获单于，但竟然囿于两位执政大臣的私人恩怨和政见，久久不得封赏，最终只能降等封爵。汉元帝在这件事上又一次表现了自己优柔寡断的个性，虽然内心认可甘、陈的功绩，但被宠臣牵制，这在汉武帝、宣帝两朝是无法想象的，同时也表明长期重军功、效率、结果的汉家制度已经开始衰落。

### 2．昭君出塞与废边塞争论

郅支单于被汉军诛杀后，呼韩邪单于"且喜且惧"[2]，喜的是自己的死敌被汉军消灭，惧的是自己是否会成为下一个被诛杀的对象，于是上书表达了自己愿意经常前往长安谒见皇帝的心意。竟宁

1 《汉书》卷70《傅常郑甘陈段传》。

2 《汉书》卷94《匈奴传》。

元年（公元前33年），呼韩邪单于又一次获得了丰厚的赏赐，并请求成为汉朝的女婿，于是汉元帝将宫女王嫱（字昭君）赐予呼韩邪单于。昭君出塞与汉初的和亲性质截然不同，这是皇帝对臣服的匈奴单于的赏赐，而此前则是迫于匈奴武力威逼下的不得已。

呼韩邪单于欣喜之余，又要求永远为汉朝守卫从上谷以西至敦煌的边境，并请求汉朝罢去边境的边防军与军事设施以休养生息。汉元帝让大臣讨论，所有人都赞同，只有了解边境事务的郎中侯应反对，他认为“夫夷狄之情，困则卑顺，强则骄逆，天性然也”[1]，中国有道德教化，也有刑法牢狱，尚且还有诸多犯禁之人，匈奴单于难道能约束未经教化的部属不擅自入侵汉地抢掠吗？而且边境的障塞（汉长城）已经建了上百年，耗费了大量的人力物力，废弃之后，百十年内一旦有变，就很难再恢复了；而且让匈奴单于守卫汉朝边境，就会使他认为自己对汉朝有功，一定会有更多的要求，一旦不能满足，便会有不测的后果，这是开匈奴通汉之门，会动摇中国的根本。汉元帝听从了侯应的意见，下令不可再提罢边塞之事。

汉元帝在是否让匈奴守边的大政方针上力排众议，保持了清醒冷静的头脑，非常难得。80多年后，汉光武帝刘秀同意南匈奴称臣守边的提议，将他们安置在塞内（今华北、西北地区），此即后来“五胡入华”的源头之一，灭亡西晋的正是南匈奴首领刘渊，那时他的前辈族人已经在塞内居住了100多年，边塞早已失去了作用，一朝变生肘腋，根本无从防范。

后来唐太宗攻灭东突厥，想采纳文彦博的建议，将投降的突厥部众安置在河南（河套以南），遭到了魏征的激烈反对，他认为西晋江统要求将居住于中原的五胡逐出塞外，晋武帝不加采纳，结果数年之后五胡入华，西晋灭亡，晋惠帝被俘杀，造成了几百年的

---

1 《汉书》卷94《匈奴传》。

大分裂、大动乱，这就是前车之鉴。如果唐太宗要将突厥安置在河南，就是养兽自遗患。但唐太宗不听魏征的意见，将突厥安置在幽州（今北京市）至灵州（今宁夏回族自治区灵武市）一线。投降的突厥受到唐朝的优待，吸引了更多的游牧部落为了财物及内地居住权前来归附。凉州都督李大亮认为将这些游牧民族安置在京师附近，非常不安全，且“以中国之租赋，供积恶之凶虏，其众益多，非中国之利也”。果然不到十年后，贞观十三年（639年），唐太宗巡幸九成宫（位于今陕西省宝鸡市麟游县），突厥可汗的弟弟阿史那结社率夜犯御营，企图杀害皇帝未遂，击碎了唐太宗“天可汗”的幻梦，从此他不再信任突厥，下令将突厥遣返到河套以北，终于认识到“中国百姓，实天下之根本，四夷之人，乃同枝叶，扰其根本以厚枝叶，而求久安，未之有也。初，不纳魏征言，遂觉劳费日甚，几失久安之道”[1]。汉元帝虽有种种缺点，但在这一方面还是明智清醒的，超过了汉光武帝与唐太宗，更不用说晋武帝。

## 第二节　俗儒执政：优游不断的皇帝

### 1. 何谓“召致廷尉”

班彪的外祖父及其兄弟曾担任汉元帝的侍中，据他们亲闻亲见：“元帝多材艺，善史书（当时的一种书法）。鼓琴瑟，吹洞箫，自度曲（为歌谱曲），被歌声，分刌节度（调节音律），穷极幼眇（音乐微妙曲折）。少而好儒，及即位，征用儒生，委之以政，贡（禹）、薛（广德）、韦（贤）、匡（衡）迭为宰相。……然宽弘尽

1 《贞观政要》卷9《安边》。

下，出于恭俭，号令温雅。”[1]汉元帝是一位书法家、音乐家，又是一位好学的儒生，且对下属宽宏大量，生活简朴，为人温文有礼。如果是一个普通人，汉元帝善良、节俭、好学，而且兴趣广泛，多才多艺，喜欢游乐，在日常生活中或许人缘不错，个人魅力十足。但作为一个皇帝，汉元帝不仅“牵制文义”“优游不断”“柔仁好儒”，即性格软弱，反复无常，意志不坚定，缺乏决断力，而且身体虚弱、精力不济，不到40岁时，他的头发、牙齿就开始脱落。他不擅长处理政务，政治手段与战略规划更无从谈起，完全不是一个合格的皇帝，而是一个拘泥于儒家经典的书呆子。汉宣帝毕生的事业就毁在了他的手里，庞大强盛的汉朝在他手里开始走向衰落，知子莫如父，汉宣帝早就断言：“乱我家者，太子也！”汉元帝坚信俗儒意识形态，放弃了历代秉承的打击豪强、严管吏治、实陵邑、两手都要硬的霸、王之道等一系列重大的国策。

由于体质差，汉元帝经常生病，不能亲自处理不喜欢的政事，他以为宦官没有妻儿，没有背景，只会忠于自己，于是将中枢大政委托给久在中书任职、精通政务的宦官弘恭、石显二人，事无大小，都由石显向他汇报后决定，石显因此权倾朝野，百官都对他毕恭毕敬，连丞相韦玄成、匡衡，御史大夫贡禹也都畏惧依附他。石显洞悉汉元帝的内心，行为乖巧，内心刻毒，睚眦必报，经常以诡辩中伤、加害他人。前将军、顾命大臣、汉元帝的老师萧望之领尚书事执政，他知道石显专权为奸，认为不应该由受过宫刑的宦官执掌政务，但汉元帝不采纳他的建议。此时萧望之又得罪了史、许两家外戚，弘恭、石显便诬告他与光禄大夫、汉元帝的老师周堪及宗正（九卿之首，管理皇族事务）刘向结为朋党，诬陷大臣，离间亲戚，专擅权势，为臣不忠，污蔑皇帝无道，因此“请谒者召致廷尉”[2]。汉元帝竟然不明白公文术语“召致廷尉”就是逮捕下狱的意

1 《汉书》卷9《元帝纪》。
2 《汉书》卷78《萧望之传》。

思，同意了弘恭、石显的上奏。后来汉元帝想召见周堪、刘向，才知道他们已经被逮捕下狱，大吃一惊。汉元帝责怪弘恭、石显，命令释放周、刘二人并官复原职。但史高却认为汉元帝刚即位，还没有什么政绩，将师傅和九卿大臣逮捕下狱，此时又突然无罪释放、官复原职，无法向天下人交代，因此应该将他们免职。汉元帝居然就听从了这个建议，下令赦免老师萧望之无中生有的罪行，但撤销他前将军兼光禄勋的职务，并将周堪、刘向免为庶民。

此事足证汉元帝之昏庸与优游不断：作为皇帝居然连最重要的公文术语也不清楚，糊里糊涂逮捕了自己的两位老师以及位列九卿之首的大臣；事后发觉被骗，居然为了自己的面子，非但不承认错误，甚至撤销了无辜下狱大臣的职务。将一个不合格的人放在他不能胜任的岗位上真是一出悲剧，而且悲剧的力度与这个岗位的重要程度呈正比。英明的汉宣帝居然有这样一位糊涂、平庸的儿子，不仅证明基因、血统无法确保能力的遗传，而且也说明太子教育的失败——当了近20年的太子居然读不明白公文术语，只会按照儒家经典，照本宣科处理政事，实质上却重用宦官权奸，陷害忠直大臣，还自以为这就是所信奉的儒家“仁政”。萧望之、周堪这两位老师也有责任，他们用儒家经典教出了这样一位完全脱离现实的皇帝，结果自己反受其害。

汉元帝的昏庸、愚蠢还远未表演够。过了几个月，他念及师生恩情，封萧望之为关内侯，并想任命他为丞相。此时萧望之的儿子萧伋上书，为父亲下狱之事鸣不平。弘恭、石显趁机向汉元帝诬告萧望之曾经想排斥许、史二家外戚，专权擅朝，现在已经得到了爵位，却还不悔过服罪，深怀怨望，教唆儿子上书，将责任推给皇帝，他自以为是皇帝的老师，不会被治罪。如果现在不将他逮捕下狱，不能平息他的怨恨之心，以后也不能彰显皇帝的深恩厚泽。汉元帝反问：“老师一向刚直，怎么肯被逮捕下狱呢？”弘恭、石显回答：“人命关天，萧望之犯的只是言论上的小罪，不用担心他的性命。”于是汉元帝批准逮捕。弘恭、石显命人将逮捕令亲手交给萧望之，并派军队包围他的家。萧望之仰天而叹：“我曾经备位将相，如今已年过六旬，此时入狱，苟且偷生，何其鄙陋！”于是饮鸩自杀。汉元帝听说后大为震惊，拍掌说：“我之前就一直怀疑他不愿意坐牢，现在果然害死了我的好老师！”于是他拒绝进食，哀恸涕泣，责问弘恭、石显办错了事，却并不追究他们的责任。

汉元帝再次更深刻地表现了他政治能力之低下难以想象，做事首鼠两端，没有一点自我主张和判断力，被他人牵着鼻子尽情利用，多次被骗成为作恶的工具却不自知，这样的人竟然成为最高的执政者，真是这个政权的悲剧。汉宣帝念及夫妻之情而忘却执政大义，误己误国。选立太子并非单纯的家事，更是国事，不能以家事而害国事，这也是人治家天下制度的缺陷与命门所在。在这一点上，汉宣帝远不如他崇敬的曾祖父汉武帝英明果决。

## 2. 废徙陵：儒生士大夫利益集团的坐大

汉元帝是一位为人宽厚、却毫无政治能力的“滥好人”，他正是害死自己老师的凶手之一，因此他的“仁”只是一种对奸恶势力软弱、退让的无用之“仁”，而对于软弱群体和无辜者只能说是“凶残”。在位16年，他所施行的“仁政”也如同这件事一样，只能导致国家衰落，民众流离失所，并埋下了西汉灭亡的祸根。汉元帝喜好“儒术文辞，颇改汉宣帝之政”[1]，以儒学经典为施政蓝本，要求大臣行政、执法都要符合儒学经典的标准，于是一批长于空谈的儒生投其所好，纷纷出些迂腐的馊主意。汉宣帝担心“俗儒不达时宜，好是古非今，使人眩于名实，不知所守”的现象果然出现了，而汉元帝恰恰重视这些“俗儒”的意见。永光四年（公元前40

1 《资治通鉴》卷29《汉纪二十一》。

年），汉元帝下诏："安土重迁，是民众的本性，骨肉相依，是百姓的愿望。之前有人从为臣之道上奏提出，将百姓迁徙到陵邑居住，是令百姓远弃先祖坟墓，破产失业，与亲人分别，以致迁出者怀念家人，在家者思念远亲。现在东部虚耗，关中又有大批无业游民，这并非长久之计。《诗》言'民亦劳止，迄可小康，惠此中国，以绥四方。'如今我的陵刚刚开始修建墓，就不必设置陵邑了，让天下人都能安土乐业，不必担心迁徙流动。特此布告天下，让臣民都了解我的心意。"汉武帝、汉昭帝、汉宣帝时期一直迁关东豪强富民到关中陵邑居住，这是防止地方势力坐大、土地兼并、贫富差距加大的重要国策，居然就被这位书呆子、"滥好人"皇帝依据儒学经典《诗经》轻易废除。

徙陵政策被废除是与儒生执政形成了新的士大夫利益集团密切相关。由于当时还没有印刷术，儒学经典书籍掌握在少数的家族手中，他们垄断了儒学的传播，也就逐渐垄断了仕途。关东鲁国邹县（在今山东省邹县东南）人韦贤号称"邹鲁大儒"，以精通《诗经》闻名于世，他于汉昭帝时被迁徙至平陵，后于汉宣帝时任丞相封侯，是儒生利益集团的领袖人物，82岁时退休，去世后葬于平陵。他的小儿子韦玄成被迁徙到杜陵，他以"明经"（明习儒家经学，为汉朝选举官员的科目）发迹，又任丞相封侯。他们的家乡邹鲁因此流传一句谚语："遗子黄金满籯（竹器），不如一经"[1]，儒学已经成为求取功名利禄、在仕途上飞黄腾达的重要工具，而以军功封侯的汉武帝时代已经一去不复返了。韦玄成担任了7年丞相，临终前要求安葬于父亲的墓旁，被汉元帝批准。正是在韦玄成担任丞相期间，徙陵政策被废除。汉元帝时期，执政的是以精通儒学经典而发迹的关东儒生集团，他们本身就是地方豪强富民，自然反对严重损害自身利益的徙陵政策；他们以儒学理论、施仁政的幌子掩盖自

1 《汉书》卷73《韦贤传》。

身的经济利益，投汉元帝所好，致使以经术为施政准则的汉元帝又一次心甘情愿地上当受骗。汉元帝的太子老师、后任丞相的张禹、丞相匡衡都是以儒学走上仕途而发迹，变成家财亿万的大地主。司马光对汉元帝的评价是“甚矣！孝元之为君，易欺而难寤（悟）也”[1]。并认为他连中等的智力也不具备，可谓恰如其分。

西汉宣、元之际，儒术成为官方意识形态已近100年，四五代人的时间，培养了一大批真真伪伪的儒生，打着红旗反红旗，用原教旨的教条谋取自己的利益已经常态化。当时真能读得起书，举贤良做官的大多是中产以上，即使极个别如匡衡这样的底层，也都极为贪婪，上位后会变本加厉，兼并大量地产，成为著名的大地主。当时已经占据朝廷大多数要职的儒生既得利益集团最痛恨西汉反豪强的国策，一力反对、造势，正好撞上了刘家难得的俗儒书呆子汉元帝，他坏就坏在自己是真俗儒，真信经典书本上的那一套，事遂成矣。

废除徙陵政策的恶果很快就显现了。汉成帝鸿嘉二年（公元前19年），陈汤上书，建言恢复徙陵政策：“天下民不徙诸陵三十余岁矣，关东富人益众，多规（占据）良田，役使贫民。”[2]土地良田是有限的，既然被豪强富民所占，社会中下层的民众必然就会失去土地，成为流民。永光元年（公元前43年），关东地区大灾，人民流离失所，而汉元帝却要滞留于甘泉宫打猎，御史大夫薛广德劝谏：“窃见关东困极，人民流离。陛下日撞亡秦之钟，听郑卫之乐（淫曲），臣诚悼之（忧虑）。今士卒暴露，从官劳倦，原陛下亟返宫，思与百姓同忧乐，天下幸甚。”[3]民众在受苦受难，汉元帝每天却仍旧在从事自己的音乐活动，甚至还要游猎，他分明是在撞响西汉的亡国之钟。

1 《资治通鉴》卷28《汉纪二十》。

2 《汉书》卷70《傅常郑甘陈段传》。

3 《汉书》卷71《隽疏于薛平彭传》。

汉元帝是游移不断的才子（擅长音乐、书法、儒家理论）、糊涂虫、书呆子、儒家原教旨主义者。他的先祖汉武帝独尊儒术是用来欺骗别人的，他父亲汉宣帝名为儒生，但信奉霸、王之道，以严刑峻法驾驭官僚，而元帝竟然被山东儒生官僚欺骗，废除了徙陵邑这一汉家调控贫富差距的国策，导致流民四起，汉家统治的合法性严重动摇。

为了实行“仁政”，汉元帝奉行“轻刑”政策，减少了34种死罪，他的继承者在此基础上继续推进，结果导致盗贼越来越多，每年就有上万人。他们在首都长安所在的三辅横行，甚至火烧汉武帝的茂陵，在未央宫都能见到大火。陇西、北地、西河的盗贼，越州度郡，万里交结，攻取武库的兵器，劫略官吏，皇帝下诏书征讨围捕，却连年不获。当时天下并没有战乱，而盗贼却如此猖獗，其中至少有部分原因是汉元帝及其继承者们为了施行所谓的“仁政”而盲目减刑，结果反而导致奸恶作乱，祸害善良守法的民众，形成了动乱，受害者远超过减刑前的死刑犯，这是对汉元帝所谓“仁政”的莫大讽刺。

## 3．孝宣之业衰焉：霸、王之道的丧失

汉武帝与汉宣帝之所以是杰出的政治家，一个重要的原因是他们均不为任何利益集团所左右，而且动用严刑峻法有效遏制、打击了既得利益集团，防止他们坐大威胁政权，以缓解贫富差距与阶级矛盾。他们是超越一切利益集团的最高政治存在，代表的是刘氏汉朝政权的最根本、最长远的利益，而不是功臣、平民精英、外戚或其他集团的代表、工具。“不别亲疏，不殊贵贱，一断于法”，法家的“霸道”是汉武帝、汉宣帝用来对付官僚、贵族、地方豪强等既得利益集团最有力的武器。汉宣帝时期，儒生士大夫集团、外戚与中书宦官形成三股互相制衡的政治势力，而皇帝本人凌驾于其上，

进行操控，但政治能力低下的汉元帝不仅不能遏制既得利益集团的势力，而且在不知不觉间沦落为关东儒生集团、地方豪强的政治利益代言人，成了被他们操控的工具，却还自以为是在按照儒学经典统治国家。放弃"霸道"，施行所谓的"王道"，也就放弃了对官僚、贵族、地方豪强等少数人组成的既得利益集团的有力制约，使得他们的利益可以不受约束地扩张，结果对占绝大多数的社会中下层民众的利益却损害最大，这与汉元帝想要施行所谓仁政的初衷背道而驰。设想一下，如果汉文帝、景帝之后，不是汉武帝、宣帝，而是汉元帝这样的人直接继承皇位，那么不仅不会出现西汉盛世，甚至会将文景之治的黄金年代直接带入衰世的深渊，西汉盛世的不可复制性，就在于此。崔寔认为治国就像照顾人的身体，健康时注意调养即可，生病的时候就需要治疗。刑罚就是治理乱世的药物，道德教化则是太平时代的食物。如果用道德教化治理乱世，就是用谷物、肉类来治病；用刑罚来治理太平盛世，就是用药物来取代食物。与"严刑峻法，破奸轨之胆"的汉宣帝恰恰相反，汉元帝"多行宽政"，丧失了权威，结果"权幸之臣有罪不坐，豪猾之民犯法不诛；仁恩所施，止于目前；奸轨得志，纪纲不立"[1]，普通中下层民众成了豪强欺压、剥削的对象，国内阶级矛盾激化，诚如其父亲预测的那样，汉元帝是一位"乱我家者"的"汉室基祸之主"[2]。

西汉强盛的重要原因就是文、景、武、宣诸帝均能以法家的"霸道"驾驭执政团队，打击既得利益集团，有功必赏，有罪必罚，纲纪严明，政策、方针、战略规划能够在各级政府管理层面得到切实有效的落实、执行，而不是政令不出未央宫；他们不为任何利益集团操控，而是凌驾于各利益集团之上，所有集团只是他们用以操控的工具；他们的首要目标是维护汉家天下的江山能够长久稳定，

---

1 《资治通鉴》卷53《汉纪四十五》。

2 《后汉书》卷52《崔骃列传》。

繁荣昌盛，一切妨碍这个目标的个人或集团都会被他们无情消灭；无论“霸道”“王道”都只是他们执政的手段，根据实际的形势和目标，他们有时侧重于“霸道”（汉武帝），有时侧重于“王道”（汉文帝、汉景帝），有时两者平衡使用（汉宣帝），但无一例外，他们全部是两者并用。与之相比，因为政治能力低下，汉元帝不明白没有“霸道”就没有“王道”，“霸道”是“王道”能够有效实施的最基本前提和保证；没有了“霸道”，强势的既得利益集团就会贪婪蚕食弱势群体的利益，会导致贫富悬殊加剧，阶级矛盾激化，损害政权的根本利益，最终导致社会动荡，甚至全面崩溃内战，率兽食人，这时候哪里还有“王道”？这就是以霹雳手段施菩萨心肠的真实含义。

汉宣帝考核官员强调以实际的行政能力与政绩为准，而汉元帝以经治国，强调以经取士，读经成为做官显贵的捷径和工具，有行政能力的人因不读经而无法得到重用，而熟读经书者往往没有行政能力。那些投机钻营的所谓大儒，如韦玄成、匡衡之流，不仅没有行政能力，还依附、投靠宦官，谋取个人利益，却被重用，担任丞相。王夫之评价汉元帝重用儒生：“盖孱主、佞臣惩（担心）萧（望之）、周（堪）、张（猛）、刘（向）之骨鲠，而以柔惰销天下之气节也。自是以后，汉无刚正之士，遂举社稷以奉人，而自诩其敦厚朴让之多福。”[1]

大臣京房曾当面对汉元帝的统治有过一段直率的描述：“《春秋》记载了242年的灾异以昭示万世的君主。如今自陛下即位已来，日月失明，星辰逆行，山陵崩塌，泉水满涌，地震频频，天降陨石，夏日有霜，冬雷阵阵，春花凋残，秋草向荣，陨霜不杀，旱涝交叠，螟虫纷飞，人民饥馑，多所染疫，盗贼不禁，刑人满市，《春秋》所记载的灾异已然尽备。陛下认为今日是治世还是乱世？”汉

1 （清）王夫之《读通鉴论》卷4《汉元帝二》。

元帝再愚蠢，也知道自己治下已经乱象丛生，对此只好承认："已是极乱之世。但这是什么原因呢？"京房又问："那你现在重用什么人？"汉元帝回答："现在的世道似乎比周幽王、秦二世时期要强，可能不是因为这个人作恶导致的。"京房回应道："以前的乱世之君也都是像你这样认为的，但臣恐怕后人看今日，就像今人看以前的乱世一样。"汉元帝良久才答："那为乱的祸首是谁？"京房回应道："明主自己应该知道。"汉元帝回答："我不知道，如果知道，我为何还用他呢？"京房回应道："你最信任的、一起谋划国事的那人就是祸首。"汉元帝明知道京房说的就是中书令石显，但只是回答："我已经知道了。"非但没有任何举措，甚至最后京房与汉元帝的老师周堪及其弟子张猛都被石显迫害致死。

汉元帝的昏聩在此段对话中又一次表露无遗，明知是衰世、乱世，明知自己用人、为政不当，却不能纠正，甚至像京房这样直言敢谏的大儒也因此被迫害而死。当时的乱象既是天灾，更是人祸；天灾不可避免，当时正值气候从温暖期转向寒冷期，灾害频繁，但人为努力可以减轻后果，反之则可以加剧。汉元帝时期糟糕的吏治，低下的效率已经无法应付这些天灾，而被地方豪强兼并土地的流民更是无法抵御这些天灾。

不能说汉元帝不希望将天下治理好，这毕竟是祖宗留给他的天下，他还要传给子孙，他对此担负着最终的无限责任。在位期间，他几乎年年下诏公开反省、自责，称自己"治有大亏，咎至于斯。夙夜兢兢，不通大变""朕战栗恐惧，不烛变异，咎在朕躬""咎在朕之不明，无以知贤""咎至于此，朕甚自耻"……[1]不能否认这些自责是发自内心的，态度是真诚的，他也确实有过一些减免民众负担、救济灾民的措施，但实在是因为能力问题，他也只能浑浑噩噩地混下去，完全无力挽回颓势。他徒劳无用的罪己诏，也许开始还

1 《汉书》卷9《元帝纪》。

能博得同情和谅解，但长此以往，只会使人麻木、厌烦，沦为廉价的作秀，损害自身以及政权的威信，让民众觉得他是一个无能的滥好人，并对汉家江山的合法性产生深深的质疑。一个政治家只有良好的政治意愿却没有实现的能力是没有用的，甚至还会带来灾难，通往地狱之路往往是好心铺就的。作为政治家，能力是首要的条件，像汉元帝这样只会空谈仁政，结果反而害国、害民，这真是一场悲剧，西汉盛世不可救药地毁在了他的手里。

竟宁元年（公元前33年），在位16年的汉元帝终于去世，摆脱了让他痛苦的皇帝职位。深受祖父汉宣帝宠爱的皇太子刘骜继位，即为汉成帝。他的舅舅王凤任大司马、大将军领尚书事。汉成帝仪表堂堂、外表庄重，说话慢条斯理，临朝少言寡语，状不可测。这位表面"尊严若神"的年轻皇帝实际上却是一个耽于酒色的草包。他的母亲皇太后王政君家一门十人封侯，五人任大司马秉政，王氏逐渐取代刘氏成为西汉实际的最高统治者，汉成帝已经成了傀儡。汉元帝、汉成帝及其后的汉哀帝、汉平帝一蟹不如一蟹，他们不仅无法挽回颓势，而且由于拙劣的表现，经济危机反而越发加剧，进而演变成了政治危机，完全失去了对局势的掌控。王家的崛起也是偶然，当年还是太子的汉元帝丧偶，终日痛苦不堪，父亲汉宣帝特意准备了一群美女让他挑选，他根本没有兴趣，头也不抬，随手指了一位，就是王政君，她后来生下了嫡长子汉成帝，而且非常高寿，活了80多岁，一直活到西汉灭亡，扛死了汉朝，确保了王家势力经久不衰。

整个社会从高层到底层，都普遍对汉朝失去了信心，当时官方意识形态儒家学说的禅让理论与"汉家尧后，有传国之运"[1]的社会舆论也越来越盛行，朝野上下甚至包括部分皇族宗室也认为刘姓汉室已经无法有效处理政治、经济危机，必须要禅让给贤人才能解民

---

1 《汉书》卷75《眭两夏侯京翼李传》。

之困苦，重现太平盛世。此时王氏家族的最后一任大司马王莽不仅已经掌握了汉朝最高权力，而且拥有崇高的儒家道德威望，生活简朴，乐善好施，救助灾民，甚至处死了杀奴仆的儿子，成为朝野上下心目中的大救星。在这种背景下，王莽非常轻易地篡夺了汉朝政权，称帝建立了新朝。西汉是中国历史上唯一被意识形态忽悠灭亡的朝代，而西汉恰恰又是最强大的朝代，一直到末年，仍然是亚洲大陆的绝对霸主，因此著名学者王夫之感喟："故国恒以弱丧，而汉以强亡。"[1]

王莽篡汉的野心早就一目了然，却无人能阻止，一方面在于汉成帝、哀帝、平帝三人都先后绝嗣，中央政权不稳，天下对汉家的信心丧失；另一方面在于此时已经没有汉初强大的刘姓诸侯存在。元、成、哀、平四位皇帝竟然连续三代绝嗣，元帝也因此彻底绝嗣，而汉宣帝的曾孙却多达53人，玄孙23人，枝繁叶茂，换任何一个人上来也比这祖孙四代强，在传统中国，皇统绝嗣意味着人心散尽，政权将终，真可谓天亡汉家。汉宣帝当时没有下定决心换太子更是失策，当然他无论如何也没有想到自己的孙子、曾孙、玄孙竟然如此不堪，他宠爱的孙子汉成帝为了确保赵飞燕生太子，竟然亲手杀害自己的儿子以致绝嗣。

汉初，汉高帝刘邦剪除异姓诸侯王，大封同姓子侄为王，"藩国大者夸州兼郡，连城数十"，这是吸取了秦朝不封诸侯，高度中央集权，一朝中枢有变（赵高篡权），立即土崩瓦解，占领百越的重兵集团却不回师救援的教训。汉初大封同姓诸侯，起到了积极的作用，最强大的齐王起兵，有效防止了吕氏篡汉。但随着各诸侯国的实力增强，血缘亲情逐渐疏远，汉廷中央与同姓诸侯的矛盾逐渐突出，最终酿成了吴楚七国之乱。随后同姓诸侯国的实力被严重削弱，汉武帝又实行推恩令，"自此以来，齐分为七，赵分为六，梁

1 （清）王夫之《读通鉴论》卷8《后汉恒帝九》。

分为五，淮南分为三。皇子始立者，大国不过十余城……作左官之律，设附益之法，诸侯惟得衣食税租，不与政事”，诸侯王失去了一切军政权力。到了汉末，王莽倚仗太皇太后王政君窃取了中央权力，而天下刘姓诸侯没有半点反抗能力，甚至为了保命“厥角稽首，奉上玺韨，惟恐在后，或乃称美颂德，以求容媚”[1]，早就失去了当初齐王、吴楚七国、淮南王、衡山王等起兵的勇气与能力。这个事实又一次表明，不存在永久有效的制度，任何制度都是写在纸上的，需要人来执行，人心的向背、变化都会直接影响到制度的效果，因此只有因时因地制宜才是最好的制度；同时也说明以史为鉴时绝不可以矫枉过正，因为各种势力此消彼长，如何平衡，存于一心，否则就会适得其反。这一悲剧在汉朝之后仍然继续，曹魏篡汉，吸取了汉朝的教训，不封同姓诸侯，结果被司马氏篡夺；司马氏又吸取了曹魏的教训，大封同姓诸侯，酿成了八王之乱，内战严重消耗了国力军力，内附的诸少数民族趁机起兵，五胡入华，西晋覆灭，这都属于矫枉过正、僵化的以史为鉴。

脱离现实，缺乏社会经验，只重视书本二手知识的人经常是“名词蛊”，即沉迷于各种概念、术语、口号、理论。语言的魔力是很大的，因为人们的思维就是建立在这些之上，而很少会进一步思考这些术语、概念、口号、理论本身是否正确、是否有适用范围，以及是否经过验证。社会、人文学科（它们不是可以重复检验、证伪的“科学”）根本不存在如牛顿三定律这样确凿无疑，可以经过反复证实、证伪，可重复性检验的理论，但社会、人文学科的从业者却喜欢将自己半真半假（塔尖上的大忽悠一般不会相信，中底层的信众门徒才会真信）信奉的理论上升为经典实验物理学理论一样不容置疑，这也是一种“欺世盗名”。所以这些学科经常会为一些观点争执几十年、上百年，而最终没有任何结果，原因就在于这些

1 《汉书》卷14《诸侯王表》。

争论的东西根本无从检验。中国古人对此也有深刻的认识，发明了名、实概念：名就是术语、概念、口号、理论；实就是实际情况。汉宣帝痛骂的“不达时宜，好是古非今，使人眩于名实，不知所守”：喜欢玩弄辞藻章句、术语、概念、口号、理论，将简单的事情复杂化、糨糊化，让人更分不清楚它们与实际的差别，无所适从，只能听他们的忽悠，一旦思考就必须遵循他们忽悠的概念、术语、理论，这样他们就掌握了话语权，可以浑水摸鱼，增加社会认识成本，突出自己的重要性，这是何足委任的“俗儒”的典型特征。王莽是比他姑父汉元帝更变本加厉的俗儒，他改变了全国地名，甚至将“匈奴单于”改为“降奴服于”，“高句丽”改名“下句丽”，导致与属国关系破裂，边境战争不绝。

王莽是原教旨儒家，真心相信西周的井田制、社会资源国有化是解决当前社会矛盾的关键，臆想通过全面复古，推行西周的制度来缓和社会矛盾，因此他推行了一系列激烈的社会改革，结果却得罪了社会各阶层，社会更加动荡，并直接导致了大规模内战，他从一位大救星迅速变成了一位大灾星。社会动荡，“人心思汉”，社会各阶层又开始思念汉朝的稳定、繁荣、强大，于是王莽又变成了篡汉的罪人，结果身死国灭。汉元帝废除实陵邑，贫富悬殊拉大，社会矛盾激化，积重难返；王莽想通过激进的改革解决，重新分配资源财富，托古改制，从儒家经典中寻找合法性，结果得罪了有产阶层，而贫穷阶层也没有获得利益，矛盾更加激化，导致天下大乱、全面内战。讽刺的是，王莽没能完成的使命，竟然由他的死敌绿林、赤眉完成了。他们和王莽明为敌人，实质是战友，都想要解决贫富悬殊、资源分配的问题，只是解决的代价极为高昂——数千万人死亡。

西汉经历了数代人不懈的努力、积累，休养生息70年，才有了汉武帝历经半个世纪的开疆拓土，扬国威于万里之外，又经过了汉昭帝、汉宣帝40年的用心经营才达到了极盛。盛世的建立非常缓慢、不易，但崩溃却极为容易、快速，经过汉元帝仅16年的低劣统治，西汉盛世已经开始崩溃，衰亡不可挽回。汉元帝之后仅42年，西汉就灭亡了。建设好一个系统总是艰难的，但一个系统的崩溃却总是容易的，西汉的历史是最好的例证。

# 下编

# 康乾

# 第一章

# 虽曰守成，实同开创

满洲、蒙古与辽东军事集团结成同盟入关，占领了明朝的全部疆土，但是满洲与辽东军事集团的同盟关系是脆弱的，二者爆发了内战；在平定三藩之乱后，清朝才真正确立了对中国的统治。在清军入关前后，沙俄入侵了黑龙江流域，康熙皇帝独排众议，决定出兵以拔除沙俄据点，以战迫和，签订了《尼布楚条约》，确立了对黑龙江流域的主权。与此同时，在中亚兴起的准噶尔入侵喀尔喀蒙古，并越过了清朝边境，康熙皇帝果断抓住时机，接受了喀尔喀的归附，多次出兵，击败准噶尔，彻底解除了威胁；随后他进一步出兵青海、西藏，控制达赖喇嘛，兴黄教以安蒙古，并将青海、西藏纳入版图。康熙皇帝“虽曰守成，实同开创”，他是清朝大一统王朝的真正创立者。

## 第一节　三藩之乱：满洲与辽东军事集团同盟的瓦解

### 1. 撤亦反，不撤亦反：决策的失误

初秋的京师（今北京市）黎明，一位身材高大，五官端正，双目炯炯有神，鼻尖略圆而稍显鹰钩状，仪表堂堂、威武雄壮、举止

不凡的中年人登上了新落成的太和殿宝座，接受文武百官的盛大朝贺。如果近前仔细察看，可以看到他的脸上有少许天花导致的痘痕，他就是庙号圣祖的清朝康熙皇帝玄烨。[1]这一天是康熙三十六年七月丁酉日，即公历1697年9月4日。此次朝贺有两大目的，一是庆贺平定了准噶尔部、征服了漠北喀尔喀部（包括今蒙古国）；二是庆祝遭焚毁近18年的太和殿重建终于完工。此时的康熙皇帝43岁，正值盛年，但已君临天下达37年之久。在他即位之初，清朝还没有包括漠北喀尔喀部，云南、贵州、广东、广西、福建等地还处于半独立状态，而在这一天，这些地区全部纳入了版图。

康熙7岁即位，一年后，清军在吴三桂的率领下俘获并杀害了逃往缅甸的南明永历皇帝朱由榔，标志着前明势力被彻底消灭，而占据台湾、金门、厦门一带的另一宿敌郑成功也已病故。但旧的敌人没了，新的敌人又很快产生，他们正是充当清军入关急先锋的汉人四藩，即驻守云南的平西王吴三桂、广西的定南王孔有德、广东的平南王尚可喜、福建的靖南王耿仲明。四人均是明朝的降将，后三位早在清太宗皇太极时期就投降了清朝，而吴三桂则是后来者居上，为清朝立的战功最大，被封为亲王，爵位最高，势力也最大。孔有德早在顺治九年（1652年）被李定国兵围桂林，自杀身亡，全家仅有其女孔四贞出逃，孔有德的余部则由其女婿孙延龄率领，仍然驻守广西，所以汉人四藩只余三藩。

自从康熙元年（1662年）南明势力被消灭后，汉人三藩就失去了作用，逐渐成了清廷的累赘，甚至造成威胁。三藩掌握重兵，属下有八旗军和绿营兵，他们的部将遍布陕西、四川、贵州等地，身居要职，还拥有当地的行政、经济大权。吴三桂不仅可以节制云、贵督抚，还可以任命文武官员，号称“西选”，“西选”官员遍布全国；他还可以采矿铸钱，号称“西钱”。吴三桂与西藏政权也保

1 康熙皇帝的外貌、气质见［法］白晋（Joachim Bouvet）：《康熙皇帝传》，《清史资料》第一辑，北京：中华书局，1984：193—252.

有联络，常常经西藏购买蒙古马匹，储存军械物资。尚可喜则掌握广州这一对外贸易口岸，每年获利高达数百万两白银。福建的耿精忠袭爵后，横征暴敛，并纵容属下侵夺民众的家业。三藩虽然掌握当地的政治、军事、经济大权，但每年仍然需要中央政府大量的补贴，顺治十七年（1660年），云南的俸饷900余万两，再加上闽、粤二藩的运饷，共需要2 000余万两，占当时全国财政收入的一半。三藩不仅是中央政府的沉重负担，更是严重的威胁。

面临着这种三藩实际上处于独立状态的严峻形势，13岁亲政的康熙皇帝将三藩、河务、漕运作为三件不得不处理的头等大事，“夙夜廑念，曾书而悬之宫中柱上”[1]，但是因为三藩手握重兵，不敢轻易撤藩。机会终于来了，康熙十二年（1673年）三月，平南王尚可喜上疏，称年过七十，精力已衰，愿意率领属下“两佐领甲兵，并藩下闲丁、孤寡老弱共四千三百九十四家，计男妇二万四千三百七十五名口”[2]，归老辽东家乡。康熙非常高兴，要求议政王大臣与户、兵二部讨论此事。讨论后，朝廷要求除留两镇6 000余名绿旗兵（又称“绿营”，汉人组成的军队）镇守广东外，平南王尚可喜属下全部人员撤离广东。四个月后，平西王吴三桂、靖南王耿精忠分别上疏要求撤藩，议政王大臣会议发生了分歧，以大学士索额图、图海为首的多数大臣反对撤藩，而刑部尚书莫洛、户部尚书米思翰、兵部尚书明珠等少数人主张撤藩，意见不一。但年仅19岁的康熙皇帝最终决定撤藩。康熙皇帝决意撤藩的原因并非是通常所认为的“三桂久蓄异志，撤亦反，不撤亦反。不若及今先发，犹可制也”[3],《清史稿》的这一段记载来源于嘉庆年间礼亲王昭梿的笔记《啸亭杂录》，仅是传闻，而《清实录》中的说法并非如此。

---

1 《圣祖仁皇帝实录》卷154。
2 《圣祖仁皇帝实录》卷40。
3 《清史稿》卷474《吴三桂传》。

康熙二十年（1681年），三藩之乱被平定后，湖广道御史何嘉祐上疏，要求给康熙皇帝加尊号，康熙皇帝拒绝了这个要求，理由是“前议撤三藩时，令议政王大臣等会议，言不可撤者甚多，言宜撤者甚少。朕决意撤回，乃吴三桂背叛，各处驿骚，兵民困苦。今蒙天地鸿庥，祖宗福庇，数年之内，幸得歼灭贼寇。若再延数年，兵损民困，则朕决意迁撤之举，何以自解耶”[1]？如果说康熙皇帝在这段话中还没有透露自己当时的决策失误，那么随后的一段话就很明显了。当群臣再次要求给康熙皇帝上尊号时，他又一次拒绝。康熙皇帝撤藩是担心“三藩俱握兵柄，恐日久滋蔓，驯致不测，故决意撤回”，结果“不图吴三桂背恩反叛，天下骚动；伪檄一传，四方响应。……忆尔时惟有莫洛、米斯翰、明珠、苏拜塞克德等言应迁移，其余并未言迁移吴三桂必致反叛也。议事之人至今尚多，试问当日曾有言吴三桂必反者否”[2]？显然，当时康熙皇帝以及所有大臣都没有预料到三藩会因撤藩而造反，因此“撤亦反，不撤亦反”只是后来为掩盖当时判断失误的人为编造。这些事实说明，以康熙皇帝为首的清朝中央政府严重低估了吴三桂的野心与胆略。

吴三桂是在明末清初残酷战争的血海中成长起来的一代枭雄，他的对手曾是康熙的祖父皇太极、叔公多尔衮等，而当时与吴三桂同辈的清朝开国功臣宿将，包括入关的八旗将士，已经全部凋零，这也是吴三桂悍然起兵造反的重要原因。康熙皇帝低估吴三桂，还有一个重要原因：撤藩的实质仅是将三藩所部调防至山海关至锦州一线的家乡，并分配田地、住宅，而非将他们撤职、罢爵，且吴三桂的独生子尚在京师充当人质。因此他没有预料到吴三桂并不想放弃他的既得利益，已经有了世袭割据云贵的野心，这是一个中央集权的政权绝对不能容忍的。撤藩导致反叛的事实也足以

1 《圣祖仁皇帝实录》卷98。
2 《圣祖仁皇帝实录》卷99。

证明撤藩的正确性，三藩与中央政府之间存在着不可调和的根本性矛盾；撤藩只是时机选择的问题，这一关迟早要过。康熙皇帝犯的错误是没能预料到撤藩导致反叛，没有预先做好充分的两手准备。

既然三藩问题迟早要解决，拖延并不是个好办法。虽然吴三桂当时已经60多岁，不久于人世，但可以像福建的耿仲明一样，由儿孙继位，三藩与中央政府之间对立的紧张关系仍然不可能化解。从这个意义上讲，早解决比晚解决好，因为三藩问题一天不解决，太平盛世一天不会到来，三藩就是三颗随时可能爆炸的炸弹，更何况当时谁也预料不到康熙皇帝能在位62年之久，如果换一个软弱无能的皇帝，情况会更加糟糕。

## 2. 平定三藩：盛世的开端

撤藩令下达后，吴三桂率先造反，他以反清复明为号，自称“总统天下水陆大元帅、兴明讨虏大将军”，兵锋直指湖南。从康熙十二年（1673年）年底至次年三月，吴军连陷沅州、常德、辰州、长沙、岳州、衡州等要地，而清军在军事上“处处无备”，“五千里无只骑拦截”，所经之地，诸府州县将吏非逃即降，湖南绿旗兵更是纷纷投降。这些事实证明中央政府根本没有预料到吴三桂造反，因此才处处被动，毫无准备。随着湖南、四川落入吴三桂之手，四川提督郑蛟麟，广西将军孙延龄、提督马雄，福建的靖南王耿精忠，占据台湾的南明延平王郑经（郑成功之子），陕西提督王辅臣，广东讨寇将军尚之信（尚可喜之子）、总督金光祖、提督严自明等相继反叛。他们或是吴三桂的旧部，或是前明降清旧臣，或是一直坚持的反清力量，在反清的大旗下联合起来，半壁江山易主，烽火燃遍大半个中国，清朝面临着入关以来最大的政治危机。面对此情此景，惊慌失措的群臣怪罪赞成撤藩的明珠、米思翰等人，但康熙皇帝却承担起了撤藩导致叛乱的责任，不肯诿过臣下。同样的情景在两千年前也发生过，而当时的汉景帝却采取了截然不同的做法，将逼反吴楚七国的责任诿过晁错，并将他残酷杀害，天真地幻想以此来平息七国的反叛；两千年后，年仅19岁的康熙皇帝表现得远比34岁的汉景帝有担当得多。

康熙皇帝调兵遣将，命令顺承郡王勒尔锦为宁南靖寇大将军，统率八旗军驻守战略要地湖北荆州，阻止吴军渡江北上；安西将军都统赫业、驻防西安的副都统扩尔坤率八旗军分别出师四川、汉中，防止吴军从四川进攻陕西，包抄京师。就在吴军进展顺利之际，吴三桂犯了一个战略性的错误，他没有命令军队乘胜北渡长江，向京师进军，或东下占领江宁（今江苏省南京市），断绝南北漕运，或西上占领四川、关中，却顿兵不前。他于康熙十三年（1674年）四月上奏，妄图与清朝划长江或黄河而治，这给了清军宝贵的喘息机会。康熙皇帝接到吴三桂的奏章后勃然大怒，将吴三桂的儿子、清太宗的额驸（清朝皇帝的女婿）、自己的姑父吴应熊及其子吴世霖绞刑处死，以示绝不妥协。吴三桂闻讯，知道只有拼死一搏，随即派兵攻打江西和陕西。这年年底，他的部下陕西提督王辅臣也杀了上司经略莫洛反叛，形势极为危急，康熙皇帝闻讯，甚至一度想要亲自坐镇荆州，指挥平叛。

与此同时，蒙古察哈尔部成吉思汗黄金家族的嫡系后裔、蒙古国最后一任大汗林丹汗的孙子布尔尼又发动叛乱，而此时“诸禁旅皆南征，宿卫尽空”[1]，连皇宫门口的警卫都是些孩子。如果不能及时平乱，蒙古骑兵几天内就可以兵临京师城下，这时的情势可以说是万分危急。康熙皇帝采纳了祖母孝庄太皇太后的建议，任用图海平叛。图海无军可领，因此奏请选八旗家奴中的健勇者数万人，由他率领这支以乌合之众组成的军队，星夜疾驰，突袭察哈尔，布尔

---

1 （清）昭梿：《啸亭杂录》卷2。

尼叛军猝不及防，被迅速平定，他本人被杀，清朝度过了最危急的关头。

吴三桂企图进军陕西，与王辅臣联手进攻京师，康熙十五年（1676年），康熙皇帝任命图海率军进攻陕西，击败并迫降了王辅臣，平定了陕、甘，吴三桂丧失了取胜的最后机会，可以说此时三藩之乱被平定只是时间问题，但这个时间拖得很长。由于清军统帅（普遍是官二代）的无能怯战，战争一直拖到康熙二十年（1681年）方告结束，长达8年的三藩之乱最终被平定，清朝消灭了原来的同盟者——辽东汉人军事集团，最终确立了对全中国的统治，长期稳定的和平终于来临，长达一个世纪的盛世也就此揭开了帷幕。

吴三桂起兵失败还有一个非常重要的原因，他行事太绝，当年为了向清朝表忠心，竟然不依不饶出兵境外，在缅甸俘获了南明的最后一任皇帝永历帝朱由榔，并在昆明将其绞死，这就断绝了利用“反清复明”这一最能激起汉人反清口号的可能性，丧失了绝大多数汉人的支持。这也算是他当年机关算尽太聪明。

## 第二节　统一台湾：耕凿从今九壤同

### 1. 郑经乃中国之人：两岸和谈

三藩之乱后，仅在台湾、澎湖还有残存的反清势力，即依旧奉明朝正朔的郑氏政权。此时郑成功之子郑经承袭了延平郡王的爵位，他积极参与三藩之乱，曾一度占领福建、广东的部分地区，失败后退守台湾、澎湖，并丢失了根据地金门、厦门。

清朝曾与郑经进行过九次和谈，但均未成功。郑经的首要目标是保持台湾的独立地位，因此他不断宣称台湾不是中国领土，但他又面临着清朝严重的军事威胁，因此做出妥协，欲向清朝臣服，但要依据清朝的藩属国朝鲜的先例，不剃发，不登岸，不易衣冠，仍由郑氏世代统治台湾。在康熙六年（1667年）的和谈中，郑经声称台湾“非属（中国）版图之中”；在康熙八年（1669年），郑经又强调台湾“于版图疆域之外，别立乾坤”，说台湾“远在海外，与版图渺不相涉”。康熙皇帝曾一度作出重大让步，允许郑氏封藩，世守台湾。郑经却仍然主张：“苟能照朝鲜事例，不削发，称臣纳贡，尊事大之意，则可矣。”这一点触及了康熙皇帝的底线，他答复：“若郑经留恋台湾，不思抛弃，亦可任从其便。至于比朝鲜不剃发，愿进贡投诚之说，不便允从。朝鲜系从未所有之外国，郑经乃中国之人。”[1]谈判因此最终破裂。

台湾郑氏集团的存在令清政府如芒刺在背，在一时无法消灭的情况下，清朝实行了长达几十年的“禁海令”。顺治十三年（1656年）六月，顺治皇帝敕谕浙江、福建、广东、江南、山东、天津地方官：“海逆郑成功等窜伏海隅，至今尚未剿灭，必有奸人暗通线索，贪图厚利，贸易往来，资以粮物。若不立法严禁，海氛何由廓清？自今以后，各该督抚镇，著申饬沿海一带文武各官，严禁商民船只私自出海，有将一切粮食货物等项与逆贼贸易者，或地方官察出，或被人告发，即将贸易之人，不论官民，俱行奏闻正法，货物入官，本犯家产尽给告发之人。”[2]“禁海令”的目的是封锁郑成功集团，而不是断绝中外贸易。禁海令实行5年后，效果并不明显，郑成功集团仍然可以从沿海地区获得各种物资，于是清政府采纳了原郑成功的部下、降将黄梧的建议，实行了更为严厉的“迁海令”，将江苏、浙江、福建、广东、山东、直隶（今河北省）六省的沿海居民迁离海边30里至50里，“寸板不许入海”，界外房屋村舍一律

---

1 中国科学院编：《明清史料·丁编（下）》，北京：北京图书馆出版社，2008.

2 《世祖章皇帝实录》卷102。

拆毁焚烧，制造出宽达几十里的无人区作为隔离带，“至是上自辽东下至广东皆迁徙，筑短墙，立界碑，拨兵戍守，出界者死”[1]。“禁海令”与“迁海令”给沿海居民带来了深重的灾难，背井离乡，家庭破产，原来繁荣的沿海地区变成了无人区，经济损失更是难以估量，沿海的渔业、盐业、海运贸易等完全废弃。对清朝来说，台湾问题一日不解决，海禁便一日不能开放，沿海地区便一日不能恢复，太平盛世更无从谈起。

康熙二十年（1681年），平定三藩之乱后，清朝政权终于统一、稳定，台湾问题才有解决的可能，而正在此时，台湾郑氏集团发生了严重的内讧。郑经去世，郑氏集团的实力派人物冯锡范、刘国轩联合发动政变，杀死掌握军政大权郑经的长子郑克臧，扶持他年仅12岁的弟弟郑克塽，实际权力掌握在了冯、刘二人手中，他们借机迫害异己势力，郑氏集团内部矛盾激化，人心涣散。在和谈过程中，清朝并没有放松招降，再加上经济封锁，郑经的部下纷纷投降清朝，前后高达20多万人，严重削弱了郑氏集团的实力。

在平定三藩的过程中，清朝恢复福建水师建制，并训练成了一支劲旅。康熙十九年（1680年），福建水师与陆军联合夹击，将东南沿海地区的郑氏集团军队全部驱逐。福建水师在收复东南沿海地区的作战中显示出的实力和作用，增强了清朝统治者实施海上军事行动和武力统一台湾的信心。此后，清政府改变了以往放弃沿海、守卫内陆的消极防御方针，将水师部队分别部署在金门、厦门、铜山、海坛（今福建省龙海市），随时准备对台湾郑氏集团采取军事行动。

### 2. 耕凿从今九壤同：澎湖一战定台湾

三藩平定后，康熙皇帝终于下了平定台湾郑氏集团的决心，他

1 （明）阮旻锡：《海上见闻录》卷2。

任用原郑成功父亲郑芝龙手下的大将施琅为福建水师提督，让他全权指挥对台作战，不加遥制，并且命令福建总督姚启圣只分工后勤事务，不得干涉前方作战。施琅熟知郑氏集团的内部情况以及水军战术，又擅长海战指挥，并对台湾海峡的水文气象非常熟悉。他凭借多年海疆活动积累的丰富经验和对海峡季风规律的掌握，决定在夏季六月渡海，因为冬季北风刚硬强劲，不利于船队的航行和停泊。澎湖之战，未必能一战而胜，一旦舰船被海风吹散，就很难再次迅速集结，发起二次进攻。夏季的西南季风则比较柔和，海上风轻浪平，清军船队可编队航行，官兵可免除晕眩之苦，也有利于船队集中停泊，实施下一步作战行动。同时，由于夏季多台风，不宜渡海，所以敌人防备定然松懈。此时发动攻击，可使敌人猝不及防，取得兵法所谓“出不意，攻无备”的奇效。为避开台风袭击，施琅选定夏至前后20余日为最佳渡海和作战时机，他凭借多年的航海经验判断，这段时间风浪最平和，台风发生的可能性较小。

康熙二十二年（1683年）六月十六日，施琅率领2万多军队，大小300条战船从铜山（今福建省东山岛）启航，乘着西南季风穿越台湾海峡，直接攻打郑军大将刘国轩率重兵防守的澎湖，经过七日激战，焚杀郑军官员300余人，士兵1.5万余人，郑军将军杨德等165名官员率领4 800多名士兵倒戈投降，击沉郑军大战船194艘，而此役清军损失甚微，仅阵亡329人，负伤1 800余人。澎湖一战全歼了郑军主力精锐，此时清军屯兵澎湖，暂停进攻，威慑台湾。为了贯彻“因剿寓抚”的战略方针，施琅派人向郑氏集团招降。施琅的父亲、兄弟为郑成功所杀，为了打消郑氏的疑虑，他作出了“断不报仇”的承诺，康熙皇帝对此非常赞许，并向郑氏集团颁布了赦罪敕谕，只要郑氏集团“悔过投诚，倾心向化”，并率领部下“悉行登岸”，就将赦免从前的“抗违之罪”，并且“从优叙录，加恩安插”。七月十五日，郑克塽派遣使者来到军前交赍降表文稿，要求率众返回大陆；八月十一日，施琅率领官兵自澎湖进发，十三日进入鹿耳门，在台湾登陆，占据台湾20余年的郑氏集团最终灭亡，施琅因功加授靖海将军，封为靖海侯，世袭罔替。

“地方千余里，户口数十万”的台湾是弃是守的难题，摆到了康熙皇帝面前。施琅认为“台湾有地数千里，人民十万，弃之必为外国所踞”[1]，因此上疏康熙皇帝，请求在台湾设置镇守官兵，康熙皇帝也认为“弃而不守，尤为不可”，因此于康熙二十三年（1684年）四月决定在台湾“设一府三县，设巡道一员分辖”[2]；又设总兵官一员、副将二员，率领士兵八千戍守，澎湖则设副将一员、士兵二千戍守，至此台湾正式纳入了清朝的版图，行政由新设置的台湾府管辖。

台湾被平定收入版图后，群臣再次请加康熙皇帝尊号，但康熙皇帝认为“加上尊号，典礼甚大。台湾属海外地方，无甚关系。……治天下之道，但求平易宜民而已，何用矜张粉饰。……朕但愿以平易之道，图久安长治，不愿烦扰多事”[3]，再次予以拒绝。康熙皇帝在中秋日闻台湾被收复，赋诗一首，题为《中秋日闻海上捷音》:“万里扶桑早挂弓，水犀军指岛门空。来庭岂为修文德，柔远初非黩武功。牙帐受降秋色外，羽林奏捷月明中。海隅久念苍生困，耕凿从今九壤同。”寓意今日终于九州统一。在台湾的郑氏集团被消灭后，原明朝版图内已经不存在有组织、有规模的反清势力，但在此时，来自欧洲的俄罗斯力量正在快速扩张，并入侵了遥远的黑龙江流域。

1 （清）施琅：《靖海纪事》卷下。
2 《圣祖仁皇帝实录》卷115。
3 《圣祖仁皇帝实录》卷111。

# 第三节　两个巨人的碰撞：从雅克萨到尼布楚

## 1. 决意命将出师：两战雅克萨

清朝在入关前已经征服了黑龙江流域，并将生活在那里的达斡尔、鄂伦春、虎尔哈等部族编入八旗。与此同时，俄罗斯成立了雅库次克督军管辖区，清崇德八年（1643年）雅库次克督军派遣波雅科夫率领132名哥萨克，第一次到达了黑龙江流域，趁着清军入关，俄军不断入侵，随后占领了达斡尔头人阿尔巴亚的驻地雅克萨（今俄罗斯阿尔巴金诺）、索伦部首领根特木尔的驻地尼布楚（今俄罗斯涅尔琴斯克），建筑城池作为重要的军事据点。清朝不断要求俄国拆除这两个据点，退出黑龙江流域，但均遭到拒绝。平定三藩之乱后，康熙皇帝决定收复黑龙江失地。康熙二十一年（1682年），趁着去盛京（今辽宁省沈阳市）谒陵的机会，康熙皇帝航行于松花江，巡视至吉林乌喇（今吉林省吉林市），并派遣副都统朗谈、彭春侦察雅克萨俄军的情势，筹划对俄作战。此次行程非常艰难，据彭春汇报："此次陆行自兴安岭以往，林木丛杂，途径窄隘，冬雪之时，沙结冰坚；夏雨，泥深淤阻，惟轻装可行。其途径皆为自古人踪不到之处。惟水程较易，自雅克萨还至爱鿍（瑷珲）城，于黑龙江为顺流，行舟仅须半月，两岸可纤挽；若逆流行舟，须三月，较陆行倍期，而于运粮炮为便"[1]，但他认为只需要3 000名士兵便可攻下雅克萨，康熙皇帝同意了这个意见。

---

1 （清）陈康祺：《郎潜纪闻初笔》卷2。

顺治年间清军曾击败过入侵黑龙江流域的俄军，但由于战后没有派兵戍守，结果俄军又卷土重来，因此康熙皇帝决定永戍黑龙江，只有这样才能彻底解决问题。他调遣乌喇、宁古塔兵1 500名，建造船舰，配备红衣炮、鸟枪，于黑龙江（旧城在今黑龙江省黑河市对面俄罗斯境内，新城在黑河市）、呼马尔（今黑龙江省呼玛县）二处建立木城，与俄军对垒，伺机进攻。所需的军粮由科尔沁十旗及席北、乌喇的官屯提供，再有士兵耕种屯田，可以解决后勤粮食问题。这一决定将清朝在东北的防线从乌喇、宁古塔（今黑龙江省宁安市）一线推进到黑龙江沿岸。进攻雅克萨的计划遭到了群臣的一致反对，他们认为征讨路途遥远，后勤保障极为困难，但康熙皇帝“不徇众见，决意命将出师，深入挞伐”[1]。后将永戍地改为比呼马尔地理位置更为优越的额苏里（今俄罗斯沃特德内西南），由新设立的黑龙江将军萨布素于康熙二十三年（1684年）分别派兵驻守，额苏里、黑龙江成为清军进攻雅克萨的军事基地。黑龙江将军驻地在黑龙江城（瑷珲），管辖齐齐哈尔以北，黑龙江上、中游，外兴安岭以南广大地区，松花江以东，黑龙江下游地区至日本海，则归宁古塔将军管辖。永戍黑龙江是重大的战略决策，只有这样才能保卫黑龙江流域的领土。为了确保驻守黑龙江沿线军队的后勤，还建立了一条长达5 000里的水陆运输线，起点在巨流河渡口（今辽宁省新民市），沿辽河、伊屯河（今伊通河）、松花江、黑龙江水陆联运。

以额苏里、黑龙江两城为基地，清军逐步肃清了黑龙江中、下游的俄军据点，为进攻雅克萨做好了准备。多次警告后，俄军仍然不撤出雅克萨。康熙二十四年（1685年），康熙皇帝命令都统彭春率领3 000名士兵进攻雅克萨。康熙皇帝战前预测“罗刹（即俄罗斯）势不能敌，必献地归诚。尔时勿杀一人，俾还故土，宣朕柔远至意”[2]。清军于五月二十二日（公历6月23日）抵达雅克萨城下，

1 《圣祖仁皇帝实录》卷120。

2 同上。

分水、陆兵两路列营，并将神威将军炮等火器布置完毕，于二十五日黎明进攻，击毙俄军100余人，俄军抵抗无望，头目托尔布津当天就决定投降，清军遵循康熙皇帝事前的命令，将700多名俘虏全部放回，清军轻易取得了第一次雅克萨战役的胜利。尽管康熙皇帝在战前、战后多次提醒要在雅克萨设防，但彭春只是烧毁了雅克萨城，未割取周围的庄稼就擅自撤军，结果俄军两个月后卷土重来，重新筑城设防。

第二年二月，在确认俄军重占雅克萨后，康熙皇帝认为“若不速行扑剿，势必积粮坚守，图之不易”[1]，命令黑龙江将军萨布素统领乌喇、宁古塔官兵2 000人攻取雅克萨城，并加派福建藤牌兵400人前往助战。清军于五月底抵达雅克萨，随即展开进攻，激战中击毙包括头目托尔布津在内的百余名俄军，俄军退守城内。因重建城墙的坚固，清军一时难于攻取，改为长期围困，到年底，城内800余名俄军仅有150余名幸存，缺乏粮食、弹药，雅克萨城指日可下。

## 2. 尼布楚：通此江之一河一溪，皆我所属之地

第一次雅克萨战役后，1686年1月30日，俄国政府任命费奥多尔·阿列克谢维奇·戈洛文为对华谈判使团的全权大使。2月5日，他率领大批随员和军队共近2 000人离开莫斯科东行，与中国谈判边界问题。同年11月10日，俄国的先遣使节文纽科夫、法沃罗夫到达北京，由大学士明珠等接待，为表示和平的诚意，清朝决定主动停战并撤军，双方定于色棱额（今俄罗斯色楞格斯克）展开谈判。撤军令于12月到达前线，中俄雅克萨战役结束。

康熙二十七年（1688年）三月，领侍卫内大臣[2]索额图、都

1 《圣祖仁皇帝实录》卷123。

2 清朝最高级武官，正一品，负责皇帝的安全保卫工作。

统公佟国纲、尚书阿喇尼、左都御史马齐、护军统领马喇等率领由800名士兵组成的代表团前往楚库柏兴（今俄罗斯乌兰乌德以南）谈判，传教士葡萄牙人徐日升（Thomas Pereira）、法国人张诚（Jean Franucois Gerbillon）作为拉丁语翻译随行。代表团于五月出发，行前康熙皇帝向他们交代了谈判原则："朕以为尼布潮（楚）、雅克萨、黑龙江上下及通此江之一河一溪，皆我所属之地，不可少弃之于鄂（俄）罗斯"[1]，即整个黑龙江流域全部属于中国，并索要逃往俄国的索伦部首领根特木尔等人。代表团一行深入喀尔喀蒙古后，恰逢准噶尔军队入侵，他们看到了沿途漫山遍野逃难的喀尔喀人，局势因而变得极为紧张，代表团面临着无可逆料的极大风险，康熙皇帝急命代表团迅速返回。

准噶尔军队在占领喀尔喀全境后，又入侵了清朝境内，并宣称与俄国结盟联合进军，清准战争成为中俄谈判中的一大变数。此时戈洛文又向喀尔喀施加军事压力，侵入其领土，清朝面临着准俄联手的两线作战，形势开始变得对中方非常不利，并将严重影响中俄谈判的走势。康熙二十八年（1689年）六月，清朝第二次派出了以领侍卫内大臣索额图为首的代表团赴尼布楚谈判，此次康熙皇帝鉴于严峻的形势，为避免两线作战，修改了谈判原则，做出了妥协，吩咐代表团"初议时，仍当以尼布潮为界。彼使者若恳求尼布潮，可即以额尔古纳（河）为界"[2]。除了随团的1 400名士兵外，又调拨黑龙江兵1 500人从水路前往尼布楚与代表团汇合。

经过长达49天的行程，7月31日，中国代表团抵达尼布楚，与先期到达的黑龙江军会合，于城外扎营，而此时俄国代表还没有到达。经过漫长的等待与磋商，中俄双方于8月22日举行了第一次会谈，双方首席谈判代表展开了激烈的辩论，戈洛文认为黑龙江流域"自古以来即为沙皇陛下所领有"，并且指责中国军队入侵俄国的领

---

1 《圣祖仁皇帝实录》卷135。

2 《圣祖仁皇帝实录》卷139。

土，提议以黑龙江为两国边界；索额图则认为黑龙江流域以及贝加尔湖所有土地都隶属于中国皇帝，“鄂嫩、尼布楚皆为我茂明安等诸部落原来居住之地，雅克萨为我虞人（猎人）阿尔巴西等居住之地”，又是“我达斡尔总管倍勒儿故墟”[1]，他们一直向中国政府交税，因此清方提议以勒拿河、贝加尔湖作为中俄国界。双方的要求差距极大，第一天会谈没有任何结果。第二天举行二次会议，戈洛文仍然坚持以黑龙江划界，见中国代表不能接受，就让步提出以牛满河（今俄罗斯境内的布列亚河）为界，将黑龙江上游和中游的北岸划归俄国，也被中方代表拒绝。索额图等误以为俄国使团已经让步，立即提出了以尼布楚为界的新方案，并表示可以将尼布楚让给俄国，但仍然被俄方拒绝。

中国代表团认为谈判已经破裂，决定返回。后经过徐日升、张诚长达十几天的斡旋[2]，双方终于在9月7日签订条约，即史称的《中俄尼布楚条约》。条约以拉丁、满、俄三种文字书写，拉丁文版为正本。条约的核心内容是划定两国边境：中俄以格尔必齐河、外兴安岭为界，凡山南一带流入黑龙江之溪河，尽属中国；山北一带之溪河，尽属俄罗斯；以流入黑龙江之额尔古纳河为界，河之南岸，属于中国；河之北岸属于俄罗斯。乌弟河与外兴安岭之间的土地待议。

在《中俄尼布楚条约》签订的41年前，1648年签订的《威斯特伐利亚和约》不仅宣告欧洲三十年战争的结束，而且确立了国家主权至上的基本国际原则，现代国际法体系开始形成。《中俄尼布楚条约》是清朝第一次用“中国”作为正式国名签订的国际条约，它也是在现代国际法框架下，中国有史以来签订的第一个国际条约，谈判完全按双方主权平等的方式进行，而不是按照中国传统奉

1 《圣祖仁皇帝实录》卷142。

2 ［法］张诚：《张诚日记》，北京：商务印书馆，1973；［美］约瑟夫·塞比斯：《耶稣会士徐日升关于中俄尼布楚谈判的日记》，北京：商务印书馆，1973.

行的朝贡体系。条约的订立过程，包括条约的草拟、文本和条约的生效机制等，都遵守了西方的国际法规则。条约明确划分了中俄两国东段边界，这也是中国历史上第一段明确划分的国界，它规定了整个黑龙江、乌苏里江流域，包括库页岛在内的广大地区都是中国的领土。《中俄尼布楚条约》是以实力为基础签订的条约，因此它才能有效地遏止俄国向东方的侵略扩张，保障了中国东北边境170年的安定和平，为后来清朝与准噶尔、回部、廓尔喀、大小金川等的一系列战争提供了稳定的后方保障，对于清朝的发展和繁荣，“康乾盛世”局面的出现，发挥了关键的作用，具有重要的历史意义。

现在有一种观点认为《中俄尼布楚条约》是不平等条约，因为清朝割让了尼布楚地区给俄国。需要说明的是，尼布楚地区虽然以前是蒙古茂明安部落的游牧地，但茂明安部落早在后金时期已经内迁归附，离开了尼布楚，当时在尼布楚地区游牧的是蒙古布里雅特部落，他们并不属于清朝，清朝也从未对这一地区实行过有效统治，因而谈不上是割让，而且条约签订时，喀尔喀蒙古同样不属于清朝。

《中俄尼布楚条约》签订的最直接影响就是清朝可以立即集中力量对付正在迅速崛起的一股强大势力——在遥远的阿尔泰山、伊犁河谷，又一位“成吉思汗”、一颗草原霸主的新星，正在冉冉升起。

## 第四节　统一漠北：使之防备朔方

### 1．重建大蒙古国：准噶尔汗国的兴起

元朝灭亡后，元顺帝率部众逃回蒙古高原，史称“北元”，不久政权灭亡，蒙古高原陷入了群龙无首的分裂状态。原来居住于蒙

古高原西部、被称为“林中百姓”的蒙古人中的一支厄鲁特人（又称“瓦剌”“卫拉特”“卡尔梅克”）兴起，甚至一度替代了成吉思汗黄金家族，成为全蒙古的统治者，并占领了伊犁河流域以及中亚地区。15世纪晚期，成吉思汗、忽必烈的嫡系传人达延汗（大元可汗）开始了长达70余年的统治，在位期间，他驱逐了厄鲁特人，统一了整个蒙古高原。1543年，达延汗去世前，将国土分封给众多子孙，其中察哈尔各部落归长孙首博迪汗，他拥有蒙古最高汗位，驻于张家口和多伦诺尔；第三子巴尔斯博罗特，以及巴尔斯博罗特之子衮必里克墨尔根统率鄂尔多斯部，驻地在黄河河套；衮必里克墨尔根的弟弟阿勒坦汗（《明史》称作“俺答汗”）统领土默特部，驻于河套东北部，中心在归化城（今内蒙古自治区呼和浩特市）；达延汗的幼子相呼森札斡惕赤斤统治喀尔喀各部，包括了今整个蒙古国及西北的唐努乌梁海地区，后来又分为土谢图汗部（今蒙古国乌兰巴托一带）、车臣汗部（今蒙古国东部）和札萨克图汗部（今蒙古国西部），整个蒙古又回到了分裂状态。清朝以戈壁为界，戈壁以北为喀尔喀各部的漠北蒙古，以南诸部为漠南蒙古（今内蒙古自治区），以西为厄鲁特诸部的漠西蒙古。

明朝万历三十二年（1604年），达延汗的嫡系后裔林丹汗成为蒙古大汗，开始统一各部，自称“统领四十万众蒙古国巴图鲁青吉斯汗”，而此时清朝的前身后金正在兴起，也在积极谋取对蒙古各部的统治，因此二者发生了一系列战争，漠南蒙古各部逐渐投向后金。明崇祯五年、后金天聪六年（1632年），康熙皇帝的祖父、清太宗皇太极派遣大军远征归化城，林丹汗全军溃败，西逃至青海，两年后在青海打草滩病死；明崇祯八年、后金天聪九年（1635年），在多尔衮、岳托率领后金军队的强大压力下，林丹汗的妻子、儿子决定投降后金，并交出了元朝皇帝与蒙古大汗代代相传的传国玺。至此，由成吉思汗建立于1206年的蒙古帝国灭亡，整个漠南蒙古纳入了后金版图，漠南蒙古各部成为清军对明朝作战、入关征服的同盟军。清崇德三年（1638年），土谢图汗衮布遣使入贡，皇太极命喀尔喀三部每年进献一匹白驼与八匹白马，谓之“九白之贡”，与清朝建立了并不密切的外藩职贡关系，而且时敌时友。

清军入关前后，被达延汗及其子孙驱逐到西方的厄鲁特人占领了从叶尼塞河、额尔齐斯河、伊犁河流域直至巴尔喀什湖的广大中亚地区，他们分为四部：准噶尔（又称“绰罗斯”）部、杜尔伯特部、土尔扈特部、和硕特部以及附属于杜尔伯特部的辉特部。土尔扈特部继续西迁，于1632年起开始定居在遥远欧洲的伏尔加河下游，建立了土尔扈特汗国。原居住于额尔齐斯河畔、斋桑湖周围（今哈萨克斯坦境内）的和硕特部在顾始汗的率领下进军青海、西藏，拥立五世达赖喇嘛阿旺罗桑嘉措为乌斯藏（今西藏自治区中部）的统治者以及黄教（即藏传佛教中的格鲁派，由宗喀巴创立）最高领袖，建立了包括青海、西藏在内的和硕特汗国。四部之首的准噶尔部及其同盟者杜尔伯特部，最终在塔尔巴哈台（治所在今新疆维吾尔自治区塔城市）周围以及额尔齐斯河、乌伦古河、叶密立河和伊犁河流域定居。

明崇祯七年、后金天聪八年（1634年），准噶尔部首领哈喇忽剌去世，其子巴图尔继位，在不断对外扩张的同时，于1638年在和布克赛尔（今新疆维吾尔自治区和布克赛尔蒙古自治县）建立都城，1640年又制定《蒙古厄鲁特法典》，正式建立了准噶尔汗国，并与喀尔喀部会盟，确立了对蒙古诸部的盟主地位。清顺治七年（1650年），巴图尔珲台吉[1]去世，第五子僧格继承汗位，在位17年后，于康熙九年（1670年）被异母兄车臣杀害。当时僧格的同母弟噶尔丹已经出家为喇嘛，他曾在西藏先后追随四世班禅和五世达赖学习佛法。僧格的死讯传来，时年26岁的噶尔丹在老师五世达赖喇嘛的支持下迅速回国，并在僧格的岳父、和硕特首领鄂齐尔图车

1　台吉，源于汉语“太子”，是蒙古部落首领的一种称呼，一般有黄金家族血统的首领才能称“台吉”。

臣汗的援助下，擒杀车臣平叛。噶尔丹成为准噶尔汗国的新大汗，称为“博硕克图汗”。噶尔丹随即开始对外扩张，首先吞并了位于斋桑湖地区的原盟友和硕特鄂齐尔图车臣汗部，于1638年统一了厄鲁特诸部，五世达赖派特使赐给他“丹津博硕克图汗”的称号。噶尔丹建立了“宰桑”制度，规定汗国最高权力属于汗廷，大汗身边设立宰桑数名，处理日常事务，凡大事均需禀明大汗。汗廷自上而下设立各级管理单位，百姓诉讼由扎尔固齐负责，重大案件则由汗国大扎尔固齐裁决；同时发展经济，奖励畜牧和耕种，铸造货币，发展手工业，外交上则遣使赴俄罗斯表示“希望保持接壤邻邦的结盟关系，不再发生边境争端”。此时，一个空前巩固、强大的游牧帝国出现在了清朝的西方。

噶尔丹雄心勃勃，一心想恢复成吉思汗的霸业，统一蒙古各部，征服中亚、中国，建立一个喇嘛教的大帝国。噶尔丹先后征服了统治今整个南疆地区以及中亚部分地区的叶尔羌汗国，由东察哈台汗国后裔（蒙古黄金家族）统治，邻近清朝西部边境的吐鲁番、哈密。到了康熙十九年（1680年），准噶尔帝国的版图已经包括了今日整个新疆维吾尔自治区以及中亚大片土地。此时的清朝正陷入与三藩的苦战之中，根本无暇西顾；噶尔丹又向西进攻并征服了哈萨克汗国与吉尔吉斯族居住的安集延（位于今乌兹别克斯坦），准噶尔帝国已经成为中亚的霸主。

为了重建成吉思汗的霸业，噶尔丹首先就必须征服由黄金家族统治的漠北、漠南蒙古，而喀尔喀部之间的内乱给了他极好的借口。喀尔喀蒙古土谢图、扎萨克图两大部内讧，康熙二十六年（1687年），噶尔丹的同窗好友、西藏第巴（最高行政长官）桑杰嘉措以五世达赖喇嘛的名义派出代表噶尔亶席勒图，与康熙皇帝派遣的理藩院尚书阿喇尼共同调解双方的矛盾[1]。扎萨克图汗沙喇、土

1　实际上五世达赖喇嘛已于5年前去世，桑杰嘉措秘不发丧，以其名义进行统治。

谢图汗察珲多尔济在泽卜尊丹巴胡土克图[1]与达赖喇嘛的代表噶尔善席勒图面前起誓永远和好。噶尔丹指责泽卜尊丹巴胡土克图与达赖喇嘛代表“抗礼距坐，大为非理”，并与扎萨克图汗国结盟。准噶尔帝国与土谢图汗国间的关系骤然紧张，双方都开始调兵遣将。1688年正月，土谢图汗国先发制人，进攻扎萨克图汗国，扎萨克图汗沙喇在逃跑时淹死，土谢图汗的儿子噶尔亶台吉还率军袭杀了在边界进行哨探的噶尔丹胞弟多尔吉扎布和400名士兵。噶尔丹闻讯，即派遣3万大军兵分两路进攻土谢图汗国，一路由他亲自率领，全歼了噶尔亶台吉的军队；另一路由他的3个侄子率领，直取额尔德尼召（蒙古的第一座喇嘛庙，位于今蒙古国哈尔和林市），占领土谢图汗居地。土谢图汗与泽卜尊丹巴胡土克图率领部众逃往车臣汗国，并在随后的决战中被彻底击败。土谢图汗、车臣汗以及新继位的扎萨克图汗、泽卜尊丹巴胡土克图会合后逃入清朝境内的内蒙古苏尼特部地界寻求保护，准噶尔占据了喀尔喀全境。此时清朝派往尼布楚与俄国谈判的武装使团正好行至喀尔喀，目睹了喀尔喀崩溃的场景：“喀尔喀溃卒布满山谷，行五昼夜而不绝”，而清朝使团则“三军狼狈而逃，虽严禁而不能止”[2]。

俄国戈洛文使团趁机利诱、胁迫走投无路的喀尔喀诸部向俄国归顺，而喀尔喀的最高宗教领袖泽卜尊丹巴胡土克图认为“俄罗斯素不奉佛，俗尚不同我辈，异言异服，殊非久安之计，莫若全部内徙，投诚大皇帝，可邀万年之福”，决定向清朝臣服内附。土谢图汗与泽卜尊丹巴胡土克图向清朝的使者理藩院尚书阿喇尼表达了“我等为厄鲁特所败，奔进汛界，永归圣主，乞救余生，作何安插，一惟上裁”的意愿，并要求清朝救济。康熙皇帝果断接受了这个要求。这是一个改变世界历史的决定，若非如此，早在17世纪俄国

1　又作“哲布尊丹巴呼图克图”，为黄教在喀尔喀蒙古的最高宗教领袖，此为一世罗桑丹贝坚赞。

2　（清）张鹏翮：《奉使俄罗斯行程录》。

就会占领整个漠北蒙古，中国会在地缘政治的竞争中处于极为不利的地位，并会深刻影响到正在进行中的中俄边境谈判结果；在接纳喀尔喀诸部臣服内附后，清朝就成了他们的保护者，也就不可避免地要与正在兴起的准噶尔帝国发生正面冲突。

获悉喀尔喀诸部逃到清朝境内后，噶尔丹与五世达赖喇嘛要求清朝交出土谢图汗及泽卜尊丹巴胡土克图。正在南巡途中的康熙皇帝认为喀尔喀已经"决计归降于朕，朕为天下主，来归之人不为收养，其谁收养之？……朕兴灭继绝之心，非特于喀尔喀如是已也，诸国有穷迫来归者，朕之爱养、皆与之同"，并要求准噶尔与喀尔喀"尽释前怨，仍前协和，各守地方，休兵罢战"[1]，实质就是要求准噶尔退兵，归还喀尔喀领土，这对噶尔丹来说显然无法接受。康熙皇帝本人也承认是喀尔喀先挑起了战争，杀了噶尔丹的兄弟，却单方面要求准噶尔放弃胜利的果实，显然有失公正；对康熙皇帝而言，他绝不会允许一个雄心勃勃的游牧帝国称霸中亚，甚至占领整个漠北蒙古，继续统一整个蒙古高原，恢复成吉思汗的霸业，这不仅会动摇满蒙的战略同盟，还会严重威胁到清王朝的安全，因此二者之间的战争已经迫在眉睫。

此时准噶尔帝国的后方发生了叛乱，被噶尔丹的侄子、僧格之子策妄阿拉布坦平定。按照制度，准噶尔大汗的合法继承人应该是策妄阿拉布坦。英武能干的策妄阿拉布坦引起了噶尔丹的猜忌，为了躲避追杀，他率领父亲僧格的旧部逃亡到博尔塔拉河（今新疆维吾尔自治区准噶尔盆地）。康熙皇帝抓住这个机会，于康熙二十八年（1689年）与俄国签订了《尼布楚条约》，换取俄国不支持准噶尔的保证，并调集满、蒙、汉军队携火炮于土喇河（今蒙古国土拉河）布防。第二年，噶尔丹率领3万军队再次进攻喀尔喀，并扬言俄罗斯也要联合出兵。康熙皇帝命索额图责问并警告俄罗斯在京师

1 《圣祖仁皇帝实录》卷139。

的使节格里高里等人，如果俄罗斯真的违背刚达成的中俄条约，与准噶尔联合出兵，“是负信誓而开兵端也”。事后证明俄罗斯并没有冒着与清朝开战的风险出兵援助准噶尔。

准噶尔军队沿克鲁伦河顺流而下，康熙皇帝决定动员禁军、八旗满洲兵、蒙古兵携带火炮，由都统苏努率领出征，随后又决定于七月初六率军出发亲征。他指责噶尔丹“尔言中华与我一道同轨，我不敢犯界内地方，而又阑入汛界，掠乌朱穆秦（即乌珠穆沁草原，位于今内蒙古自治区锡林郭勒盟）人畜，是背前言而隳旧好也”[1]。此时准噶尔已经击败喀尔喀昆都伦博硕克图所部，昆都伦全军覆没，仅以身免，尚书阿喇尼率领的2万清军与准噶尔军队于乌尔会河（今乌拉盖河）会战，清军因火器营未至，被左右包抄，以致大败。乌尔会河战役拉开了清与准噶尔两大帝国长达近70年争斗的序幕。

## 2. 乌兰布通之战与多伦诺尔会盟

噶尔丹率军入侵了清朝的领土乌朱穆秦地，康熙皇帝任命哥哥和硕裕亲王福全为抚远大将军，皇长子胤禔为其副手，率军出古北口；弟弟和硕恭亲王常宁为安北大将军，和硕简亲王雅布、多罗信郡王鄂扎为副手，率军出喜峰口。康熙皇帝在出征前申明军纪：“本朝自列圣以来战必胜、攻必克、所向无敌者，皆以赏罚明、法制严、兵卒精锐、器械坚利、人思报国、殚心奋勇之所致也。”[2]康熙皇帝随后也启程亲征，但九天后因生病，在众大臣的极力劝说下返回京师。

抚远大将军福全率军与准噶尔军队相遇于距京师700里的乌兰布通（今内蒙古自治区翁牛特旗西南），噶尔丹扬言“今虽临以十万众、亦何惧之有”，并不畏惧人多势众的清军。康熙二十九年

1 《圣祖仁皇帝实录》卷145。
2 《圣祖仁皇帝亲征平定朔漠方略》卷7。

八月初一（1690年9月3日），乌兰布通战役打响，清军用枪炮攻击，准噶尔军在河对岸的林间以一万余头骆驼缚足卧地，背负木箱，再以湿毡蒙上，环列为营，号称“驼城”；士兵则依托箱垛，发射弓矢。清军用火器、大炮轰击，摧毁驼城。清军左翼从山腰攻入，大败准噶尔军队，斩杀甚多。噶尔丹派遣达赖喇嘛的代表济隆胡土克图讲和，他表示不再索要土谢图汗，而只要求将泽卜尊丹巴胡土克图送往达赖喇嘛处，被福全拒绝。福全考虑到准噶尔军据险坚拒，也想利用讲和的时间等待援兵再行进攻，结果贻误战机，噶尔丹率领残部逃回了统治中心科布多（在今蒙古国西部）。此役康熙皇帝的舅舅佟国纲被枪弹击中头部战死。康熙皇帝对乌兰布通战役并不满意，出征大军回京，他命令他们均在朝阳门外听候处理，两位亲王福全、常宁被罢去议政的权力，与亲王雅布一起被罚俸三年，属下诸大臣也遭到了罢议政、降级的处分。

战败后噶尔丹送信给康熙皇帝称“自此不敢犯喀尔喀”；康熙皇帝认为“噶尔丹虽认罪立誓，上书请降，但人殊狡诈，难以深信”，因而回复“尔今率尔兵出界而居，不得擅犯我属下部落喀尔喀一人一畜，亦不得有一人与众部落往来通使。……若再违誓言，妄行劫夺生事，朕厉兵秣马，见俱整备，必务穷讨，断不终止”[1]，下令做好发兵的准备。

乌兰布通之战胜利后，西藏第巴桑杰嘉措以五世达赖喇嘛的名义，率领青海的蒙古王公以及噶尔丹请上康熙皇帝尊号，康熙皇帝则批评达赖代表对噶尔丹东侵的行为不加阻止，“如能使厄鲁特、喀尔喀两国和好，朕尚欲加达赖喇嘛嘉号。……是以喀尔喀残破，厄鲁特丧败，朕心甚为隐痛，有何可贺而受尊号乎”[2]？康熙皇帝在拒绝请求的同时又讽喻达赖喇嘛在幕后支持噶尔丹，他并不知道五世达赖喇嘛此时已经去世多年，这些只是噶尔丹的同窗好友桑杰嘉

1 《圣祖仁皇帝实录》卷147。

2 《圣祖仁皇帝实录》卷148。

措所为。

准噶尔被击败后，定于康熙三十年（1691年）四月，在多伦诺尔举行（今内蒙古自治区多伦县）新归顺的喀尔喀各部会盟与朝见臣服仪式，康熙皇帝亲自前往主持，他身边的法国传教士张诚也一同随往，留下了第一手细致的观察，与清朝官方的《清实录》记载比较一下，非常有趣。

据法国传教士张诚记载，公历1691年5月9日黎明，康熙皇帝离开北京，当天晚上曾向张诚学习《实用几何学》，还做了几道证明题。第二天晚上康熙皇帝不仅向张诚询问了星体运行，还做了十几道三角证明题。13日，到达古北口，康熙皇帝检阅了800多名驻军的演习，并询问与法军相比如何。张诚认为这些步兵抵挡不了100名法国骑兵的冲击，但他并没有透露实情。这天晚上康熙皇帝向张诚询问利用星座测量北极高度和罗盘针角度偏差问题，后一日仍在古北口，张诚用半圆仪测量太阳子午线高度，引起康熙皇帝浓厚的兴趣。《清实录》对此仅有简单的一句话："上驻跸古北口，阅总兵官蔡元标下官兵，赐蔡元袍褂一袭，银五百两，马一匹，官兵银两有差。"[1]出了古北口就是塞外，康熙皇帝豪情顿起，日日打猎。据张诚观察，康熙皇帝可手不扶缰绳，快马疾驰于山间林地，弯弓射猎，技艺超群，猎杀了大量的狍、鹿、虎、豹。张诚认为康熙皇帝是一位非常优秀的射手，可以左右开弓，宫廷侍卫无人能比，他不停追猎，每天要骑垮8至14匹马。[2]但这段精彩的狩猎旅行，《清实录》除了时间、地点外，没有任何记录。

5月27日，康熙皇帝抵达多伦诺尔草原，张诚用半圆仪确定了营地位置。在康熙皇帝的黄幄外环绕着八旗兵的营帐，喀尔喀部、漠南蒙古四十九旗从百里外内移至50里，环绕行营排列。28日晚，康熙皇帝检阅了军队，29日正式会盟，为此特地搭建了一个巨大

1 《圣祖仁皇帝实录》卷150。

2 ［法］张诚：《张诚日记》，《清史资料》第五辑，北京：中华书局，1984：78—203.

的黄帐篷。康熙皇帝首先召见泽卜尊丹巴胡土克图和他的哥哥土谢图汗，并没有让他们下跪，而是亲自将他们搀扶起来，随后向土谢图汗颁发印章和证书；但《清实录》记载他们均“跪奏”感谢康熙皇帝宽恕他们杀害札萨克图汗的罪行以及拯救他们的“大沛洪恩”。会见后，康熙皇帝接受所有喀尔喀蒙古首领的三跪九叩，至此喀尔喀蒙古正式纳入了清朝的版图。土谢图汗和众喇嘛只是肃立没有叩首，《清实录》忽略此事。礼仪过后是宴会，因人数太多，坐垫不够，以至于不少喀尔喀贵族只能坐在地上。康熙皇帝依次召见喀尔喀重要的首领，询问他们的姓名、年龄，他们则跪着回答。席间还表演了杂技，喀尔喀人从未见过，以致绝大多数人竟忘记了吃东西，只有泽卜尊丹巴胡土克图一人保持着庄重的风度，《清实录》对这些细节均没有记录。

第二天康熙皇帝又召集所有的首领们宴会，观看杂技，分别册封他们亲王、郡王、贝勒等爵位，并赏赐礼服、财物。宴会持续了三个半小时，康熙皇帝与他们亲切交谈，与身旁的泽卜尊丹巴胡土克图交谈最多，这说明康熙皇帝精通蒙古语。在这次宴会上，康熙皇帝将喀尔喀各部编为七旗，与早已归顺臣服的内蒙古四十九旗“一例编设，其名号亦与四十九旗同”，实行札萨克制[1]；保留了土谢图汗、车臣汗的名号，废除札萨克图汗号，将擅自称汗的策妄扎卜封为和硕亲王，其他汗、济农、诺颜等称号一律废除，按清朝的亲王、郡王、贝勒、贝子、镇国公、辅国公的爵位重新册封。

31日，康熙皇帝身披盔甲检阅军队，下马亲自射箭，发十矢九中，然后与喀尔喀众首领一起登上高地观看演习，军队“依次列阵鸣角，鸟枪齐发，大呼前进，声动山谷，喀尔喀土谢图汗、台吉等

1　札萨克，官名，蒙古语“执政官”，是清朝时一种主要对蒙古族和满族人授予的军事、政治官职爵位，等级依次为汗、亲王、郡王、贝勒、贝子等，均由朝廷册封，受当地办事大臣或参赞大臣节制。

悚惧失措，有欲趋避状”[1]，《清实录》与张诚的记载很一致。康熙皇帝见此情景笑问土谢图汗有什么好怕的。土谢图汗回答说，皇帝的军威显赫，所以害怕。一问一答之间，康熙皇帝完全达到了演习的目的。随后康熙皇帝挑了一张硬弓，喀尔喀众首领无人能拉开，然后他用这张弓射出了10至12支箭，中靶三四次——只有最强弓才能射到的靶标。据康熙皇帝晚年自述，他在壮年时可“弯十五力弓，发十三握箭”[2]，一力为十斤，一握为一个拳头的长度。随后是射箭、杂技、赛马、摔跤、歌舞表演，康熙皇帝还亲自去喀尔喀营地视察，并赏赐财物、牛羊。他故意不让一向随从左右的张诚前往，张诚认为这是康熙皇帝怕他看见喀尔喀人逃亡中的穷困潦倒之相，实际上康熙皇帝肯定觉察到张诚有意无意流露的表情。康熙皇帝同时拒绝了以科尔沁土谢图亲王沙律为首的漠南蒙古四十九旗上尊号的请求。

6月3日，康熙皇帝起驾回京，内蒙古四十九旗的首领跪在路左，喀尔喀蒙古的首领则跪在路右，共同恭送，喀尔喀首领“皆依恋不已，伏地流涕”。当晚，康熙皇帝对随从大臣说“昔秦兴土石之工修筑长城，我朝施恩于喀尔喀，使之防备朔方，较长城更为坚固”[3]，一语道破康熙皇帝招纳怀柔喀尔喀蒙古的根本用意，这也是康熙皇帝反对下属重修长城建议的原因所在。多伦诺尔会盟标志着漠北蒙古自此纳入了清朝的版图，但要实际控制这一广大的疆土，必须要解除准噶尔的威胁。

### 3．大漠围猎：亲统六师，三临绝塞

一度强盛、称霸中亚的准噶尔帝国已经分裂，分别由噶尔丹和

1 《圣祖仁皇帝实录》卷150。
2 《圣祖仁皇帝实录》卷300。
3 《圣祖仁皇帝实录》卷151。

他的侄子策妄阿拉布坦统治，他们之间发生过内战，后来在第巴桑杰嘉措的调解下得以平息。康熙三十一年（1692年）噶尔丹致书内蒙古各部王公："我们已经变成往日一直受我们控制的满洲人的奴仆，还有什么事比这更可耻的呢？如果蒙古诸王中有人卑躬屈膝，甘心仍然当我们共同敌人满洲人的奴隶，那么他们便是我们复仇中首先要打击的众矢之的，而他们的毁灭将是我征服中国的序曲。"科尔沁部土谢图亲王沙津属下的必立克图将噶尔丹的书信奏报康熙皇帝，康熙皇帝直接写信斥责噶尔丹并揭露他的阴谋，随即召沙津进京，命他复书噶尔丹，伪称为内应，以便诱使噶尔丹前来并将其歼灭。

准噶尔汗国与清朝之间一直矛盾不断，战争终于再次爆发。康熙三十四年（1695年）五月，噶尔丹率领3万军队从科布多出发进攻喀尔喀，而此前不久，第巴桑杰嘉措又以达赖喇嘛的名义上书要求清朝从青海撤军，被康熙皇帝洞察其阴谋，严词驳回。康熙皇帝担心准噶尔军躲避远遁，因此秘密命令科尔沁土谢图亲王沙津诈降，引诱准噶尔军沿克鲁伦河顺流而下，于十一月进军至巴颜乌兰（今蒙古国乌兰巴托东南）。康熙皇帝一直深以乌兰布通一役未能亲征歼灭噶尔丹为憾，而现在噶尔丹就在巴颜乌兰，相距并不很远，他想"亲莅边外，相机行事。此贼既灭，则中外宁谧，可无他虞。假使及今不除，日后设防，兵民益多扰累"[1]，因此颁布17条军令，不顾群臣反对，决意亲征，希望毕其功于一役，彻底解决噶尔丹。康熙三十五年（1696年）三月，康熙皇帝亲率中路大军出征，因人马众多，分别从独石口、古北口出塞汇合。在行军途中，遇上雨雪，康熙皇帝就身披雨衣站立在外，一直等到将士结营安顿，自己才进入帐篷；等到全体将士开饭，他才进膳；他及其随行的众皇子与将士吃同样的饭菜，每日一餐，只能饮用混浊的水[2]。

---

1 《圣祖仁皇帝实录》卷169。

2 《圣祖仁皇帝实录》卷170。随军的张诚也记录了诸皇子每天只吃一餐。见《张诚日记》（续），《清史资料》第六辑，北京：中华书局，1985：178—213.

中路军于四月抵达科图（今蒙古国乌兰巴托西南），此时东西两路军未至，扈从大臣佟国维、索额图、伊桑阿等上奏，听闻噶尔丹已经远遁，劝康熙班师，只让西路军追击。康熙皇帝非常愤怒，斥责他们“不知尔等视朕为何如人”，表明自己要学习太祖、太宗亲临战阵的作风，并严令将士如“不奋勇前往，逡巡退后，朕必诛之”[1]。土谢图汗请求从征，康熙皇帝回复:“此番朕必成功，为尔二次雪怨。尔等安居，听朕捷音，不必随往。”[2]五月初七，经侦察得知噶尔丹军的所在，康熙皇帝率前锋兵在前，诸军排列成严密的战阵跟随在后，兵威之盛，弥山遍野，不见涯际，整齐严密，肃然无声。噶尔丹见康熙皇帝亲征，兵强马壮，不战而逃，康熙皇帝亲率前锋兵穷追噶尔丹，噶尔丹仓皇遁走。清军在沿途缴获准军所遗落的器械、帐房、食品，一直追击到拖讷阿林。康熙皇帝决定任命领侍卫内大臣马思喀为平北大将军，领兵继续追剿噶尔丹，此前他已经命令抚远大将军费扬古的西路军截断了噶尔丹的归路，两路夹攻，他预料数日内捷报就会传来。

五月十五日（公历6月14日）抚远大将军费扬古的西路军在昭莫多（今蒙古国乌兰巴托东南）与准噶尔军队相遇，噶尔丹与妻子阿奴亲自统率一万余人的主力向清军阵地猛攻，清军孙思克部占据有利地形顽强阻击。激战中清军发现准噶尔军队后方森林是辎重、老弱所在，随即以预先沿河设伏的右翼骑兵包抄袭击，左翼骑兵与山上守军则向准军主力反攻。在清军三路的反击下，准噶尔全军崩溃，噶尔丹带着数骑率先逃跑，他的妻子阿奴被鸟枪击毙，清军斩贼首3 000余级，其余准军则受伤逃窜，山谷之中尸骸枕藉，并俘虏了男女3 000余人。昭莫多一战，噶尔丹丧失了全部主力，从此变成了大漠中的流寇。很多部下对其有怨言，他辩解自己是被“达赖喇嘛煽惑而来，是达赖喇嘛陷我，我又陷尔众人矣”。准噶尔部

1 《圣祖仁皇帝实录》卷172。

2 同上。

的3 000多名俘虏成为清军的奴隶，康熙皇帝赐银将他们赎出，“使其父子夫妇兄弟完聚”[1]。

清军班师到了席喇布里图，蒙古诸王公在此行庆贺礼，康熙皇帝满怀豪情对他们说：“朕尊为天子，富有四海。此番出征，朕日食一餐，夙兴夜寐，栉风沐雨。每至一处，朕皆步行。及闻噶尔丹确信，朕亲率前锋穷追。凡此特欲速灭凶寇，使尔等咸得安生故耳。……朕昔以汛界之内视为一家，今土喇、克鲁伦以内皆为一家矣。”[2]这番宣言明确表示他已经是全漠北蒙古的保护者与统治者，为了保护漠北蒙古不受准噶尔的侵略，才不顾辛劳率军亲征。

第二年九月，在得知噶尔丹行踪后，康熙皇帝决定以“试鹰”打猎的名义，亲率2 000名士兵出塞围捕，并命令青海诸蒙古部落、土尔扈特部以及噶尔丹的侄子——现已成为准噶尔新大汗的策妄阿拉布坦等参与，防止噶尔丹西逃。此时噶尔丹部下只有1 000余名士兵，食用困乏，天气寒冽，溃散逃亡及冻饿而死者甚多，火药、军器遗失殆尽，已经变成了清军的猎物，只能在辽阔的大漠、草原间东躲西藏，逃避追捕，虽然英雄末路，但他仍然坚决拒绝康熙皇帝的招降。此次亲征历时三个多月，康熙皇帝在布置好对噶尔丹的全面包围后，于年底返回京师，他认为“凡用兵之道要在乘机，噶尔丹穷迫已极，宜乘此际速行剿灭，断不可缓”，随即于康熙三十六年（1697年）二月发动了第三次亲征，率军前往宁夏，指挥对噶尔丹的围剿。此次亲征也是小规模的军事围捕行动，兵分两路，一路出嘉峪关，一路出宁夏，每路仅2 000人。在蒙古诸部得知五世达赖喇嘛早已去世的消息后，噶尔丹起兵的宗教意义已经消失，此时噶尔丹众叛亲离，手下只有300多户，在蒙古诸部与清军包围下，已经无处可逃。闰三月十三日（公历5月3日），康熙皇帝

1 《圣祖仁皇帝实录》卷172。

2 《圣祖仁皇帝实录》卷173。步行是为了让战马得以休息。

在给留守京师的皇太子胤礽的信中预言噶尔丹很快就将被俘获或被杀，巧合的是，就在同一天，躲避在阿察阿穆塔台（今蒙古国科布多附近）的噶尔丹饮药自杀，部下携带着他的尸骸及其女儿钟齐海前来向费扬古所部投降。在宁夏时，康熙皇帝曾亲率骑兵从冰面上渡过黄河，写下《冰渡》诗一首，描述了当时的情景："云深卓万骑，风劲响千旗。半夜河冰合，安然过六师。"

在回京途中，康熙皇帝写信给宫中总太监，袒露了他亲征的感想："朕两岁之间三出沙漠，栉风沐雨，并日而餐。不毛不水之地，黄沙无人之境，可谓苦而不言苦。人皆避而朕不避，千辛万苦之中立此大功。……朕之一生，可谓乐矣，可谓致矣，可谓尽矣。"[1]言语间洋溢着豪迈、奔放的英雄气概，同时也非常志得意满，这是他一生事业的巅峰。

康熙皇帝凯旋后，总结了自己"亲统六师，三临绝塞"的经验，认为"塞外情形不可臆度，必身历其境，乃有确见。昔朕欲亲征噶尔丹，众皆劝阻，惟伯费扬古言其当讨。后两次出师，皆朕独断。若非朕亲统大军追袭噶尔丹，使少留余息，彼必复聚，难以遽灭。……至行师之道，调军、转饷，必一人兼综其成，事乃易济。……朕此次宁夏之行不用车辆，所需驼马骡驴，悉自京城发往。恐有不敷，复给公帑采买预备。一切什物皆由官运，略不累民"[2]。对付行踪不定、机动性极强的游牧敌人，必须临机决断，在没有现代通信的时代，只有亲征才能及时掌握战场上瞬息万变的情况；另外必须穷追猛打，不能让其有喘息的机会，而且要布置一个巨大的包围圈，否则散而复聚，没完没了。横绝大漠作战，后勤极其重要，亲征也便于统一调度作战与后勤。

康熙皇帝的战术方针脱胎于满洲人的围猎。入关前，满洲人生活在白山黑水的大森林间，以打猎为生。猎捕的对象既有虎、熊、

---

1　章开沅主编：《清通鉴·圣祖仁皇帝·康熙三十六年》，长沙：岳麓书社，2000：1031.

2　《圣祖仁皇帝实录》卷182。

野猪这样的猛兽，也有鹿、狍、兔这样机敏的食草动物。打猎既需要有高度的技巧与智慧，探测行踪、设陷阱、打埋伏，又需要有过人的勇气，遇见猛兽要敢于出击，甚至贴身搏斗；打猎既需要个人的勇气，又需要集体合作，要有极强的组织能力与高度的纪律。康熙皇帝终其一生对打猎极为痴迷，他在晚年曾自述："朕自幼至今、凡用鸟枪、弓矢，获虎一百三十五，熊二十，豹二十五，猞猁狲十、麋鹿十四，狼九十六，野猪一百三十二，哨获之鹿凡数百。其余围场内随便射获诸兽，不胜记矣。朕曾于一日内射兔三百一十八。若庸常人，毕世亦不能及此一日之数也。"[1]此时他还有三年的生命，因此他一生的猎物数量还要更多。乾隆皇帝年少时曾跟随在祖父康熙皇帝身边，他回忆已经68岁高龄的"皇祖高年须白，允宜颐养，尚且日理万几（机），暇则校射习网，阅马合围"[2]。

西方传教士则更加详细地记录了康熙皇帝的行猎。1682年，比利时传教士南怀仁（Ferdinand Verbiest）曾追随康熙皇帝东巡盛京、乌喇，过山海关后，康熙皇帝每日都在打猎。在一次大规模的围猎中，康熙皇帝从禁卫军挑选出3 000名弓箭武装的士兵，命令他们按照一定的顺序和间距，绕着山峰列队，向两侧扩展，围成了一个半径约3里的环形包围圈，为了防止包围圈出现凸凹和间隙，军官不断调整队列，等包围圈的所有位置固定好后，全体成一条线前进，前面无论是沟谷山涧还是荆棘深丛，甚至是险陡的山崖，任何人都必须攀涉，不准左右串动、离开队伍。这个巨大的环型队伍横越了山岭和涧谷，将野兽围困起来，再渐渐地移向一块没有树木的低地，圆环的3里半径慢慢缩小到仅有二三百步，此时7万名骑兵一齐下马，步比步、肩并肩加入包围圈。那些从洞穴里、栖息地被

1 《圣祖仁皇帝实录》卷285。

2 《避暑山庄百韵诗序》。见尹利民主编：《河北满族蒙古族碑刻选编》，北京：作家出版社，2007：139.

赶出来的野兽，在这个圈中被穷追猛打，东蹿西跳，最终全部乖乖就擒。南怀仁亲眼看见清军用这种围猎的方法，仅仅半天时间就抓住了300多只牡鹿、狼、狐狸，还有其他野兽，甚至经常看到在一个时辰（2小时）就捕住1 000多只牡鹿和穴居的熊。野兽在环形包围圈中像羊群一样，前冲后突，走投无路，那些竭力逃命者更往往成为众矢之的，不消片刻便被射中击倒。另外还猎取到60多头老虎，但这不是围猎而是追捕中击毙的。[1]

第一次出使俄国的代表团折返后，去谒见正在率军巡视边境地区的康熙皇帝。据张诚的记录，那天康熙皇帝率领一支小队脱离了大部队，从黎明到晚上一直不知疲倦地在追捕猎物，一日之内骑垮8到14匹马。在多伦诺尔会盟的往返途中，张诚目睹了康熙皇帝用围猎的方式捕获了大量野兔等食草动物，以及亲自追捕猎杀的几头老虎。满洲人非常擅长用“木兰”[2]的方式引诱鹿群，因此他们的围猎场所叫“木兰围场”。康熙皇帝的打猎既是强烈的个人爱好，又是一种锻炼军队的好办法，是军事演习。在捕猎技艺极为高明的康熙皇帝眼中，他的敌人噶尔丹又何尝不是猎物？他利用反间计的方式引诱噶尔丹东来，在东起今东北、西到今蒙古西部，幅员巨大的“围场”内派遣东、西、中三路大军围捕，而他自己亲率少部分前锋营精锐横绝大漠草原，追亡逐北，直至将猎物追赶到预设的西路军阵地予以围歼，然后又两次亲率少数军队在布置好的巨大“围场”中继续对逃脱的猎物穷追不舍，直至猎物走投无路而死。

噶尔丹信仰虔诚，胸怀大志，意志坚定，才能出众，他抱有统一蒙古草原诸部的雄心，试图统一中亚、蒙古高原以及中原，恢复成吉思汗的事业，建立了人类历史上最后一个游牧帝国——准噶尔

1　[比]南怀仁：《鞑靼旅行记》，杜文凯编：《清代西人见闻录》，北京：中国人民大学出版社，1985：69—84.

2　满语音译，意为“哨鹿”。

帝国，一度统治东至贝尔湖、西至巴尔喀什湖、北至西伯利亚、南至西藏的辽阔地区，成吉思汗的事业似乎已经近在眼前。但不幸的是，与他同时还并存着一位统治着一个更强大的政权，有着同样胸怀、意志坚定、才能出众的康熙皇帝。更重要的是，17世纪末，清军已经普遍装备了火炮等各类火器，同时有勇武的骑兵，并有强大的国力支撑，蒙古人以劲骑强弓就能征服世界的成吉思汗时代已经一去不复返，因此清准战争才变成了“围猎”。康熙皇帝与噶尔丹的战争结果使得清朝全面控制了漠北蒙古，将准噶尔汗国的势力压缩到阿尔泰山以西，将原属准噶尔的科布多部分地区以及巴里坤（今新疆维吾尔自治区巴里坤县）纳入了版图，但清朝与准噶尔帝国之间的战争还远远没有结束。

康熙三十六年（1697年）七月，康熙皇帝在新落成的太和殿举行了盛大的庆典，并诏告天下自己“躬统禁旅，不惮勤劳，三出塞外”，平定、消灭噶尔丹，归服喀尔喀的经过，这场战争还使得“青海、乌斯藏人等皆先后输诚自效，哈密国人又俘献噶尔丹之子于行在”“武功告成之会，正太和殿鼎建工竣、巍焕方新、临御伊始，协气集于九重，观瞻肃于万国”[1]，并下令加封指挥昭莫多战役的抚远大将军伯费扬古为一等公，这座留存至今的太和殿正是康熙盛世的纪念碑。

这场战争还有两个战果，一是哈密国（今新疆维吾尔自治区哈密市及附近）额贝杜拉达尔汉白克因为奉命擒拿了噶尔丹的儿子塞卜腾巴尔珠尔等人献给清朝，害怕准噶尔帝国的报复，决定归附清朝，被封为札萨克一等达尔汉。清朝在哈密实行盟旗制，后来又仿效内地推行了保甲制，标志着哈密纳入了清朝的版图，成为未来向中亚进军的重要基地；二是青海和硕特汗国的扎什巴图尔台吉（汗国建立者顾实汗之子）、土谢图戴青那木扎尔额尔德尼台吉、盆楚

---

1 《圣祖仁皇帝实录》卷183。

克台吉等来朝见康熙皇帝，清朝的势力开始进入青海。康熙皇帝身披甲胄，在京师玉泉山西南举行三年一次的“大阅”[1]，八旗兵分列红衣大炮、火器，马、步鸟枪军士及前锋护军骁骑，分翼排列，枪炮齐发，队伍严整，参加观礼的扎什巴图尔等人“皆相顾战栗”，惊叹“天朝军威，精严坚锐如是，可畏也。我辈生长沙漠穷荒，不惟目未经见，即耳亦未曾闻”，这是康熙皇帝一贯的恩威并施，用恩怀柔，用威震慑，随即封扎什巴图尔为亲王，并赏赐钱物。

## 第五节　怀柔蒙古与西征安藏

### 1. 南不封王，北不断姻

多伦诺尔会盟标志着漠南、漠北蒙古已经全部统一于清朝的版图，而此时漠西蒙古的准噶尔帝国与和硕特汗国仍然是独立的政权，占据着青藏高原以及广大的中亚地区。

满洲与蒙古的联盟是清朝统治最重要的基础，满洲与蒙古是维系清朝统治的两股基本力量。满洲是清皇族的民族，早在入关前，清太祖努尔哈赤与清太宗皇太极以建州女真为核心，统一了白山黑水之间的女真各部落，形成了满洲民族，并建立了兵民合一的八旗制度，满洲八旗兵是清朝的绝对主力。由于满洲人数很少，壮丁只有几万人，因此早在入关前，他们便有意识与周边的蒙古诸部结盟，努尔哈赤首先拉拢的是靠近后金的原敌人——漠南蒙古科尔沁部与内喀尔喀五部（札鲁特、翁吉剌特、巴岳特、巴林和乌齐叶特），前者的首领是成吉思汗弟弟哈布图哈萨尔的后裔，属于蒙古

1　清朝由皇帝亲自检阅八旗兵列阵、作战的典礼。

黄金家族，后者的首领则是达延汗之后，从喀尔喀迁来。

明万历四十年（1612年），努尔哈赤求聘科尔沁部台吉明安的女儿，这是满蒙联姻的开始。两年后，努尔哈赤第二子代善娶科尔沁札鲁特台吉钟嫩女为妻，第五子莽古尔泰娶札鲁特内齐汗的妹妹，第八子——后来的清太宗皇太极娶科尔沁部莽古思之女哲哲为妻，即后来的孝端皇后，札鲁特部额尔济格台吉的女儿嫁给努尔哈赤的第十子德格雷。随后努尔哈赤又娶科尔沁台吉洪果尔的女儿，努尔哈赤的第十二子阿济格也娶了洪果尔的女儿，第十四子多尔衮则娶了台吉阿尔寨的女儿，皇太极又先后娶了台吉宰桑的女儿布木布泰，即后来著名的孝庄太后及她的姐姐海兰珠。天命二年（1617年），内喀尔喀巴岳特鄂托克达尔汉巴图尔诺延之子恩格德尔娶女真舒尔哈齐四女为妻。

1619年，内喀尔喀五部部分台吉与后金杀白马、乌牛，设酒盟誓，结成联盟，与明朝为敌；在频繁联姻的基础上，天命九年（1624年）二月，后金又与科尔沁部以杀白马、乌牛昭告天地盟誓，结成联盟；又与奥巴为首的科尔沁部结成联盟，共同对付察哈尔。察哈尔的林丹汗发兵讨伐科尔沁部，努尔哈赤派军救援，事后又将弟弟舒尔哈齐的孙女肫哲公主嫁给奥巴，并封他为科尔沁土谢图汗，至此科尔沁部成为清朝最坚定的同盟军，一起入关。清皇族与科尔沁部世代联姻，截至康熙朝，共有20多位清朝的公主、郡主嫁给该部的亲王、贵族，前文提到的诱使噶尔丹东进的科尔沁土谢图亲王沙津就是清朝的额驸；还有几十位公主、郡主以及宗室女分别嫁给了其他部首领，其中包括漠西厄鲁特蒙古的首领，甚至还有噶尔丹的儿子和侄孙。有蒙古血统（祖母孝庄太后是蒙古人）的康熙皇帝将自己的七位女儿出嫁蒙古，其中第六女恪靖公主嫁给了新归附的喀尔喀土谢图汗部的郡王敦多布多尔济，后承袭土谢图汗，土谢图汗国的实际政权就掌握在了公主的手里；第十女纯悫公主嫁给喀尔喀土谢图汗部下、赛音诺颜部台吉策凌，他为清朝屡立战功，于雍正三年（1725年）别为一部，不再附属土谢图汗，与土谢图汗部、车臣汗部、扎萨克图汗部并列为喀尔喀四部。满蒙世代联姻成为清朝的基本国策，据统计，满蒙联姻达586次，入关前联姻的32年间为84次，入关后的268年间为502次，清朝皇室出嫁蒙古的女子多达430名，其中入关前27名，入关后403名；皇室娶蒙古王公之女156名，入关前57名，入关后99名。长期的满蒙联姻使蒙古首领、贵族世代与清皇家保持姻亲关系，皇族格格、公主生育的子孙后裔担任蒙古王公台吉，他们与清朝皇帝是甥舅或外祖孙等关系，其中又有不少人被招为额驸。他们定期轮班到北京或承德觐见皇帝，进一步增加与清朝皇室的感情，这是蒙古各部始终忠于清朝的重要保证。

满蒙联姻只是清朝笼络、怀柔蒙古的措施之一，在制度上，清朝对蒙古的控制、管理也非常完善、严密。早在入关前的1632年，漠南蒙古的土默特部已经归附后金，3年后，蒙古诸部中最强大的察哈尔部在清军的连续打击下灭亡，最后一任蒙古国大汗林丹汗也在逃亡中去世。1636年，漠南蒙古16部49个首领齐聚沈阳，承认皇太极为新的蒙古国大汗，奉上“博格达彻辰汗”尊号，同年皇太极即位，改国号为“清”。清朝将归附的漠南蒙古编为49旗，6个盟，称为“内札萨克蒙古”。每旗设札萨克一人管理旗务。旗下基层组织为佐，年18岁至60岁者均要编入册，每150人编为一佐，平时三分之一牧民服役，三分之二牧民生产。札萨克为世袭制，其下设协理台吉、章京、参领、佐领、骁骑校等官职，分工管理旗内的军事、司法、行政、土地等。旗的上层组织为盟，盟设盟长和副盟长各一人，从各旗的札萨克中产生，由理藩院奏报清政府任命。盟长的主要职责为会同各旗扎萨克处理重大事务，接受上诉和会审案件，检阅各旗军事力量，但不能干涉各旗的内政。漠北喀尔喀蒙古归附后，仿照漠南蒙古例，也推行了盟旗制，后来又推行到漠西青海厄鲁特蒙古以及新归附被安置在新疆的厄鲁特蒙古土尔扈特部。

实行盟旗制的蒙古诸部称为外藩蒙古，拥有一定的自治权。此外还有内属蒙古，直接隶属于该地区的都统、大臣和将军，受理藩院管辖，不授札萨克，不设盟，无世袭爵位，没有自治权，实行严格的八旗制度，编为八旗蒙古，它与八旗满洲、八旗汉军同为清朝直属的主力军事力量；八旗蒙古主要由察哈尔、土默特、乌梁海、厄鲁特等部组成。喀尔喀归顺后，清朝重新修订了《理藩院律例》，作为统治蒙古的司法条文，它规定蒙古人在内地犯法，按内地刑律处理；内地人在蒙古犯法，按蒙古律处理。此外在经济上，从康熙皇帝开始，几乎每年都发放粮食救济蒙古民众，并派人教导蒙古人种树、耕田、灌溉、捕鱼等生产技术。

清代对蒙古的管理与以前朝代对边远少数民族地区设立的管理——如唐代设立的都督府州等有本质的不同，后者由中央政府赐予当地民族首领名号，仅是在名义上服从中原王朝，实际上并没有实行直接统治与管理，也没有改变其组织、行政制度；而清代的盟旗制度则是中央政府对蒙古地区的直接统治与管理，通过盟旗制度重新划分了蒙古诸部的组织、行政结构，将漠南分为49旗、漠北分为59旗（后增至86旗），各旗之间严格划定旗界，严禁越界游牧，违者依法严加惩处。划分旗界有意打破蒙古原本的组织形式，以起到分化蒙古、实行有效控制的目的。清朝在漠北、漠南、漠西蒙古分别设置定边左副将军（乌里雅苏台将军）、科布多参赞大臣、库伦办事大臣、绥远城驻防将军、呼伦贝尔副都统、伊犁将军等进行直接的军府统治，因此清朝拥有对蒙古地区的完全主权和统治权。

## 2．秋高弓劲万马肥：木兰秋狝

为了安抚、怀柔蒙古，康熙皇帝还创立了“木兰秋狝”制度。

康熙十六年（1677年）、二十年（1681年）九月，康熙皇帝两次出塞北巡，一路上接见了蒙古喀喇沁、科尔沁、敖汉等部的众多蒙古王公，开创了清朝皇帝出塞会见蒙古王公的制度。在第二次北巡时，喀喇沁、敖汉两部向康熙皇帝献出属地，与原属清朝的土地合并成为专供皇帝打猎的木兰围场（在今河北省围场县），面积达一万多平方千米。康熙二十二年（1683年）夏，康熙皇帝陪同祖母孝庄太皇太后出塞避暑，第一次在围场设置黄幄、仪仗，赐宴招待前来朝见的科尔沁、敖汉、奈曼、阿霸垓、喀尔喀、土默特、喀喇沁、翁牛特、克西克腾诸部的众多王公及蒙古众官兵。从此之后，除了康熙三十五年（1696年）亲征噶尔丹外，一直到他去世，康熙皇帝每年必率领众多王公大臣以及八旗官兵前往围场打猎，并会见蒙古王公，举行秋狝大典。

行围规模宏大，根据遵旨议奏的行猎纪律，每年派兵1.2万名，分为3班，一次行猎拨兵4 000，分别于四月、十月、十二月前往口外行猎，并且因为“近见部院衙门官员不谙骑射者多”，因此他们也要去行猎，练习骑射。行围长达20天，其间蒙古兵丁、八旗兵、虎枪各部落神射手齐出营盘，从两翼迂道绕过选定的围场，依山川地形、道路远近，形成十五千米、二十五千米以及三四十千米不等的包围圈，日出前，皇帝出城察看，在护从大臣、侍卫及亲随射手拱卫下率先引弓射猎，随后皇帝再命令蒙古王公及诸部落射生手驰猎。行围结束，射获者论功颁赏，皇帝、大臣与满蒙官兵在营地点起篝火，烧烤猎物，同进野餐，举行庆功会与告别会。行围是严格的军事训练和演习，因此康熙皇帝对包括行军、出哨、布围、合围、射猎、罢围、驻跸、安营等在内的全过程都有严格的规定，有违犯者军法处置。

曾追随康熙皇帝参加秋狝大典的蒋廷锡写过一首《大猎》，生动描绘了木兰秋狝行围的壮阔磅礴以及康熙皇帝本人的英勇神武：“秋高弓劲万马肥，千山红叶连霞飞。外藩部长率部落，来奉君王大合围。天威手挽八石弓，十四把长余箭铤。前鹿已中金仆姑，雕翎洒血红模糊。后鹿一发中其项，高坡仰仆鸣呜呜。须臾连射二十虎，箭箙曾无遗一镞。”这首诗与西方传教士的详细记录共同印证了康熙皇帝英武的人生。

木兰秋狝不仅具有重要的军事意义，还有重要的政治意义。由于蒙古王公不适应关内炎热的气候，很容易感染天花，而且从蒙古高原到京师路途遥远，因此康熙皇帝为表体恤，特地选择在塞外围场接见他们，一起打猎行围、野餐联欢、乐舞摔跤、庆功赏赐……这些积极向上的户外活动能更好地沟通、加强满蒙间的感情，同时又能宣扬军威，恩威并施，方能真正做到畏威而怀德。

为了能够更经常地居住在塞外，康熙四十二年（1703年），开始在木兰围场的南面建设热河行宫，又称避暑山庄（今河北省承德市市区），5年后初步建成，从此这里成了清朝的第二政治中心，康熙皇帝每年有几个月甚至半年在此居住。乾隆皇帝解释了他的祖父建设避暑山庄的原因："我皇祖建此山庄于塞外，非为一已之豫游，盖贻万世之缔构也。"避暑山庄不仅是每年举行木兰秋狝的基地，也是康熙皇帝处理政务、接见蒙古王公的场所，为了怀柔蒙古，还在行宫附近建造了两座蒙古式样的喇嘛庙，后来乾隆皇帝增建了几座有西藏、新疆风格的"外八庙"，实际上这里已经成为第二首都。清朝皇帝不仅继承了自秦始皇、汉武帝开始一脉相承的中华帝统，是汉人的皇帝，同时也是八旗的共主、蒙古各部的大汗。

满蒙联盟是清朝统治的重要基础，蒙古又是清朝的心腹大患，清朝统治者最担心的就是蒙古统一、强大，因此蒙古不仅是清朝统治者最重要的怀柔、笼络对象，也是他们最为防范、欲加分化的对象。康熙皇帝经常出巡，其中最为人所知并津津乐道的就是六次南巡下江南，但与之相比，他出塞巡视蒙古的次数超过了50次，平定三藩之乱后，他几乎每年必出塞巡视、接见蒙古王公，蒙古对清朝的第一重要性无可争议。

康熙皇帝制定了“南不封王，北不断姻”的国策，为清朝皇帝世代遵守，即在三藩之乱后，汉人不能封王，不能掌握军事实力，但与蒙古则世代联姻，一意怀柔笼络，利用其游牧军事力量共同统治汉人。终清朝200多年，这一国策可以说非常成功，是总人口仅几十万人的满洲能够长久统治数亿汉人的重要原因之一。

### 3．西征安藏：兴黄教即所以安众蒙古

明万历六年（1578年），黄教领袖索南嘉措劝说刚刚占领青海的蒙古土默特部阿勒坦汗放弃萨满教信仰，改信黄教，阿勒坦汗为索南嘉措上尊号为“圣识一切瓦齐尔达喇达赖喇嘛”，这就是三世达赖喇嘛；黄教追认根敦嘉措为二世达赖喇嘛，根敦朱巴（宗喀巴的弟子）为一世达赖喇嘛，此即达赖喇嘛的由来。清顺治十年（1653年），五世达赖喇嘛阿旺罗桑嘉措来到京师，清世祖顺治皇帝正式册封他为“西天大善自在佛所领天下释教普通瓦赤喇怛喇达赖喇嘛”，并授予金册和金印（金印刻有汉、满、藏三种文字）。清顺治二年（1645年），率军占领西藏的蒙古和硕特部顾实汗为五世达赖的师傅罗桑却吉坚赞上尊号“班禅博克多”，黄教确认他为四世班禅，追认宗喀巴的门徒克珠杰为一世班禅，索南却朗为二世班禅，罗桑丹珠为三世班禅。为了制衡达赖喇嘛，康熙五十二年（1713年），康熙皇帝封五世班禅为“班禅额尔德尼”[1]，并加封以前各世班禅，授予五世班禅金印、金册，确定班禅和达赖的同等地位，并“互为师”。此前在多伦诺尔会盟后，康熙皇帝决定在会盟地建汇宗寺，作为泽卜尊丹巴胡土克图的在漠南蒙古的驻所，确立了他为喀尔喀诸部的最高宗教领袖，以削弱达赖喇嘛对蒙古的影响。喀尔喀诸部北返后，汇宗寺成为漠南蒙古的最高宗教领袖章嘉

---

1　满语，意为“珍宝”。

胡土克图的驻所，后来他又被封为国师，成为漠南蒙古的最高宗教领袖，至此达赖、班禅、泽卜尊丹巴胡土克图、章嘉胡土克图被称为西藏、青海、蒙古的四大黄教活佛，分别统领前藏、后藏、漠北、漠南。

康熙皇帝本人对佛教并无兴趣，更谈不上信仰，他甚至认为“自古人主好释（佛）、老之教者，无益有损”，他尊崇四大活佛以及黄教只是一种安抚蒙古的统战政策。他的孙子乾隆皇帝对此有非常坦率的阐述：“兴黄教即所以安众蒙古”“定国家清平之基于永久”，本质是用黄教来维系满蒙同盟。康熙皇帝深感黄教对蒙古的影响力巨大，为了安抚蒙古，必须先尊崇黄教；尊崇黄教，必须有效控制黄教领袖达赖与班禅，因此首先要有效控制西藏的政治与宗教两界。

虽然尊崇达赖喇嘛，但在涉及国家大是大非的问题上，康熙皇帝寸步不让，他绝不允许达赖喇嘛有控制蒙古的世俗权力。早在康熙十九年（1680年），康熙皇帝在讨论当时还未归附的喀尔喀蒙古进贡问题上，曾批评理藩院：“外藩蒙古头目进贡，其物应否收纳，理应即行议定，何必据达赖喇嘛文之有无。”[1]康熙皇帝早就开始怀疑达赖喇嘛暗中支持噶尔丹，因此在第一次亲征时，命令属下及漠北、漠南蒙古各部留意搜集达赖喇嘛、班禅、第巴桑杰嘉措与噶尔丹的书信，并要求立即驰送御营。从俘虏处，康熙皇帝得知五世达赖喇嘛已经去世多年，第巴桑杰嘉错假借其名义支持噶尔丹，为此列举、斥责第巴的罪行：“尔第巴原系达赖喇嘛下司事之人，因尔不违达赖喇嘛之语，辅助道法，朕是以优封尔为土伯特（西藏）国王。今观尔阳则奉宗喀巴之教，阴则与噶尔丹朋比，欺达赖喇嘛、班禅胡土克图，而坏宗喀巴之教”，“朕岂不念达赖喇嘛通使修礼历有年所乎？且朕若不加眷恤，尔土伯特国岂得安其生耶？”[2]并命令

1 《圣祖仁皇帝实录》卷91。
2 《圣祖仁皇帝实录》卷156。

第巴交代隐瞒达赖喇嘛去世的经过，要求他尊奉班禅为教主，不得再阻挠班禅觐见，交出破坏噶尔丹与土谢图汗讲和的济隆胡图克图以及噶尔丹的女儿。这四个要求如果任何一个做不到，他就将“发云南、四川、陕西等处大兵，如破噶尔丹之例，或朕亲行讨尔，或遣诸王、大臣讨尔。尔向对朕使言四厄鲁特为尔护法之主，尔其召四厄鲁特助尔，朕将观其如何助尔也。尔其速办此事，及正月星速来奏，否则后悔无及矣”[1]。康熙皇帝是大英雄真本色，直截了当下了最后通牒，言辞间毫不掩饰对第巴的蔑视。

当康熙皇帝率兵亲征至宁夏时，接到了第巴诚惶诚恐的求饶：“臣庸流末品，蒙皇上俯念达赖喇嘛，优封臣为土伯特国王。臣正思仰答皇恩，焉敢违圣旨，而附逆贼噶尔丹乎？况臣之荣显安乐，皆皇上所赐，臣苟背皇上而向他人，必当寿数夭折。总之谨遵圣旨而外，更无异词”，并保证“青海八台吉俱达赖喇嘛弟子，但愿为皇上效力，并无二心，臣可保其不背皇上也”[2]。康熙皇帝对第巴的态度比较满意，因此决定不进兵青海、西藏。此前在青海的和硕特蒙古诸部听说康熙皇帝亲征到达宁夏，唯恐被征伐，纷纷远避，直到康熙皇帝宽恕第巴，不再进军青藏，他们在强大的压力下又纷纷要求归附，首领扎什巴图尔台吉等人来朝觐见。康熙皇帝恩威并施的策略不战而屈人之兵，青海、西藏相继表示归顺。

树欲静而风不止，青藏安定的局面只维持了9年就发生了急剧的变化。第巴桑杰嘉措隐瞒五世达赖喇嘛的死讯长达14年，终于找到了一位少年——仓央嘉措为转世灵童，坐床成为六世达赖喇嘛。仓央嘉措是一位杰出的诗人，但行为举止不符合规范，引发很大争议，本就与第巴不和的西藏最高军政统治者和硕特汗国的达赖汗对此十分不满。达赖汗去世后，其子拉藏汗继位，双方矛盾激化，发生了军事冲突，执掌西藏政教最高权力的第巴桑杰嘉措被

---

1 《圣祖仁皇帝实录》卷175。
2 《圣祖仁皇帝实录》卷179。

杀，拉臧汗上书康熙皇帝要求废除“假达赖”仓央嘉措。康熙皇帝本着维护西藏安定的目的，答应了拉臧汗的要求，并命令他将“假达赖”拘押送京，以防止被其他势力尤其是准噶尔利用，仓央嘉措后死于途中。康熙四十八年（1709年），因青海众台吉与拉臧汗不和，康熙皇帝认为西藏事务不能由拉臧汗独自处理，因此派遣侍郎赫寿“前往西藏，协同拉臧办理事务”[1]，此为清朝派遣官员管理西藏事务的开始。

拉臧汗选立波克塔胡必尔汗伊喜嘉措为六世达赖喇嘛，并由清朝册封，但青海、西藏的民众并不承认，青海诸台吉另立里塘的噶桑嘉措为六世达赖喇嘛，结果出现了两个达赖并存的状况，统治青藏的和硕特汗国面临着分裂甚至内战的危险。此时，一股更危险的力量开始介入，准噶尔帝国大汗是噶尔丹的侄子策妄阿拉布坦，他曾反对仓央嘉措，此时又180度转弯，与第巴桑杰嘉措部下联手准备入侵西藏，消灭拉臧汗政权。策妄阿拉布坦一面将女儿嫁给拉臧汗的儿子，一面以护送新婚夫妇回藏为名，于康熙五十五年（1716年）十一月派遣策零敦多布率领6 000士兵，从伊犁取道叶尔羌（今新疆维吾尔自治区莎车县），“绕戈壁，逾和阗南大雪山，涉险冒瘴，昼伏夜行”[2]，一路徒步，艰难跋涉，历时近八个月才抵达西藏边境。此时拉臧汗的主力正集中防备青海，措手不及，一路溃败。准噶尔军队于十月攻下拉萨，拉臧汗英勇战死，六世达赖喇嘛伊喜嘉措被拘禁，强盛一时的和硕特汗国灭亡。形势又变得极为危险，噶尔丹的阴影重现，如果准噶尔有效控制西藏与达赖喇嘛，将拥有雄厚的宗教、政治号召力，势必要控制全蒙古，重现成吉思汗时代的霸业，这会动摇清朝联合蒙古统治汉人的基本国策，威胁到政权的存亡，对康熙皇帝来说是不可接受的噩梦，因此他决定派兵入藏，驱逐准噶尔军队。

---

1 《圣祖仁皇帝实录》卷236。

2 《清史稿》卷525《藩部八・西藏》。

康熙五十七年（1718年）五月，由于轻敌，侍卫色楞率领仅2 000多人的军队入藏，被准噶尔军诱敌深入包围，于九月中下旬全军覆没。鉴于前次惨败，满朝大臣极力反对再次入藏，认为路途遥远，劳民伤财，遭到了康熙皇帝的痛斥："今观领兵大臣官员等，只为保身之计，不以国事为重，内存私意，彼此争论不和。……今满汉大臣，咸谓不必进兵。朕意此时不进兵安藏，贼寇无所忌惮。或煽惑沿边诸番部，将作何处置耶？故特谕尔等，安藏大兵，决宜前进。"[1]继亲征噶尔丹后，康熙皇帝又一次不顾群臣反对，独断进兵。这一年十月，他任命皇十四子胤祯为抚远大将军，并于次年三月统兵到达西宁，同时任命年羹尧为四川总督，开辟由四川进藏的路线，筹足粮饷，开设驿站。

此次清军入藏，是以护送青海众台吉拥立的达赖喇嘛噶桑嘉措赴布拉达拉宫坐床的名义，噶桑嘉措不仅得到了康熙皇帝的册封承认，而且也深受青藏、蒙古民众的爱戴。这一手段非常高明，据当时在西藏的意大利传教士佛斯德利（Ippolito Desideri）观察，"中国皇帝在获取西藏人同情、离间他们同准噶尔人的关系这一着上，显露出他的明智"[2]，而准噶尔人掌握的是一个不被青海、西藏承认的达赖，这样就被推到了对立面。

平逆将军延信率军出青海，向喀喇乌苏（今西藏自治区那曲）进兵，此为北路；定西将军噶尔弼率军出四川巴塘进藏，此为清军南路；同时命令靖逆将军富宁安与振武将军傅尔丹，率军向西进攻准噶尔的本土。康熙五十八年（1719年）四月，北路清军护送达赖喇嘛，由西宁进藏，克服恶劣的自然环境，多次击败由大策零敦多布率领的层层设防的准噶尔军。与此同时，年仅33岁的岳钟琪率领南路先锋绿旗兵4 000人，奇袭渡过怒江天险，随后与主力满洲兵会合攻取拉萨。据佛斯德利的目击，入藏清军纪律严明，与此前

1 《圣祖仁皇帝实录》卷287。

2 杜文凯编：《清代西人见闻录》，北京：中国人民大学出版社，1985：137.

烧杀掳掠的准噶尔军队形成了鲜明的对比。[1]九月，噶桑嘉措在布达拉宫举行达赖喇嘛的坐床典礼。至此安藏之役结束，清朝开始在西藏驻军，标志着西藏正式纳入了清朝的版图。进攻准噶尔本土的军队也获得胜利，并占领了吐鲁番，开始筑城戍守。

此次安藏之役将西藏正式纳入版图，完全是康熙皇帝英明独断的结果，在众大臣普遍因循守旧、畏惧进军青藏穷域绝边的艰难险阻，不求有功、但求无过，害怕再次进军失败、自己也可能被直接或间接牵累的情势下，他抓住了难得的战略机遇。众大臣的这种态度在前一次亲征噶尔丹时已经表露。历史是相似的，汉武帝对外扩张时，同样也遭到了大臣一次次的反对，全凭汉武帝英明独断，得以成功。这不仅仅是一生积极进取的汉武帝、康熙皇帝与大臣之间的个性、眼光及能力的差异，更是产权所有者与其雇用的职业经理人之间很难弥合的根本性分歧，前者着眼于根本性的长远利益，后者常常得过且过，不想在自己有限的任期内承担太高的风险。当然历史上碌碌无为、蒙混度日的皇帝也很多，但这种缺乏进取心与能力的皇帝是没有可能开创一个盛世的，至多是守成之君。康熙皇帝发动安藏之役时已经垂垂老矣，而且当时已被儿子们折腾得身心俱疲，处理政务亦力不从心。但烈士暮年，壮心不已，这种牵涉到江山千秋万代的重大事务依然会激起他的英雄气概，不顾众人的反对，毅然决然迎接挑战。

康熙盛世积极对外开拓，以武功赫赫著称于史，最显著的标志是结束了国内三藩割据的局面，消灭了郑氏集团，将台湾纳入版图；两次雅克萨之战，让已经侵占黑龙江流域几十年的俄国人退走，第一次在现代国际法框架下确定了中俄东段边境，并在黑龙江沿线驻军；击败了准噶尔的两次入侵，消灭了其首领噶尔丹，将喀尔喀蒙古与准噶尔帝国核心地区科布多的一半纳入了版图；又兴

1 《清代西人见闻录》第139页。

兵安藏，驱逐了入侵西藏的准噶尔军队，在西藏设置办事大臣并驻军，将西藏纳入了版图；同时从准噶尔帝国手中夺取了哈密、吐鲁番、巴里坤；青海和硕特蒙古诸部也归附于清朝，为青海最终纳入版图奠定了坚实的基础，这是康熙一朝留给后世中国极为宝贵的遗产。《清史稿》对康熙皇帝的赞扬非常恰当："经文纬武，寰宇一统，虽曰守成，实同开创焉。"[1]的确，康熙皇帝虽然是清朝入关后的第二代皇帝，但他实质是创业之君，清朝真正统一中国是在他手里完成的，他的武功业绩非常显赫；在内政方面，康熙皇帝同样是皇帝中的佼佼者。

1 《清史稿》卷8《圣祖本纪三》。

# 第二章

# 乾纲独断：以宽仁治天下

康熙皇帝每日御门听政，几十年如一日，几乎从不间断。为了加强皇权，他用南书房等机构取代议政王大臣会议，削弱了八旗亲贵的权力，并创立了皇帝与大臣点对点交流的奏折制度。康熙皇帝废除了圈地与投充，缓和满汉矛盾；将"更名田"的产权转给耕种者，大力发展经济，频繁减免赋税，注重赈灾，广施仁政，着力治理黄河与漕运，为此亲自六次南巡视察指导，奠定了康乾盛世雄厚的政治、经济基础。

## 第一节　一人独裁：裁抑满洲权贵与御门听政

### 1．缓和满汉矛盾：废除圈地与投充

满洲是清朝的统治民族，入关后举族迁到京师附近。为了解决他们的生计，顺治元年（1644年）十一月，摄政王多尔衮下令："凡近京各州县民人无主荒田，及明国皇亲、驸马、公、侯、伯、太监等，死于寇乱者，无主田地甚多……尽行分给东来诸王、勋臣、兵丁人等"[1]，开始大量圈占京师附近的无主土地，但在实际执

1 《世祖章皇帝实录》卷12。

行过程中，还圈占了有主土地；顺治二年（1645年）九月，下达了第二次圈地令，范围扩大到直隶的河间、滦州、遵化一带；顺治四年（1647年）正月第三次圈地，圈入顺天、保定、河间、易州、遵化、永平等42府土地，共圈占汉族人田地224 982顷，圈占范围主要集中于直隶六府二州一县，共计77州县，2 000余里。圈地不仅占地，还侵占原田主人的财产，完全是赤裸裸的抢劫。圈地后，田地被占的人流离失所，除了部分人投充到八旗庄园充当农奴外，大多数只能流亡他乡，成为流民、乞丐。大规模的圈地虽然已经停止，但小规模圈地、换地仍有发生，因为八旗军士战事频繁，被圈的土地未能得到悉心耕种，往往出现大片荒废。圈地严重激化了满汉之间的民族矛盾，康熙八年（1669年）五月，亲政后的康熙皇帝宣布停止圈地："朕缵承祖宗丕基，又安天下，抚育群生，满汉军民，原无异视，务俾各得其所，乃惬朕心。比年以来，复将民间房地圈给旗下，以致民生失业，衣食无资，流离困苦，深为可悯。自后圈占民间房地，永行停止，其今年所已圈者，悉令给还民间。"[1]在这道上谕中，康熙皇帝停止圈地的理论前提是要平等对待满汉军民。康熙二十四年（1685年），顺天府府尹张吉午上疏，请自此年始，永远不能圈取民间开垦的田亩，这一建议被户部否决，却获得了康熙皇帝的支持，他认为凡民间开垦田亩，若被八旗圈取，会损害人民利益，因此下令"嗣后永不许圈"[2]。

伴随着圈地还有投充，旗人圈占了大量土地，但一不会耕种，二也不愿意自己耕种，因此顺治二年摄政王多尔衮颁布《投充法》。原本只允许旗人官民招募无地贫民以奴仆的身份耕种，但由于许多人的土地被八旗圈走，家产被侵夺，只好"带地投充"，成为耕种原本属于自己土地的农奴，向新的土地主人交租，甚至还出现"满洲威逼投充"，即将普通民人逼迫成农奴。农奴不堪忍受，经常逃

1 《圣祖仁皇帝实录》卷30。
2 《圣祖仁皇帝实录》卷120。

跑，“只此数月之间，逃人已几数万”，因此清廷又为此制定了残酷的《逃人法》，条目达100多条，重在严惩窝藏逃人者，“有隐匿逃人者斩，其邻佑及十家长、百家长不行举首，地方官不能觉察者，俱为连坐”[1]，却轻判逃亡者，逃亡三次者才处以绞刑，并专门成立督捕衙门。在如此严酷的法令下，顺治十年（1654年），豪雨成灾，“直隶被水诸处，万民流离，扶老携幼，就食山东。但逃人法严，不敢收留，流民啼号转徙”[2]。康熙四年（1665年）开始修改《逃人法》，对窝藏逃人者减轻处罚，康熙十一年（1672年），除宁古塔等地方外，将逃人案件的审判权从八旗的王公将军转移给督抚，处罚进一步减轻。据康熙二十九年（1690年）曾任督捕侍郎王士祯的记录，“终岁不劾劾一失察之官，不治一窝隐之罪”[3]，《逃人法》已经形同虚设，康熙三十八年（1699年），索性撤裁了督捕衙门。这些措施都有效地缓和了满汉间的民族矛盾。

## 2. 议政王大臣会议、内阁与南书房

八旗是清朝的统治集团，其中又以八旗满洲为核心，另外还有八旗蒙古和八旗汉军。八旗实行主奴制，皇帝是八旗的共主，并亲自统领上三旗（镶黄、正黄、正白），另外五旗为下五旗，各有旗主，均是皇族亲王。清初中央政府的最高决策机构是议政王大臣会议，其机构称为“议政处”，是满洲部落民主制的残留：“国初定制，设议政王大臣数员，皆以满臣充之，凡军国重务不由阁臣票发者，皆交议政大臣会议。”[4]议政王大臣会议的成员后来有所增加，除亲王、郡王、贝勒外，还有贝子及公一级；参与的大臣除了满洲大

---

1 《世祖章皇帝实录》卷43。
2 《世祖章皇帝实录》卷77。
3 （清）王世祯：《香祖笔记》卷4。
4 （清）昭梿：《啸亭杂录》卷4。

臣外，还增加了八旗蒙古及八旗汉军的大臣，这样一来，有效地稀释、削减了宗室诸王的权力。皇帝是最高的裁决者，他可以修改或否决议政王大臣会议的决定。

中央政府日常的行政性事务由内阁承担。顺治十五年（1658年），仿照明朝的制度改内三院为内阁，由大学士、协办大学士、学士、侍读学士等组成，大学士有殿阁头衔[1]，还可兼任六部的尚书。内阁的工作内容与程序大体上仿照明朝，主要任务是协助皇帝处理题本[2]，各地方政府的题本需要经过通政使司转呈内阁，称为“通本”，在京中央各部门直接呈送内阁，称为“部本”；内阁接到题本后，首先要“票拟”，即根据有关法规和典章律例为皇帝代拟、起草处理意见，具体工作由票签处代拟，草签后上呈大学士总校，再由满、汉票签处缮写满汉合璧的正签，夹入题本中送批本处；次日晨送内奏事处，呈送皇帝阅览。皇帝阅览题本并核定票签，或照原签所拟，或于原签内朱笔改定，或命令改签，再发下内奏事处。内奏事处将皇帝批下的朱签（批示意见）送内阁批本处，接到下发朱签后，由中书分满、汉文分别批写在原题本满、汉文部分的页面上，批写用红笔，故称“批红”，批红的题本又称为“红本”，送收发红本处；每日六科派值日给事中一人，赴收发红本处领出红本，抄送各相关衙门查照办理，至此整个题本处理流程方告结束。由于清初重要军国、机密大事皆由八旗亲贵组成的议政王大臣会议决定，因此清代的内阁权力已经大大缩小。根据实际的办事流程，大臣可以直接将题本先呈送康熙皇帝本人，然后再发由内阁票拟处理，这样即使在一些日常政务方面，内阁的权力也很小。

为了皇权独尊，康熙皇帝有意裁抑皇族诸王的权力，自康熙

1　中和殿、保和殿、文华殿、武英殿、文渊阁、东阁，乾隆时除去中和殿，增补体仁阁，以三殿三阁为大学士衔。

2　明清两朝呈送皇帝的正式公文。《大清会典》：“国朝定制，臣民具疏上闻者为奏本，诸司公事为题本。”具体地讲，官员公事用题本，私事用奏本。见“题奏本格式”。

三十三年（1694年）起，诸王失去了议政权，相应议政王大臣会议变成了议政大臣会议。早在康熙十七年（1678年），就召翰林院掌院学士陈廷敬、侍读学士叶方蔼入直南书房，参与机要政务，重要的谕旨便直接由南书房拟写，南书房成为皇帝的机要秘书处与智囊。内阁原来是皇帝的秘书处，也是内朝机构，只是后来逐渐开始外朝化，有了自己的部门利益，因此皇帝为了提高决策、行政效率，便于独揽大权，就又组建了一个只服务于自己个人的内朝机构。当年汉武帝始建的内朝制度，一直延续到两千年后的清代。

### 3．奏折的诞生：点对点的秘密报告

康熙皇帝另外创立了清代特有的奏折制度，他本人对此有详尽的说明："朕为国为民宵旰勤劳，亦属分内常事。此外所不得闻者，常令各该将军、总督、巡抚、提督、总兵官因请安折内附陈密奏，故各省之事不能欺隐，此于国计民生大有裨益也。尔等（指在朝的大臣）皆朕所信任，位至大臣，当与诸省将军、督抚提镇一体，于请安折内将应奏之事，各罄所见，开列陈奏。所言若是，朕则择而用之；所言若非，则朕心既明，亦可手书训谕。而尔等存心之善恶诚伪，亦昭然可见矣。朕于诸事谨慎，举朝无不知之。凡有密奏，无或泄漏。但大胆不肖、愍不畏死之徒，从中拆视；或原奏之人朋友众多，口不密而泄漏者亦有之。至一概奏折，不迟时刻，皆不留稿，朕亲自手批发还。凡奏事者，皆有朕手书证据在彼处，不在朕所也。尔等果能凡事据实密陈，则大贪大奸之辈，不知谁人所奏，自知畏惧；或有宵小诳主，窃卖恩威者，亦自此顾忌收敛矣。"[1]

以前呈送给皇帝的题本处理过程复杂，在到达皇帝案头之前已经有多人预先知道其内容，因此臣下不敢大胆直书，皇帝无从了解

1 《圣祖仁皇帝实录》卷248。

事情真相；而奏折由臣下直接递送皇帝本人，只有报告者与皇帝两人知道内容，且康熙皇帝承诺保密，并将原奏折发还本人，因此可以知无不言，言无不尽，实质就是秘密报告。简而言之，题本的程序是先上传至服务器（内阁），皇帝下载处理后再上传至服务器，然后相关官员下载执行；而奏折则是点到点的短信，除了发送者（官员）与接收者（皇帝）外，无人知悉其中内容，保密性更强。

康熙年间，能与皇帝进行奏折一对一交流的大臣是极少数，还属于特权，其中与康熙皇帝本人交流最为密切的并不是什么亲王、大学士、尚书，而是两位内务府的织造曹寅和李煦，前者又娶了后者的妹妹。现存康熙二十八年二月至六十一年十二月（1689年至1722年），奏折共计3 119件，其中李煦和曹寅（含其子曹颙、继子曹頫）上奏619件，接近20%。李煦上奏400余件中，与本职的织造业务相关的“只有寥寥五六件”，那么他们之间主要谈些什么呢？内容包括政情、人事、隐私、气象、收成、官场市井八卦、家常聊天等，几乎无所不包，曹寅、李煦都是康熙皇帝保母之子，从小一起长大，属于皇帝最信任、有私交的心腹之臣，他们作为八旗包衣在江宁、苏州充当织造，明面是为了皇帝和皇家提供衣物用品，其实充当了秘密信息来源。

康熙四十三年（1704年）七月二十九日曹寅上奏折要求陛见，康熙皇帝在奏折上朱批：“朕体安善，尔不必来。明春朕欲南方走走，未定。倘有疑难之事，可以密折请旨。凡奏折不可令人写，但有风声，关系匪浅。小心，小心，小心，小心。”皇帝强调奏折只能由曹寅本人亲自书写，内容不能泄露。康熙四十九年（1710年），康熙皇帝分别在曹寅、李煦奏折上朱批：“知道了。两淮情弊多端，亏空甚多，必要设法补完，任内无事方好，不可疏忽。千万小心，小心，小心，小心”“风闻库帑亏空者甚多，却不知尔等作何法补完？留心，留心，留心，留心，留心”！这些完全上不了台面的对话当然要绝对保密，皇帝提醒臣下小心亏空情况，甚至还让他们自已兼任两淮盐政业务以弥补织造亏空。曹李两家亏空的一个重要原因是承担了皇帝多次南巡的费用，康熙皇帝对此心知肚明，甚至公开为他们的亏空辩解："行查诚是。但亏空之由、皆因南巡费用所致，若不声明，反属不宜。朕之巡幸，原以为民，无庸隐讳。即用帑银百万、亦所当然。"但这两家的亏空并非完全因为南巡，而且一直没能填补，埋下了以后被雍正皇帝清算的原因。李煦还卷入了夺嫡之争，与皇八子过从甚密，不仅家产被查抄，全家二百多仆人被转送大将军年羹尧，本人也被流放吉林冻饿而死；几年后曹家也被查抄，但处理要宽松得多，曹寅的继子曹頫仅被撤职回北京居住，还开恩发还一处住宅。这场长达几十年的家族荣辱际遇，直接促成了《红楼梦》的诞生。

康熙皇帝宣称他的一生"亲握乾纲，一切政务，不徇偏私，不谋群小，事无久稽，悉由独断"[1]。从体制上看，人数很少的八旗才是清朝的统治集团，国家的军政大权均掌握在旗人手中，核心又是八旗满洲。皇帝是八旗共主，全体旗人是他的奴才，因此可以令行禁止，行政效率很高，组织性、向心力很强。宋、明时代，皇帝与经过科举入仕的士大夫集团共治天下，由于有一定的经济与思想独立性，士大夫集团并不完全依附于皇权，因此在政治上也拥有一定的独立性；且士大夫集团人数众多，出身地域广泛，科场年资多样，很容易形成不同的门派和利益集团，互相倾轧内斗，形成党争。宋代的新、旧党争，明代的东林、楚、浙、阉等党争都很著名，甚至危及了政权的存亡。皇帝本人也无法有效控制党争的烈度与进程，甚至在一定程度上还被士大夫集团制衡，结果导致政局失控甚至崩溃。清朝的汉族士大夫集团已经完全被边缘化，只是政治上的点缀，他们的党争并不能影响政局，而八旗内部的党争也能被他们的共主皇帝有效操控，例如康熙时期的索额图与明珠的党争。因此清朝最

1 《圣祖仁皇帝实录》卷253。

高统治集团的效率、组织性极强，并在此基础上形成了君主的一人独裁制，即所谓的“乾纲独断”，即使最高的决策机构议政王大臣会议形成的决定也能被皇帝一票否决，更何况只有秘书班子功能的内阁？因此，清朝的政治体制不同于以往任何一个朝代，以往朝代的皇帝一人独裁并非常态，比如西汉时期，完全是因为汉武帝、宣帝个人的能力与个性都极强，才可以做到这一点，但在西汉其他时期或其他朝代，皇帝都或多或少受到其他政治集团的制衡。

### 4．御门听政：朕如驾车之马

乾纲独断的康熙皇帝极为勤政，康熙六年七月初七（1667年8月25日），他登临太和殿宣诏天下开始亲政，“是日，上御乾清门听政，嗣后日以为常”[1]，此即康熙皇帝创立的“御门听政”制度。清代的朝会分为三种，一是大朝会，“每岁元旦、冬至、万寿三大节及国家有大庆典，则御殿受贺”[2]，这仅是礼仪性质的朝会，没有实际的政务功能；二是常朝，每月逢五在太和殿举行（一月三次），内容一般只是“文武升转各官谢恩”，接见藩属使臣等仪式；三就是御门听政，乾清门是皇帝正寝乾清宫的正门，是紫禁城外朝与内廷的分界，门外即为可以容纳较多人的乾清门广场。

自创立御门听政后，康熙皇帝基本每天“未明求衣，辨色视朝”，“一岁之中，昧爽视朝，无有虚日。亲断万机，披览章奏”[3]；到了康熙二十一年（1682年）九月，因时间太早，考虑到“诸臣每夜三更早起，朝气耗伤”，将听政时间推迟到春夏早晨七点，秋冬早晨八点举行。众大臣多次提出每天听政太过频繁、辛苦，建议每五天或两三天举行一次，至少在大雨、大雪、大寒、大暑天停止，

1 《圣祖仁皇帝实录》卷23。
2 （清）于敏中等编：《日下旧闻考》卷11。
3 中国第一历史档案馆整理：《康熙起居注》，北京：中华书局，1984：343.

但都被康熙皇帝拒绝，他认为“致治之道，务在精勤；励始图终，勿宜有间。二十余年以来，于凡用人行政，事无巨细，罔不殚心筹画。早夜孜孜，有如一日。……若必预定三日、五日，以为奏事常期，非朕始终励精之意也”[1]。终康熙皇帝一生，除去重病、国家大丧等，御门听政从不停止，地点并不局限于乾清门，时间也不局限于早晨，而是随他有所变动。

每日听政对于皇帝、大臣来说都很辛苦，因此康熙皇帝下令60岁以上的大臣量力而行，每二或三日来一次即可，但他自己“听政三十余年，已成常规。不日日御门理事，即觉不安”[2]，仍然坚持天天听政，甚至在生病期间也不中止：“朕每日听政，从无间断。闲坐宫中，反觉怀抱不适。尔诸大臣面奏政事，朕意甚快。”[3]每天听政需要处理少则几十本，多则三四百本的奏章，虽然有内阁的票拟意见，但康熙皇帝仍然“皆一一全览。外人谓朕未必通览，故朕于一应本章，见有错字必行改正。其翻译（满汉）不堪者，亦改削之。当用兵时，一日有三四百本章，朕悉亲览无遗。今一日中仅四五十本章而已，览之何难？一切事务不可少有怠慢之心也”[4]。即使是在外出巡期间，康熙皇帝也命令内阁将章奏或三日、或两日送达，“奏到随即听览，未尝一有稽留”，甚至奏章深夜到达，他随即起床披阅。

晚年的康熙皇帝身体状况非常不好，曾一次大病两个多月，全身浮肿，右手无法执笔，仍坚持用左手批阅奏章，但此时也不免悲从中来，向臣下自述其一生的辛劳：“朕临御以来，一切机务必皆躬亲，从不敢稍自暇逸。但少壮时精力有余，不觉其劳，今气血渐衰，精神渐减，办事殊觉疲惫，写字手亦渐颤。仍欲如当年事事精详，则力有不能；若草率办理，此心又所未安。从来书生论历代帝

1 《圣祖仁皇帝实录》卷115。
2 《圣祖仁皇帝实录》卷161。
3 《圣祖仁皇帝实录》卷169。
4 《圣祖仁皇帝实录》卷231。

王，多指摘过失，谓其安享富贵，耽于逸乐。朕披阅史书，历观古来帝王，因深知为君之难。即朕六十年宵旰勤劳，虽金石为质，亦应消耗，况气血之身乎？又如诗文一事，皆出朕心裁，内书房翰林辈，不过令其校对誊写耳。……今天下大小事务皆朕一身亲理，无可旁贷，若将要务分任于人，则断不可行。所以无论巨细，朕必躬自断制。”[1]

“无可旁贷”，这四个字准确地揭示了康熙皇帝勤政的原动力，身为皇帝，祖先留下的江山、事业落在他的肩上，他对这个政权负有最终的无限责任。他在晚年时用“鞠躬尽瘁，死而后已”形容自己，因为他的责任“无可旁诿”，无法像臣下一样“可仕则仕，可止则止。年老致政而归，抱子弄孙，犹得优游自适。为君者，勤勉一生，了无休息”；他甚至说出了：“每览老臣奏疏乞休，未尝不为流涕。尔等有退休之时,朕何地可休息耶?”[2]更有“诸臣视朕如驾车之马，纵至背疮足瘸，不能拽载，仍加鞭策，以为尔即踣毙，必有更换者，惟从旁笑观，竟无一人怜恤，俾其更换休息者”[3]的悲叹。

## 第二节 六次南巡与河务、漕运

### 1. 靳辅治河与罕见的政坛大案

康熙皇帝处理的政务中除了三藩、台湾、雅克萨、噶尔丹、青海、西藏等征伐用兵外，还有河务、漕运两大事务，他亲政时将它们与“三藩”一道悬于宫中柱子上，是他必须要解决的三件大事。

1 《圣祖仁皇帝实录》卷284。
2 《圣祖仁皇帝实录》卷275。
3 中国第一历史档案馆整理：《康熙起居注》，北京：中华书局，1984：2475.

南宋建炎二年（1128年），为防御金兵南下，杜充人为决开黄河堤防，黄河改道向东南，分别由泗水、济水入海，随后黄河主流又侵夺淮河入海，一直持续到清咸丰五年（1855年）。明朝万历年间，潘季驯治河后，黄河基本被固定在开封、兰考、商丘、砀山、徐州、宿迁、淮安一线入淮，即今黄河明清故道。由于黄河挟带大量泥沙，冲出峡谷到了中下游平原后流速减缓，泥沙沉淤塞，形成地上悬河，需要不断加固堤防，清除河道。明末清初战乱，河道、堤防缺乏维护，再加上黄河、淮河合流，河水入海不畅通，因此中下游频频决口，河水泛滥，酿成水灾，仅从康熙元年到十六年（1662年到1677年），黄河就发生了约70次水灾，黄淮、江淮平原经常一片汪洋。明清京杭运河与黄河、淮河都在淮安附近交汇，运河、黄河在江苏北部平行且相距很近，甚至运河的一段就直接利用了黄河水道。黄河水多势大，经常倒灌进淮河、运河，导致堤坝溃决，严重影响到漕运。当时每年约有400万石漕粮从江南运往京师，供给文武官员以及军民食用，漕运一旦中断，京师就会陷入恐慌，严重影响到政治稳定。“国家大事在漕，漕运之务在河”，因此一定要治理好黄河与漕运。康熙皇帝之所以将河务、漕运与三藩并列为头等大事，就是因为这三件事都关系到了政权稳定。

亲政后的康熙皇帝开始治理河务与漕运，后因三藩之乱而中断。康熙十五年（1676年）的大水灾促使他下了“务为一劳永逸之计”解决河务、漕运的决心，并提拔安徽巡抚靳辅为河道总督，专门负责此事。康熙十六年（1677年），靳辅到任不久，即与幕僚陈潢在实地调查研究的基础上提出了“治河之道，必当审其全局，将河道、运道为一体，彻首尾而合治之，而后可无弊也”的主张，反对治运不治黄的错误观点，一日内向康熙皇帝上了八道奏疏，系统提出综合治理黄、淮、运的规划。他认为现在“河道敝坏已极，修治刻不容缓”，要求疏浚清江浦以下至云梯关到海口一带的河道淤泥，用来筑两岸堤防；开挖洪泽湖下游高家堰以西至清口（淮河与黄河的交汇处）的引水河，修筑加固各地险要的堤防，设置巡河官兵等措施。但议政王大臣会议认为此项计划费用人工太过浩繁而予以否决，后经补充说明，于次年正月获得批准，预算高达白银250多万两，限定三年完成。康熙十九年（1680年）秋天，因黄河又一次决口，靳辅请求处分，但康熙皇帝只是催促他尽快修筑堤防；第二年靳辅上疏："臣前请大修黄河，限三年水归故道。今限满，水未归故道，请处分。"[1]康熙皇帝充分考虑到河工的复杂性，命令他戴罪督修，终于在康熙二十年黄河复归故道。

康熙二十三年（1684年），康熙皇帝第一次南巡，主要目的就是亲自视察黄河、运河工程。他在工地对减水坝提出了异议，认为它会导致"减水旁流，浸灌民田"；在高邮（今属江苏省）时他看见两岸农田与房屋浸在水中，恻然同情溢于言表。靳辅会意到了康熙皇帝的心思，因此计划于宿迁（今江苏省宿迁市）、桃源（今江苏省泗阳县）、清河（今江苏省淮安市）三县黄河北岸的堤内开新运河，"以免黄河一百八十里之险"，此即现在仍然通航的京杭运河中河段。南巡后，为了避免民田再遭水淹，康熙皇帝提议疏浚黄河入海故道，任命安徽按察使于成龙（汉军镶黄旗人）督理下河事务，疏浚海口。但靳辅与于成龙产生了重大分歧，靳辅认为海水会倒灌，反对疏浚下河，而想通过高筑堤防束水，下游不疏自通；于成龙则赞同康熙皇帝的意见。两人被召到京师廷议，当时以权臣、大学士明珠为首的主要大臣赞同靳辅的意见，而只有少数中下级官员支持于成龙，但康熙皇帝仍然认为于成龙的建议便民，且耗费钱粮不多。谨慎起见，康熙皇帝决定派遣工部尚书萨穆哈、学士穆称额速往淮安、高邮与漕运总督徐旭龄、江苏巡抚汤斌一起实地调查，结果当地百姓认为挑浚海口无益，应行停止，康熙皇帝只好暂时中止了这一方案。

---

1 《清史稿》卷279《靳辅传》。

康熙二十五年（1686年），江苏巡抚汤斌升任礼部尚书后，认为海口“开一丈有一丈之益，开一尺有一尺之益”，康熙皇帝发内帑20万两，委任工部侍郎孙在丰督修，但靳辅在下河施工时却不闭塞滚水坝，依旧放水。康熙二十七年（1688年）正月，矛盾终于激化，此事适逢祖母孝庄太皇太后去世后的第一次御门听政，身着青色布衣的康熙皇帝因悲伤过度，在侍卫的搀扶下落座。江南道御史郭琇参靳辅治河无功，听信幕宾陈璜之言，阻挠下河开浚，宜加惩处。户部尚书王日藻、兵部尚书梁清标等也认为靳辅奏请屯田一事有累于民。康熙皇帝回应众臣说：“朕南巡时往勘河道，高家堰南北及清口以南、高邮等处，朕俱沿堤步行，亲加详览，河上情形，颇深悉之。今欲筑重堤，使水由清口入海，若果有裨益，则当日何以不早筑耶？高邮等七州县，百姓苦累异常，此朕目击而心伤者。今于堤外又筑一堤，是重困小民矣。至于屯田，有利于廷臣，而害民实甚。陈璜本一介小人，通国尽知。屯田之说，江南人莫不嗟怨，尔等宁不闻耶？”[1]

康熙皇帝说的“廷臣”暗指明珠。此时明珠为朝廷首要重臣，他因当年力主撤藩而深受康熙皇帝赏识，任大学士长达九年，和曾与康熙皇帝合谋擒拿鳌拜的索额图同为当朝大学士，两人势均力敌，形成了明党与索党。索额图去职后，明珠权倾朝野，不仅擅权而且贪腐，逐渐引起了康熙皇帝的不满。康熙皇帝已经获悉明珠是靳辅的后台，因此特地暗示郭琇参明珠[2]。三天后，郭琇上疏参“明珠、余国柱背公营私、卖官鬻爵；靳辅与明珠、余国柱交相固结，每年靡费河银大半分肥”等八项罪状，结果勒德洪、明珠被革去大学士，大学士李之芳退休回原籍，大学士余国柱被革职，大学士科尔坤以原品解任，内阁五员大学士中有四员被革职，户部尚书佛伦、工部尚书熊一潇被解任，此即著名的河工案，是清代罕见的政

1 《圣祖仁皇帝实录》卷132。

2 中国第一历史档案馆整理：《康熙起居注》，北京：中华书局，1984：1719.

坛大案，明党至此消亡，但事情并未就此结束。两个月后，康熙皇帝御乾清门听政，召靳辅与于成龙、郭琇等人廷辩。靳辅承认因为下属执行的问题导致屯田害民，但仍然坚持“开浚海口，海水必将倒入”的观点，他随即被革职，陈璜下狱。

## 2．六次南巡亲临治河

于成龙攻击靳辅开中河劳民伤财、全无用处，为此康熙皇帝特意派遣学士凯音布、侍卫马武前往察看，却发现“中河商贾舟楫不绝”，康熙皇帝因此明白于成龙虽然是一个爱民缉盗的好官，但心胸狭隘，怀挟私仇，阻挠河务。凯音布另外报告漕运总督慕天颜曾经不让漕船航行在中河，以制造中河失败的假象。康熙皇帝闻讯大怒，将已被革职的慕天颜逮捕审讯，结果供出了于成龙与他串通诬陷靳辅。于成龙为官一向清廉，深受康熙皇帝喜爱，仅被削去太子太保衔，而慕天颜则被杖一百，徒三年，且不准折赎。

康熙皇帝意识到自己可能犯了错误，于是派遣兵部尚书张玉书、刑部尚书图纳、左都御史马齐去视察河工，三人回来后对靳辅的工作给予肯定，但也有些不同看法，因此工部尚书苏赫等人请康熙皇帝再次南巡亲临决策。康熙二十八年（1689年）正月，康熙皇帝第二次南巡，特定让靳辅、于成龙二人随行，目的是“躬历河道，兼欲观览民情，周知吏治”[1]。他重点考察中河，并肯定了靳辅的成绩，回京后恢复了他从前的衔级，并于康熙三十年重新起用，任命他为河道总督，但不久就去世，于成龙成为他的继任。

于成龙空有虚名，实际上他的治河能力十分低下。他奏请增设河道官员，豁免民夫的提议被驳回，康熙皇帝为此当面质问他：“你从前日日奏议河工之事，曾当面奏请减水坝宜塞不宜开，你现在

---

1 《圣祖仁皇帝实录》卷139。

看看减水坝真的可以阻塞吗？”于成龙回答：“我那时妄言减水坝应当阻塞，今天看确实不应该。”康熙皇帝继续质问：“你从前说靳辅糜费钱粮，并未尽心修筑河工，你现在看是怎么样呢？”于成龙回答：“我今天也是依照靳辅所修而行事。”康熙皇帝继续质问：“既然你所奏错误，而靳辅所行正确，为何不明白报告？这不正说明你以前排挤、陷害他人，自己担任河道总督后才觉得做事艰难吗？”于成龙还曾多次诬告靳辅，也被康熙皇帝一一揭穿，康熙皇帝认为虽然于成龙任直隶巡抚时居官好，亦曾效力，但“为人胆大，凡事必欲取胜。其所奏之事，止徇人情面，欲令人感彼私恩”[1]。

靳辅和于成龙同为汉军旗人，又同为康熙朝著名大臣，却分属两个极端：前者能力强，是一位实干的专家，治河卓有成效，但为人操守有问题，涉嫌贪腐，依靠权臣明珠为后台，结党营私；后者为人偏激狭隘，忌妒、报复心强，治河能力低下，但为官清廉，是康熙皇帝树立的清官典型，曾“亲书手卷赐之”。官员不外以下四种：能干且清廉、无能且清廉、能干且贪腐、无能且贪腐。第一种千古罕见，是异数，可遇不可求，那么皇帝和百姓在余下三种人中要选哪一种呢？无能且贪腐当然最不可接受，首先要排除；无能且清廉要看具体的职责，如果是次要的岗位，安排这种官员倒也无妨；但如果是重要的岗位，比如关系千万百姓身家性命的河道总督，只要贪腐能控制在一定范围内，能干且贪腐官员的危害要小于无能且清廉的官员。黄河决口，万千民众葬身鱼腹，财产田地漂没，漕运断绝，这种代价要以数百万甚至千万两白银计，远高于贪腐的成本。在事关国计民生的大事上，官员的不作为与渎职才是最大的贪腐。

康熙皇帝本人对所谓的清官有清醒的认识，他曾说：“清官多刻（刻薄、尖刻），刻则下属难堪。清而宽，方为尽善。朱子云：‘居官

---

1 《圣祖仁皇帝实录》卷162。

人清而不自以为清，始为真清。’又如《易》云：‘不家食。’为官之人，凡所用之物，若皆取诸其家，其何以济？故朕于大臣官员每多包容之处，不察于细故也。人当做秀才时，负笈徒步；及登仕版，从者数人，乘马、肩舆而行，岂得一一问其所从来耶？”[1]当然它们来源于当官的黑色或灰色收入。康熙皇帝很通情达理，只要官员贪腐不那么过分，不要渎职，他便可以容忍。何况当时官员明面上的工资低得可怜，没有点灰色收入连养家糊口都困难，哪里谈得上做事？于成龙之所以深获康熙皇帝的赏识，是因为他在地方官的任上既能干且清廉，殊属难得，但技术能力要求很高的河道总督就难以胜任了。清官多偏执，有道德洁癖，不通人情，因此也常常心胸狭隘，因为在官员收入很低的当年，做个清官实在很不容易，保持正常健康的心理当然更不容易，人总得要找个平衡，于成龙就是一个好的例证。

河务艰难超乎想象，远远超过了平定三藩、征准噶尔、出兵安藏、收复黑龙江。康熙三十七年（1698年），工部同意了漕运总督桑额继续开浚下河海口的建议，但康熙皇帝逐渐认识到靳辅是正确的，自己是错误的，认为以前开浚下河“止是虚糜国帑，水势并未消减，田亩并未涸出，所谓有益民生者，果何在耶”[2]，因此他要求谨慎对待此事。经过几十年的研究，康熙皇帝形成了新的治河主张：“夫洪泽湖实黄河之障，洪水强盛，力可敌黄，则黄水不得灌入运河。今淮水势弱，不能制黄，全注运河，黄水又复灌入，且两河相距甚近，清江浦地处其中，其一带地方受泛溢之水，势所必然。惟淮水三分入运，七分归黄，运道始安”；“今寰宇升平，海内宁谧，惟河工关系运道、民生。朕数十年来夙夜萦怀，留心研究，故河道情形，熟悉已久。总之上流既理，则下流自治矣”[3]。

1 《圣祖仁皇帝实录》卷260。
2 《圣祖仁皇帝实录》卷190。
3 《圣祖仁皇帝实录》卷191。

康熙三十八年（1699年）二月至五月，带着新的治河方略，康熙皇帝第三次南巡，视察高家堰、归仁堤工程。经过实地测量，他发现黄河水高于两岸田地与洪泽湖，因此湖水无法排泄，泛溢于兴化、盐城等七州县。因此，他认为要深浚河底，并且拆除前河道总督董安国修建的拦黄坝，裁弯取直，让黄河流速增加，冲刷河底沙土让河道变深，洪泽湖水就可以排泄到黄河，可以保证七州县无泛滥之患，民间田地也就会自然露出水面；“不治其源，徒治下流，终无益也”。康熙皇帝发现黄河、淮河交汇的清口过于径直，所以黄河水经常逆流倒灌，他提出应将黄淮改道，让它们“斜行会流”。康熙皇帝坐船继续南下，路过高邮一带直到扬州，提出了“引水归江”的方案，即将黄淮以及洪泽湖、高宝湖水引入长江，这样就不必再开凿下河。但于成龙迟迟不执行以上的方案，直到第二年三月他去世。康熙皇帝任命张鹏翮为河道总督，刚一上任就拆除了拦黄坝，改名为大通口，并深浚河身，完工开放后“水势畅流，冲刷淤沙，旬日之间深至三丈，宽及百丈有余，滔滔入海，沛然莫御”[1]，黄淮及洪泽湖水顺着新开的河道流入大海。张鹏翮严格遵照康熙皇帝的治河方略施工，先疏通海口，将水下泄入海；继而挑浚芒稻河，引湖水入长江，高邮、宝应一带积水得以排泄；再辟清口、开张福口、裴家场等引河，淮水得以排泄；加修高家堰，堵塞六坝，逼清水复归故道；引张福口等河汇入裴家场，开放清水流入运河；浚深阔洪泽湖，将张福口引水入裴家场，再挑宽加深畅流入黄河；流入运河的全是清水而非富含泥沙的黄河水，而且黄河水没有倒灌运河。至康熙四十年（1701年）年底，河务终于基本完成。康熙四十二年（1703年）正月，黄淮河务告成，康熙皇帝进行了第四次南巡，这是对张鹏翮三年来工作的验收，他遍阅河工，认为已经基本成功。此时恰逢康熙皇帝的五十寿辰，他为了“颁诏天下，大沛

1 《圣祖仁皇帝实录》卷198。

恩赉”，星夜赶回京师，颁布了38条恩款，并又一次拒绝了众大臣上尊号的请求。

虽然河工告成，但康熙皇帝仍然于康熙四十四年（1705年）二月第五次南巡，目的是视察黄河水是否还会倒灌清口，并对中河、黄河、运河堤防需要增加修防的地段进行实地指示。此次康熙皇帝只住在船上而不上岸居住，以免地方借修缮行宫趁机摊派。他在河工现场亲自筹划施工方略，指导修建挑水坝以及需要加固堤防之处。两年后，经河道总督张鹏翮、两江总督阿山、漕运总督桑额等人的“再三陈请”，康熙皇帝不得不第六次南巡视察河工，以便决定是否要新开河道，分流淮河。年老的康熙皇帝在寒风中骑马从清口至曹家庙察看，他发现“地势甚高，虽开凿成河亦不能直达清口”，与三位总督之前进呈的地图完全不同。更让康熙皇帝愤怒的是，他发现很多开河的标竿立在老百姓的坟头上，“若依所立标竿开河，不独坏民田庐，至毁民坟冢。朕惟恐一夫不获其所，时存己饥、己溺之心，何忍发此无数枯骨？朕为人君，凡颁发谕旨，倘有差误，尚令人言。张鹏翮身为总河，至欲掘人骸骨，所属人员，竟无一敢言者！张鹏翮以读书人而为此残忍之事，读书何为？假令张鹏翮祖坟被人发掘，伊肯默然耶？数年来两河平静，民生安乐，何必多此一事。”康熙皇帝接着追问，如果开这条河，你们能确保以后再也不会出事吗？他尖锐地指出在这个开河工程中，不是地方官想从中获取利，就是河工官员妄图借此升迁。“与其开溜淮套无益之河，不若将洪泽湖出水之处再行挑浚，令其宽深，使清水愈加畅流”，因此他断然否决了一众总督的开河方案。康熙皇帝观察到当地百姓淳朴，见标竿立在坟墓上却无怨色；当康熙皇帝下令禁止开河的命令传达后，却“群情欢悦，不胜鼓舞、感激”。当天，长江以南的百姓“各举旗帜恭迎圣驾，叩请临幸江南”[1]，康熙皇帝答应

1 《圣祖仁皇帝实录》卷227。

后，百姓们欢声雷动。

自靳辅之后，治河都是在康熙皇帝亲自指导下完成的，因此他严厉批评张鹏翮的工作态度与作风："加筑高家堰堤岸，闭塞减水六坝，使淮水尽出清口，非尔之功；修治挑水坝逼黄水流向北岸，非尔之功；堵塞仲庄闸，改建杨家闸，令黄水不致倒灌清口，非尔之功。"[1]因为这些方案都是康熙皇帝亲自设计的。经过长达20多年的不懈努力，河务终于大功告成，黄河畅流入海，不再倒灌清口，漕运就此畅通无阻，水灾也大大减少。亲政时康熙皇帝给自己定下的三大目标终于全部完成。

## 第三节　多次减税：育民之道，无如宽赋

### 1．国用已足，不事加征

康熙皇帝的文治武功是有雄厚的经济实力支撑的，但在他即位之初，却是国库空虚，甚至欠了官兵高达400万两饷银。人口与耕地是衡量当时经济情况的两个重要指标，明末的战乱一直持续到清初，连年的战争使得全国人口锐减，康熙皇帝即位的顺治十八年（1661年），全国户籍登记的承担赋税的所谓"人丁户口"数还不到2 000万，田、地、山、荡、畦地共526万顷，比明朝万历年间少了200多万顷，康熙二十年三藩之乱平定，人丁户口数比21年前减少了200多万。[2]

1 《圣祖仁皇帝实录》卷227。

2 在清代，人丁原意指16岁至60岁承担赋役的男子，后来在某些地区衍生成赋税（以粮食或白银计）的单位。

为了恢复经济，康熙皇帝制定的第一项重要的举措就是“更名田地”。明朝有几十个分封于全国各地的藩王，他们拥有大量的田地。清朝入关后，这些田地与原明朝的皇庄以及勋戚的庄田一起被没收，耕种它们的民众既需要按明朝原有的租额缴租，又要按普通民众的额赋纳税，因此被大量抛荒。为了改变这种状况，康熙皇帝决定将这些田地的所有权变更为归耕种者所有，他于康熙七年下令“查故明废藩田房，悉行变价，照民地征粮，其废藩名色，永行除革”[1]，即打算将这些田地与住宅变卖；后来他考虑到将这些地出卖后又要征额赋，民众负担太重，因此又进一步决定“著免其变价，撤回所差部员，将见在未变价田地交与该督抚，给与原种之人，令其耕种，照常征粮”[2]，即将这些田地无偿给予耕种者，并且按普通民田的额赋纳税；那些无人耕种、抛荒的废藩田产则招揽民众开垦，并且永远归其所有，按照普通民田的标准纳税。因为承种者“止更姓名，无庸过割”，这些田地被称作“更名地”，分布于直隶、山东、山西、河南、湖北、湖南、陕西、甘肃等地，总数约20万顷。

战乱带来了大量的抛荒地，为了鼓励开垦，清初规定垦荒三年不起科（不纳税），但执行了20多年，成效甚微，这是因为开垦荒地需要前期投入大量的物质、人力成本，而三年后就得纳税，垦荒者无利可图；另外清初人口大量减少，地多人稀，民众开垦荒地的积极性不高。因此康熙七年（1668年），云南道御史徐旭龄建议“必新荒者三年起科，积荒者五年起科，极荒者永不起科”[3]。自康熙十年（1671年）后，清政府逐渐将起科的年数延长到了四年、六年，但仅三年后，康熙皇帝认为“小民拮据开荒，物力艰难，恐催科期迫，反致失业，朕心深为轸念”，因此“嗣后各省开垦荒地，

1 《圣祖仁皇帝实录》卷26。
2 《圣祖仁皇帝实录》卷27。
3 《圣祖仁皇帝实录》卷24。

俱再加宽限，通计十年，方行起科”[1]；并下令调荒地垦熟后，原主不许复认，以鼓励垦荒者的积极性。对一些在战乱中受害较深的地区，如受害最深、人口损失最大的四川，甚至几十年不起科。四川招揽大量移民开垦荒地，经过清初几十年的恢复，逐渐恢复为天府之国。如果真的按田起科，四川一年内可得钱粮30余万两，康熙皇帝对此心知肚明，但他认为“国用已足，不事加征”[2]。此外，针对贫困农民在垦荒和兴修水利无资金、无耕牛的问题，康熙皇帝下令地方政府给予财政资助。

虽然开垦了大量荒地，但康熙皇帝对丈量田地、交纳钱粮态度十分消极，甚至反对，他曾劝诫四川巡抚年羹尧不要丈量田地：“为巡抚者，若一到任即欲清丈地亩，增加钱粮，即不得民心矣。湖南因丈量地亩，反致生事扰民。当年四川巡抚噶尔图曾奏请清丈，亦未曾清楚。尔须使百姓相安，钱粮以渐次清查可也。”[3]因为一旦丈量、清查田地钱粮，地方官与胥吏就免不了骚扰甚至敲诈、勒索以中饱私囊，在中央政府增加财政收入的同时，可能有更多利益流入了各级官吏的口袋，加剧政府与民众之间的对立。与其如此，一向信奉“国用已足，不事加征”“施政以不扰民为先”的康熙皇帝当然会选择让利于民、藏富于民，这是一项深谋远虑、体现政治大智慧的政策。

康熙皇帝不仅反对增加赋税，而且多次减免赋税。清代的赋税主要是地税与人丁税，前者是土地税，后者是人头税，它们合称地丁银或地丁钱粮。清初规定，遇灾则蠲免额赋，并按灾情的等级确定蠲免的比例，按顺治十年的规定，“被灾八、九、十分者，免十分之三；五、六、七分者，免十分之二；四分者，免十分之一”；康熙十七年重新规定“歉收地方除五分以下不成灾外，六分者，免

1 《圣祖仁皇帝实录》卷43。
2 《圣祖仁皇帝实录》卷256。
3 《圣祖仁皇帝实录》卷239。

十分之一；七、八分者，免十分之二；九分、十分者，免十分之三”。但是康熙皇帝并没有按照这个规定，而是“偶有水旱而全蠲本地之租，亦且并无荒歉，而轮免天下之赋”[1]。

康熙七年（1668年），保定等地水灾，户部“照例再加一分蠲免”，康熙皇帝则认为“被灾特甚，殊为可悯。今若照尔部所议，于定例外止增一分，蠲免四分，恐百姓不能输纳钱粮，以致困苦。其被灾十分、九分者，著将今年应征钱粮全免；其被灾八分、七分者，著再增一分，免四分”[2]，并且按同样的标准蠲免了高邮、兴化等14个州县。蠲免赋税，土地所有者得益最大，无地者只能免除人丁税，因此康熙九年（1670年）就规定在蠲免时“照蠲免分数，亦免田户之租”[3]，即如果蠲免十分之五，佃户同样也减租十分之五，后改成“遇有恩旨蠲免钱粮之处，七分蠲免业户，以三分蠲免佃种之民”[4]。

大规模并频繁蠲免赋税是在平定三藩之乱后。康熙二十一年（1682年），战乱刚刚结束，康熙皇帝命令大学士：“自用兵以来，百姓供应烦苦。朕前屡言，俟天下荡平，将钱粮宽免。尔等可同户部，先将天下钱粮出纳之数，通筭启奏。至陕西一省供应较他省苦累加倍，钱粮尤宜宽免。”[5]随即将陕西西安、陕西甘肃两个布政使司[6]康熙二十三年（1684年）的应征地丁各项钱粮蠲免了三分之一；又因河南、湖北民众“劳费繁多”，将康熙二十五年（1686年）应征地丁各项钱粮蠲免一半，其康熙二十四年（1685年）未交纳完的地丁钱粮全部豁除。康熙三十二年（1693年），康熙皇帝念及广西、四川、贵州、云南四省“俱属边地，土壤硗瘠，民生艰苦”[7]，

---

1 《世宗宪皇帝实录》卷67。
2 《圣祖仁皇帝实录》卷27。
3 《圣祖仁皇帝实录》卷34。
4 《圣祖仁皇帝实录》卷147。
5 《圣祖仁皇帝实录》卷103。
6 清代的政区名，即今陕西、甘肃，其官署机构又称“藩司”。
7 《圣祖仁皇帝实录》卷113。

而他信奉“育民之道，无如宽赋”的政治理念，因此将广西康熙十六年的通省钱粮，康熙十七年、十八年民欠钱粮（此时正是三藩之乱，无法征收）；贵州康熙二十二年秋冬及二十三年春夏地丁钱粮，又贵州、四川二省康熙二十五年未完及二十六年应征钱粮，云南省康熙二十七年以前屯地积欠钱粮全部蠲免；又将下一年四省应征的所有地丁银米全部蠲免，并且命令督抚遍加晓谕，如有“私自征收者，该督抚指名奏劾，从重治罪”[1]。这次大规模的蠲免也考虑到三藩之乱给这四个省带来的灾难，因此才不仅免除了以往各年的积欠，还免除了下一年的赋税。10年后，康熙皇帝以“蠲赋为爱民要务，征取钱粮原为国用不足。国用若足，多取奚为”[2]的理念将这四个省康熙四十三年的钱粮悉行蠲免。

不仅蠲免经济落后的边远地区，康熙皇帝对经济发达但赋税沉重的地区也频频蠲免，如免江苏康熙二十七年、安徽康熙二十八年的地丁各项钱粮，免江苏、安徽所属20州县及各卫所地丁银米及漕粮；免康熙四十七年江南通省（江苏、安徽）丁银、四十八年的地丁银475.04万多两。在康熙皇帝统治期间，省级规模的蠲免达40多个省次[3]。

因漕粮是供应京师官兵食用，照例并不蠲免，但康熙皇帝打破常规，也频频免除。早在亲政之初，因桃源县（今江苏省泗阳县）连年水灾，康熙皇帝就破例蠲免了该县的带征漕米16 640石，虽然规定“后不为例”，但以后却频频破例，甚至发展到经常截留漕米，就地赈灾，比如康熙十八年，康熙皇帝命令山东巡抚赵祥星“发漕米五万八百七十石，银二万二千六百余两赈沂州等十三州县饥民”[4]。康熙四十四年，康熙皇帝南巡到了山东境内，山东民众数十万人执

1 《圣祖仁皇帝实录》卷160。

2 《圣祖仁皇帝实录》卷210。

3　陈锋：《清代“康乾盛世”时期的田赋蠲免》，《中国史研究》，2008年第4期；郭松义：《清代全史》第3卷，沈阳：辽宁人民出版社，1995：110.

4 《圣祖仁皇帝实录》卷82。

香跪迎于道旁，合奏“山东连年饥馑，蒙皇上截留漕运，分疆散赈；动内帑数百万两，遣官四五百员，分派各州县赈济。至地丁钱粮前后屡行蠲免，通省亿万民命始得复生，无不垂涕感激”[1]。

康熙皇帝宣称：“朕惟治安天下，惟期民生得所。而欲民生得所，必以敷恩宽赋为要。朕于一切事务少有动用民力之处，即廑怀殷切，刻不能忘。”[2]他多次出京巡视，虽然已经尽量做到避免征发当地民力，“日用所需，俱自内廷供御，从无纤毫取办于民”，规定随从如果生事扰民，“以军法从事”；甚至为了避免地方官趁机修缮行宫，第五次南巡时他只住船而不上岸，但他仍然广敷恩泽，经常性地蠲免巡幸之地的赋税。

截至康熙四十九年（1710年），全国总共蠲免的赋税已经超过一亿两白银，但康熙皇帝仍然意犹未尽，决定趁登基五十年之际给全国民众一个更大的恩典——普免天下赋税，他谕告户部：“每思民为邦本，勤恤为先；政在养民，蠲租为急。数十年以来，水旱灾伤例应豁免外，其直省钱粮次第通蠲一年，屡经举行。更有一年蠲及数省，一省连蠲数年者。前后蠲除之数，据户部奏称共计已逾万万，朕一无所顾惜。百姓足，君孰与不足？朝廷恩泽，不施及于百姓，将安施乎？……明年为康熙五十年，思再沛大恩，以及吾民。将天下钱粮，一概蠲免。”[3]但大臣担心突然在一年内全国普免赋税，将无法及时拨解各地的兵饷，因此康熙皇帝决定在三年内全国通免一周，此次总共“蠲免天下地亩、人丁新征、旧欠共银三千二百六万四千六百九十七两有奇”[4]。

此次普免全国赋税后，康熙皇帝仍然继续推行蠲免赋税政策，仅省级规模的蠲免就多达十几次。康熙皇帝在位的62年间，他不

1 《圣祖仁皇帝实录》卷219。
2 《圣祖仁皇帝实录》卷177。
3 《圣祖仁皇帝实录》卷244。
4 《圣祖仁皇帝实录》卷251。

同程度地蠲免天下钱粮共计545次，总计折合白银超过了1.5亿两。康熙年间，全国财政收入每年不过3 000多万两白银，而其时全国人口已经超过一亿，即人均每年承担的赋税不到半两白银，以当时的价格，约合30千克米。

## 2．盛世滋生人丁，永不加赋

清朝延续了历代征收人头税的政策，号称“编审人丁”。顺治四年（1647年）规定“编审人丁，凡年老残疾，并外亡故绝者，悉行豁免”，规定编审的对象不包括老年和残疾人。顺治五年（1648年），又责成州县印官，察照旧历造册，“年六十以上开除，十六以上添注”，明确编审每三年一次，对象是16岁至60岁（传统年龄，含16岁和60岁）的男子。清朝编审人丁的对象范围非常明确，即16岁至60岁，且无残疾的男子。顺治十一年（1654年）规定“每三年编审之期，逐里逐甲，审察均平，详载原额、开除、新收、实在，每名征银若干，造册送部”，即编审人丁的目的是征收丁税，并以白银为计量单位，编审册中仍沿用明代的四柱法，即以“旧管（原额）、新收、开除、实在”记录人丁的动态变化，编审册一式两份，一为青（清）册，送交部科；一为黄册，黄色封皮，送交皇帝审阅[1]，顺治十三年（1656年），将每三年编审一次改为每五年。在江西、福建、广东、浙江四个省，妇女也要承担人头税。顺治十五年（1658年）规定，“各省编审人丁，五年一次，造册具题，令于编审，次年八月内到部，如不照限题报者，经管各官，俱照违限例议处，府州县官编审年分，借名造册科派小民者，从重处分，督抚

1　中国第一历史档案所藏的编审人丁册中，有多种开头有此说明。如《浙江台州府太平县乾隆元年分清编旧额人丁开列旧管、新收、开除、实在各庄户口数目四柱文册》（册4826）中载“并各庄户口逐一备造青册呈送部科查核外，恭缮黄册进呈御览”。

不行究悉者，一并议处”[1]。至此，清朝编审人丁制度最终确立完备。

编审人丁需要耗费大量的人力、物力，每逢编审时按规定要逐户逐人核查，但查土地、房屋容易，查活人难，为了逃税民众也常常隐瞒人丁。因此全国人丁数增长缓慢，经过50年才从1 900多万增长到2 400多万，这显然不能反映实际的人丁增长。有鉴于编审人丁政策执行成本太高且无效，康熙皇帝经过自己的亲身观察与思考，决定彻底改变这一政策。康熙五十一年（1712年），他遍谕群臣："朕览各省督抚奏编审人丁数目，并未将加增之数尽行开报。今海宇承平已久，户口日繁。若按见在人丁加征钱粮，实有不可。人丁虽增，地亩并未加广。应令直省督抚，将见今钱粮册内有名丁数勿增勿减，永为定额。其自后所生人丁，不必征收钱粮。编审时止将增出实数察明，另造清册题报。"康熙皇帝完全清楚编审的人丁数隐瞒严重，因为他每到一个地方，都会询问当地民众，结果"一户或有五六丁，止一人交纳钱粮；或有九十丁，亦止二三人交纳钱粮"；其他人则蒙"皇上弘恩，并无差徭，共享安乐，优游闲居而已"；自三藩平定以来，"人民渐增，开垦无遗；或沙石堆积、难于耕种者，亦间有之；而山谷崎岖之地，已无弃土，尽皆耕种矣。由此观之、民之生齿实繁。朕故欲知人丁之实数，不在加征钱粮也"；更何况"今国帑充裕、屡岁蠲免，辄至千万，而国用所需，并无遗误不足之虞"。[2]

康熙皇帝此番话情理兼备，全国人丁税总计不过白银300多万两，而他动辄蠲免就达上千万两，他只想知道人丁的实际数目，并不在乎区区的人丁税，因此提出了将人丁税额度永远冻结，之后增加的人丁不许加赋的方案，以消除民众的担心，以此希望得知真实的人丁数目。次年，康熙皇帝下达恩诏："嗣后编审增益人丁，止将滋生实数奏闻。其征收办粮，但据五十年丁册，定为常额。续生

1　康熙朝《大清会典》卷23《户部七》。
2　《圣祖仁皇帝实录》卷249。

人丁，永不加赋。”[1]此即为“盛世滋生人丁，永不加赋”政策，以后各地上报的编审人丁册中均多了一项“盛世滋生增益人丁”的统计。至此，中国历代实行的人头税在事实上已经被冻结、废止；后来在雍正年间，在全国普遍推行“摊丁入地”后，连形式也不复存在。

或许现代人已经很难理解康熙皇帝为何如此热衷于减税而不是加税，实际上他的政治理念并非凭空产生，早在先秦时代，儒家代表荀子就很深刻地阐述了政府与民众的关系："成侯、嗣公，聚敛计数之君也，未及取民也；子产，取民者也，未及为政也；管仲，为政者也，未及修礼也。故修礼者王，为政者强，取民者安，聚敛者亡。故王者富民，霸者富士，仅存之国富大夫，亡国富筐箧，实府库。筐箧已富，府库已实，而百姓贫，夫是之谓上溢而下漏；入不可以守，出不可以战，则倾覆灭亡可立而待也。故我聚之以亡，敌得之以强。聚敛者，召寇、肥敌、亡国、危身之道也，故明君不蹈也。”[2]荀子将政治家分为四类，第一类是卫国的两位君主成侯、嗣公，他们只知搜刮、算计民众的财产；第二类是郑国的著名政治家子产，他获取了民心，但政绩一般；第三类是霸者，如齐国的管仲，他的政绩突出，但没有能够创建新的意识形态，凝聚民心；第四类是伟大的政治家，即王者。王者的目标是让全民富裕，霸者是让士（先秦的等级，类似于中产阶级）富裕，那些苟延残喘的国家则只是让官僚富裕，而行将灭亡的国家更是只关心极少数最高统治者自己的钱包和小金库，如此百姓就会贫穷，这就是上面富得流油，而下面穷得底掉。这样的国家对内不能稳定，对外不敢强硬，其灭亡指日可待。对内搜刮、聚敛百姓钱财是自取灭亡，而入侵的外敌却可以抢到这些钱财而变得强大。聚敛的国家只会招来入侵者，喂饱外敌，这是一条自取灭亡的道路，贤明的统治者绝对不会

1 《清朝文献通考》卷19《户口考一》。
2 《荀子·王制第九》。

做这种蠢事。

儒家一向提倡王道与仁政，勤俭爱民、轻徭薄赋的汉文帝是儒家心目中王者的典范，也是康熙皇帝本人景仰的楷模。康熙皇帝从小就饱读儒家经典，“惟愿天下乂安，生民乐业，共享太平之福”[1]，立志要做一名明君仁主，他对荀子阐述的王制之道了然于胸，所以才一次次强调“国用已足”而蠲免赋税。藏富于民最大的益处在于政权可以获得民众的拥护，增强民众对政权的认同感以及政权的合法性，有利于团结对外御敌；其次可以减少官僚们利用公权力中饱私囊，但因此导致的后果却要皇帝承担；最起码也可以避免民众因贫穷或贫富悬殊铤而走险，引起内乱或内战。

蠲免赋税的更深层原因在于，中国传统的帝制时代，国家属于皇帝私有，所有权分明，即所谓的“家天下”，皇帝对国家负有最终的、无限的责任，没有任何后路可退；而官僚只是皇帝雇用的职业经理人，不是世袭制，且任期有限，责任有限，他们与皇帝的利益并非完全一致。官僚寻租、谋利的主要手段就在于征收赋税，利用征收过程中的“耗羡”（损耗）中饱私囊，“耗羡”甚至可以与赋税相当，他们有增收赋税的天然冲动，因此免除赋税的最大利益受损者是各级官僚。皇帝为了自己、祖宗、子孙的社稷计，制定的政策要立足于长远，而不是一时；但作为被雇用的职业经理人官僚更注重于其在位的一时，这是皇帝与官僚天然的利益分歧。作为“王者”政治家的康熙皇帝采取减免赋税、藏富于民的政策，正是出于这种长远的考虑。两千余年帝制的中国始终是世界超级大国，这种所有权和责任分明的制度设计有效避免了政府沦为一个与民争利、剥削国民的利益集团，皇帝监督官僚的制度于此功不可没，因为它可以保证政策的长远性、持续性以及政治的制衡和稳定。从另一方面讲，如果政府缺乏有效的制衡、监督力量，沦为与民争利的

1 《圣祖仁皇帝实录》卷86。

利益集团，必然会遏制不住为自身谋取利益的天然冲动，利用自己是规则制定者、解释者、裁判者的身份，千方百计、巧立名目搜刮民财，成为荀子所说的“聚敛者”。现代社会不再需要君主、皇帝，但绝对不能缺乏有效的政府监督。

## 第四节　致治之本在宽仁：善解人意的勤俭仁君

### 1．宫中费用，从来力崇俭约

因为掌握着几乎不受限制的最高权力，皇帝个人的能力、品质与性格会深刻影响到政治、社会乃至国运。康熙皇帝在位62年力行节俭，正如他自己所说：“朕于宫中费用，从来力崇俭约。期以有余，沛恩百姓。若非撙节于平时，安能常行蠲赈之事耶？”[1]康熙二十九年（1690年），因旱灾，康熙皇帝决定减省宫中用度，同时他命令大学士查阅明朝宫中的用度档案，结果发现明朝宫中每年用金花银96.94万余两，清朝全部充当军饷；明朝的光禄寺（掌握祭祀用品的衙门）每年送入宫中消费的各项钱粮24万余两，清朝是3万余两；明朝每年宫中所用的木柴2 686万余斤，清朝是600余万斤；明朝每年用红螺炭等1 208万余斤，清朝100万多斤；明朝宫中用的床帐、舆轿、花毯等项每年共用银2.82万余两，清朝没有这项花费；明朝宫殿、楼亭、门数共786座，清朝不及其十分之一；明朝各宫殿的墙垣都用临清砖，木料都用珍贵的楠木，清朝都改用寻常砖头，只用松木；清朝皇帝居住的乾清宫妃嫔以下，使令老

1 《圣祖仁皇帝实录》卷166。

媪、洒扫宫女以上合计只有134人，明末有9 000宫女、10万太监，清朝宫中合计不过四五百人。康熙皇帝称他自己对国库中的钱财，只要不是打仗或赈济灾民，都不敢多花，因为这些都是小民脂膏。所有巡狩行宫都很简朴，每处的建造费用不过一二万两白银，尚不及每年300余万两河工费的百分之一[1]。当然，这些也许是康熙皇帝的一面之词，因此有夸张的成分，但留存至今的紫禁城宫殿几乎全部是清朝重建的，其中除了乾隆年间重建的宁寿宫倦勤斋等极少数建筑用到了珍贵的楠木外，包括最重要的太和殿在内的大多建筑，主要材料确实是松木，证明他所言不虚。

康熙皇帝身边的欧洲传教士对他的节俭留下了深刻的印象，法国传教士白晋给法国国王路易十四的报告就非常突出地强调了这一点，他认为康熙皇帝作为世界上最富有的君主，“严格地遵守着国家的基本法律……即便皇帝本人，任何不是因公共利益而破格花费的款项都是不容许的……在饮食上，他吃得很少，从不铺张浪费，不追求精细的美食，而只满足于最普通的食物”；“紫禁城外表看上去宏伟壮丽……但是从宫殿的内部布置上，特别是从皇帝的内室来看，却完全看不出这一点。皇帝的内室装饰着两三张壁画、金属镶嵌的饰物以及相当粗糙的彩色织锦绸缎，这种绸缎在中国是很普通的，所以不属于奢侈品”。康熙皇帝喜欢大自然，并不喜欢紫禁城，因此在京城的西北造了一座畅春园，从康熙二十六年落成起，他有一半的时间在此度过，是他真正的家，但整个行宫除了“在里面挖了两个大池塘和两三条水沟之外，一点也看不出这里有像康熙皇帝这样拥有巨富的君王所应有的奢华迹象。与巴黎近郊王公们的别墅相比，这座行宫无论是从建筑规制上看，还是从占地面积来看，都远远难以企及”。康熙皇帝的日常服饰用品也很朴素，冬天穿的皮袍是用两三张黑貂皮和普通貂皮缝制，在宫廷中极为普通；平时的

---

1　清朝紫禁城内的宫殿数量是康熙时期的，后来有所增加。

衣服也是用极其一般的丝织品缝制的；夏天则穿普通百姓穿的麻布上衣；"康熙皇帝虽然自己力求节俭，但对于国家的正当开销却特别慷慨。即便是花费数百万两的巨款，只要是用于利国利民的事业，他从不吝惜"。白晋评价他的"朴素生活完全出于他的高尚情操。他懂得节约的意义，也希望为国家的实际需要积累财富，做一个为臣民所爱戴的一国之主和人民的君父"[1]。

为了节省国用，康熙皇帝改变了皇子封王、皇族封爵世袭的惯例，他的成年儿子多达24人，但在他生前，仅封三位年长者为亲王，且不能世袭；与之相比，明朝皇帝的所有儿子全部封亲王，世袭罔替，亲王的儿子除一位世袭外，其余诸子也均封郡王，世袭罔替，且遍布全国，占有大量田地，明朝的皇族成为最大的寄生利益集团。

中国的帝制时代，皇帝本人生活节俭、朴素是非常重要的，因为他掌握至高的权力与全国的资源，可以过上几乎不受节制的奢华生活。如果仅是皇帝本人及其家人生活奢侈还可以忍受，毕竟人数有限，但上有好者，下必甚焉，各级官僚必然上行下效，他们所有的花费只能出自普通民众，只能通过一次次的加税来解决，而且奢侈是无止境的，官僚流动性又大，不断有新人进入，总会有民众不能承担的一天，结果必然重蹈秦朝、隋朝、明朝的覆辙。对于这一点，康熙皇帝心知肚明，他的节俭一方面固然出自他本人的天性，另一方面也是因为他想成为全体官僚的表率，来抑制他们贪婪的天性，但是仅仅依靠以身作则、道德说教并不能遏制官僚的贪腐天性。

## 2. 所谓廉吏者，亦非一文不取之谓

康熙皇帝自幼父母双亡，不幸的童年经历常常会培养出不健康

1 ［法］白晋：《康熙皇帝传》。

的心理，但康熙皇帝却心胸宽阔、心地仁厚。康熙皇帝认为“致治之本在宽仁……夫物刚则折，弦急则绝，政苛则国危，法峻则民乱，反是者有安而无危，有治而无乱”;“国家致治，首在崇尚宽大，爱惜人才，俾事例简明，易于遵守，处分允当，不致烦苛”[1]，他的政治哲学与西汉初年的黄老之治特别是与汉文帝一脉相承，他本人对汉文帝也非常尊崇，都崇尚清静无为，不兴土木，轻徭薄赋，对待大臣和百姓比较宽大。康熙皇帝对百姓的宽大前面已经阐述，他曾“立志待大臣如手足，不论满、汉、蒙古，非大奸大恶，法不可容者，皆务保全之。……凡在朝诸臣，朕待之甚厚，伊等亦矢忠尽力，历数十年之久，与朕同须发皤然矣。朕念宿学老臣辞世者辞世，告退者告退，每每伤心痛哭”[2]。康熙皇帝以手足、朋友之道对待大臣，终其一生不虚此言，他在位长达62年，杀大臣并不多见，而且一般是斥责狠，处理轻。但这并不代表康熙皇帝会纵容贪污官吏，他在亲征噶尔丹时了解到山西、陕西、甘肃地方官吏的贪污与加派，愤恨表示："朕恨贪污之吏更过于噶尔丹，此后澄清吏治，如图平噶尔丹，则善矣。"[3]随即他将这三地巡抚全部撤职，显示他“断不姑容”的反贪决心。在位期间，康熙皇帝处死了贪官户部侍郎宜昌阿、四川巡抚能泰、两江总督噶礼等一批高官，但由于他本人的个性宽仁，以及晚年的变故，他对官员的贪腐行为较为纵容。

康熙二十七年（1688年），即将赴任的江西巡抚王骘、广东巡抚朱弘祚陛辞，王骘说到他在四川时从来不取民间的一粒米、一束草，只带一二家童，路费也是自掏腰包，从不取公费；康熙皇帝却认为“身为大臣，寻常日用岂能一无所费？若必分毫取给于家，势亦有所不能。但操守廉洁，念念从爱百姓起见，便为良吏”。王骘

---

1 《圣祖仁皇帝实录》卷42。

2 《圣祖仁皇帝实录》卷246。

3 《圣祖仁皇帝实录》卷183。

回答他要严禁属吏科派、词讼、贿赂等弊端，康熙皇帝又认为“为大吏者亦须安静，安静则为地方之福。凡贪污属吏，先当训诫之；若始终不悛，再行参劾可也”[1]。这段对话很有意味，要知道此时康熙年方34岁，正当盛年，已经形成了崇尚“安静”“宽仁”的政治哲学，同时他洞察世情人心，并不要求官员真的能成为一介不取的清官，认为这不切实际，甚至对贪污官员要在先警告无效后，方才依法处理。21年后，在与陛辞的河南巡抚鹿祐对话中，康熙皇帝更加坦率地谈到了他的清廉标准：“所谓廉吏者，亦非一文不取之谓。”此“取”当然是取之于公款，否则正式薪水很低的官员无法养活自己、家人与下属。当时交税以白银计，要将民众交上来的杂碎银子铸成标准银锭，有一定的损耗，称为“火耗”，又称“耗羡”，由纳税者承担，各地有不同的比例。因为不能增加正式赋税，“火耗”就成为地方政府加派的税种，并成为地方官的收入来源。康熙皇帝默认了这个现实，并且认为如果州县官只收取1%的“火耗”就是好官，如果真的按照严格的标准，下属官吏被参劾就太多了，几乎是官无不贪。既然皇帝有意包容，天性倾向于贪腐的官员自然也就不会客气。雪上加霜的是，由于发生了两废太子以及诸皇子争位，年老的康熙皇帝身心遭受重创，他再也没有多余精力应付吏治、惩贪，可以说他晚年的内政已经出现了乱象。

康熙皇帝对官员贪污的宽纵很让人费解，因为天下的钱财名义上都是属于皇帝的，官员贪污是贪皇帝的钱财，而且贪污会加重民众的负担，引起社会的动乱，皇帝应该非常痛恨臣下的贪污，就如一个公司的所有者痛恨职业经理人贪污一样。但从另一方面分析，在技术手段并不发达的时代，没有网络、报纸、电视台，更没有可以被轻易查核的实名银行账户与房产证，因此反贪的成本很高；而从理论上讲，真心反贪的只有皇帝一个人，而他却没有这么多精力

1 《圣祖仁皇帝实录》卷132。

去处理这些事务，必须依靠各级官员去反贪，但各级官员都靠不住，在这一过程中，各怀心思的官员又会借着反贪的名头谋取各自的私利，一事未平一事又起，横生事端，结果反而成本会更高。康熙皇帝深悉世事人心，善解人意，对人宽厚，本性又喜欢抓大放小，奉行多一事不如少一事的清静无为原则；他个性外向豪放，酷爱塞外大漠顶风冒雪、纵马驰骋的战争、打猎生活，相对而言，对于琐碎的行政事务他既不喜欢也不精通。另外，清朝官员薪水很低也是客观原因，因此官员贪污只要不太过分，他倾向于大而化之，只要有能力，能做事，就可以容忍。他曾一度想通过树立几个清官的典型号召全国官员学习，但逐渐发现这些清官也并非不食人间烟火的君子，或表面清廉内里贪腐，或好名过于好利，却无实际的行政能力，反而影响更坏，这让他对官员的清廉不再抱有希望。在所有权明确的传统帝制时代，皇帝的反贪决心不必怀疑，之所以做不到，一定是能力和技术问题，而不是根本的态度问题。

## 3．凡有一线可原者，未尝不从宽宥

对普通民众，康熙皇帝也同样宽仁。清朝规定全国的死刑一年执行一次，必须全部由皇帝亲自勾决，号称“秋决”，因此康熙皇帝要亲自审读、推敲死刑案卷，他认为“人命案件，关系重大，不可稍有疏忽。朕御极以来，于奏谳刑狱之事，必极其慎重，细察情罪，反覆披阅，几可成诵。如此详勘，毫无疑窦，方分别轻重，批发施行”[1]。他在位期间，每年勾决的死刑犯不过几十名，康熙五十五年（1716年），经过他仔细的三次复核，在刑部报上来的70余名中只勾决了二三十名。在亲政的55年中，他本着“于无可生之中，求一线可生之路”“凡有一线可原者，未尝不从宽宥。直至

1 《圣祖仁皇帝实录》卷270。

万无可疑，始予勾决”[1]的原则，共有14年停止处决犯人，在位的最后10年则完全停止；每年最多勾决30余人，少则只有十几人，比他亲政前每年百余人少了好几倍，他还曾派遣御医治疗囚犯。康熙亲政期间，清朝的人口在1亿至1.5亿，而每年全国处决的死刑犯却最多不过30多人，死刑率之低在中国历史上是绝无仅有的，可谓用刑慎之又慎，也可以说明当时为太平盛世，恶性案件并不多见。

慎刑宽大的康熙皇帝自然极其厌恶深文周纳、行事苛刻，必致民于法网的酷吏，而讲求人情者他又认为“清官多刻”，因此这也不可避免地影响到他对清官与贪官的态度，两者间的关系非常微妙。在他眼中，清官与贪官显然并非那么黑白分明，而重要的是能否为民众做实事、做好事，如果做好事的效益大于贪污的成本，也算是合格的官员，否则即使真的是一名极为罕见的货真价实的清官，却又能力低下，行事乖张，待人苛刻也并不称职，还不如有能力做实事、好事，贪财适可而止的贪官。

## 第五节　英雄迟暮：晚年的煎熬与欣慰

### 1．未卜今日被鸩，明日遇害：两废太子

幼年时康熙皇帝的生活是非常不幸的，他仅是父亲顺治皇帝一个并不受宠的儿子，而且按照清宫的规定，一出生就与父母分离生活，居住在紫禁城附近北长街的一所住宅内（今福佑寺），由保姆抚养；7岁时年轻的父亲因天花去世，他恰恰因为生过天花有了

1 《圣祖仁皇帝实录》卷226。

免疫力而得以继承皇位。两年后，年轻的母亲（谥号孝康皇后）去世，年仅9岁他就成了父母双亡的孤儿，这是他平生忆起最为痛心的一件事，68岁高龄时他对群臣诉说自己“父母膝下未得一日承欢”的遗憾。之后康熙皇帝在世上只有一位亲人，即出身于蒙古科尔沁部的祖母孝庄太后，两人相依为命，感情极为深厚。在祖母的操持下，年仅13岁的康熙皇帝与辅政大臣索尼的孙女赫舍里氏（孝诚皇后）结婚，并于康熙十三年（1674年）生下了皇二子允礽，但皇后却在当天难产去世。胤礽刚满周岁，康熙皇帝就诏告天下：“嫡子胤礽，日表英奇，天资粹美。兹恪遵太皇太后、皇太后慈命，载稽典礼，俯顺舆情，谨告天地、宗庙、社稷，于康熙十四年十二月十三日授允礽以册宝，立为皇太子，正位东宫，以重万年之统，以系四海之心。”[1]此前清朝并无预立皇太子的制度，皇帝的继承人由八旗王公推举，康熙皇帝仿效汉制立太子，表明此时他已经垄断了立储权。康熙皇帝对太子倾注了极大的精力与热情，“亲加训谕，告以祖宗典型，守成当若何，用兵当若何。又教之以经史，凡往古成败，人心向背，事事精详指示”[2]；又为太子聘请当世名儒张英、李光地、熊赐履等为师，教授儒家经典，同时又学习骑射。太子成为文习经史、武习弓马的全才，开始辅佐父亲处理朝政。康熙皇帝三次亲征时，太子即留守京城处理日常政务，是深获父亲信任的得力助手。

太子长于深宫，几十年间一人之下万人之上，逐渐显露了心性骄奢、专横跋扈、唯我独尊的本色。早在康熙二十九年（1690年）亲征噶尔丹时，康熙皇帝重病，太子到行宫探望，“见圣体未宁，天颜清减”，却“略无忧戚之意见于词色”。一向最重视孝道，终其一生身体力行的康熙皇帝见此情景非常不高兴，立即打发他回京，这是父子俩产生裂痕的开始。太子还经常辱骂殴打王公大臣，勒索

1 《圣祖仁皇帝实录》卷58。
2 《圣祖仁皇帝实录》卷233。

地方官员，南巡至江宁（今江苏省南京市），差点因招待不周处死知府陈鹏年，这些在以宽仁对待臣下的康熙皇帝眼里都是难以容忍的行为。太子之所以如此，也有康熙皇帝本人娇惯的因素，太子的母亲因难产而死，激起了夫妻感情深厚、自幼丧失双亲的康熙皇帝的怜爱，给了他与自己几乎一样的礼仪待遇，太子的日常起居用度比自己还要奢侈。为了方便太子花钱，甚至任命其奶妈的丈夫凌普为内务府总管。太子身边逐渐形成了以康熙朝前期重臣、太子的舅公索额图为首的势力集团太子党，他们与另一重臣大学士明珠为首的皇长子党展开了激烈的争斗，最终以明珠罢职告一段落。但太子党因此越发嚣张，斗争的矛头直指皇帝本人。康熙四十二年（1703年），双方矛盾终于激化，康熙皇帝将太子党领袖索额图逮捕，认为他“并无退悔之意，背后怨尤，议论国事，结党妄行”“朕若不先发，尔必先之”[1]，因此将他拘禁于宗人府（清朝管理宗室事务的衙门），此时康熙皇帝还想保全太子，并没有公开索额图的具体罪行，但必定是篡位谋反无疑，因为只要公开，所有涉案人等必将被全部处死，太子也必定不保。

但是单方面的包容并不能解决问题，太子与皇帝已经成为政敌，双方矛盾不可避免地更加激化。康熙四十七年（1708年）九月，康熙皇帝与众多皇子、大臣出巡塞外返京途中，突然在行宫召集诸王、大臣，命令太子胤礽跪在面前，垂涕宣布废除太子，罪名是“不法祖德，不遵朕训，惟肆恶、虐众、暴戾、淫乱”，任意凌虐诸王、大臣，侵扰民众，“恣行乖戾，无所不至，令朕赧于启齿”；他的弟弟皇十八子病重，太子却“毫无友爱之意”，为此康熙皇帝责备他，他反而“忿然发怒”；更加可怕的是太子“每夜逼近布城，裂缝向内窃视”，以致康熙皇帝极度恐慌，“未卜今日被鸩，明日遇害，昼夜戒慎不宁”；太子生活奢侈无度，“恣取国帑，干预

1 《圣祖仁皇帝实录》卷212。

政事”，“必致败坏我国家，戕贼我万民而后已。若以此不孝不仁之人为君，其如祖业何”[1]？康熙皇帝说罢，当众痛哭倒地，太子随即被拘禁。

康熙皇帝苦心孤诣栽培太子已经30余年，如今却落得一场空，自己年事已高，继承人是头等大事，为此他一连六日不能安睡，天天伤心涕泣不已。他自诩“扩从古未入版图之疆宇，服从古未经归附之喀尔喀、厄鲁特等。今虽年齿渐增，亦可以纵横天下”；臣民对他也至诚爱戴，他对臣民也很关心，大臣病故，他都为之伤心流泪；他一向以身作则，以孝治天下，几十年如一日精心侍养祖母、嫡母。不想到了晚年，最宠爱的太子却妄图谋害父亲，这对他的自尊心是极大的打击。回京后，康熙皇帝亲自撰写告天祭文，哀吁：“臣（康熙皇帝自称）自幼而孤，未得亲承父母之训。惟此心、此念对越上帝，不敢少懈。臣虽有众子，远不及臣。如大清历数绵长，延臣寿命，臣当益加勤勉，谨保始终；如我国家无福，即殃及臣躬，以全臣令名。臣不胜痛切。”[2]他哀求上天延长他的寿命，以便能自己收拾残局，维持江山；如果上天不想让大清延续，他情愿上天现在就让他死亡以保全自己一生的名声，以免成为亡国之君。这段话痛彻肺腑，任何人都不敢代他草拟，必是亲笔无疑。

胤礽被废后，其余诸皇子开始觊觎太子之位。皇长子胤禔建议处死废太子，却被康熙皇帝痛斥，后来他因企图谋害废太子被圈禁。随后皇八子胤禩势力开始崛起，他为人谦和，礼贤下士，得到众多大臣依附，特别是以康熙皇帝岳父兼舅舅、朝廷重臣佟国维为首的满洲亲贵鼎力支持。康熙皇帝早就宣布“诸阿哥中如有钻营谋为皇太子者，即国之贼，法断不容”，而且他认为胤禩“柔奸性成，妄蓄大志”，“妄博虚名”，邀买人心，其母出身低贱，根本不可能立他为太子。但胤禩却被众臣推举为太子人选，康熙皇帝认为这是

1 《圣祖仁皇帝实录》卷233。
2 《圣祖仁皇帝实录》卷234。

因为胤禩“庸劣无有知识”，众臣出于私心才拥护一个弱主，便于日后操纵。面对这样的形势，康熙皇帝宣称梦见了祖母与皇后赫舍里氏，她们对废除太子一事不满，又认为胤礽是因为“魇魅”而丧失本性，于是在废立半年后复立胤礽为太子，以杜绝群臣竞相拥立导致的分裂与党争。但父子间的裂痕已经难以弥合，双方失去了基本的互信。太子此时已经是40多岁的成年人，本性难移，再加上对未来前途不确定的恐惧，甚至说出了“古今天下，岂有四十年太子乎”？迫不及待继位、夺位的心情溢于言表。此时康熙皇帝已年近花甲，群臣开始依附于未来的皇帝，这让他非常不安，担心太子结党篡权，自己不得善终。康熙五十年（1711年）十月，康熙皇帝在畅春园召见诸王、大臣，质问“（你们）皆朕擢用之人，受恩五十年矣。其附皇太子者，意将何为也”[1]？群臣当然矢口否认，但疑神疑鬼的老皇帝不容分说，将都统鄂善、兵部尚书耿额、刑部尚书齐世武、副都统悟礼四人锁拿审讯，后来又拘禁了掌管京城治安的步军统领托合齐，并亲自下令刑讯。一年后，康熙皇帝在巡视塞外回到京师的当天，下令再次废除太子，原因是太子“数年以来，狂易之疾，仍然未除，是非莫辨，大失人心”“秉性凶残，与恶劣小人结党”“断非能改”[2]；他尤其痛恨太子虐待左右，更担心太子党会铤而走险，谋权篡位。经过三年多的考察，康熙皇帝对太子终于绝望：“前次废置，朕实愤懑。此次毫不介意，谈笑处之而已”；并警告“后若有奏请皇太子已经改过从善，应当释放者，朕即诛之”。经过两次废除太子的风波，康熙皇帝鉴于诸皇子“年俱长成，已经分封。其所属人员，未有不各庇护其主者”[3]，认为如果另立太子，必然又会导致争斗。

---

1 《圣祖仁皇帝实录》卷247。

2 《圣祖仁皇帝实录》卷250。

3 《圣祖仁皇帝实录》卷258。

## 2. 秘密立储：必择一坚固可托之人

毕竟要选择一位继承人，自第一次废太子后康熙皇帝的身体已大不如前，这个问题变得非常紧迫，众大臣为此也非常焦急，担心他突然去世，因此不断催促他早立太子。康熙五十六年（1717年）十一月，他又一次病倒，召集群臣公布了他自废太子后就准备好的遗诏，实质是对他一生的总结。他向群臣表明“立储大事，朕岂忘耶”“此谕已备十年，若有遗诏，无非此言。披肝露胆，罄尽五内，朕言不再”[1]。但他始终不明确心目中的继承人，只透露：“朕万年后，必择一坚固可托之人，与尔等作主，令尔等永享太平。”原因可能有二，一是他自己当时也不知道继承人是谁；二是即使他知道也不会公布，因为这会让继承人成为矛盾的焦点，可能会成为废太子第二。因此他只恳求众大臣念他是50余年的太平天子，“惓惓叮咛反复之苦衷”[2]，能让他平安度过晚年。

康熙皇帝仿效汉族的太子制度彻底失败，从深层次讲，是汉族制度与满洲旧制之间的冲突导致的。清朝一直没有预立皇位继承人的传统，而是在皇帝去世后由王公贵族推选，择贤而立，有竞争性，并且按照传统，皇家子弟均参与军国大事，这个传统并非是预立太子就能废除的，因此太子成为众矢之的，并被众兄弟拉下马也不奇怪。经过两次废太子的挫折，一向乾纲独断的康熙皇帝既不愿意恢复满洲的传统，将立储大事交给王公贵族决定，也不可能再次仿效汉制立太子，因此他别无选择，只好在事实上选择了秘密立储，即在自己去世前才宣布继承人选。毫无疑问，选择一名合格的继承人是康熙皇帝晚年考虑的最重要的大事。当时最有可能继承皇位的首先是皇子中仅有的三位亲王，即皇三子诚亲王胤祉、皇四子雍亲王胤禛、皇五子恒亲王胤祺，以及一位后起之秀，皇十四子胤

1 《圣祖仁皇帝实录》卷275。

2 《世宗宪皇帝实录》卷1。

祯。胤祯于康熙五十七年（1718年）被任命为抚远大将军，以“大将军王”的名义出征青海，成为一颗上升的政治明星，并成为皇八子党的新希望。

康熙六十一年三月丁酉（公历1722年4月27日），“皇四子和硕雍亲王胤禛恭请上幸王园进宴”，《清实录》对这一天的记载只有这么短短的一句话，但这是决定历史的一天，“王园”即由康熙皇帝赐名的圆明园。这一天康熙皇帝应儿子胤禛的邀请赴圆明园赴宴，在园中的牡丹台第一次见到了胤禛的儿子弘历。年近古稀的祖父一见年方10岁的孙子就非常喜爱，竟于13天后第二次赴圆明园，将弘历带往宫中亲自教育诗书。康熙皇帝有100多个孙子，此前只有废太子的嫡子弘晳曾被抚养于宫中。

65年后，已经成为乾隆皇帝的弘历深情回忆当年他在祖父面前背诵《爱莲说》，并解释文义，深得祖父喜爱；甚至在与大臣讨论军国大事时，康熙皇帝也特地让弘历随侍，旁听学习；康熙皇帝又让皇子胤禧教他射箭，庄亲王胤禄教他火器，并经常带他去打猎，弘历不负所望，各方面均表现优秀。康熙皇帝特意召见弘历的生母，连声称她是“有福之人”，并对在宫中抚养弘历的温惠皇贵妃称“(弘历)是命贵重,福将过予”[1]。康熙皇帝还特地要了弘历的八字，看后非常欣喜，在上面批示：“此命贵富天然，这是不用说。占得性情异常，聪明秀气出众，为人仁孝，学必文武精微。幼岁总见浮灾，并不妨碍。运交十六岁为之得运，该当身健，诸事遂心，志向更佳。命中看得妻里最贤、最能，子息极多，寿元高厚。”

康熙皇帝本人是一位在位超过60年的皇帝，什么人才能“福将过予”？答案不言自明。果然乾隆皇帝活到了89岁高寿，是中国古代最长寿的皇帝，也有20多个儿子，不信命，可乎？如果说以前还有所犹豫，那么一个英武可教的孙儿自然会激发“自幼尝以

1 《高宗纯皇帝实录》卷1。

英杰自许”的康熙皇帝惺惺相惜，这可能促使他下了最后的决心。当时胤禛已经44岁，不算年轻，皇位继承是最重要的问题，作为一名深谋远虑的政治家，康熙皇帝自然会考虑到更长远的未来。当然弘历只是胤禛得以继位的原因之一，更重要的原因还是在于其本人深获父亲的赏识。胤禛幼年时由父亲亲自抚养，这在康熙皇帝的诸多皇子中非常罕见；他曾多次代表父亲承担祭祀大典等重要任务。同时，他的竞争对手，同母弟、皇十四子、大将军王胤祯与康熙皇帝极为痛恨的皇八子关系非常亲密，属于政治上的同盟者，他们是废太子胤礽的死敌，而康熙皇帝一心想保全胤礽的性命，因此他不可能将皇位传给皇八子党的成员。事实上，早在祖孙相见的前一年，胤禛已经刻意安排弘历在康熙皇帝近侍面前背诵经书，并随即请求将他送往宫中随侍学习，但如果没有弘历优良的表现，这个布局也是枉然。

康熙六十一年（1722年）十月，刚从塞外回到京城的康熙皇帝又赴南苑行围打猎，十几天后感到身体不适，于十一月初七日回到了畅春园，并让胤禛代行冬至南郊大祀。几天后，他的病情恶化，于凌晨召皇三子诚亲王胤祉、皇七子淳郡王胤祐、皇八子贝勒胤禩、皇九子贝子胤禟、皇十子敦郡王胤䄉、皇十二子贝子胤祹、皇十三子胤祥、理藩院尚书隆科多至御榻前，宣布“皇四子胤禛人品贵重，深肖朕躬，必能克承大统。著继朕登基，即皇帝位”。随后胤禛从南郊赶回，一天内三次请安。另据朝鲜使者的记载，康熙皇帝在临终前召见过大学士马齐，嘱咐“胤禛第二子（弘历）有英雄气象，必封为太子”，他当面要求胤禛丰衣足食供养废太子、皇长子，并且要封废太子之子，他所钟爱的孙子弘皙为亲王[1]。

康熙皇帝于当晚去世，享年68岁，结束了他波澜壮阔的一生，这一天为康熙六十一年十一月十三日（公历1722年12月20日）；

---

1 吴晗辑：《朝鲜李朝实录中的中国史料》（第11册），北京：中华书局，1980：4378.

他是中国历史上在位时间最长的皇帝，达62年。在他即位时，清朝的疆域仅包括原明朝版图加上关外东北，广大南方还是处于半独立的汉人藩王控制下，而在他去世时，这个国家已经完全统一，版图已经包括了外蒙古、青海、西藏以及新疆东部地区，他创建了一个版图空前广大、政权极其稳固的王朝，功业可比汉武帝；对内广施仁政，兴修河工，提倡农桑，轻徭薄赋，藏富于民，为人宽宏大度，心怀悲悯，宽仁慎刑，质朴无华，勤俭节约，德行则堪比汉文帝，继承他的雍正皇帝也认为“汉文以来，谁能媲美皇考”。在议及庙号、谥号时，雍正皇帝认为按“旧典本应称宗，但《经》云：‘祖有功，而宗有德。’我皇考鸿猷骏烈，冠古铄今，拓宇开疆，极于无外。且六十余年，手定太平。德洋恩溥，万国来王。论继统则为守成，论勋业实为开创。朕意宜崇祖号，方副丰功”；又以“为人君，止于仁”，因此上庙号为“圣祖”，谥号的最后一字为“仁”，即“圣祖仁皇帝”[1]，这是对他一生丰功伟绩最崇高的评价。

1 《世宗宪皇帝实录》卷1。清代皇帝谥号为多字，但最重要的是最后一个字。

# 第三章

# 不敢以一息自怠的十三年

雍正皇帝整顿吏治，严厉打击康熙朝宽大执政导致的官僚腐败现象，严查亏空，耗羡归公，实行养廉银制度，整顿财政；制定了一系列惠及中下层民众的政策，摊丁入地，严格限制官僚、乡绅的特权；设立军机处，完善奏折制度，形成了“以一人治天下”的格局；在武功方面，虽有平定青海、改土归流的功业，但对准噶尔的作战却损失惨重，徒劳无功。雍正朝十三年的励精图治为随后的乾隆极盛打下了坚实的基础。

## 第一节　反腐惠民：耗羡归公与摊丁入地

### 1. 若再有亏空者，决不宽贷

皇四子胤禛继位后，于第二年（1723年）改元雍正，他就是俗称的雍正皇帝，去世后庙号为世宗。雍正皇帝继位后面临的一大挑战就是如何改革吏治废弛导致的种种弊端。康熙皇帝晚年的主要精力被废太子以及诸子争位消耗，原本强健的身体迅速衰老，再加上他本人崇尚宽仁、清静无为，甚至曾直接宣称：“今天下太平无事，以不生事为贵。兴一利，即生一弊。古人云，多事不如少事，职此意也。驭下宜宽，宽则得众。”[1]康熙皇帝特别反感上司对待下属苛刻，因而他身体力行，成为群臣的表率；他对官僚过分宽容，甚至对他们的贪腐也睁一眼闭一眼，结果官僚贪腐成风，从中央到地方各级政府财政亏空严重。但是这仅是事情的一方面，康熙皇帝对地方财政亏空也有自己的见解，如果地方财税尽数上交中央，地方财政用度将会非常紧张，“因而有挪移正项（赋税）之事，此乃亏空之大根原也”，因此他只命令亏空官员足额赔偿，而不治罪；何况“凡事不可深究者极多，即如州县一分火耗，亦法所不应取；寻常交际一二十金，亦法所不应受。若尽以此法，一概绳人，则人皆获罪，无所措手足矣”；他也认为中央户部库银太多未必是件好事，“天下财赋，止有此数。在内既赢，则在外必绌”[2]，因此要加强地方的财力。康熙皇帝的这个看法无疑是非常正确的，不能既让马儿跑，又让马儿不吃草。但是地方官假公济私挪用公款导致亏空也是当时的普遍现象，康熙皇帝认为如果想“查明款项，亦非难事。钱粮册籍，皆有可考。地方官借因公挪用之名，盈千累百馈送于人，若加严讯，隐情无不毕露也”，但他“意概从宽典，不便深求”[3]。这只会让官员贪污导致的亏空越来越严重，成为普遍现象。

对官员贪污、亏空一事非常了解，也极为痛恨的雍正皇帝，即位刚满一个月就下达命令，限期“三年之内，务期如数补足。毋得苛派民间，毋得借端遮饰，如限满不完，定行从重治罪。三年补完之后，若再有亏空者，决不宽贷”[4]。半个多月后的雍正元年（1723年）元旦，他一天内颁发11道上谕给督抚以下的各级地方官，再

1 《圣祖仁皇帝实录》卷245。
2 《圣祖仁皇帝实录》卷240。
3 《圣祖仁皇帝实录》卷244。
4 《世宗宪皇帝实录》卷2。

一次强调要严查、杜绝亏空。随即他又下令禁止亏空钱粮的官员革职后留任，否则他们可能会搜刮民众来赔偿亏空。为此雍正皇帝特地成立了“会考府”，由雍正皇帝最亲信的弟弟怡亲王胤祥、总理事务大臣隆科多、大学士白潢、左都御史朱轼会同办理，主管各省与各部门的钱粮奏销（报销）事务，清查亏空。至此清查亏空一事从上到下，开始在全国范围内轰轰烈烈地发动起来。

地方官只要被清查出有贪污公款导致亏空的事项，就会被立即革职并抄没家产。前后有山西巡抚苏克济、湖广布政使张圣弼、粮储道许大完、湖南按察使张安世、广西按察使李继谟、原直隶巡道宋师曾、江苏巡抚吴仁礼、江苏布政使李世仁、江安粮道王舜、前江安粮道李玉堂、河道总督赵世显、左都御史裴𢛷度、长芦运使宋师曾、署云南巡抚杨名时、工部右侍郎常奉等高官纷纷落马，家产被抄没，有些还被下狱[1]。为了加大打击力度，还规定亏空官员的子孙如果当官，也全部解任，等亏空全部赔完后再复职，并且还一度实行了抄没亏空官员亲戚财产的政策，因为他们都是贪污亏空的利益均沾者。有些官员被查后畏罪自杀，企图以自己的死来保全赃款留给家人，雍正皇帝规定对这类人更要严厉打击，对其家人、亲属严加审讯，一定要将所有贪污赃款全部追回。另外又规定除了父子兄弟等至亲，禁止他人代赔亏空，以邀买人心。

地方如此，中央也好不到哪里去。雍正二年（1724年），户部库银历年亏空高达250余万两，主管清查事务的怡亲王胤祥[2]认为很难追补，因此建议用户部杂费分十年偿还，但被雍正皇帝否决。他认为“历年经手，俱有堂司官员当时任意侵渔，此时置之不问，令

1 （清）萧奭：《永宪录》卷2。

2 雍正皇帝即位后，为避其名讳，改康熙皇帝诸皇子名中“胤”字为“允”字，如“胤禩”改作“允禩”等，十四子“胤祯”改作“允禵”。十三子胤祥在死后因功恢复原名，是雍正朝唯一恢复原名的康熙皇子。为行文之便，以下均使用原名。

其脱然事外，国法安在”，并将徇情庇护私人的户部尚书孙渣齐革职，除了100余万两从宽，由户部杂费偿还外，其余由造成亏空的各级官员偿还，“果将来仍不全完，则按律治罪，朕亦不能再宽矣”[1]。在清查亏空中，难免会涉及贵族和高级官僚，雍正皇帝同样不手软，不论何人，决不宽贷。一些王公贵戚、达官显宦不得不通过典卖家产赔偿亏空。康熙皇帝的皇十二子履郡王胤祹曾主管内务府事务，被清查到有亏空，最后逼得将家里的器物摆到大街上出卖；康熙皇帝的皇十子敦郡王胤䄉因无法偿还亏空被查抄了家产。

雍正三年（1725年）二月，雍正皇帝严令自下一年起，官员“凡遇亏空实系侵欺者，定行正法不赦”[2]。这一年夏天又派员查出各地仓库中的粮食也亏空严重，但因为亏空是数十年积累而致，因此雍正皇帝下令再宽限三年偿还，“务须一一清楚，如届期再不全完，定将该督抚从重治罪”[3]。

## 2．耗羡归公，高薪养廉

仅靠清查亏空并不能解决地方财政不足的问题，康熙皇帝虽然非常清楚地方财政的窘境，但由于他不想承担加派赋税的恶名，因此只得默许地方政府加收一分（相当于正项赋税的1%）的火耗作为地方财政的补充。早在康熙年间，在实际执行中，州县一级的地方政府加收火耗就已经大大突破了一分的限制，康熙皇帝本人知道陕西火耗“每两有加二三钱者，有加四五钱者”[4]，一两为十六钱，即加派火耗的比例已经高达正项赋税的30%，是他默许标准

---

1 《世宗宪皇帝实录》卷26。

2　中国第一历史档案馆编：《雍正朝汉文谕旨》，第六册（上谕内阁），桂林：广西师范大学出版社，1999：186.

3 《世宗宪皇帝实录》卷47。

4 《圣祖仁皇帝实录》卷244。

的30倍。雍正皇帝充分认识到滥征火耗是地方官贪污腐败的重要手段，因此于雍正元年元旦谕各省的布政使（主管一省财政的官员）："今钱粮火耗日渐加增，重者每两加至四五钱。民脂民膏，朘剥何堪？"[1]这一年的五月，湖广总督杨宗仁在奏折中建议"令州县于加一耗羡内，节省二分，解交藩司"[2]，雍正皇帝表示赞同。同一年，山西巡抚诺岷奏请将全省每年存贮的耗羡银20万两，先留补没有着落的亏空，余下的作为官员的养廉银（补贴）以及地方政府的办公费，并在岁终将所有支出一一奏明，以杜绝上司以公事为名私用[3]。这一方案的实质是将原来地方私自加派的耗羡正规化，列为政府的正式赋税，即"耗羡归公"，这样可以在正式财政制度的框架内确定征收的标准、使用范围以及目的，可以杜绝官员擅自提高征收标准，借机侵吞、贪污。第二年初，河南巡抚石文焯也提出全省有耗羡40余万两，除了支出官员的养廉银以及办公经费外，还节余十五六万两存于藩库，补偿历年亏空。雍正皇帝对此也表示赞同[4]。

雍正二年（1724年）六月，山西布政使高成龄奏请皇帝在全国各地均推行诺岷的耗羡归公方案，雍正皇帝要求众大臣"平心静气，秉公持正会议。少有一毫挟私尚气，阻挠不公者，国法具在，断不宽宥。各出己见，明白速议具奏，如不能画一，不妨两议、三议皆可"[5]。虽然雍正皇帝支持将耗羡归公政策推广到全国的态度已经很明确，但群臣却认为这是加派赋税而群起反对。雍正皇帝见此情景，决定乾纲独断，在全国范围内推行耗羡归公，他斥责群臣："见识浅小，与朕意未合。州县火耗原非应有之项，因通省公费及

1 《世宗宪皇帝实录》卷3。

2 杨宗仁：《奏陈饬给俸工缘由折》，雍正元年五月十五日，中国第一历史档案馆：《雍正朝汉文朱批奏折汇编》第一册，南京：江苏古籍出版社，1989：401.

3 《世宗宪皇帝实录》卷21。

4 石文焯：《奏明划补亏空盈余贮库折》，雍正二年正月二十二日，《雍正朝汉文朱批奏折汇编》第二册，第526页。

5 《世宗宪皇帝实录》卷21。

各官养廉，有不得不取给于此者。……且历来火耗，皆州县经收，而加派横征，侵蚀国帑，亏空之数不下数百余万。原其所由，州县征收火耗分送上，各上司日用之资皆取给州县，以致耗羡之外种种馈送，名色繁多。故州县有所借口而肆其贪婪，上司有所瞻徇而曲为容隐，此从来之积弊所当剔除者也。与其州县存火耗以养上司，何如上司拨火耗以养州县乎？”[1]雍正皇帝犀利地指出，正因为耗羡并非国家规定的正式赋税，缺乏法定的征收标准，但地方财政又不得不依靠耗羡，因此州县地方官才以征派耗羡为借口趁机中饱私囊，并馈送上司，以结成贪腐利益共同体。与其如此，就应该将征收耗羡的权力上移，纳入政府的正式财政体系，这样耗羡与正项赋税共同解送藩库，州县地方官不能私取分毫，也就没有加征摊派的借口和动力，之后再由各省按照一定的标准发放各级地方官员的养廉银，余下的则补偿亏空。为了防止地方官提高火耗标准，雍正皇帝特地下令："倘地方官员于应取之外稍有加重者，朕必访闻，重治其罪。"[2]

全国推行耗羡归公后，除了原耗羡标准远低于全国的江苏外，各省耗羡征收标准普遍下降，民众的负担得以减轻，官员的待遇也得以大幅度提高。清朝的官员工资水平极低，每年的俸银一品官为180两，二品官为150两，三品官为130两，四品官为105两，五品官为80两，六品官为60两，七品官为45两，八品官为40两，正九品官为33两1钱，从九品官为31两5钱，在京官员每两俸银给禄米一斛。最高的地方官总督一年的俸禄为180两银子，巡抚、布政使150两，直接治民的知县不过45两，不仅应付不了日常必要的行政开销，甚至连自己的家人也养活不了，不贪腐都不行，这也是康熙皇帝容忍地方官私征火耗的原因，否则他们将无以维生。雍正皇帝推行耗羡归公，耗羡的重要用途之一就是发给各级官员作

1 《世宗宪皇帝实录》卷22。

2 《世宗宪皇帝实录》卷49。

为养廉银，各地总督每年的养廉银高达13 000—30 000两，巡抚达10 000—15 000两，知府多者6 000两，少者也有1 000两，知县多者2 000—3 000两，少者500—600两，提高达几十倍至上百倍，京官的薪水也有较大幅度提高。一部分耗羡充当地方的办公费用，这从根本上改变了地方官依靠违规、贪腐维持行政的局面。雍正皇帝乾纲独断，敢于直面现实，勇于承担加派赋税的恶名，为遏制官场腐败建立了一个坚实的制度基础，否则法不责众，问题将无法解决。几乎所有的官员集体腐败，一定是制度性的原因，因此没有制度性的变革，清除腐败的根源，整顿吏治、反腐倡廉只能流于空谈。

各级官员的收入都有很大同幅度的提高后，雍正皇帝顺理成章地开展了吏治整顿与反腐败。在养廉银制度实行之前，各级官员如果仅仅依靠薪水不仅无法工作，甚至无法生活，因此他们必须各显神通捞钱，各种官场陋规普遍流行，下级官员在四时四节必须向上级官员送礼，而且如果上级官员身兼数职，就必须送数份礼，号称“规礼”。山东巡抚一年收到的下属送礼竟然高达11万两白银，而他的年薪不过150两，可见灰色、黑色收入之高。雍正皇帝下令：“倘有再私受规礼者，将该员置之重典，其该管之督抚，亦从重治罪。”中央部门也好不到哪里去，地方向户部交纳钱粮，每1 000两白银要交部费32两，于雍正八年被下令减半。经过雍正皇帝的大力整肃及耗羡归公，户部存银由雍正元年的2 300多万两增加到雍正八年的6 200多万两，国家财力有了显著的增加。

雍正皇帝之所以能对症下药整肃吏治，在于他独特的经历。清朝入关后的顺治皇帝与康熙皇帝均是幼年继位，自小生长于深宫，并无丰富的生活阅历，尤其对官场的各种潜规则并不谙熟。雍正皇帝则不然，雍正皇帝是个“社会人”，早早分家另过，而且康熙皇帝对儿子们是撒手散养，以致诸皇子开公司的开公司，从政的从政，结党的结党，雍正皇帝也不例外——他甚至还参与过外贸生意，当然这些在中国史料中极少提及，但在英国东印度公司的贸易资料中却记录了。1702年，还是皇子的雍正皇帝曾与太子派人去舟山与东印度公司的商船“萨拉”号洽谈贸易，给予英国商人贸易特许权，并要求所有官员都要协助；但这些北京来的皇商并没有什么资金，想空手套白狼，要求舟山商人出面与英国商人贸易，他们要分享利润，否则各级官员就从税收方面刁难英国商人，甚至把他们软禁扣押，是不是有点似曾相识？

果然一切历史都是当代史。

当然雍正皇帝也从事国内贸易，他还在江浙地区做丝绸生意。因此他对官场、商场甚至底层的社会了解得很深，他曾貌似谦虚但实际很得意地说，他“事事不及皇考（康熙皇帝），惟有洞悉下情之处，则朕得之于亲身阅历。朕在藩邸四十余年，凡臣下之结党怀奸，夤缘请托，欺罔蒙蔽，阳奉阴违，假公济私之习皆深知灼见，可以屈指而数者”[1]，意思就是：我事事不如我父亲，但他八岁继位，这一点不如我。更直截了当地说，就是父亲单纯天真，常被臣下欺骗，但想骗我？这是不可能的。这话虽然有点刻薄，但却是实情，一个人很难摆脱儿时的影响。

由于长期生活在宫廷外，且亲身参与过多项实际政务，雍正皇帝比他的父亲更了解官场的种种弊端。与他父亲一味崇尚宽仁不同，雍正皇帝信奉宽严相济，当宽则宽，当严则严。他认为“为政之道，不外宽猛两端。……宜宽而宽，宽而不失于慢；宜猛而猛，猛而不失于残。宽猛咸得其宜，乃为相济之道。未有遇事之先，横宽猛之念于胸中之理也”。康熙皇帝几十年宽仁之治导致吏治废弛，弊端丛生，贪腐盛行，是失之于宽，所以雍正皇帝要济之以猛、严，但这仅仅是针对官僚，他对普通民众仍然信奉宽仁之道。

---

1 《世宗宪皇帝实录》卷49。

### 3．损富益贫的摊丁入地

中国历代的赋税分为土地税与人头税（差徭）两大类，在清代人头税就是人丁税，征税对象是16至60岁（均为虚岁）的成年男子。康熙五十二年（1713年），康熙皇帝下达了“续生人丁，永不加赋”的恩诏，将人丁税的总额冻结在康熙五十年（1711年）的水平，如果人丁不及康熙五十年的额度，就要以新增人丁补足。对无田产的贫穷民众来说，人丁税仍是一项沉重的负担，而且由于生死病老是一个动态的过程，补足人丁也是一项繁琐、浩大的工程，在技术上很难实现。事实上早在明末，在某些地区已经实行了将人丁税按田地分摊，与土地税合并一起交纳的方法，与实际的人丁（成年男子）已经脱钩，此即所谓的“摊丁入亩”。这意味着拥有土地越多，交土地税越多的人相应地就要承担更多的人丁税，这项政策显然不利于富裕阶层，而有利于贫穷阶层。

雍正元年（1723年）九月，直隶巡抚李维钧奏请将丁银摊入地税征收，他知道这一建议必将遭到富裕官僚阶层以及只会按陈规行事的户部反对，因此他要求雍正皇帝乾纲独断批准这一方案。雍正皇帝将李维钧的建议发给九卿会议讨论，果然众大臣“并不据理详议，依违瞻顾，皆由迎合上意起见”“及至会议，彼此推诿，不发一言。或假寐闲谈，迟延累日”，推举几个新上任的下级官员随便说几句，“便群相附和，以图塞责”，而且很多人不来参加会议。眼见九卿会议也讨论不出什么结果，雍正皇帝决定乾纲独断，下令雍正二年（1724年）开始在直隶推行摊丁入地，直隶平均每地银一两摊入丁银二钱二厘，直隶无地的民众不用再交纳人丁税，并向全国推广。在推广过程中，浙江因为摊丁入地发生了群体性事件。雍正二年，浙江有地富人反对摊丁入地政策，聚集到巡抚衙门抗议，巡抚法海惊慌失措，答应暂缓推行，结果导致无地的穷人（赤脚光丁）又集体聚集请愿要求推行。雍正四年（1726年）七月，正值乡试，浙江乡绅千余人聚集至钱塘县衙（在今浙江省杭州市市区）反对实行摊丁入地，并举行罢市，被巡抚李卫强行制服，摊丁入地政策终于得以在全省推行。在雍正时期，除了少数几个地区外，全国普遍实行摊丁入地，在实质上废止了实行了几千年的人头税，减轻了中下层民众的经济负担和人身束缚，缓和了贫富差距，是利国利民（绝大多数的中下层民众）的一大德政。

雍正皇帝推行的损富益贫的政策不止摊丁入地一项。清朝继承了明朝的政策，有功名和官位（包括在职和退休）的人享有一定的经济特权，按照品级大小优免每户一定数量的人丁（优免人丁），有功名的士人则免除本身的差役和一切杂办。官员和士人的户被称为“宦户”“儒户”，也就是享有经济特权的户。这些特权阶层本来就拥有政治、经济上的优势，却还进一步利用这些优势进一步侵夺中下层的利益，扩大自身的优势，他们与地方政府勾结，将耗羡转嫁给普通民众，将亲族、关系户的田产寄挂在自己名下，抗拒、逃避赋税。雍正二年（1724年），雍正皇帝下令革除“儒户”“宦户”名目，禁止他们寄挂田产与抗拒、逃避赋税，只免除本身一丁的差徭，否则“即行重处”[1]。

摊丁入地以及对乡绅官宦的遏制政策又一次体现了传统帝制的优越性，皇帝可以超越各阶层的利益，不为利益集团所绑架，而是乾纲独断，做出有利于自己政权以及绝大部分民众的决定。雍正皇帝继承了康熙皇帝的蠲免政策，他信奉“（赋税钱粮）丝毫颗粒，皆百姓之脂膏。增一分，则民受一分之累；减一分，则民沾一分之泽”[2]，在位期间，共蠲免了约两三千万两的赋税，并大力提倡垦荒，规定新垦荒地水田六年、旱田九年起科。

1　中国第一历史档案馆编：《雍正朝汉文谕旨》，第六册（上谕内阁），第106页。

2　《世宗宪皇帝实录》卷3。

# 第二节 惟以一人治天下：绝对独裁与军机处

## 1. 朕视为一德，伊等竟怀二心：清除八旗权贵

对官僚贵族来说，尤其是与康熙皇帝相比，雍正皇帝可谓是一位严厉的君主。他即位之初就面临着严峻的政治局面，即要解决康熙晚年形成的诸皇子政争，他的主要对手是皇八子党。但出人意料的是，他刚即位就任命皇八子贝勒胤禩、十三阿哥胤祥、大学士马齐、尚书隆科多总理事务，负责“启奏诸事，除朕藩邸事件外，余俱交送四大臣；凡有谕旨，必经由四大臣传出，并令记档”[1]；随即又封胤禩为廉亲王，胤祥为怡亲王，皇八子党的胤祹为多罗履郡王，废太子之子弘皙为理郡王；又将皇八子党的要员贝子苏努升为贝勒，佛格升为刑部尚书。在康熙朝，康熙皇帝生母的佟家是满洲亲贵第一家，号称“佟半朝”。康熙皇帝的舅舅、内大臣、一等公佟国纲，倚仗自己的身份，经常颐指气使，逼迫康熙皇帝任用他喜爱的官员；佟国纲的长子鄂伦岱任领侍卫内大臣，袭一等公，更是骄横跋扈。康熙皇帝在热河生病，他不仅不请安问候，还率领乾清门侍卫公然射箭游戏；康熙皇帝曾在旅途中斥责他与皇八子胤禩结党，他悍然不知畏惧，甚至上前顶撞争吵，激怒大病初愈的康熙皇帝，当时随行的雍正皇帝却敢怒不敢言。佟国纲的弟弟、康熙皇帝的岳父、领侍卫内大臣、议政大臣、一等公佟国维则公然串连满洲亲贵大学士马齐，领侍卫内大臣、理藩院尚书、一等公阿灵阿（钮

1 《世宗宪皇帝实录》卷1。

祜禄氏，开国功臣遏必隆之子，康熙皇帝皇后的弟弟）及鄂伦岱等人共同推举胤禩为太子。这些人全部是上三旗满洲最重要的亲贵，势力雄厚强大，且皇八子党成员有多名康熙皇帝的皇子，而此时雍正皇帝的支持者，在中央只有胤祥、隆科多，在地方只有年羹尧等少数人，因此他只能暂时采取怀柔策略，对此胤禩也非常清楚，认为雍正皇帝“目下施恩，皆不可信”[1]。

但雍正皇帝并未一味怀柔，而是逐步分化、孤立政敌。他将皇八子党的重要成员抚远大将军王胤祯从青海召回，降为贝子，发往康熙皇帝的景陵居住；胤禟被发往青海新任的抚远大将军年羹尧的军中，后被逮捕回京，又发往保定，拘禁而死；命令胤䄉护送在京去世的泽卜尊丹巴胡土克图灵柩返回喀尔喀，因其在张家口逗留不前被削爵拘禁；贝勒苏努也被罢爵发配，死于戍所。同时，他又开始剪除异姓党羽，于雍正二年（1724年）将刑部尚书、二等公阿尔松阿（阿灵阿之子）罢官罢爵，发配盛京；而一向骄横的鄂伦岱竟然在乾清门当着众人的面，将雍正皇帝要他转交给阿尔松阿的朱批谕旨“掷之于地，且极力党护阿尔松阿，将其死罪承认在身”[2]，随即也被发配盛京，两人后来均被处死。最后，终于轮到了与雍正皇帝“情如水火，势如敌国”的党首胤禩，他于雍正四年被罢爵拘禁，随即死于囚所。

在清除皇八子党后，年羹尧成为下一个被清除的对象。年羹尧原是雍正皇帝的心腹，出身于镶白旗汉军，是当年尚为雍亲王的雍正皇帝的下属，雍正皇帝即位后抬入镶黄旗。他接替了胤禵的抚远大将军，平定青海立了大功，被封为一等公，管辖陕西、甘肃、四川、云南、青海等区，掌握全国精锐，是巩固雍正皇帝政权的重要支柱。他的权力巨大，在其辖区内“文官自督抚以至州县，武官自

1 《大义觉迷录》卷3。
2 《世宗宪皇帝实录》卷29。

提镇以至千把”[1]的官员全部由他任命，由他保举的官员，吏部、兵部都会优先选用，号称“年选”，但不久就发生了变化。雍正二年（1724年）十月，年羹尧入朝觐见，雍正皇帝命直隶总督李维钧、陕西巡抚范时捷跪在道旁送迎，王公大臣集体于德胜门外迎候。年羹尧手执黄缰，跨紫骝马傲然而过，并不还礼致意，甚至在皇帝面前也无人臣之礼；在青海时，包括额驸在内的蒙古诸王公见他都要下跪，因此他不仅得罪了满、蒙、汉王公大臣，还得罪了皇帝本人。由于雍正皇帝之前对年羹尧宠信异常，也招致众人非议，挫伤了他的自尊，因此他对年羹尧逐渐不满。早在雍正二年（1724年）十一月初二日，雍正皇帝就曾告诉四川巡抚王景灏年羹尧行为“乖张”；随后在十三日直接告知直隶总督李维钧，他怀疑年“居心不纯，大有舞智弄巧、潜蓄览权之意”[2]，并提醒李维钧要与他疏远。随后，在给诸多大臣的奏折批语上，雍正皇帝频繁表达对年羹尧的不满，甚至流露了清除的意图。

年羹尧保荐陕西布政使胡期恒及王景灏，认为二人可重用，并弹劾四川巡抚蔡珽，欲将其逮捕治罪，雍正皇帝即任命王景灏接任四川巡抚，又提拔胡期恒为甘肃巡抚。雍正三年（1725年）正月，年羹尧指使胡期恒参奏陕西驿道金南瑛，但雍正皇帝认为“金南瑛曾经大学士朱轼保题，在会考府行走；怡亲王亦曾奏荐，朕是以拣选任用。年羹尧遽行题参，必有错误”[3]，两人的矛盾公开化。当蔡珽被押解到京，雍正皇帝特地召见，蔡珽趁机揭露年羹尧的“暴贪、诬陷”，雍正皇帝随即赦免蔡珽，任命他为左都御史。雍正三年（1725年）二月，雍正皇帝开始直接批评年羹尧失职，并威胁“必重治尔罪”；因发生了日月合璧、五星连珠的天象，年羹尧上疏

---

1 《世宗宪皇帝实录》卷39。

2 王景灏：《奏为敬领温纶恭谢天恩折》，雍正二年十一月初二日，《雍正朝汉文朱批奏折汇编》第三册，第920页；李维钧：《奏宋师曾照赔银两照数清完折》，雍正二年十一月十三日，《雍正朝汉文朱批奏折汇编》第四册，第1页。

3 《世宗宪皇帝实录》卷28。

祝贺，用了“夕惕朝乾”一词，雍正皇帝趁机发难，认为他是有意倒置，“自恃己功，显露不敬之意”，“不以‘朝乾夕惕’许朕，则羹尧青海之功，亦在朕许不许之间而未定也”[1]。雍正皇帝首先将年羹尧的亲信甘肃巡抚胡期恒革职，以岳钟琪兼理，调回署理四川提督纳泰；又痛斥年羹尧“妄举胡期恒为巡抚，妄参金南瑛等员，骚扰南坪寨番民，词意支饰，含糊具奏。又将青海蒙古饥馑隐匿不报，此等事件不可枚举。年羹尧从前不至于此，或系自恃己功，故为怠玩；或系诛戮过多，致此昏愦。如此之人安可仍居川陕总督之任？朕观年羹尧于兵丁尚能操练，著调补浙江杭州将军”[2]，川陕总督由岳钟琪署理。

墙倒众人推，大臣们纷纷揭发年羹尧的罪行，并要求严厉处理，年羹尧被一路降职为闲散章京，又被押解回京。十二月，议政大臣、刑部等衙门为其总结了“大逆之罪五，欺罔之罪九，僭越之罪十六，狂悖之罪十三，专擅之罪六，忌刻之罪六，残忍之罪四，贪黩之罪十八，侵蚀之罪十五，凡九十二款罪”，认为其“反逆不道，欺罔贪残，罪迹昭彰”“伏请皇上将年羹尧立正典刑，以申国法。其父及兄弟子孙伯叔、伯叔父兄弟之子年十六岁以上者，俱按律斩。十五岁以下及母女妻妾姊妹，及子之妻妾给付功臣之家为奴。正犯财产入官”[3]，判决可谓凶残之极。雍正皇帝改判年羹尧自裁，其子年富斩立决，其余15岁以上之子发遣广西、云贵极边烟瘴之地充军，其他人免罪。

在年羹尧被整治的同时，雍正皇帝另一位宠臣隆科多也由盛而衰。隆科多是佟国维之子，孝懿皇后的弟弟，因此雍正皇帝尊称其为“舅舅”，为四位总理事务大臣之一，世袭一等公，管理吏部事务并负责京城的治安；他的次子一等侍卫玉柱被提升为銮仪卫銮

---

1 中国第一历史档案馆编：《雍正朝起居注册》第一册，北京：中华书局，1993：465.
2 《世宗宪皇帝实录》卷31。
3 《世宗宪皇帝实录》卷39。

仪使，负责皇帝本人的安全保卫。隆科多拥有很大的人事任命权力，其选用的官员号称“佟选”，为人作威擅权，同样触犯了雍正皇帝的权威。雍正二年（1724年）十二月，雍正皇帝在给河道总督齐苏勒的朱批中透露了对隆科多的不满：“近年舅舅隆科多、年羹尧大露，作威作福，揽势之景，朕若不防微杜渐，必不能保朕之此二功臣也”[1]，次年正月他解除了隆科多步军统领的职务。雍正三年（1725年）五月，雍正皇帝公开表达了对隆科多的不满：“朕御极之始，将隆科多、年羹尧寄以心膂，毫无猜防，所以作其公忠，期其报效。孰知朕视为一德，伊等竟怀二心；朕予以宠荣，伊等乃幸为邀结，招权纳贿，擅作威福，敢于欺罔，忍于背负，几致陷朕于不明”[2]，又指责隆包庇年，将他“著交与都察院严察奏闻”，几天后玉柱被革职，第二年正月，隆科多也被革职，年底被宣判有“大不敬之罪五，欺罔之罪四，紊乱朝政之罪三，奸党之罪六，不法之罪七，贪婪之罪十六”[3]，总共四十一款罪，“应拟斩立决，妻子入辛者库[4]，财产入官”，雍正皇帝从宽将其“永远禁锢”[5]。

年羹尧立有大功，能力突出，恃才傲物，得罪同僚甚至皇帝，又非常贪腐，但这些都由来已久，早已被皇帝洞察。在战争需要时，雍正皇帝可以曲意纵容，对他的罪行视而不见，甚至奉承讨好，而一旦战争结束，他即失去了利用价值，却故态不改，则必然会被清算。年羹尧本人缺乏政治头脑，被雍正皇帝的迷魂汤灌晕了，没有真正明白鸟尽弓藏的道理，引起了猜忌。他最主要的罪行表面上是“谋为不轨”的大逆之罪，但显然并非事实；他的获罪并非因为贪腐，他只是雍正初期八旗最高层内部政治斗争大背景下的

1　齐苏勒：《奏为恭谢天恩事折》，雍正二年十二月十三日，《雍正朝汉文朱批奏折汇编》第四册，第181页。

2　《世宗宪皇帝实录》卷32。

3　《世宗宪皇帝实录》卷33。

4　专以从事大内或王公府第等处贱役苦差为职的八旗组织。

5　《世宗宪皇帝实录》卷62。

一个牺牲品。年羹尧如此，隆科多也是如此，在失去利用价值后，因威胁皇权被皇帝清算。

## 2．八旗共治的终结与绝对君权的确立

清朝初期是以皇帝为首的八旗亲贵共治的政体，入关后虽然权力集中于皇帝本人，但即使是到了康熙皇帝晚年，八旗亲贵仍然拥有很大的权力，而诸皇子又形成了新的八旗亲贵集团，旧亲贵仍在，新亲贵又在形成，严重制约了皇权。康熙朝时，以康熙皇帝三位皇后的家族为中心形成的三大八旗亲贵集团全部积极参与了储位之争，结果以索额图为首的赫舍里氏皇太子党因密谋造反被康熙皇帝消灭，但随后以阿灵阿、阿尔松阿父子为首的钮祜禄氏，以佟国维、鄂伦岱为首的佟佳氏两大外戚亲贵集团与正黄旗满洲的新亲贵叶赫那拉氏揆叙（大学士明珠之子）联合拥戴能够保护他们利益的皇八子胤禩，胤禩的福晋则是康熙朝权力最大的皇族安亲王岳乐的外孙女。康熙皇帝晚年始终被八旗亲贵的激烈内斗困扰，甚至担心自己可能不得善终，国家会陷入内乱。因此雍正皇帝与胤禩并非单纯的个人政争，而是与整个满洲新旧亲贵集团的斗争，胤禩是他们的利益代言人。这一集团的权势虽然被康熙皇帝打击，但并未被消灭，而是一直延续到雍正朝，成为雍正皇帝强大的政敌，以胤禩为中心形成的新旧八旗亲贵集团对皇权造成了很大的威胁。

雍正皇帝即位前只是一名普通皇子，缺乏康熙皇帝拥有的崇高权威，这是他即位时面临的严峻形势，因此他才通过不断的拉拢、分化，依靠弟弟怡亲王胤祥、舅舅隆科多以及年羹尧为助手，逐步消灭了皇八子党的骨干成员。在消灭了这一最大的对手后，新形成的八旗新贵隆科多、年羹尧的势力又开始坐大，这同样不为一意想大权独揽的雍正皇帝所允许，因此被他迅速消灭，至此雍正皇帝才

彻底地解决了八旗亲贵内斗失控、威胁皇权的局面，实现了大权独揽，皇权独大。当然雍正皇帝使用的手段非常激烈，一是因为亲贵一向骄横跋扈，为非作歹，罪有应得；二是因为他本人已经40多岁，在当时的条件下留给他的时间并不多，如果他不能及时、彻底地解决，而是将这个连康熙皇帝都难以应付的难题留给他年龄尚轻且无政治经验的继承人，那将更国无宁日。这一迫切的使命催迫他在即位初期的几年内兴起了一场接一场的大狱，直至完成目标方才罢休。

八旗是清朝的统治基础与权力核心，皇帝亲自掌握上三旗事务，而另外下五旗则直属各自的王公，并不直接属于皇帝。雍正皇帝即位之初就认为“下五旗诸王将所属旗分佐领下人挑取一切差役，遇有过失，辄行锁禁，籍没家产，任意扰累，殊属违例”[1]。雍正皇帝通过整顿旗务，削弱了王公对下五旗的控制，由皇帝直接任命的都统管理，从而将下五旗的管辖集中于皇帝。八旗亲贵经过雍正皇帝的刻意打压，尤其是几个最显赫家族的重要首脑被清除，失去他们往日的气势与权力，变成了皇帝忠实的奴仆。

清朝的最高决策机构原是议政王大臣会议，成员均是八旗亲贵，雍正皇帝即位之初，以守孝三年的名义暂时设立了总理事务王大臣，一度掌握最高决策权。雍正七年（1729年），因与准噶尔汗国的战争，雍正皇帝下令“两路军机，朕筹算者久矣。其军需一应事宜，交与怡亲王、大学士张廷玉、蒋廷锡密为办理”[2]，此三人组成了“军需房”，次年改称“军机处”。军机处只是一个处理紧急军国事务的临时机构，办公地点是一临时搭建的木板房，先后设置于乾清门内外，后移到隆宗门外，并改建成瓦房，靠近皇帝的寝宫养心殿，是一个典型的内朝机构。军机处随皇帝而行，在圆明园、避暑山庄、颐和园等地都有它的驻所。

---

1 《世宗宪皇帝实录》卷8。

2 《世宗宪皇帝实录》卷82。

军机处设立后，皇帝可以自由选择亲信大臣充当军机大臣。军机大臣无专职，亦无定员，只是临时的职务，协助皇帝处理一切军国大事；领班军机大臣每天都需要值班，以备皇帝随时召见（乾隆年间改为全体召见），主要职责是与皇帝共同商议政务，承皇帝旨意起草上谕，并负责密封，廷寄给各地官员；决策权由皇帝一人掌握，军机大臣只有建议权，因此只是皇帝的机要秘书，军机处只是皇帝的机要秘书处。从此之后，议政王大臣会议逐渐失去了重要性，内阁只能处理一般例行的行政事务，权力高度集中于皇帝一人之手，他通过军机处这个机要秘书班子处理一切重要的军国政务，达到了他心目中的理想状态："惟以一人治天下。"

雍正皇帝进一步完善了奏折制度，他刚即位就将上密折的范围扩大到所有的总督、巡抚，后来又扩大到布政使、按察使（主管一省司法）、学政（主管一省教育、科举）、提督、总兵一级官员，形成了正式的制度，并特批一些中低级官员也有上奏密折的权力。奏折由官员直接秘密上奏皇帝本人，皇帝则在奏折上直接用朱笔亲笔批示，称为"朱批谕旨"，经朱批后的奏折称为"朱批奏折"，此时奏折已经完全取代了原来的题本，成为官员向皇帝汇报政务的最重要文书；朱批谕旨也成为官员决策、行政的重要依据。从此朱批奏折与廷寄成为清朝行政的两种最重要的公文，全由皇帝一人批答，或口述由军机大臣拟写，因此在体制上确保皇帝的乾纲独断。此时议政王大臣会议虽然还存在，但已逐渐沦为摆设，最终被乾隆皇帝废除，八旗共治的最后一丝痕迹也不复存在。任何个人和机构组织都倾向于扩大自身的权力，清朝皇帝一直遵循这个思路，最终雍正皇帝通过建立"军机处—奏折体制"得以完成。军机处—奏折体制将一切权力集中于皇帝手中，要求皇帝必须极为勤政，每天不间断处理各地奏折，否则国家军政要务就得停摆，这是彻底的人治，皇帝一人的绝对独裁，因此对皇帝本人的能力与责任心要求极高，而相应的，大臣也就丧失了积极主动性。

## 第三节　西北用兵：清朝唯一的汉人大将军

### 1．千里奔袭：一战定青海

青海和硕特汗国的台吉扎什巴图尔归附清朝，被康熙皇帝封为亲王，他的儿子罗卜藏丹津于康熙六十年参加了安藏之役，因功被封为亲王。罗卜藏丹津以顾实汗的嫡孙自居，妄图恢复和硕特汗国的独立地位，与准噶尔大汗策妄阿拉布坦串通，于雍正元年夏天命令各部摒弃清朝的封号，恢复和硕特汗国旧称，并自称为“达赖混台吉”，进攻忠于清朝的亲王察罕丹津、郡王额尔德尼额尔克托克托奈等部；又不听清朝的调解，进攻西宁府附近，青海战事因此爆发。

雍正元年十月，年羹尧被任命为抚远大将军，“统领满洲、蒙古、绿旗大兵”征讨罗卜藏丹津，进驻西宁。他拟定了进剿青海事宜：一、从陕西、土默特、鄂尔多斯等处共挑选1.9万名兵丁，令四川提督岳钟琪等率领，从西宁、松潘、甘州、布隆吉尔（今甘肃省安西县布隆吉乡）分四路进剿；二、分兵防守西宁各边口、永昌、甘州、布隆吉尔、巴塘、里塘、黄胜关（在今四川省松潘县），防止和硕特军队北犯甘肃，南犯西藏、四川，并形成合围之势；三、购买几千匹马驼；四、贮备军粮，五、精炼火器，要求分拨火药1.8万斤。

十一月初，罗卜藏丹津进攻西宁周边，被清军击退。此时青海众多喇嘛煽动信徒叛乱，提督岳钟琪等率军镇压，杀伤叛军6 000余名，焚毁了郭隆寺，抢劫了塔尔寺，并将叛乱首领达克玛胡土克图喇嘛正法。罗卜藏丹津失利后退往柴达木以东，岳钟琪建议对外宣称于雍正三年（1725年）四月进攻，而趁其不备提前于二月突然进攻。年羹尧接受了这个建议，命令岳钟琪等率6 000精骑，于二月初八日出发进剿。罗卜藏丹津未料到清军会提前突然袭击，一路奔逃，清军穷追不舍15日，擒获罗卜藏丹津的母亲、妹夫以及众多部众和牛羊，并一直追击到柴达木，罗卜藏丹津仅率200余人逃窜潜匿。清军随后分兵围剿其他叛乱部众，叛乱的和硕特八台吉均被擒获，青海平定。清军的奇袭堪称军事史上的光辉篇章，15日内一战而定青海，年羹尧因功被授予一等公，再加赏一等精奇尼哈番（清朝的世职），岳钟琪被授予三等公，雍正皇帝在京师午门举行了盛大的献俘礼。

为了彻底解决青海问题，年羹尧拟定了《青海善后事宜十三条》与《禁约青海十二事》，主要内容为：将青海诸蒙古和硕特部落“分别功罪，以加赏罚”；按照内札萨克蒙古的制度，划分游牧居住地区，编为佐领；青海诸王贝勒分作三班，三年一次进京朝贡，与内地的互相交易于二月、八月每年两次进行；居住在青海的喀尔喀、厄鲁特（准噶尔）的四部落不再属于和硕特管辖，实行扎萨克制度；青海的藏族人也不再属于和硕特管辖，转由地方政府管辖；青海喇嘛庙房间不得超过200间，喇嘛不能多于300人；清军在青海要地分兵驻守等。

平定青海是雍正皇帝的一大政绩，即位之初即获如此武功，为他巩固皇位，扩张皇权，打击政敌创造了重要条件。如果青海的问题没有处理好，有他英雄父亲赫赫业绩的对比，雍正皇帝的统治会变得脆弱。雍正二年（1724年）设置了钦差办理青海蒙古番子事务大臣，简称“青海办事大臣”或“西宁办事大臣”，标志着中央政府开始直接管理青海。

康熙皇帝出兵安藏后，曾在西藏驻军，但雍正皇帝一即位就将驻军撤回。西藏地方政权由五噶伦共同管理，他们分裂成两派，一派是后藏贵族康济鼐、颇罗鼐，另一派是前藏贵族阿尔布巴、隆布鼐和扎尔鼐，后者有达赖喇嘛的父亲索诺木达尔扎的支持。雍正三年（1725年）十一月，清朝任命康济鼐为总理，阿尔布巴协理，共同管理西藏事务，两人被封为贝子。康济鼐自恃当年支持清军入藏有功，轻视其他噶伦，矛盾终于激化，雍正五年（1727年）六月，阿尔布巴、隆布奈、扎尔鼐等前藏贵族杀害了忠于清朝的康济鼐，噶伦颇罗鼐则一面发动后藏军队抵抗，一面请求雍正皇帝发兵进藏剿灭叛军。十一月雍正皇帝决定由左都御史查郎阿等人率领陕西、四川、云南的满洲兵400名及绿旗兵1.5万名入藏平乱。清军于次年五月由西宁出发，经过近三个月的行军抵达西藏，而此前颇罗鼐已经击败叛军，并俘虏了阿尔布巴、隆布鼐、扎尔鼐三人，经查郎阿审讯后被处死。吸取了撤军导致西藏内乱的教训，雍正皇帝决定在西藏重新驻军，留陕西兵、四川兵各1 000名，并设立了驻藏大臣率领驻军。

由于担心准噶尔再次入侵西藏劫持达赖喇嘛，雍正六年（1728年）十一月，由查郎阿率军护送达赖喇嘛迁往他的家乡里塘，并驻军保卫。雍正皇帝又决定在噶达（在今四川省甘孜藏族自治州道孚县）修建惠远庙作为达赖喇嘛的新居所，并亲撰《惠远庙碑文》以记其事。达赖喇嘛于雍正八年（1730年）二月移居此地，一直到雍正十三年（1735年）才返回拉萨布达拉宫。

## 2．和通泊惨败：汉人大将军的困境

准噶尔汗国一直是清朝最大的敌人，罗卜藏丹津兵败后也从青海逃至准噶尔寻求庇护。雍正三年（1725年），清朝与准噶尔举行边界谈判，提出以阿尔泰山为界，结果谈判破裂，关系开始紧张，川陕总督岳钟琪开始秘密筹备对准作战，如果准军入侵西藏，他将率军直捣巢穴。雍正皇帝特地批示岳钟琪不必担心靡费钱粮，告诉他国库已经储存了5 000多万两白银，表达了“舍千万帑金，除却策妄一大患”的决心[1]。发兵入藏前，雍正皇帝因忌惮准噶尔可能会介入，曾一度犹豫，幸运的是，准噶尔大汗策妄阿拉布坦去世，清军解除了后顾之忧，并将达赖喇嘛移居以防准军劫持。策妄阿拉布坦的长子噶尔丹策零继承汗位，遣使到清朝称策妄阿拉布坦已经成佛，又表达了“欲使众生乐业，黄教振兴”的雄心。被激怒的雍正皇帝于雍正七年（1729年）二月宣布开战，认为“但留此余孽，不行翦除，实为众蒙古之巨害，且恐为国家之隐忧。今天时人事，机缘辐辏，时不可迟，机不可缓，天与不取，古训昭然。且我圣祖皇考为此筹画多年，未竟其事。兹当可为之时，朕不敢推诿，亦不忍推诿”[2]。

雍正皇帝任命领侍卫内大臣三等公傅尔丹（镶黄旗满洲，开国功臣费英东的曾孙）为靖边大将军，率领北路军，川陕总督三等公岳钟琪为宁远大将军率领西路军征讨准噶尔，等两军会师后统一由岳钟琪指挥。北路军由京城八旗兵6 000名、车骑营兵9 000名以及奉天、船厂、察哈尔、索伦、土默特、右卫、宁夏七处兵8 000名，再加上喀喇沁土默特兵800名、官员753员组成，总计兵力达2.45万余人，于阿尔泰驻扎。西路军由士兵2.65万名，官员324员组成，合计约2.7万人。雍正七年（1729年）六月，雍正皇帝在太和殿举行出师礼，将敕印授靖边大将军公傅尔丹，并在东长安门外与大将军、副将军、参赞大臣等行跪抱礼送军出征。西路军则在岳钟琪的率领下于七月自肃州出发，经过一个多月的行军，前出至巴尔库尔（今新疆维吾尔自治区巴里坤县），不久准噶尔的使臣特磊抵达军营表示要谈和，雍正皇帝不听岳钟琪的意见，竟然轻信准噶尔的求和要求，命令将特磊送往京城，暂缓一年进军开战，并将宁远

1　岳钟琪：《请解总督授以甘肃提督专管三边兵马事折》，雍正五年二月二十二日，中国第一历史档案馆：《雍正朝汉文朱批奏折汇编》第九册，第158—160页。

2　《世宗宪皇帝实录》卷78。

大将军岳钟琪、靖边大将军傅尔丹召回京城述职。

岳钟琪赴京后，代理宁远大将军职务的副将军纪成斌命令副参领满洲人查廪率一万军队守护科舍图牧场。查廪玩忽职守，每天狎妓饮酒作乐，准噶尔军于雍正八年（1730年）十二月趁清军放松戒备之际突袭牧场，抢劫清军驼马，查廪怯战，率先逃跑。总兵曹勷前往救援，又被击败，后经总兵樊廷、张元佐率军激战七昼夜，将被抢掠驼马大半夺回，但清军损失惨重。纪成斌将败军之将查廪逮捕治罪，岳钟琪回到军营后大惊。因岳钟琪与纪成斌都是汉人，不敢得罪满洲人，因此释放查廪，将一切罪责归于总兵曹勷，并讳败为胜上报[1]。雍正皇帝闻讯后决定立即开战，但鉴于西路军受到的损失，将从前议定的直捣伊犁的方针改为层层推进，计划在三四年内消灭准噶尔，并从全国各地征调绿旗兵增援西路军，满蒙八旗增援北路军。

雍正九年（1731年）二月，西路军已达4.5万多人，岳钟琪请求亲率一万精兵突袭乌鲁木齐，7 000名步兵、车兵随后，但被雍正皇帝否决。岳钟琪根据情报判断准噶尔军可能要进攻北路军，因此计划自己率西路军趁机截击准军的后路以援助北路军，但雍正皇帝认为北路清军超过3万人，且有数万喀尔喀军相助，不需要西路军相援，并认为准军进攻的对象是西路军而非北路军。岳钟琪坚持自己的意见，随后又三次紧急奏报准军要进攻北路军，但雍正皇帝并不相信，固执地认为这是敌人的虚张声势。

也许是因为曾静案的微妙影响，岳钟琪逐渐失去了雍正皇帝的信任，大事小事必须汇报，却被频繁指责，动辄得咎。雍正皇帝先后派宗室、都统伊礼布、石云倬充当西路军副将军，在前线牵制、监视岳钟琪，又派满洲人查郎阿署川陕总督，管理西路军后勤供应。此时岳钟琪的前线、后方都被满洲人控制、监视，在这种处

---

1 （清）昭梿：《啸亭杂录》卷10。

境下，还如何专心指挥作战？用人不疑，疑人不用，前线统帅负全责，当然相应地需要临机决断的全权。军机瞬息万变，岂能后方遥制，前方监视？此前平定青海叛乱轻而易举，可能导致雍正皇帝产生了错觉，以为胜利是由于他的高明妙算，实际上青海的胜利正是年羹尧、岳钟琪等前线将帅临机决断，勇于负责，敢于决断出奇兵突袭的结果，这也是因为当时雍正皇帝对年羹尧高度信任，并不事事遥制。同样，岳钟琪感觉到自己失去了雍正皇帝的信任，也就不敢充分发挥自己的主观能动性，不敢勇于负责临时决断抓住战机，当然也就无法重现当年亲率6 000精骑横穿青海草原，穷追敌寇的英姿。当年的人并没有变，岳钟琪还是一位英雄，而且并未迟暮，仍然渴望直捣敌人的巢穴，以后他将有机会证明这一点，但是现在形势变了，形势比人强。

雍正九年（1731年）六月，准噶尔将领策零敦多卜诱敌深入，靖边大将军傅尔丹不顾多人反对率领一万清军盲目进攻，被准军在和通泊伏击包围，几乎全军覆没，仅2 000余人逃回，包括副将军公爵巴赛、副将军查弼纳、公爵达福等多名满洲亲贵阵亡，准军一直追击到科布多城。这是清朝与准噶尔战争史上空前的惨败，也是雍正皇帝刚愎自用、执意不理会岳钟琪正确判断导致的恶果，当然主要原因还是傅尔丹的军事指挥能力低下。岳钟琪得知北路军败绩后，即率军袭击乌鲁木齐，大败准军，并迫使北路的准军退回阿尔泰山。不谙军事情况、惊慌失措的雍正皇帝喜出望外，竟然认为准军撤退是上天赐予的奇迹，殊不知这是西路军奋战的结果。雍正皇帝仅罢免了败军之将傅尔丹的大将军职位，改任其为振武将军，并任命大学士、一等公马尔赛（正黄旗满洲，康熙朝名臣图海之孙）为抚远大将军统率北路军，但马尔赛军事能力同样低下，上任不到两个月就被雍正皇帝多次斥责，被降职为绥远将军，傅尔丹、马尔赛这两位前任大将军均归新任命的靖边大将军、顺承亲王锡保指挥。

北路军如此，西路军也好不到哪里去。雍正十年（1732年）正月，准噶尔军5 000人攻哈密，曹勷、纪成斌率军击退敌人，但副将军石云倬不听岳钟琪指挥，行动迟缓，致使敌军逃脱，被岳钟琪弹劾，押送京城治罪。雍正皇帝任命福建总督刘世明、汉军旗人贵州巡抚张广泗为副将军，又认为岳钟琪“智不能料敌于平时，勇不能歼贼于临事”[1]，将他削去公爵、宫保，降为三等侯，仍留总督职衔，护大将军印务，戴罪立功。四个月后，又任命大学士鄂尔泰（镶蓝旗满洲）“督巡陕甘，经略一应军务”[2]，成为岳钟琪的上级，岳随即被撤职，由署陕西总督查郎阿署理宁远大将军；后又因副将军刘世明、扬武将军武格、副将军伊礼布三人“志气颓惰，俱怀怨望之心，而刘世明与武格，又复彼此推诿”[3]而将刘世明革职。清军两路军指挥更换如此频繁，指挥层又矛盾重重，足见雍正皇帝识人不明，用人不当，自乱方寸。而且因他不能完全信任汉人大将军岳钟琪，刻意安排军队指挥层彼此相互监督、牵制，导致军心不稳，指挥不力。

### 3. 志愿未竟，不无微憾：雍正朝的得与失

雍正十年（1732年）八月，准噶尔军3万余人进攻喀尔喀，意图俘获泽卜尊丹巴胡土克图，结果攻到杭爱山，俘获了康熙皇帝的额驸、喀尔喀亲王策凌的两个儿子。策凌闻报大怒，与喀尔喀亲王丹津多尔济等率领满洲、蒙古喀尔喀兵2万人奋勇尾追千里，在额尔德尼召英勇进攻，将准军斩杀大半，丹津多尔济被赏封为智勇亲王，额驸策凌为超勇亲王。这是雍正年间与准噶尔作战中清军取得的最大胜利，但主要是蒙古喀尔喀部而并非八旗军的功劳；八旗军

---

1 《世宗宪皇帝实录》卷117。

2 《世宗宪皇帝实录》卷121。

3 《世宗宪皇帝实录》卷122。

不仅没有功劳，还因怯战放走了准军残部。

额尔德尼召之战后，大将军顺承亲王锡保多次命令振武将军马尔赛截杀逃跑的准军，但马尔赛违抗命令，迟迟不出兵，部下傅鼐跪求请兵杀贼，却不被允许，致使准军逃脱。事情暴露后，雍正皇帝大怒，将他认为“本属庸才”[1]的马尔赛以“负恩纵寇、不忠不孝”[2]的罪名于军前正法斩首，他的部下正红旗汉军都统、伯爵李杕于秋后问斩。既然马尔赛“本属庸才”，雍正皇帝为何还要将这个庸才从三等公提拔为一等公，并任命为正一品的大学士呢？马尔赛并无指挥作战的经验，因其出身于上三旗满洲亲贵世家，是大学士图海的孙子，竟然就被任命为大军统帅；前任大将军傅尔丹也是如此，指挥能力低下，却被任命为统帅。雍正皇帝于军事一窍不通，被准噶尔的缓兵之计所骗，却又要自作聪明遥控指挥，固执己见，听不得正确意见，直接导致了北路军惨败；他识人不明，重用满洲亲贵，人事任命非常草率，换帅频繁，导致军心不稳，内耗不断，这些都是清军处处被动，表现极为拙劣的重要原因，因为他们有一个对军事极为外行的皇帝。这位皇帝“宅”在万里之外的圆明园、紫禁城，仅依靠来回一次要几十天的朱批奏折、廷寄遥控瞎指挥，而他的父亲康熙皇帝却亲临战阵，亲率前锋横绝大漠，两者的差距真不可以道里计。

岳钟琪的噩运并未随着被撤职而结束，因张广泗接连弹劾他指挥不当，不恤士卒，并犯了欺罔之罪，他被革职交与兵部拘禁。查廪因曾兵败被逮捕，因此非常痛恨岳钟琪与纪成斌；他是查郎阿的亲戚，因此诬告岳、纪二人，导致岳被判斩监候，纪成斌则在军前问斩。几十年后，礼亲王昭梿为岳鸣不平，“世宗之于岳公，君臣之际可谓至矣！因诬一满人卑贱者，乃使青蝇之谗为祸若尔”[3]，

---

1 《世宗宪皇帝实录》卷123。

2 《世宗宪皇帝实录》卷126。

3 （清）昭梿：《啸亭杂录》卷10。

揭露了岳钟琪遭遇的内在本质。此时八旗入关已近百年，不复当年的骁勇善战，满洲亲贵更无当年祖先统率大军南征北讨的雄心与才干，早在三藩之乱时，被任命为大将军的安亲王岳乐、顺承郡王勒尔锦等人及八旗军的表现已经非常平庸、拙劣。但清朝的皇帝以满洲为本位，对汉人的高度不信任，不顾实际才能，仍然普遍任用满洲亲贵统率军队，如马尔赛、傅尔丹等平庸之辈。“终清世，汉大臣拜大将军，满洲士卒隶麾下受节制，钟琪一人而已”[1]，岳钟琪是清朝汉人唯一的异数，他因军功卓著深受雍正皇帝的重用，掌握西北边陲的重兵，却招致满洲亲贵的极度猜忌与痛恨。在这种背景下，经常有人诬告他“为岳飞裔，欲报宋、金之仇”，甚至还出现了曾静派人游说他造反一事。虽然雍正皇帝反复表示对他的信任，但实际上已经开始怀疑，特地在他的军中安排旗人监督、牵制，并且处处遥制，不让他放手指挥，多次否决他直捣巢穴的作战方案，甚至不顾他多次提醒准噶尔要进攻北路的警报，而一旦战争失利却又诿过于他，轻轻放过导致北路军惨败的满洲亲贵傅尔丹（后因侵吞军饷被逮捕），这都反映了雍正皇帝重满轻汉，任人唯亲，宁用满洲饭桶、不用汉人英杰的本心。

雍正十一年（1733年）四月，大将军顺承亲王锡保因调度无方被革职，平郡王福彭被任命为定边大将军，成为北路军的统帅，但也一事无成。督巡陕甘的鄂尔泰回京后要求罢兵讲和，查郎阿又汇报准噶尔派遣使节来请和。雍正皇帝终于明白，一群饭桶将帅不可能打胜仗，再加上六年的战争损兵折将，人力、物力消耗巨大，军费开支高达6 000多万两，一度充裕存银达5 000多万两的国库只余下了2 000多万两，战争实在打不下去了，因此雍正皇帝决定讲和，并且公开承认自己的失误，自我检讨：“朕之筹划于事先者虽未有爽，而臣工之失机于临事者不一而足，亦皆联无能不明之咎。”[2]雍

1 《清史稿》卷296《岳钟琪传》。

2 《雍正朝汉文谕旨》，第八册（上谕内阁），第329页。

正皇帝总算有自知之明，勇于承认错误，这一点还是值得肯定的，总比那些犯了错误只知文过饰非，甚至推诿塞责的领导要强得多。但讲和也不是那么容易的，清准和谈一直持续到乾隆四年（1739年）才达成和约，此时雍正皇帝已去世四年多。雍正年间的清准战争没有赢家，双方均损失惨重，仍然回到了原来的起点，与康熙年间清朝赢得干净漂亮相比，这也许反映了康熙皇帝与雍正皇帝这一对父子在军事指挥能力的巨大差异。

虽然北方与准噶尔的战争遭到很大的挫折，但在广大的西南地区，改土归流的战争却取得了胜利。土司制度是唐宋羁縻制的延续，即在少数民族地区任命当地的部族首领充当世袭的地方官，即土官。土官制定自己的法律，拥有生杀予夺的大权，相当于独立的王国，朝廷只拥有名义上的管辖权。将世袭的土司改为由朝廷任免的流官（非世袭，不断流动），即为“改土归流”，实质是加强国家内部统一，将土官辖区变为朝廷直接管辖的州县。

雍正二年（1724年），雍正皇帝谕知四川、陕西、湖广、广东、广西、云南、贵州等地的督抚提镇官员：“朕闻各处土司鲜知法纪，每于所属土民多端科派，较之有司征收正供，不啻倍蓰，甚至取其马牛，夺其子女，生杀任情。土民受其鱼肉，敢怒而不敢言。孰非朕之赤子？方令天下共享乐利，而土民独使向隅，朕心深为不忍”[1]，对土司制度极度不满。第二年，云贵总督高其倬（镶黄旗汉军）将云南威远土州改流，揭开了雍正年间改土归流的序幕。继任云贵总督鄂尔泰进一步建议推行大规模改土归流，他提出了“云、贵大患无如苗、蛮，欲安民必制夷，欲制夷必改土归流”[2]的主张，获得雍正皇帝的激赏。雍正四年（1726年）六月，鄂尔泰对贵州广顺州长寨用兵，设置长寨厅（今贵州省长顺县），大规模的改土归流开始，同时在四川、湖南、湖北等地推行；两年后雍正皇帝

1 《世宗宪皇帝实录》卷20。
2 《清史稿》卷288《鄂尔泰传》。

将土司众多的广西划归鄂尔泰管辖，他成为云南、贵州、广西三省总督。到了雍正八年，改土归流基本完成，鄂尔泰因功被封为世袭一等伯爵、保和殿大学士兼军机大臣，成为继已故的怡亲王胤祥之后，雍正皇帝晚年最信任、倚重的大臣。

与波澜壮阔、跌宕起伏、开疆拓土、充满大漠草原英雄气象的康熙朝相比，雍正朝不仅时间短暂而且显得平淡无奇，对外战争表现得尤其不堪，耗费了大量的人力物力，却被准噶尔屡屡挫败，这说明雍正皇帝的战略规划与军事指挥能力低下，不知人善任，任命的前线统帅几乎都不称职。当然也有此时八旗亲贵都是开国功臣的第二、三代，军事指挥能力普遍下降，八旗军的战斗力也大大衰退的原因，在这种背景下，雍正皇帝选不出像样的统帅。但在这种情况下，雍正皇帝仍然坚持以满洲为本位，情愿屡屡更换八旗出身、能力低下的统帅，而对自己唯一重用且军事能力很强的汉人统帅岳钟琪却心存疑虑，不敢放权，派人掣肘、钳制，直至罢官下狱，这是造成清军失利的主要原因。

雍正朝对外虽然几乎一无可陈，但对内却政绩斐然，改变了康熙晚年的吏治废弛、贪腐横行的局面，并且在制度上多有建树，建立了耗羡归公、养廉银制度，有效地防止了人亡政息。他对中下层民众继续了康熙朝轻徭薄赋的仁政，实行摊丁入地，对八旗亲贵、士大夫官僚等既得利益集团则是严厉打击，一定程度上剥夺他们的政治、经济特权，缓和了阶级矛盾，并在此基础上将大权集于皇帝一身，创立了以一人治天下的“军机处—奏折体制”，确保了政治上的高度统一，行政高效。但在另一方面，这个体制不可避免地将国运越来越多寄托在皇帝一人身上，皇帝的个人素质、眼光、能力、精力在很大程度上决定了国家的命运，但幸运的是，他的继承人同样具有高超的政治能力，眼光宏大高远，且精力充沛。

雍正十三年八月二十三日（公历1735年10月8日）凌晨，时年56岁的雍正皇帝因病在圆明园去世。在此前一天，他召见了庄亲王胤禄，果亲王胤礼，大学士鄂尔泰、张廷玉，领侍卫内大臣公丰盛额、讷亲，内大臣户部侍郎海望至寝宫前，由鄂尔泰、张廷玉恭捧他御笔亲书的密旨："皇四子宝亲王弘历为皇太子，即皇帝位"[1]；遗诏中雍正皇帝总结了自己"至劳至苦，不敢以一息自怠"的13年皇帝生涯，认为父亲"付托之重，至今日虽可自信无负，而志愿未竟，不无微憾"[2]，他的"微憾"可能就是在其有生之年，未能平定准噶尔，仍然没有消除这个最大的隐患。

1 《世宗宪皇帝实录》卷159。

2 《高宗纯皇帝实录》卷1。

# 第四章

# 宽猛相济：乾纲独揽的乾隆朝

乾隆皇帝执政初期奉行宽仁，深获官僚拥护，但当他发现官僚贪腐、渎职依旧，认为“一味姑息纵舍，则失之懦弱”，失望之余改为严厉。他先后清除了朝中的朋党，诛杀多名高官显贵。乾隆皇帝“亲揽庶务，大权在握，威福之柄，皆不下移”，虽然对官僚严厉，却对普通民众广施仁政，前后五次普免全国钱粮，其力度要远大于康熙时期。乾隆朝的经济、耕地、粮食产量、人口与国力均达到了清朝的极盛时期，并且也是中国历史上空前的高峰。

## 第一节　乾隆新政：治天下之道，贵得其中

### 1. 择优原则的秘密立储

雍正皇帝去世后，皇太子弘历尊奉载有他遗体的黄舆从圆明园回到紫禁城乾清宫，内侍将雍正元年就缄藏于乾清宫“正大光明”匾后的封函取下，捧到弘历面前；弘历令庄亲王胤禄、果亲王胤礼、大学士张廷玉、原任大学士鄂尔泰等一齐入宫，打开封函，这是雍正皇帝在13年前的亲笔手书：“宝亲王皇四子弘历秉性仁慈，

居心孝友，圣祖仁皇帝于诸孙之中最为钟爱，抚养宫中，恩逾常格。雍正元年八月间，朕于乾清宫，召诸王满汉大臣入见，面谕以建储一事，亲书谕旨，加以密封，藏于乾清宫最高处，即立弘历为皇太子之旨也。其仍封亲王者，盖令备位藩封，谙习政事，以增广识见。今既遭大事，著继朕登基，即皇帝位。”[1]皇太子弘历随即按照雍正皇帝的遗命，任命庄亲王胤禄，果亲王胤礼，大学士鄂尔泰、张廷玉辅政，为总理事务王大臣。这道秘密立储的诏书也证明雍正皇帝遵照了父亲临终前的嘱咐，必封弘历为太子。

清朝的秘密立储彻底改变了中国长期流行的嫡长子继承制，它有一个最基本的假设：皇帝肯定会从有利于政权长远利益的角度择优选择继承人，这样就可以有效避免官僚因支持不同的继承人而导致的党争、内斗。皇帝与政权的利益一致，而官僚显然并非如此：索额图因是康熙皇帝太子的舅公而选择支持不成器的太子，甚至站在了皇帝的对立面；他的政敌又为了自己的利益选择了相对弱势的皇八子，形成了康熙晚年激烈的党争。嫡长子继承制虽然相对稳定，但有很大的风险，如果嫡长子本人能力弱，会激起其他人夺嫡、篡位的野心，最典型的莫如发动“玄武门之变”的唐太宗李世民和发动“靖难之役”的明成祖朱棣。即使没有内乱、夺嫡事件发生，一个缺乏能力的人，只因嫡长子的身份继位，也是拿国家利益当儿戏——极端事例就是说出“何不食肉糜”的晋惠帝——在乾纲独断、大权集于皇帝一身的清代，这一方法更是不可行。除汉景帝外，西汉盛世、康乾盛世的诸位皇帝——西汉的文帝、武帝、昭帝、宣帝和清朝的康熙皇帝、雍正皇帝、乾隆皇帝，没有一人是因嫡长继位，都是择优选择的结果，唐朝盛世中的两个著名皇帝唐太宗、玄宗同样也是如此；相反，执行嫡长制最为严格的明朝却是平庸皇帝辈出，除了明太祖外，最为杰出的皇帝恰恰是夺嫡篡位的

---

1 《高宗纯皇帝实录》卷1。

明成祖。

秘密立储制度将立储的选择权集中于皇帝一人，择优选择继承人，其他任何人都不能参与，可以有效避免嫡长制的诸多弊端。皇帝在自己儿子中选一个继承人，这是他一生中最重大的决定，他绝不会拿江山和自己家族的身家性命开玩笑，而其他的任何人都没有这个责任，也负不起这个责任，所以立储才要秘密，要杜绝其他任何人的干扰。嫡长子继承制的实质是用天生的身份来杜绝一切人为的干扰，不让包括皇帝本人在内的任何人参与，但它的天然缺陷就是不能择优，排除了继承人能力的因素，这样反而会带来夺嫡的风险，这是强势的皇帝所不甘心、不能容忍的，所以中国历史上的夺嫡事件比比皆是，不可避免会引发内乱。

秘密立储还有一个很大的优势，在理论上，所有皇子都有可能继承皇位，因此他们之间存在竞争；正因如此，所有的皇子都要接受未来继承皇位的特殊教育。清朝的皇子教育、培养制度是历代最为严格、最为成功的，它不仅吸取了明代皇子教育失败的教训，也是为了秘密立储。曾任军机章京的赵翼目睹了诸皇子在上书房读书的情景："余内直时，届早班之期，率以五鼓入，时部院百官未有至者，惟内府苏喇（谓闲散白身人在内府供役者）数人往来，黑暗中残睡未醒，时复倚柱假寐，然已隐隐望见有白纱灯一点入隆宗门，则皇子进书房也。……既入书房，作诗文，每日皆有程课。未刻毕，则又有满洲师傅教国书、习国语及骑射等事，薄暮始休。"《康熙起居注》详细记载了康熙二十六年（1687年）六月初十这一天皇子们的读书生活：寅时（3—5时），皇子在书房读书，复习前一天的功课；卯时（5—7时），满、汉文师傅到达书房，皇太子胤礽背《礼记》120遍后，由师傅检查背书有无错误，并书写楷书数百字；辰时（7—9时），上完早朝的康熙皇帝来到书房检查诸皇子的功课，要求皇太子当面背书；巳时（9—11时），炎热的中午，皇太子不摇折扇，不解衣冠，伏案写字；午时（11—13时），诸皇子进午膳后，皇太子又读《礼记》120遍，然后背诵；未时（13—15时），皇太子吃完点心后，在庭院中练习射箭，然后由诸位师傅翻书出题，学生依题讲解；申时（15—17时），康熙皇帝又来书房，由师傅随意翻书命题，诸皇子鱼贯进前背诵、讲解；酉时（17—19时），康熙皇帝亲自考核诸皇子的射箭，随后亲射，连发连中[1]。如此严格的皇子教育起码保证了一个底线，不会出现明朝那样连阅读公文都困难的半文盲皇帝。赵翼认为明朝皇子“所谓生于深宫之中，长于阿保之手，如前朝宫廷间，逸惰尤甚。皇子十余岁始请出阁（读书），不过官僚训讲片刻，其余皆妇、寺（宦官）与居，复安望其明道理、烛事机哉”[2]？

雍正十三年九月三日（公历1735年10月18日），24岁的皇太子弘历于太和殿即皇帝位，以第二年为乾隆元年，此即庙号高宗的乾隆皇帝。清朝并未废除皇太子制度，雍正皇帝通过秘密手书遗诏的方式在皇帝去世后才公开皇太子的身份，这是康熙皇帝生前秘密立储的继续，但事实上朝野早就知道弘历是当然的继承人。

## 2. 以宽大为政：万民欢悦，颂声如雷

在皇子时代，乾隆皇帝曾写过《宽则得众论》，认为“诚能宽以待物，包荒纳垢，宥人细故，成己大德，则人亦感其恩而心悦诚服矣！苟为不然，以褊急为念，以刻薄为务，则虽勤于为治，如始皇之程石观书，隋文之躬亲吏职，亦何益哉”[3]。“以褊急为念，以刻薄为务”恰恰是雍正朝的为政特征，在这篇文章里，乾隆皇帝借古讽今，抒发了自己崇尚宽仁的政治理念。由此也可以看出，乾隆皇帝对其父雍正皇帝的执政理念与风格非常不以为然，父子之间存在

---

1 《康熙起居注》，第1643—1645页。

2 （清）赵翼：《檐曝杂记》卷1。

3 乾隆皇帝：《宽则得众论》，《御制乐善堂全集定本》卷1。

较大的差异，文章中甚至将父亲影射成了事无巨细、事必躬亲但严峻刻薄的秦始皇、隋文帝，父子间的真实关系可想而知。

乾隆皇帝即位第五天就颁布了自己的政治纲领："治天下之道，贵得其中。故宽则纠之以猛，猛则济之以宽。"虽然他表面上宣称"时时以皇考之心为心，即以皇考之政为政"，但他要行中道："惟思刚柔相济，不竞不絿（不争逐不急躁），以臻平康正直之治"，具体做法是"朕主于宽，而诸王、大臣严明振作，以辅朕之宽。夫然后政和事理，俾朕可以常用其宽，而收宽之效"，实际还是要行宽仁之政。乾隆皇帝与祖父康熙皇帝的感情很深，也很敬佩祖父的功业与政治理念，却对父亲的为政不以为然，他对此并不讳言："皇考尝以朕为赋性宽缓，屡教诫之。朕仰承圣训，深用警惕。"[1]名为"警惕"，实则表明两人的不同。乾隆皇帝"非嫡非长非宠"，并非雍正皇帝喜欢、宠爱的皇子，他之所以能被立为太子即位，是因为祖父康熙皇帝的隔代指定。

显然康乾祖孙在天性更加相近，与严峻的雍正皇帝则相差较远。乾隆皇帝认为雍正皇帝"临御之初，见人心玩愒，诸事废弛，官吏不知奉公，宵小不知畏法，势不得不加意整顿，以除积弊。乃诸臣误以圣心在于严厉，诸凡奉行不善，以致政令繁苛，每事刻核，大为闾阎（百姓）之扰累。然则皇考之意，果如是乎？朕即位以来，深知从前奉行之不善，留心经理，不过欲减去繁苛，与民休息"[2]。乾隆新政开始了。

乾隆新政的第一件事就驱逐了雍正皇帝豢养在禁苑、宫中，和他说禅论道、炼制丹药的僧人、道士，曾为政治斗争出谋划策的僧人文觉被命令徒步返回家乡长洲（在今江苏省苏州市），并交地方官严加管束。随后又迅速将包括胤禩、胤禟等在内的皇八子党成员子孙收入玉牒，恢复了宗室待遇；将被拘禁的胤䄉、胤禵释放，封

1 《乐善堂全集·庚戌年原序》。
2 《高宗纯皇帝实录》卷14。

为公爵；释放包括被判处斩监候的岳钟琪、傅尔丹、蔡珽在内的诸多有罪官员及其家属；69名因亏空被判决有罪的官员概行宽释；他在登基两年多的时间内“施恩豁免”的赋税“已不下数千万”[1]。雍正时期鼓励开荒，结果地方官谎报成绩，以求奖励提拔；推行清丈土地，结果民众武装反抗；规定民间土地房产买卖，要用官方印刷的合同（契纸、契根），结果官吏趁机敲诈勒索；不顾自然条件，雍正皇帝命怡亲王胤祥在直隶强行营治水田，甚至还试行井田；因为西北用兵、西南改土归流，财政紧张，实行的开办捐纳当官等政策均被乾隆皇帝或废除或改正；甚至还一度放松了雍正时期极为严格的私盐查缉，允许民众贩卖40斤以下的私盐。雍正皇帝性喜佛道，乾隆皇帝则对佛道严厉管束，发给度牒（执照）控制人数，并禁止增建寺庙道观。乾隆皇帝极度厌恶雍正皇帝的宠臣河南、山东总督田文镜，认为他“苛刻搜求，以严厉相尚，而属员又复承其意指，剥削成风，豫民重受其困”[2]，雍正皇帝在某种意义上就是放大版的田文镜，这句话形容他也很切合。

礼亲王昭梿回顾这段历史评论道：“纯皇帝（乾隆皇帝谥号最后一字为‘纯’）即位时，承宪皇（雍正皇帝谥号最后一字为‘宪’）严肃之后，皆以宽大为政。罢开垦、停捐纳、重农桑、汰僧尼之诏累下，万民欢悦，颂声如雷”[3]；朝鲜使臣也认为“雍正有苛刻之名，而乾隆行宽大之政”，他不为指责皇帝本人和大臣的言论而怪罪言官，“可谓贤君矣”[4]。朝鲜使臣此言非虚，乾隆皇帝提拔了在雍正时期就以直言敢谏名动天下的孙嘉淦为专管监察的左都御史，孙嘉淦当即上了《三习一弊疏》，认为皇帝有三大恶习：“耳习于所闻，则喜谀而恶直”“目习于所见，则喜柔而恶刚”“心习于所是，则喜

---

1 （清）王先谦：《东华续录》乾隆六。

2 《高宗纯皇帝实录》卷7。

3 （清）昭梿：《啸亭杂录》卷1。

4 《朝鲜李朝实录中的中国史料》（第11册），第4504页。

从而恶违”“三习既成，乃生一弊。何谓一弊？喜小人而厌君子是也”[1]，即皇帝不愿意听到不同意见，喜欢阿谀奉承、柔媚事主的佞臣。乾隆皇帝见疏非常欣赏，命令宣示群臣。

乾隆新政也激起了雍正时期旧臣的反弹。河南、山东总督田文镜的亲信王士俊继任后继续执行田的政策，结果被乾隆皇帝贬为署理四川巡抚，乾隆元年他上密折指责群臣“近日条陈惟在翻驳前案”，甚至当众嘲讽“只须将世宗时事翻案，即系好条陈”[2]，实质上是指责乾隆皇帝专门翻雍正皇帝的案，这是对外号称“时时以皇考之心为心，即以皇考之政为政”的乾隆皇帝无法容忍的，结果王士俊以大不敬罪被判斩监候，后被释放为民，遣送原籍。

### 3．满洲则思依附鄂尔泰，汉人则思依附张廷玉

即位之初，年轻的乾隆皇帝没有自己的执政班底，都是父亲留下来的旧臣，由四位辅政大臣庄亲王胤禄、果亲王胤礼、大学士张廷玉、鄂尔泰任总理事务王大臣，并紧急召回正前往浙江视察海塘工程的老师朱轼，任命他为协办总理事务大臣。在诸多大臣中，乾隆皇帝唯对朱轼抱有深厚的感情，也最信任，他的宽仁思想是朱轼当年教育的成果，因此朱轼充当了乾隆皇帝新政的导师，只是不到一年即去世。乾隆二年（1737年）十一月，居丧期结束的乾隆皇帝撤销了总理事务处，恢复了军机处，以鄂尔泰、张廷玉、讷亲、海望、纳延泰、班第为军机大臣，原总理事务王、大臣庄亲王胤禄、果亲王胤礼均不在其中，由此确立了皇族亲贵不再参与政务的定例，直至124年后的辛酉政变后才被打破，而此前皇族亲贵则一直积极参与政事。

鄂尔泰、张廷玉是雍正皇帝生前最信任的大臣，甚至在遗诏中

---

1 《清史稿》卷303《孙嘉淦传》。

2 《高宗纯皇帝实录》卷23。

赞扬他们是“不世出之名臣”，并要求将二人“配享太庙”，这是清朝大臣所能得到的最高荣誉，以前只有立下奇功伟业的大臣才能获得。鄂尔泰虽然有改土归流之功，但不久苗民因此起事，一直到乾隆初年才平定，他本人一度被罢免除爵；张廷玉更无尺寸之功，只是雍正皇帝身边得力的机要秘书，可见雍正皇帝做事非常心血来潮，乾隆皇帝对此深不以为然。此时鄂尔泰、张廷玉秉政，“门下士互相推奉，渐至分朋引类，阴为角斗”，形成了鄂、张朋党，“满洲则思依附鄂尔泰，汉人则思依附张廷玉。不独微末之员，即侍郎、尚书中亦所不免”。但由于乾隆皇帝本人重满轻汉，当时“天下巡抚尚满汉参半，总督则汉人无一焉”，以满洲为本位的思想较之康熙皇帝、雍正皇帝更加浓厚，因此鄂党要稍占上风。但实际上鄂、张党争都在乾隆皇帝的操控之下，诚如他自己所说：“朕临御以来，用人之权从不旁落。试问数年中，因二臣之荐而用者为何人？因二臣之劾而退者为何人？”[1]具体的操控手段即为不时地敲打，乾隆五年（1740年），他公开揭露了满汉大臣分别依附鄂、张二人的事实，并警告鄂、张朋党：“鄂尔泰、张廷玉乃皇考与朕久用之好大臣，众人当成全之，使之完名全节，永受国恩，岂不甚善？若必欲依附逢迎，日积月累，实所以陷害之也。”[2]

乾隆六年（1741年）十二月，左都御史刘统勋上奏“张廷玉历事三朝，小心敬慎。皇上眷注优隆，久而弗替，可谓遭逢极盛。然大名之下，责备恒多，勋业之成，晚节当慎，外间舆论动云：‘桐城张、姚两姓，占却半部缙绅’，此盈满之候，而倾覆之机所易”[3]，要求三年之内停止张家亲属升官，并获得批准。张廷玉见此情形，请求解除自己管理吏部的权力，被拒绝；第二年，张廷玉欲将伯爵转给儿子张若霭承袭，结果被乾隆皇帝以“我朝文臣无封公、侯、伯

---

1 《高宗纯皇帝实录》卷114。

2 《高宗纯皇帝实录》卷1。

3 《高宗纯皇帝实录》卷156。

之例。大学士张廷玉伯爵，系格外加恩”[1]的理由，剥夺了张的爵位世袭。就在同时，左副都御史仲永檀与鄂尔泰长子、南书房行走鄂容安串通泄露密奏内容，仲永檀被逮捕下狱，鄂容安被革职，并牵连到鄂尔泰，他的“所有加级纪录，俱著销去，只降二级，从宽留任”[2]。

鄂尔泰于乾隆十年（1745年）去世，乾隆皇帝开始重点打击张廷玉，他提拔出身于满洲镶黄旗、开国功臣遏必隆的孙子、一等公讷亲接替鄂尔泰为领班军机大臣。讷亲是雍正皇帝识拔的青年才俊，他的资历比张廷玉浅很多。雍正年间鄂尔泰后来居上成为领班军机大臣，现在讷亲又重演了当年的一幕，张廷玉心中滋味可想而知。乾隆十三年（1748年）讷亲被诛后，乾隆皇帝皇后的弟弟、出身于满洲镶黄旗富察氏、不到30岁的傅恒又一跃而成领班军机大臣，而此时张廷玉已经年近八旬。乾隆皇帝公开宣称张廷玉只是一件摆设，并无实际的作用:“自朕御极十五年来，伊则不过旅进旅退，毫无建白，毫无赞勷。朕之姑容，不过因其历任有年，如鼎彝古器，陈设座右而已。”甚至认为即使在他备受器重的雍正朝，也只是皇帝的秘书，“仅以缮写谕旨为职，此娴于文墨者所优为”[3]。这段话表明张廷玉在乾隆皇帝眼中就是一件古董摆设，从来不能参与政务决策，他真正重用、信任的还是满洲亲贵。

乾隆皇帝又利用张廷玉请求退休以及配享太庙一事对他百般公开斥责、羞辱，以此来清除他在朝中的影响，并惩罚他的重要党羽军机大臣汪由敦。但幸运的是，乾隆二十年（1755年），张廷玉在惶恐、屈辱中终于得以善终，而且乾隆皇帝尊重父亲的遗愿，恢复了他配享太庙的资格，虽在他生前，这一资格已经被撤销。乾隆皇帝也没有放过已经去世10年，但仍有政治影响的鄂尔泰，借着

1 《高宗纯皇帝实录》卷179。
2 《高宗纯皇帝实录》卷184。
3 《高宗纯皇帝实录》卷363。

《坚磨生诗抄》案处死了鄂党的胡中藻、鄂尔泰的侄子鄂昌，并公开痛斥："胡中藻系鄂尔泰门生，文辞险怪，人所共知。而鄂尔泰独加赞赏，以致肆无忌惮，悖慢诪张。且于其侄鄂昌，叙门谊，论杯酒。则鄂尔泰从前标榜之私，适以酿成恶逆耳。胡中藻依附师门，甘为鹰犬"，并宣称"使鄂尔泰此时尚在，必将伊革职重治其罪，为大臣植党者戒。鄂尔泰著撤出贤良祠，不准入祀"。至此，苦斗了20多年的鄂、张二党被彻底清除。

清朝康熙、雍正年间的文字狱很多并非单纯因文字获罪，而是有政治斗争背景，文字获罪仅仅是表象。康熙晚年著名的《南山集》案有废太子的背景，雍正年间的吕留良案则是因曾静劝岳钟琪造反，查嗣庭"维民所止"案与雍正皇帝打击隆科多有关，汪景祺《西征随笔》案、钱名世"名教罪人"案则是受了年羹尧的牵连，其他大小案件中，很多犯案者虽然出身草根，却喜欢手持红蓝铅笔，站在地图前指点江山，构思政治宏图，企图将自己的文章对策呈送当权者以求悻进，进行政治投机，结果马屁拍到了马脚，导致悲剧；还有的人索性就是精神病、妄想狂。这些例子在《清代文字狱档》中比比皆是，真正的反清复明者几乎没有，甚至连案发时已去世多年、貌似最接近反清标准的吕留良也不是。[1]乾隆朝的文字狱最多，有130多起，是康熙、雍正年间的4倍多，据鲁迅在《隔膜》一文中的分析，案情也并非是政治因素："此外的案情，虽然没有这么风雅，但并非反动的还不少。有的是卤莽；有的是发疯；有的是乡曲迂儒，真的不识讳忌；有的则是草野愚民，实在关心皇家。"这些人对朝廷政情一无所知，想要对皇帝表忠心、撒娇卖乖提意见，结果自投罗网。乾隆皇帝本人对生于清朝、取得功名，却对明朝抱有故国之思的文人一向深恶痛绝，这也是他痛下杀手的重要原因。总体而言，乾隆皇帝滥兴文字狱的行为非常不光彩，造成

1 国立北平故宫博物院文献馆：《清代文字狱档》，1931初版，上海：上海书店出版社，1986影印版。

了杀一儆百、万马齐喑的恶果，严重钳制了思想、言论自由。

## 第二节　本朝纪纲整肃，无名臣，亦无奸臣

### 1．皇后葬礼引发的政治大转折

乾隆十三年（1748年），继上年除夕嫡子永琮去世，三个月后，与乾隆皇帝感情深挚的皇后富察氏（谥号孝贤）也去世了，这件事导致了众多官员获罪受罚。因皇后册文的汉满翻译问题，管理翰林院的刑部尚书阿克敦被交刑部问罪，被加重判绞监候，结果刑部却被指责为“党同徇庇”，全体堂官（尚书、侍郎）均被革职留任，阿克敦以“大不敬”判斩监候；工部因皇后册宝制造粗陋，全体堂官被问罪或降级，或从宽留任；光禄寺、礼部全体堂官也因筹备丧礼的问题受到处分。地方官因各有职守，不可能到京治丧，虽然有些人会奏请，但只是表面文章。谁知乾隆皇帝却大为光火，将53名没有奏请的旗人地方官全部降级。风波还未平息，满洲原有丧礼百日不剃发的旧俗，但逐渐不再遵守，乾隆皇帝竟然扬言要杀掉所有百日内剃发的官员，后因发现众多驻防八旗兵也剃发而作罢，但两江总督周学健、湖广总督塞楞额因此被勒令自尽，湖南巡抚杨锡绂、湖北巡抚彭树葵被革职。因皇后丧礼一事前后被处分的官员多达100余人。此前乾隆皇帝在位13年中只判处过一名高官死刑，即乾隆六年（1741年）因贪污1 600两白银被令自尽的提督鄂善，而且还是“垂泪谕之”[1]。这是乾隆即位来最大的政治风潮，但没有人

---

1 《高宗纯皇帝实录》卷139。

想到的是，更大的风潮正在袭来。

这一年的十二月，因金川兵败，川陕总督张广泗被押解回京问斩，随后派遣侍卫鄂实携带遏必隆的佩刀将保和殿大学士、领班军机大臣、金川战事经略大臣讷亲斩首，而遏必隆恰恰是讷亲的祖父，清朝的开国功臣。乾隆十四年（1749年）九月，以在瞻对战事中贻误军机为由，赐文华殿大学士、佟国维之子、一等公庆复自尽。

乾隆十三年（1748年）是乾隆皇帝个人与乾隆朝政治的分水岭，之前乾隆皇帝是一位“赋性宽缓”的仁君，一心效法祖父的仁政，之后他变成了一个杀伐决断的严峻之主，但对民众仍然延续了宽仁之政。钟爱的嫡子与皇后相继去世只是触发这一转变的契机，而根本的原因在于乾隆皇帝本人的政治哲学。早在即位之初，在“治天下之道，贵得其中”，要行宽仁政治的诏书中，他便提出了警告：“宽大之与废弛，相似而实不同。朕之所谓宽者，如兵丁之宜存恤，百姓之宜惠保，而非谓罪恶之可以悉赦，刑罚之可以姑纵，与庶政之可以怠荒而弗理也”；他要求大臣要“严明振作”，否则“恐相习日久，必至人心玩愒，事务废弛，激朕有不得不严之势。此不惟臣工之不幸，抑亦天下之不幸，更即朕之不幸矣”[1]。

乾隆十四年（1749年），乾隆皇帝一改从前的宽大，大批勾决死刑犯，甚至以前一再被缓刑的罪犯也被处死，并且重点勾决那些贪污的“官犯”，他对此自有解释：“当临御之初，因人命攸关，实切切而不忍，宁失之宽。今阅历既久，灼见事理，若一味姑息纵舍，则失之懦弱。裁度因时，方得权衡不爽。非有意从宽，亦非有意从严；且非前此从宽，而今又改为从严也。”[2]乾隆皇帝一直遵奉宽严相济，执政十几年的经历与金川战事让他深刻意识到官僚的效率低下、平庸塞责，他对整个官僚阶层产生了极度的不信任与不

---

1 《高宗纯皇帝实录》卷4。

2 《高宗纯皇帝实录》卷350。

满。正是在这个背景下，他严厉打击鄂、张二党，彻底清除了他们的影响力。

## 2．威福之柄，皆不下移：皇权的最顶峰

自乾隆十三年（1748年）起，年轻的领班军机大臣、大学士傅恒成为乾隆皇帝最信赖、最重要的大臣，而雍正朝的老臣已经全部退出了政治核心，仅剩的张廷玉，如乾隆皇帝所说，只是一尊摆设。但即使是最受信任的傅恒，也不过只是承旨，“只供传述缮撰，而不能稍有赞画于其间”，所有的权力全部掌握在皇帝一人手中。诚如乾隆皇帝本人所言：“我朝纲纪肃清，皇祖、皇考至朕躬百余年来，皆亲揽庶务，大权在握，威福之柄，皆不下移。”[1]无论是康熙时期的内阁、议政王大臣会议，还是雍乾时期的军机处，最多只能为皇帝的决策起到咨询作用，军机处甚至连咨询的作用也被削弱，只是皇帝的机要秘书处。

乾隆皇帝将父亲的“惟以一人治天下”的皇权至上推到了极致。乾隆四十六年（1781年），因尹嘉铨在著作中称大学士、协办大学士为相国，被乾隆皇帝发现后严厉驳斥：“夫宰相之名自明洪武时已废而不设，其后置大学士，我朝亦相沿不改，然其职仅票拟、承旨，非如古所谓秉钧执政之宰相也”；认为祖父、父亲与自己三人“无时不以敬天、爱民、勤政为念，复于何事藉为大学士者之参赞乎？即如傅恒任大学士最久，亦仅以䓨忱、勤职自效”；“使为人君者深居高处，以天下之治乱付之宰相，大不可也；使为宰相者，居然以天下之治乱为己任，目无其君，此尤大不可也”。乾隆皇帝的这段论述非常坦白，他认为大学士只是承担文件起草任务的秘书，甚至不需要出谋划策，所有权力、所有的决策均由皇帝一人

1 《高宗纯皇帝实录》卷1051。

掌握，大学士怎么能配称为“宰相”？皇帝不仅要掌握最高的决策权，还要“亲揽庶务”，掌握日常的行政权，因此即使有真的宰相，也轮不到他们来承担天下的治乱。

清朝皇帝的勤政可称中国历朝之最，一年中除了极少数几天的例外，从康熙皇帝开始的“御门听政”每天都要举行；所有的题本、奏折都要求皇帝亲自审读、批示，而其中涉及的事情包罗万象，五花八门，大到战略布置、军队调动、高官人事，小到家庭命案、各地仓储、雨水粮价……当时在军机处任章京的赵翼目睹了乾隆皇帝的作息："上每晨起必以卯刻（5—7时），长夏时天已向明，至冬月才五更尽也。……上自寝宫出，每过一门必鸣爆竹一声。余辈在直舍，遥闻爆竹声自远渐近，则知圣驾已至乾清宫。……余辈十余人，阅五六日轮一早班，已觉劳苦，孰知上日日如此，然此犹寻常无事时耳。当西陲用兵，有军报至，虽夜半亦必亲览，趣召军机大臣指示机宜，动千百言。余时撰拟，自起草至作楷进呈或需一二时，上犹披衣待也。”[1]皇帝将这些大大小小的日常行政工作全部包揽到自己一个人身上，勤则勤矣，但效果却未必好。一个人的精力、时间总是有限的，而且随着年龄增大，精力衰减，政务必然随之懈怠，这在高龄的康熙皇帝与乾隆皇帝两人身上表现得最为明显。

与此同时，因为皇帝独揽所有大小权力，大臣沦为单纯的执行工具，缺乏主观积极性和随机应变的能力，一切都要等待皇帝的指示，一旦发生紧急情况常常应对不及，雍正年间对准噶尔的战争很大程度上就是因此而败。康雍乾三帝都有过人的精力与责任心，以及超越常人的政治能力，他们可以几十年如一日高强度地处理政务，乾纲独断体制适合他们，但并不适合他们的子孙；而清朝皇帝最重祖制，墨守成规，他们的后代皇帝在这个体制中就勉为其难

---

1 （清）赵翼：《檐曝杂记》卷1。

了。当然从另一角度看，在决策英明的前提下，乾纲独断体制也有其效率高、执行力强的长处，康熙皇帝、乾隆皇帝数次重大征伐均出自本人的独断，不顾群臣的反对，如果那时遵循了少数服从多数的民主决策，中国的历史将完全改写，起码会失去西藏、黑龙江流域与新疆。汉武帝的独断专行同样也深刻地改变了中国的历史，但像这样雄才大略的君主毕竟是极少数，更多的平庸或昏聩的独断专行却会带来灾难。

晚年的乾隆皇帝志得意满，极度自我膨胀，在贬低大臣的作用之余还认为“本朝纪纲整肃，无名臣，亦无奸臣。何则？乾纲在上，不致朝廷有名臣、奸臣，亦社稷之福耳”。这意味着大臣仅是工具，只要执行皇帝的英明决策即可；在英明皇帝洞察一切的监督下，大臣没有丝毫的权力与邪念，因此既不会建立功勋成为名臣，也没有机会成为祸国殃民的奸臣，他们只不过是国家巨大机器上的一个个零件，甚至螺丝钉。皇权的至高至尊，于乾隆朝达到了顶峰。

清代皇权独大，没有任何个人或集团能与之抗衡。中国历史上的外戚、权臣、宦官等侵夺皇权的专权现象清代都不复存在，乾隆皇帝因此宣扬：“前代所以亡国者，曰强藩、曰外患、曰权臣、曰外戚、曰女祸、曰宦寺、曰奸臣、曰佞幸，今皆无一仿佛者。”[1]清朝吸取了历代的经验教训，实质上是集中国历代帝王统治术之大成。皇权代表的是家天下，负有最终的无限责任，代表这个政权根本的、长远的利益，因此在民有、民治、民享的民主宪政制度建立之前，皇权与绝大多数民众，特别是中底层民众的利益是一致的，而官僚利益因其职业经理人的心态，行事多为短期行为，他们的利益上侵皇权，下侵民众，对中底层盘剥最为厉害，中底层除了揭竿而起、玉石俱焚外，没有任何办法与之抗衡；只有皇权才可以低成本

1 《高宗纯皇帝实录》卷1112。

地抗衡官僚利益集团，因此皇权在一定程度上是代表并且捍卫中底层利益的。在民有、民治、民享的民主宪政制度建立之前，家天下是最合理、高效的制度，特别体现在遏制官僚集团对中底层利益的侵夺上。从这个意义上讲，皇权越集中，政治效率就越高，中底层民众才越有可能得到保护（必要条件，而非充分条件）。如果没有绝对的皇权，像清朝这样大规模频繁蠲免赋税是根本无法实施的，一定会因遭到官僚集团大力抵制而搁浅，因为不断加税借机勒索才符合官僚的利益。

当然绝对皇权存在一个巨大的风险，即皇帝本人有无足够的能力与精力。如果是康雍乾三帝以及汉武帝、宣帝这样政治能力、精力、责任心超强的皇帝，官僚的权力就会被大为压缩，同时政治运转极为高效，对权贵、官僚阶层的打击力度、对中底层的保护力度——两者未必同时存在，且各有侧重：康熙皇帝侧重于保护中底层，汉武帝侧重于打击、抑制高层，雍正皇帝、乾隆皇帝与汉宣帝则两者并重——也会相应增强；如果反之，皇帝的能力与精力不济，官僚的权力就会相应扩张，但即使是中智之主，也可以从中平衡、调控，维持政权的稳定，仍然可以保持中央权力的平衡，典型的例子就是明朝中后期，皇权逐渐削弱，官僚与宦官的权力开始增长，但还可以维持政权的有效运转。

如果遇上平庸之主，如汉元帝、汉成帝，明万历帝、天启帝、崇祯帝之流，官僚集团内部就会出现激烈的朋党之争，因为他们仅是职业经理人，可以重新换个新东家投靠，为了自己的利益可以不顾政权的安危而内斗不止，皇权在内斗中逐渐削弱，直至政权崩溃。最典型莫过于明朝末年，国家财政崩溃，在关内李自成等与关外满洲的双重打击下，明朝政权命悬一线，但官僚集团（含宦官集团）仍然内斗不止，将国事、战事当成打击政敌的工具，完全不顾政权的安危。在最后关头，崇祯帝要求官僚捐银招募军队抵抗，但官僚集团却阳逢阴违抵制，结果政权灭亡了，千万家财也被李自成一网打尽。

清朝皇帝对明朝政局的混乱印象最为深刻，因此他们全力集中皇权，建立了绝对皇权的乾纲独断体制，不让任何一个利益集团有独大、专权的机会，让他们全部处于皇权的绝对控制之下，就是为了避免重蹈明朝的覆辙。即使是皇权与士大夫官僚集团共治较为平衡、稳定的宋朝，当辽军南下至澶州（今河南省濮阳县）时，就出现了官僚集团为了各自的利益，纷纷要求放弃首都开封南迁至成都或金陵（今江苏省南京市）的情况，幸而被宰相寇准制止；靖康年间，金兵南下，在最需要当机立断的时刻，官僚集团又为了和、战争论不休，内斗不止，朝议未决，金兵已经渡河围城。乾隆皇帝自豪地宣称："我朝自定鼎以来，综理政务，乾纲独揽，从未有用兵大事，臣下得以专主者"[1]，即国家重要的军事全部由皇帝一人决定。掌握的权力大，就意味着承担的责任重，也就要求皇帝本人的政治素质与能力要强，虽然康熙皇帝创建了秘密择优立储的制度，但如何确保皇位继承人素质的问题仍然是乾纲独断体制的最大隐患，因此这个体制的继承人风险要远高于皇帝与官僚共治体制。

## 第三节　仁政频施：走向巅峰与盛世危机

### 1. 天地止此生财之数，不在上，即在下

"我皇祖六度南巡，予藐躬敬以法之。"乾隆皇帝不仅要仿效祖父每年的"木兰秋狝"，南巡也照样要仿效，而且次数同为六次。

1 《高宗纯皇帝实录》卷323。

“予临御五十年，凡举二大事，一曰西师，二曰南巡。”[1]西师指征伐准噶尔、回部，对外开疆拓土，南巡指巡视江南，是内政，可见南巡在乾隆皇帝心目中的重要地位。乾隆十六年（1751年）正月，他开始了第一次南巡，理由是“皇祖圣祖仁皇帝屡经巡幸……，朕法祖省方”[2]，即以康熙皇帝为榜样，考察地方情形。因为“东南贡赋甲于他省”[3]，历年积欠的钱粮非常多，因此他下令一次性将乾隆元年（1736年）至乾隆十三年（1748年）江苏积欠地丁228万余两、安徽积欠地丁30.5万两全部蠲免，浙江虽然没有积欠，也免除了本年度应征地丁钱粮30万两；经过的直隶、山东各州县的钱粮免除十分之三，成为以后的定例。乾隆皇帝宣称“南巡之事，莫大于河工”，因此他六次南巡，均仿效康熙皇帝视察河工，但正如他自己所说，只是“敕河臣慎守修防，无多指示”，他并不像康熙皇帝那样精通河工，能亲自规划、指导工程。清兵入关后，江南人反抗最为激烈，反清意识历久不衰，因此南巡另有不能明说的目的，即“统战”。康熙皇帝与乾隆皇帝南巡，均多次亲自祭拜孔林与明太祖陵，并行最高等级的三跪九叩或二跪六叩礼，表示自己虽是异族入主，但与汉族人同样尊奉孔子和明太祖，这也是乾隆皇帝将南巡与西师并列为其一生中最重要两件事的原因。当然江南园林、山水对来自白山黑水、生长于北国的皇帝深具吸引力，避暑山庄、圆明园、清漪园等皇家园林中的很多景点就是直接模仿江南园林和山水，甚至连名称都不做改动。

乾隆皇帝一生以祖父为楷模，他继承了康熙皇帝的仁政，频繁以各种理由蠲免天下赋税钱粮，其力度之大，减免数额之高远超过康熙皇帝。他登基后就蠲免了各地积欠10年以上的钱粮，只此一项，就免除了江南（江苏、安徽）赋税达1 000万余两；在他退位

1 《高宗纯皇帝实录》卷1201。

2 《高宗纯皇帝实录》卷382。

3 《高宗纯皇帝实录》卷380。

的乾隆六十年（1795年），又下令蠲免天下所有积欠赋税达1 700多万两，没有积欠的地方则将其次年赋税免除五分之一。因灾害蠲免钱粮更是家常便饭，赈灾救济费用仅在乾隆二十年（1755年）之前就高达2 500万两以上。乾隆朝蠲免的盛举分别在乾隆十一年、三十五年、四十三年、五十五年，前后四次普免全国赋税钱粮，共计白银1.2亿两，如果加上实际上仍然是乾隆皇帝执政的嘉庆元年（1796年），则是五次，共计白银1.5亿两，而康熙朝只有一次；此外他于乾隆三十一年、四十五年、五十九年三次普免漕粮一千万石。整个乾隆朝蠲免的天下钱粮赋税共计超过3亿两白银，是康熙朝的两倍，而当时每年全国的赋税总数也不过4 000万两左右，可见其力度之大。蠲免赋税是乾隆皇帝施行的最大仁政，如此大力度的蠲免是有雄厚的财力为基础的，乾隆时期户部存银常年保持在六七千万两左右，最高时近8 000万两，足以应付政府的各项日常开支、重大工程和战争。

虽然清朝的赋税很轻，康乾时期又对外积极扩张用兵，同时大兴各种工程，但每年国家财政都有盈余，国库储备银逐年上升，康熙四十五年（1706年）国库存银已超过5 000多万两，以后虽有起伏，但总体呈现稳步上升的趋势；到了乾隆三十七年（1772年），国库存银达到了空前的8 000多万两。充盈的国库无疑是大幅度减免赋税的重要物质保证，但藏富于民的政治理念才是政策得以实施的根本原因。乾隆皇帝认为“思天地止此生财之数，不在上，即在下。与其多聚左藏，无宁使茅檐蔀屋自为流通。迺者仰绍列祖贻庥，化成熙洽，为民藏富”[1]。天下财富的总数是一定的，政府掌握得多，民众掌握得就少，与其将财富积聚国库，掌握在各级官僚手里，还不如让财富流通于民间，藏富于民，只有这样才能促进经济、社会的发展。人民富足了，国力自然会变得更强，这才是民富

1 《高宗纯皇帝实录》卷850。

国强、长治久安的不二法门，这才是真正负责任、着眼于长远的明智之举。如果政府只是一门心思聚敛财富，与民争利，又没有开放、透明的财务制度由民众监督，抱着捞一把就走的心态，各级官僚必然更加贪污腐败，结果必然导致民穷官富，吏治败坏，社会矛盾激化，人心离散，阶层分裂、对立，这只会导致乱世，与通往盛世之路背道而驰。正因为国家的最高领导者有此清醒、明智的藏富于民的认识，康乾时代才能在对外积极扩张、对内大兴工程的同时不增加赋税和人民的负担，因为国力强盛，扣除政府日常开支、军费和工程费，国家财政仍然有盈余。

## 2．经济与人口的空前高峰

清朝延续了历代的征收人头税政策，号称“编审人丁”，编审对象范围是16岁至60岁且无残疾的男子，但江西、福建、广东、浙江的女性也要承担人头税。由于编审是为了征税，有些地区的人丁逐渐以粮食或白银作为计量单位，它们是“照田地计丁”“照粮计丁”的产物，但原来的“照人计丁”仍然存在。编审人丁需要耗费大量的人力、物力，每逢编审时按规定要逐户、逐人核查，为了逃税民众也常常隐瞒人丁，因此全国人丁数增长缓慢，50年间才从1 900多万增长到康熙五十年（1711年）的2 400多万，它们是粮、银、人三种事物的混合相加，不仅不能反映实际的人丁增长，更不是全体人口。不少人（甚至包括乾隆皇帝）将这些人丁数与乾隆六年（1741年）以后几乎包括全体人口的“民数”比较，认为清代在短时期内人口增长数倍甚至十几倍，称之为“人口爆炸”“人口奇迹”，这纯属低级错误。

康雍时期的“滋生人丁，永不加赋”“摊丁入地”以及其他各种的赋税减免、赈灾救济肯定会促进人口的增长，但也不能过高估计，决定人口增长的最重要因素仍然是经济，特别是粮食产量。乾隆朝蠲免数额之所以是康熙朝的两倍，最主要的原因是国家整体经济实力的提高，它首先体现在耕地数量的增长上。乾隆二十四年（1759年），清朝征服了准噶尔汗国与回疆后，全国版图面积超过了1 300万平方千米，达到了极盛。此时内地的耕地已经开垦殆尽，政府有意识招徕民众到新疆屯垦。乾隆三十八年（1773年），乾隆皇帝认为“况人数既多，自地无遗利，安得复有未辟之旷土，广为垦种升科？若求可垦之地，则惟新疆乌鲁木齐等处地土沃衍，尚可招徕屯垦。至于内地开垦一说，则断无其事。各省督抚亦断不得以此为言”[1]。因此到了乾隆中期,全国耕地数量达到了空前的最高峰，据估计达到了10亿亩。由于农业技术的提高、作物的改良、复种技术的普及、水利建设等原因，粮食亩产量不断提高，在乾隆中期也达到了空前的高峰，平均亩产达到了310斤（原粮）；除了一些经济作物用地，全国粮食总产量约1.5亿吨，同样也达到了空前的高峰。因此随着耕地面积、单产量、粮食总产量三项经济指标全部达到了中国历史上空前的高峰，乾隆中期的全国人口数也超过了2亿，较清初翻了一番，这同样也是中国历史上空前的高峰。在传统农业时代，人口数量与粮食产量高度正相关，即粮食产量越高，人口数量越多，反之亦然。空前多的人口，必须伴随着空前高的粮食产量，而乾隆中期人均粮食（原粮）占有量达到了约750千克，即使按照较低的估计标准，也超过了500千克，同样也达到了历史上空前的高峰[2]。雄厚的经济基础是清代达到极盛的重要标志，也是乾隆时期在不断四处征伐、对外扩张的同时，却并不需要对内增加赋税、劳役的原因；而与此对比，汉武帝时期的扩张给民众带来了沉重负担，甚至几乎导致全国经济的崩溃，最根本的差异就在于清朝乾隆中期的经济实力（以粮食产量计）至少是汉武帝时期

1 《高宗纯皇帝实录》卷948。

2 郭松义：《18、19世纪的中国农业生产和农民》，北京：《历史研究所学刊》第一辑，2001；吴慧：《中国历代粮食亩产研究》，北京：农业出版社，1985：191、194.

的五倍以上，清朝与准噶尔的实力差距也远远大于西汉与匈奴的差距。

清朝人口从一个巨大的基数（超过1亿）开始了和平时期100多年的持续稳定增长，在乾隆中期超过了2亿，末期超过了3亿，在这30多年里，人口的平均年增长率超过15‰，是中国历史上最快的时期，并在下一个30年超过4亿，20世纪上半期中国最为流行一个的术语“四万万同胞”即源于此。

传统社会的人口出生率比较稳定，决定人口增长速度以及总数的决定性因素是死亡率，即只有保持较低的死亡率才能保证人口较高的稳定增长。清代的人口总数达到了中国历史空前的高峰，不仅有长时间持续和平、稳定的因素，也有人口死亡率相对较低的因素，这意味着综合生活水准的提高。

## 3．美洲作物造就了康乾盛世？

随着人口总数的不断增长，从18世纪中叶起，清朝的人口压力已经越来越大。早在20世纪50年代，何炳棣就认为18世纪的“最后二十五年时，深思熟虑的一代中国人已开始为从该世纪最初数十年来已习以为常的生活水准明显的下降所震惊”。原来中国的粮仓湖南与江西在丰年时仅有少数的余粮，粮食价格自18世纪中叶起开始了持续稳定的上涨，当时的地方官员以及中央政府均认为人口增长是最根本的原因，认识到人口压力的存在。[1]

康熙皇帝对人口压力有清楚的认识。康熙四十八年（1709年），皇帝在祈谷的祭文中称：“承平日久，生齿既繁。纵当大获之岁，犹虑民食不充”；“本朝自统一区宇以来六十七八年矣，百姓俱享太平，生育日以繁庶，户口虽增，而土田并无所增，分一人之产供数家之

1 ［美］何炳棣：《1368—1953中国人口研究》，上海：上海古籍出版社，1989：268—271.

用，其谋生焉能给足？”康熙四十九年（1710年）称：“民生所以未尽殷阜者，良由承平既久，户口日繁，地不加增，产不加益，食用不给，理有必然”；康熙五十一年（1712年）称：“米价终未贱者，皆生齿日繁，闲人众多之故耳。”至于江南地区，早在康熙三十八年（1699年）南巡时，康熙皇帝便惊异地发现虽然“江浙……比岁以来蠲豁田赋，赈济凶荒，有请必行……爱养之道备极周详”，但“见百姓生计大不如前”。

康熙皇帝没有理由夸大治下严峻的人口压力。随着承平局面的持续，人口不断增长，人口压力只会越来越大，而除了封禁的东北地区外，中国的可耕地已基本开垦殆尽了。雍正十三年（1735年），御史曹一士上疏：“我朝承平日久，生齿浩繁，苟属可耕之土，必无不毛之乡。”乾隆三十八年（1773年），皇帝认为中国内地已经开垦完毕：“若求可垦之地，则惟新疆乌鲁木齐等处地土沃衍，尚可招徕屯垦。至于内地开垦一说，则断无其事，各省督抚亦断不得以此为言。”新疆虽大但可耕地有限，难以缓解巨大的人口压力。

从明朝初年到乾隆中期，中国粮食总产量的提高要归功于耕地面积的扩大与单产量的提高，这两者的作用大致相等，但18世纪后半期中国内地的可耕地已经开垦殆尽之时，由于边际报酬递减规律的作用，粮食单产量的提高越发困难，那么全国性的人口危机便会到来。时人汪士铎为此惊叹：“人多之害，山顶已殖黍稷，江中已有洲田，川中已辟老林，苗洞已开深菁，犹不足养，天地之力穷矣。”[1]

乾隆中期以后，全国粮食总产量的增长开始低于人口增长的速度，甚至粮食单产量随着气候变冷、灾害增加、水利设施的败坏、地力的消耗开始下降，而民众的生活水平则随着人均粮食产量的持

---

1 ［美］德·希·帕金斯（Dwight H. Perkins）：《中国农业的发展：1368—1968》，上海：上海译文出版社，1984：30；［美］何炳棣：《1368—1953中国人口研究》，上海：上海古籍出版社，1989：272.

续下降而下降。中国已经面临着全面性的人口压力，社会、自然环境全面恶化。在这个大背景下，传统经济已经难以维持数亿民众的生活水平，如果没有经济全面转型、产业革命，生产力发生质的飞跃，则必然会出现全社会的经济危机以及随之而来的政治危机。

面临人口压力带来的社会危机，康熙皇帝选择频繁大力度地减免赋税、赈灾、治河、兴修水利、改良农业技术、提高复种指数来应对。在继承上述措施的同时，乾隆皇帝与各级地方政府开始推广种植美洲作物，玉米、番薯是主要的品种。乾隆五十年（1785年），乾隆皇帝意识到"番薯既可充食，兼能耐旱，必使民间共知其利，广为栽种，接济民食，亦属备荒之一法"。

玉米、番薯最大的优势是适应力强，对土地要求不高，可以种植在贫瘠的山区丘陵坡地，不与传统稻麦争地。为了鼓励民众垦荒，达到乾隆皇帝"野无旷土""民食益裕"的目标，各级政府制定了各项优惠政策，对于新开垦的贫瘠山地丘陵以及零散地块"永不升科"（永远免税），而这些土地主要用来种植玉米、番薯。在政策的推动下，玉米、番薯逐渐在全国推广：根据地方志记载，在有观察的266个府级政区中，1776年，还有118个没有种植玉米，1820年降为72个，1851年则仅有40个。

在乾隆晚期全国推广玉米和番薯，人口也持续增长，并将在未来30年内突破4亿。那么，这两者之间真的存在因果关系吗？玉米和番薯对中国人口增长的影响究竟有多大？

陈志武在《量化历史研究告诉我们什么》中引述了"宫启圣教授"（实为"龚启圣"，James Kung）的研究认为："从1776年到1910年间，中国14.12%的人口增长是由玉米所致。而从16世纪初到20世纪初，中国粮食增量的55%是由于这三项新作物（玉米、番薯和土豆）。"这实际是龚启圣与其学生联合署名的成果，文章利用府级地方志，将各府分为"有、无"玉米种植的两个对照组，用统计方法推断玉米对人口的影响，而并非陈志武所称的利用了

“1 330个县的县志”。

陈志武称：“按照1776年、1820年、1851年、1890年、1910年几个时间点看，在每个时期，已经采用玉米的县人口密度明显高于还没采用玉米的县，而且一个县已经种植玉米的年份越长，其人口密度高出的就越多。种玉米的时间每多十年，其人口密度就多增5%—6%。经过各种严格计量方法的验证，他们得出的结论为：是玉米带动了中国的人口增长，而不是人口增长压力迫使中国引进玉米、番薯。”

但如前所述，多种信息来源的大量史料确凿无疑地表明，早在乾隆四十一年（1776年）前，中国的人口压力已经非常普遍，且越发严重，成为朝野的共识，正因为此，才迫使政府推广、改良玉米、番薯这些并不适合中国人口味的美洲作物，即人口密度高、人口压力大的地区更有动力引进玉米，而不是相反——因为引进了玉米而导致人口密度高、人口压力大，这是倒果为因。

上文陈志武所引的论断如果成立，将是中国经济史的一项惊人的发现，但龚启圣文引述的是帕金斯《中国农业发展》一书的结论，两者的原文均写明：“在这一漫长的历史时期，中国粮食产量约55%的增长归因于种植面积的扩张”，而根本不是如陈志武所讲的那样归因于这三种美洲作物。这一错误也是惊人的。

“中国14.12%的人口增长是由玉米所致”吗？答案是非常可疑的。因为地方志中记录的只是玉米种植的“有、无”问题，而并没有记录它的种植面积与产量，任何计量方法都无法仅根据“有、无”来准确计算出玉米对人口增长的影响。

那么以玉米、番薯、土豆为代表的美洲作物对清朝中国人口的影响究竟有多大？清朝没有各项粮食作物的产量统计，因此无法进行估计，但好在有民国初年的相应统计。1914—1918年，玉米与薯类（包括番薯、土豆以及中国本土的芋头等在内）种植面积占全国耕地总面积的7.2%，两者合计的产量占粮食总产量约为7.67%；20

世纪20年代，玉米、番薯，包括中国本土的各种芋类在内的产量合计也只占全国粮食产量的9%。

由于自清中期直到20世纪中期的100多年间，玉米、番薯等美洲作物的种植面积一直在稳定、快速增长，因此越往前推，这一比例只会更低，据吴慧估计，清中期（乾隆末到嘉庆年间）这两种作物的产量合计仅占全国粮食产量的4.63%，而且这一数据可能偏高。即使假定玉米、番薯、土豆全部（实际只有部分）作为人的食物，那么它们对中国人口的增长作用也极为有限，乾隆末期之前更是微不足道，因此美洲作物对清朝人口巨量增长并突破2亿、3亿直至4亿的作用并不大，养活中国数亿人口的仍然是传统作物。实际上，直至1957年，玉米和薯类的种植面积也不到全国粮食种植面积的20%。现在有一种流行的观点，认为清朝人口空前的增长与数量，甚至经济发展，都主要归因于美洲作物，甚至称所谓的“康乾盛世”为“番薯盛世”，这完全是一种没有根据的臆断。

我并不反对历史量化研究，事实上我的博士论文（主题为明清人口）以及《中国人口史》（第六卷）的基本研究方法就是计量。但量化研究有几个必要的前提：背景要掌握得全面深入、数据的局限性要清楚明白、来源要可靠无误，这对于中国传统时代的研究尤其重要。明代官方黄册中有大量超过100岁甚至200岁高龄的“人”，清代的“丁”有三种不同的计量单位与含义，明清耕地“亩”与实际面积相去甚远……如果不加辨析就对它们进行计量研究，只怕方法越复杂艰深，结论就会偏离事实越远，这样的量化研究岂非与研究求真的初衷背道而驰？

清代空前的人口数量是由于高产的美洲作物甘薯、玉米的引进，是因为它们不仅产量高，而且耐旱，可以种植在传统作物难以生长的贫瘠、崎岖的山区，扩大了作物面积，提高了全国粮食总产量，这一观点可以适用于乾隆以后。据乾隆五十四年的户部统计，全国人口总数已经突破了3亿，而美洲作物在全国的普遍推广始于乾隆末期，乾隆皇帝本人还积极提倡、鼓励。人类的生存前提是要有维持生命存在的基本食物，因此这一中国历史上空前规模的人口数量实际意味着空前规模的食物产量，清代的经济发展成就是传统中国的最高峰。

# 第五章

# 毁誉参半的“十全武功”

乾隆时期战争频繁，号称“十全武功”，虽然有些武功并不值得炫耀，付出了高昂的代价却战果甚微，但攻灭准噶尔、回疆，“拓地二万余里”的西师之役是最为华彩的一章；其次是击败了入侵西藏的廓尔喀，加强了对西藏、蒙古的管理，创立了金瓶掣签制度。乾隆朝最终奠定了现代中国的版图，这是其最大的历史贡献。

## 第一节　代价最为高昂的战争：两次金川之役

### 1. 遏必隆刀：第一次金川之役

乾隆皇帝即位就与准噶尔汗国签订了和约，确定了双方边界，结束了长期的战争状态。他在位的前十年，天下太平，没有战事，直到乾隆十年（1745年），在遥远西南边陲发生的战事打破了平静。因四川西部的上、下瞻对土司（今四川省新龙县一带）所属藏民劫掠从西藏撤回士兵的行李，四川巡抚纪山与川陕总督庆复上奏要求发兵进剿，获得乾隆皇帝的批准。但是由于地形非常险要，碉楼密布，且当地藏民生性彪悍，战事非常不顺利，清军逐次增加到2万人，耗费军费超过100万两白银，一直拖到了乾隆十一年（1746年）六月才告结束。一年多后，因捏造下瞻对土司班滚死讯，已经回任大学士的庆复被革职，后又赐自尽。这是乾隆朝的第一场战争，结果非常不理想，但随后发生的金川战事将更加艰难。

金川分为大金川和小金川（今四川省大金、小金县），位于瞻对附近，同属藏民土司。大金川土司莎罗奔逐渐强大，四处攻打周边土司，并于乾隆十二年（1747年）击败了前来镇压的小股清军。这件事激起了乾隆皇帝的征服欲，他任命因征苗建功的张广泗代替庆复为川陕总督，负责进攻大金川，要求“毁穴焚巢”，一举消灭。是年六月，张广泗率兵3万多人围剿进攻，但“自入番境，经由各地，所见尺寸皆山，陡峻无比。隘口处所则设有碉楼，累石如小城，中峙一最高者，状如浮图（塔），或八九丈、十余丈，甚至有十五六丈者，四围高下皆有小孔，以资瞭望，以施枪炮”。金川地处大渡河峡谷，崇山峻岭，地形极为险要，遍布石造碉楼，非常坚固，没有现代的重型火炮难以攻克。清军子母、劈山等炮对碉楼起不到作用，只能围困。但金川军队熟悉地形，作战勇猛，经常主动出击，清军“各营驻扎逼近贼卡之处，屡被侵犯。彼据险呃吭，转得乘我之隙，以逸待劳，以寡待众，而我军应接不暇”[1]，死伤惨重。

莎罗奔曾一度请降，但乾隆皇帝坚持要彻底消灭，结果战事久拖不决。乾隆十三年（1748年）四月，清朝派遣大学士、领班军机大臣讷亲经略军务，“统领禁军及各营将士”前往金川参战，并因“久官西蜀，素为番众所服”，起用出狱后赋闲的岳钟琪，加恩赏给提督衔，此时军费消耗已经达400万两。六月，讷亲抵达前线

1 《高宗纯皇帝实录》卷313。

后，率军攻打“山陡箐密，碉寨层层”的腊岭，总兵买国良、署总兵任举中枪阵亡，副将唐开中受伤，进攻失败。讷亲奏请也筑碉楼“与之共险”，认为“贼番自必摇动”，但被乾隆皇帝否决：“我兵自宜决策前进，奋力攻取，以此筑碉之力，移之攻取破彼之碉，以夺其所恃，不亦可乎！”[1]虽然清朝八旗大臣讲求出将入相，文武并不分途，但讷亲没有作战经验、能力，被张广泗轻视，将帅失和。连战连败，讷亲已经灰心绝望，他与张广泗奏请或于第二年再增兵3万大举进攻，或撤兵只留一万人防守，等两三年后再进攻，又被乾隆皇帝痛斥：“岂有军机重务，身为经略，而持此两议，令朕遥度之理？如能保明年破贼，添兵费饷，朕所不惜。如以为终不能成功，不如明云‘臣力已竭’，早图归计，以全终始。”[2]乾隆皇帝的恼怒情有可原，此时清军已达4万多人，而对手仅有3 000余人，但无奈对方骁勇善战，且有天险和坚固的碉楼，清军人数再多也无计可施。九月，张广泗、讷亲先后被革职，随后又在全国增调东三省、京营、四川、西安驻防满洲兵以及绿旗兵近3.5万人，与金川前线兵力合计已近8万人，并任命大学士傅恒经略金川军务。虽然如此大张旗鼓、兴师动众，但乾隆皇帝内心并无胜算，他秘密嘱咐傅恒，如果第二年三四月间仍然无法取胜，就公开下诏罢兵。此时户部库中所存银只有2 700余万两，若战事迟至秋冬，“则士马疲惫，馈饷繁难。此二千七百余万者且悉以掷之蛮荒绝徼。设令内地偶有急需，计将安出”[3]？财政困难是乾隆皇帝无法继续进行战争的根本原因。小小的大金川，总人口不到1万，士兵只有3 000人，8万清军围攻了两年却不能战胜，耗费的军费高达2 000余万两，乾隆皇帝对战事已经非常悲观，公开承认自己的指挥错误，且无论胜败也要如期结束战争：“是贼据地利，万无可望成功之理。朕思

1 《高宗纯皇帝实录》卷318。
2 《高宗纯皇帝实录》卷321。
3 《高宗纯皇帝实录》卷329。

之甚熟，看之甚透。上年办理，实属错误。及早收局，信泰来之机，朕改过不吝。……金川小丑，实所谓得其人不足臣，得其地不足守。”[1]

为了震慑军心，张广泗被斩立决，随后讷亲也被祖父遏必隆的佩刀斩杀。清军山穷水尽之时，对方同样也山穷水尽。乾隆十四年（1749年）正月，战事峰回路转，发生了戏剧性的变化，已经英勇抵抗达两年之久的莎罗奔终于撑不下去，突然请求投降。莎罗奔在康熙年间岳钟琪奇袭西藏时，曾是他的部下。为了打消莎罗奔的投降顾虑，岳钟琪仅率四五十人进入对方营地勒乌围，并留宿一夜。莎罗奔对他的这位老上级“迎谒甚恭”，第二天一起在佛像前发誓，随后岳钟琪率领莎罗奔等诸位首领奔赴清军大营，“膝行叩降”“次第俯伏帐下”，傅恒“承旨赦罪，遣令回巢”，惨烈漫长、代价高昂的金川之战以这样一段极富个人英雄主义的传奇结尾，实乃因为有一位传奇式的英雄人物。

为了这块弹丸之地，清朝付出的代价是极其惨重的，乾隆皇帝的第一宠臣、大学士、一等公讷亲，曾在改土归流、平定苗乱中立功的总督张广泗被处死，多名高级将领战死，国家财政已经无法支撑。如果金川再坚持一两个月，清军将不得不公开承认失败而退兵，因此这个至少看起来还算体面的结果让乾隆皇帝喜出望外，他封傅恒为一等忠勇公，岳钟琪为三等威信公。金川之战的发动，不接受对方投降、坚持要取得彻底的胜利，所导致的战事漫长、死伤惨重，这都是乾隆皇帝决断的结果，体现了乾纲独断体制的短处，一旦最高决策者失误，就要付出高昂的代价，并且除非他本人回心转意，错误就会持续下去。好在乾隆皇帝撞了南墙还知道回头，划定了明确的止损线，更幸运的是，恰好在即将到达这条止损线前，金川投降了。

---

1 《高宗纯皇帝实录》卷333。

## 2. 见溃兵如蚁：第二次金川之役

乾隆十四年（1749年）勉强平定金川后，金川一带一切如旧，各个土司之间照样互相攻杀。清朝官方奉行“以番制番”，希望众土司联合消灭势力最强的大金川，但事与愿违，情势更加恶化，大、小金川反而联合。乾隆三十六年（1771年），事态终于不可收拾，四川总督阿尔泰奏请介入，否则大、小金川必将称霸一方，乾隆皇帝则下令“当统兵直捣其巢穴，或计以诱致，或竟以力取，将（小金川土司）僧格桑擒解省城候旨”[1]，并且认为只要5 000名士兵就可完成这项任务。七月，四川提督董天弼率军进攻，但先胜后败；乾隆任命温福（镶红旗满洲）为定边副将军，率八旗满洲兵前去参战。三路清军分别由温福、董天弼、阿尔泰率领进攻，初战告捷。到了乾隆三十七年（1772年）九月，已经调集军队7万多人，火药10万斤，子弹500多万颗，终于在年底攻占了小金川的统治中心美诺，但僧格桑逃往了大金川。乾隆皇帝改变了之前只消灭小金川的目标，要求消灭实力更为强大的大金川。乾隆三十八年（1773年）五月，为了大金川战事已经调拨了2 400万两白银，而库贮尚有7 000余万两，乾隆皇帝表达了“此时惟进剿（大）金川，为众番除害，以奠边隅。即多费军需，亦所不惜”[2]的决心。

大金川一带气候恶劣，山势险峻，冰雪覆盖，经常只有一条羊肠小道可供通行，而在险要隘口、悬崖绝壁上却密布碉楼、石墙，内设枪炮，清军进攻极为艰难，每前进一步都伤亡惨重，被迫顿兵不前；此时小金川兵又趁机收复故地，清军前后受敌。乾隆三十八年（1773年）六月，清军的士气已经降到最低点，金川兵则勇敢顽强，突然奇袭清军的木果木大营，清军全面崩溃，统

1 《高宗纯皇帝实录》卷888。

2 《高宗纯皇帝实录》卷934。

帅温福左胸中枪战死。多年以后，当时在金川前线的明亮（镶黄旗满洲，傅恒的侄子）向礼亲王昭梿回忆当时的情景：“董公天弼（提督）、牛公天畀（总兵）、张公大经（总兵）等皆死之，师遂大溃。我兵自相践踏，终夜有声。渡铁锁桥，人相拥挤，锁崩桥断，落水死者以千计。吾方结营美诺，见溃兵如蚁，往来山岭间。”[1]近2万人的清军战死4 000余人，中高级军官战死150名，其余均四处溃散。

乾隆皇帝认为木果木是清朝开国以来从未有过的惨败，更激起了他一定要彻底消灭金川的雄心。他任命阿桂为定西将军，明亮为副将军，增兵2万余人，鉴于绿旗兵战斗意志薄弱，其中八旗和蒙古兵占了近一半，此时金川前线已经集结了7万多人的清军，又加拨了3 400多万两的军需。清军仍旧先攻得而复失的小金川，因碉楼工事上次已被破坏，小金川很快就被占领。大金川土司索诺木三次向清朝投降，甚至将已病亡僧格桑的尸体呈献，但被乾隆皇帝拒绝，他坚持要彻底消灭大金川。经过一年八个月的残酷战斗，终于在乾隆四十年（1775年）八月，攻下了大金川的重要据点勒乌围，阿桂红旗报捷，仅七日就将战报传递到正在木兰围场打猎的乾隆皇帝。阿桂与明亮各率一路清军会攻大金川的最后据点噶喇依，苦战不休，至第二年正月，索诺木跪捧印信，与兄弟、妻子及其大头人、喇嘛、大小头目2 000余人出寨投降，历时四年半的大、小金川之战终告结束。将军阿桂为平定金川的第一功臣，封为头等诚谋英勇公，副将军明亮封为一等襄勇伯，参赞大臣海兰察封为一等超勇侯。金川之战还涌现了一颗灿烂的新星——傅恒之子、年仅21岁的福康安，他被封为三等嘉勇男。乾隆四十二年（1777年）四月，在紫禁城午门举行盛大的受俘礼，由福康安率将校押解俘虏，乾隆皇帝随后在瀛台亲自审讯，索诺木等四人被凌迟处死。

---

1 （清）昭梿：《啸亭杂录》卷7。

大、小金川之战以清朝完全的胜利而告终，但代价极其惨重，前后合计有10万大军，集结在方圆不过500里的偏僻之地，死伤数万；因物资运输极为困难，军费高达7 000多万两白银，是整个乾隆朝代价最高昂的战争，与之相比，征服准噶尔的军费不过3 300多万两。

金川战争可以说是乾隆皇帝一个人执意发动的，是否值得，是功是过，基本要由他一个人承担。那么这是否仅是乾隆皇帝个人好大喜功的产物呢？中国历代王朝对少数民族地区的统治基本是羁縻制，地方少数民族的首领在名义上臣服于中原王朝，接受如都督、知州、宣慰司等一类世袭的土官职位，定期纳贡，中原王朝会赐予价值远高于贡品的礼物，保持一种名义上的归属关系，与内地州县制的统治性质不一样，中央政府不干涉其内部事务，也不能以现代国际法体系建立后的领土来看待。清朝加强了对少数民族地区的统治，比如在蒙古地区实行盟旗制度，内部虽然仍保留自治地位，但在行政、军事两方面已经由中央政府直接管理；在南方少数民族地区，则推行改土归流，将很多地区的土官制改成内地的州县流官制，金川战争可以说是雍正年间改土归流的又一个高潮和继续，改土的对象是川藏地区实力强大的土司。清朝原来的策略是以番制番，鼓励互斗，甚至默许、扶植弱小的土司来削弱强大的大小金川土司，结果发现事态不妙，不仅削弱不了，甚至还有被金川吞并的危险。一旦金川统一了川藏地区，下一步就会直接威胁到西藏，控制达赖喇嘛，随后便是蒙古不稳，清朝的统治基石就会松动。这是一个极其危险的信号，因为这几乎是明朝末年建州女真崛起、成为一个强大政权的翻版，这对于建州女真的嫡系后人来说再熟悉不过，因此作为一个深谋远虑的政治家，乾隆皇帝一定要不惜一切代价，将这种危险的苗头扼杀在摇篮里，他绝对不会允许第二个后金、准噶尔出现。

当然，乾隆皇帝不可能将这层意思明白晓谕，当臣下无法理解他一意孤行要征服金川时，他选择了一个委婉的方式，表达了出兵征服金川的必要性："朕春秋已逾六旬，御宇三十六载，经事已多，临事知惧，岂不欲宁人偃武，顺适几余？况既云用兵，运筹每萦宵旰，而军书夜阅，宁不疲劳？即如前日董天弼间道进攻，久无奏牍，辄为廑念不置，至于废寝。朕又何所乐而必欲用兵乎？而用兵之事，于朕躬有益乎？无益乎？此愈无不可共白于天下也。”作为一个年过花甲的老人，乾隆皇帝当然情愿过太平安生的日子，并不想发动战争，因为他要为之殚精竭虑，废寝忘食，但是为了国家的长治久安，“抚驭蛮夷，惟在畏怀并用。苟其自作不靖，即当早示创惩，使诸番共知慑服。若一味因循姑息，渐致长其桀骜之气，所谓方长不折，将寻斧柯，是意在息事宁人者，贻误实无底止。明季畏葸苟安，遇事委靡不振，其弊率由于此”。他以明朝末年坐视建州女真坐大的教训为戒，防患于未然，不能息事宁人，不能等到对方气候已成才想到要征讨，那就为时太晚了，因此“我大清国正当全盛之时，中外一家，岂容徼内土司，独梗化外？……此在事势机宜，断不容已，并非好为穷兵黩武也”[1]。这段乾隆皇帝的自我辩白应该说是发自内心的，金川之战虽然代价高昂，但必须要打，而且一定要取得干净、彻底、全面的胜利，一定要将首恶处以极刑，且绝不接受投降，以此来威慑一切潜在的、蠢蠢欲动的敌人。虽然从技术上讲，金川之战清朝赢得很狼狈，以狮搏兔，损失却如此惨重，但从此以后，川藏地区保持了100多年的和平、安宁，这一战是值得的。乾隆皇帝是作为一个深谋远虑的政治家来考虑这个问题的，他身上肩负着祖父、父亲寄予的重托，同时还要将江山长治久安地交给自己的子孙；作为一个具有极强责任心、使命感的政治家，他不能因循保守，得过且过，将难题留给后代，因此他一定要在自己的任内解决金川问题。

---

1 《高宗纯皇帝实录》卷898。

## 第二节　拓地二万余里的西师之役

### 1．力排众议、独运乾刚：攻灭准噶尔

第二次金川战争后，经过了几年和平，乾隆二十年（1755年），战事又起，这次是征伐准噶尔。乾隆十年（1745年），准噶尔大汗噶尔丹策零去世后，因汗位继承问题发生了激烈的冲突。噶尔丹策零的长子喇嘛达尔札发动叛乱，杀害了继承汗位的弟弟纳木札尔；纳木札尔的部下宰桑萨喇尔率千户牧民于乾隆十五年（1750年）归附清朝，被编设佐领，安插于察哈尔，乾隆皇帝据此获悉了准噶尔内乱的情报。喇嘛达尔札因已出家，且是庶出，遭到了准噶尔著名战将小策零敦多布（指挥和通泊之战）之孙达什达瓦、大策零敦多布之孙达瓦齐、和硕特部台吉班珠尔、辉特部台吉阿睦尔撒纳等实权人物的反对。阿睦尔撒纳、班珠尔是前大汗策妄阿拉布坦的外孙、和硕特拉藏汗的孙子，他们的祖父、父亲都被策妄阿拉布坦杀害，因此他们与准噶尔大汗有血海深仇。内乱再起，最终喇嘛达尔札被阿睦尔撒纳所杀，达瓦齐成为大汗。大、小策零敦多布家族间又发生了内战，达什达瓦之子讷默库济勒噶起兵争夺汗位，兵败被杀。一连串的内战后，准噶尔元气大伤。达瓦齐与哈萨克联合攻打不愿臣服的杜尔伯特部，杜部首领车凌、车凌乌巴什、车凌孟克（号称“三车凌”）决定归附清朝，于乾隆十八年（1753年）冬，率领一万多人离开额尔齐斯河流域，到达清军驻地乌里雅苏台。杜尔伯特部被编为赛因济雅哈图盟，下设札萨克。乾隆十九年（1754年）五月，乾隆皇帝在承德避暑山庄接见三车凌，封车凌为亲王、车凌乌巴什为郡王、车凌孟克为贝勒，并举行盛大宴会庆祝三车凌

内附。

清朝与准噶尔之间多年争战，但始终无法征服，损失惨重，且时时担心准噶尔会内侵漠北蒙古，南下青藏，控制达赖喇嘛。准噶尔连续近十年的内乱让乾隆皇帝终于看到了彻底征服准噶尔的希望，因此他才如此隆重接待三车凌，认为此时“机不可失，明岁拟欲两路进兵，直抵伊犁，即将车凌等分驻游牧，众建以分其势。此从前数十年未了之局，朕再四思维。有不得不办之势”[1]，并且开始筹划第二年的战事。

唯恐时机不够好，准噶尔的内乱愈演愈烈，阿睦尔撒纳与达瓦齐这一对从前的盟友也迅速反目成仇，阿睦尔撒纳战败后，率部2万多人归附清朝。乾隆皇帝闻讯，大喜过望，不惜在一年内两次去避暑山庄接见阿睦尔撒纳。他于乾隆十九年（1754年）十一月从京师出发，日夜兼程，一日行140里，三天就赶到热河，询问阿睦尔撒纳征准事宜。阿睦尔撒纳提议于明年春天出其不意进军，为乾隆皇帝采纳，并封阿睦尔撒纳为亲王。

乾隆皇帝决心出兵彻底征服准噶尔，满朝大臣中只有大学士傅恒一人赞同，乾隆皇帝为此感叹：“皇祖平定朔漠诗中，即有力排众议之语，足见我朝家法，独运乾刚。”[2]雍正年间的和通泊惨败使得众大臣对准噶尔强大的战斗力深感畏惧，况且一旦战败，不是被敌人所杀，就是被皇帝所杀，风险实在太高。战胜不过是加官晋爵，而官最大不过正一品，爵再高不过一等公，要率军出征的八旗亲贵，很多人官爵早已无可复加，何必要冒此风险？况且乾隆皇帝即位以来，连小小的金川也打得如此狼狈，何况是远在万里之外强大的准噶尔？但这确实是一个千载难逢的时机，机会稍纵即逝。当立功的成本太高时，官僚必然不求有功，但求无过，不会果断抓住机会，这又一次显示了乾纲独断体制的优势。

---

1 《高宗纯皇帝实录》卷465。
2 《高宗纯皇帝实录》卷489。

乾隆二十年（1755年）二月，清军兵分两路全面进攻准噶尔，北路军3万人，由定北将军班第统帅，阿睦尔撒纳为定边左副将军，从乌里雅苏台进军；西路军2万人，由定西将军永常统帅，准部归附首领萨喇勒为定边右副将军，从巴里坤进军。清军的主力为八旗兵，其余为蒙古各部兵，共1.8万余人，以及1.1万的绿旗兵，7万匹马。阿睦尔撒纳率新降的准噶尔军为前锋，遵循乾隆皇帝"以新归顺之厄鲁特攻厄鲁特"的方针，用自己的而不是清朝的旗帜，率先进发，有利于招降。由于准噶尔已经分崩离析，清军一路势如破竹，准部军民纷纷投降。出师仅三个月，阿睦尔撒纳就攻下了伊犁，达瓦齐率众向西逃跑。乾隆皇帝赏阿睦尔撒纳亲王双俸，班第、萨喇勒晋封一等公，唯一赞成征准部的大学士忠勇公傅恒，加恩再授一等公爵。

乾隆皇帝下令务必俘获达瓦齐，阿睦尔撒纳率军穷追不舍，在格登山（在今新疆维吾尔自治区昭苏县内）大败达瓦齐。达瓦齐率残部南逃，被回部首领霍集斯俘虏送与清军，后押送京师。十月，乾隆皇帝登午门举行了盛大的献俘礼，"王公百官朝服侍班，铙歌大乐，金鼓全作"[1]。兵部堂官将俘虏达瓦齐、罗布扎、莽喀、图巴、敦多克、和通等押解向北跪。乾隆皇帝以"古者异国降王，或优以封爵，示无外也"[2]为由，封达瓦齐亲王，赐第京师。准噶尔仍分为四部：噶勒藏多尔济为绰罗斯（准噶尔）汗、车凌为杜尔伯特汗、沙克都尔曼济为和硕特汗、巴雅尔为辉特汗。

此次征服准噶尔，实质是在清军支持下的准噶尔内战，所以胜利并不彻底。乾隆皇帝的初衷是将准噶尔分为四部，互不统属，利于控制，但阿睦尔撒纳有勃勃的雄心，企图成为整个准噶尔的领袖，他招降纳叛，趁机扩大自己的势力。本来就怀有戒心的乾隆皇帝命令班第将阿睦尔撒纳于军中正法，但此时清军大部队因缺粮已

1 《高宗纯皇帝实录》卷498。
2 《高宗纯皇帝实录》卷499。

撤离伊犁，班第害怕交手，只是催促阿睦尔撒纳赴热河觐见，以便处置，由喀尔喀亲王额琳沁多尔济同行监视。但途中喀尔喀郡王青滚杂卜泄露真相，阿睦尔撒纳利用额琳沁多尔济的无能，趁机逃跑率众反叛，包围伊犁，而防守的清军仅有500人，只得撤退，在哈斯河被阿军包围，定北将军班第、参赞鄂容安（伯爵，鄂尔泰之子）自杀，萨喇勒被俘投降；定西将军永常率军6 000驻守乌鲁木齐，他违抗乾隆皇帝援救伊犁的命令，一路退守巴里坤，被革职解送京城，于途中病死。至此，对准的胜利成果已化为乌有。乾隆皇帝因额驸科尔沁亲王色布腾巴勒珠尔匿情不奏，欲立正典刑处死，武英殿大学士、军机大臣来保劝阻道："愿皇上念孝贤皇后，莫使公主遭嫠独之叹。"[1]乾隆皇帝为此挥泪叹息，色布腾巴勒珠尔免死夺爵。

## 2. 以成我大清中外一统之盛：二次出兵，威服中亚

乾隆二十一年（1756年）二月，清军又兵分两路，再次向伊犁进军，准噶尔未叛者跟随，已叛者又归附，进军顺利，一月后占领伊犁。乾隆皇帝命令清军统帅定西将军策楞将“此时所有伊犁应办事宜，尚可稍缓。惟当以追擒逆贼为第一要务”[2]，但策楞与参赞玉保失和，布置失宜，阿睦尔撒纳西逃至哈萨克，策楞、玉保被逮捕，解京审问，在途中被叛军杀害。一波未平，一波又起，喀尔喀郡王青滚杂卜发动了叛乱。清朝两征准噶尔，在喀尔喀征发了大量的壮丁与军费，乾隆皇帝又处死了放走阿睦尔撒纳的喀尔喀亲王额琳沁多尔济，而他是泽卜尊丹巴胡土克图与土谢图汗的兄弟，这激起了喀尔喀从贵族到民众的普遍不满。青滚杂卜利用不满情绪，起兵叛乱，在前方作战的清军后勤、通信路线被切断；更危险的是，

---

1 《啸亭杂录》卷3。

2 《高宗纯皇帝实录》卷519。

泽卜尊丹巴胡土克图也决定率喀尔喀诸部叛乱。情势万分危急，乾隆皇帝派遣他儿时的朋友与同窗、漠南蒙古的最高宗教领袖、三世章嘉胡土克图亲自前往喀尔喀，劝说泽卜尊丹巴胡土克图，同时又发兵威胁，软硬兼施之下总算平息了可能的叛乱。不久青滚杂卜在俄罗斯边界处被俘，解送京师处死，清朝在其原属地唐努乌梁海地区设置了四个旗进行管辖。

准噶尔各部纷纷起兵，第一次平准后清朝分封的四部汗中，绰罗斯（准噶尔）汗噶勒藏多尔济、辉特汗巴雅尔积极参与，阿睦尔撒纳也从哈萨克返回，与众叛乱首领会盟，成为盟主。此时留守伊犁的清军仅2 000人，在伊犁等处办事大臣兆惠（正黄旗满洲）的率领下突围。清军一路奋勇作战，撤至乌鲁木齐，叛军追及，又撤至特讷格尔（今新疆维吾尔自治区阜康市）被包围。此时清军已经无力突围，侍卫图伦楚率精兵800名，一人两马，前往解围成功，将兆惠军接应到巴里坤。兆惠因功封一等伯，世袭罔替，图伦楚被提拔为副都统。有功有罚，阿睦尔撒纳逃往哈萨克后，定西将军达勒当阿与定边左副将军哈达哈因追捕不力，被乾隆皇帝革职，并革去两人的公爵。

准噶尔各部的反复叛乱激起了乾隆皇帝强烈的报复心，他下令第三次征讨准噶尔。乾隆二十二年（1757年）三月，7 000名清军兵分两路，分别由定边将军成衮扎布、副将军兆惠率领进攻。此时准噶尔传染病流行，再加上连年战乱与饥荒，人口锐减，清军势如破竹，进展极为顺利。阿睦尔撒纳再次逃往哈萨克，清军随即深入哈萨克境内追捕，并与哈军发生了冲突。慑于清军的压力，以及乾隆皇帝“阿逆一日不获即二年、或十年、二十年，兵断不止”[1]的决心，哈萨克汗阿布赉一改过去庇护阿睦尔撒纳的政策，“悔过投诚，称臣入贡”。乾隆皇帝非常高兴，他认为“兹阿布赉既已请降，

1 《高宗纯皇帝实录》卷519。

约以阿睦尔撒纳如入其地，必擒缚以献，则叛贼失其所恃，技无所施，此一大关键也，朕心实为之庆慰。哈萨克即大宛也，自古不通中国。昔汉武帝穷极兵力，仅得其马以归，史册所传，便为宣威绝域。兹乃率其全部。倾心内属，此皆上苍之福佑，列祖之鸿庥，以成我大清中外一统之盛”[1]。乾隆皇帝此时已经萌发了与汉武帝一争高下的雄心，这段表白将他心中所想表露无遗。

阿睦尔撒纳逃入俄国境内，后于同年八月染天花病亡，尸体运往中俄边境的恰克图，由清朝官员验看。清朝与准噶尔的战争源于康熙二十九年（1690年），结束于乾隆二十二年（1757年），时间长达67年，至此终于以清朝全面的胜利、准噶尔汗国彻底的灭亡而告终，准噶尔的领土全部纳入清朝版图，并设置军政机构管辖。这是乾隆朝最辉煌的胜利，甚至也是整个清朝最辉煌的胜利。这场胜利在很大程度上要归功于乾隆皇帝本人，是他抓住了宝贵的历史机遇，果断决策，下定决心，一定要完全、彻底地征服准噶尔，即使其间屡次挫折，但始终锲而不舍，意志非常坚定、顽强，勇于进取，不达目的誓不罢休，乾隆皇帝与汉武帝确有相似之处。

清朝征服准噶尔所采取的手段极为残酷，因为准噶尔屡服屡叛，乾隆皇帝严令“招降断不可恃，总以严行剿杀为要”[2]；不仅不招降，甚至命令屠杀自愿投降者：“大兵进剿，厄鲁特等自必畏罪投诚。如有前赴巴里坤者，即将伊等头目先行送赴京师，所属人众亦随即移至内地，俟过巴里坤后，其应行剿戮者即行剿戮，所余妻、子酌量分赏”[3]；在攻下伊犁后，他又下令：“现在两路收服之厄鲁特等甚多，伊等外虽投顺，多系畏威乞降，其心未可全信，如姑息养奸，将来必致滋事。……如稍怀叵测，即移至巴里坤，再令移入肃州，即行诛戮。朕从前本无如此办理之心，实因伊等叛服无常，不得不除恶

1 《高宗纯皇帝实录》卷543。
2 《高宗纯皇帝实录》卷546。
3 《高宗纯皇帝实录》卷535。

务尽也。”[1]当准噶尔汗国已经被完全摧毁，有组织的抵抗已经不存在后，清军仍然搜剿零星残存的厄鲁特民众，清军“如狝场中分两翼合围，约相会于伊犁。凡山陬水涯，可渔狝资生之地，悉搜剔无遗。时厄鲁特慑我兵威，虽一部有数十百户，莫敢抗者。呼其壮丁出，以次斩戮，寂无一声，骈首就死。妇孺悉驱入内地赏军，多死于途，于是厄鲁特之种类尽矣”[2]。经过灭绝性的屠杀，厄鲁特“计数十万户中，先痘死者十之四；继窜入俄罗斯、哈萨克者十之二；卒歼于大兵者十之三。除妇孺充赏外，至今惟来降受屯之厄鲁特若干户，编设佐领、昂吉，此外数千里间无瓦剌（厄鲁特）一毡帐”[3]。

### 3. 自古罕有之奇功：西域新疆纳入版图

征服准噶尔后，回疆问题又浮现出来。回疆即天山以南地区，以前为叶尔羌汗国，后被准噶尔灭亡。当地民众信奉伊斯兰教，此时由政教合一的领袖大和卓布拉呢敦、小和卓霍集占兄弟统治，他们不愿意臣服清朝，于乾隆二十二年（1757年）杀死了清朝的使者副都统阿敏道。第二年，清军平定准噶尔后即南下征讨回疆。清军在托和鼐大败霍集占军，并将其余部800人在库车包围，本来形势一片大好，但将军雅尔哈善“遇事高居简出，对敌则藉称凭高瞭望，并不亲身督战”[4]，且指挥能力低下，竟让霍集占突围而出。乾隆皇帝下令将雅尔哈善押解京城正法。在乾隆皇帝的催促下，平定准噶尔的大功臣兆惠仅率军队4 000人，于第二年十月孤军深入，抵达叶尔羌城，结果于黑水营身陷重围，总兵高天喜、原任前锋统领侍卫鄂实（鄂尔泰之子）、原任副都统三格、侍卫特通额（原定

---

1 《高宗纯皇帝实录》卷544。
2 （清）昭梿：《啸亭杂录》卷3。
3 （清）魏源：《圣武记》卷4。
4 《高宗纯皇帝实录》卷578。

西将军策楞之子）战死，兆惠面部、腿部受伤，坐骑两次被击毙。兆惠告急的文书抵达了乾隆皇帝案头，他自责轻敌妄进，乾隆皇帝则主动承担了责任，认为“向来之轻视逆回，乃朕之误，又何忍以妄进轻敌，为兆惠之责乎”[1]？并晋封兆惠为武毅谋勇一等公，加赏红宝石帽顶，四团龙补服。

此时战争的焦点转变为解黑水营之围。乾隆皇帝任命富德为定边右副将军，阿里衮、爱隆阿、福禄、舒赫德为参赞大臣，他下令“无论何队兵丁”，只要马匹还有力气，就要迅速前往救援，而其他目标则完全放弃，“惟应援兆惠为要”。救援令下达，各路清军纷纷奔向黑水营。靖逆将军纳木扎勒、参赞大臣三泰为了抓紧时间，只率领200余名士兵星夜前去解围，结果途遇3 000名敌军，寡不敌众战死。乾隆皇帝认为这种“不肯于中途退避自全，惟知直前冲击，以致效命捐躯”的“忠毅之气，深可嘉悯”[2]，封纳木扎勒公爵、三泰子爵，均世袭罔替。富德率军于乾隆二十四年（1759年）正月在呼尔满与霍集占的5 000名骑兵相遇，奋战四天后，因马匹长途跋涉，疲乏不堪，不能尽歼敌军；当天夜里正好遇上参赞阿里衮送马匹到达，清军分两翼包抄进攻，总共激战五日四夜，斩杀千余，大和卓布拉呢敦中枪伤，逃回喀什噶尔。黑水营解围后，清军合师后撤回阿克苏，富德因功封为一等成勇伯。

六月，清军兵分三路再次进攻，兆惠攻取喀什噶尔，富德攻取叶尔羌，巴禄率军由巴尔楚克路与富德会合。得知大、小和卓已向西逃跑，乾隆皇帝认为“追袭最为紧要，以我马力有余，而逆贼等所携万众，杂以妇女童稚，行走既不能便利，多人亦易生变乱。我兵当恩威并用，或招抚、或离间，中途必自溃散，或有擒献者”[3]。清军穷追不舍，一路追杀到帕米尔高原，俘获1.2万人。霍集占兄

1 《高宗纯皇帝实录》卷576。
2 《高宗纯皇帝实录》卷575。
3 《高宗纯皇帝实录》卷599。

弟逃到巴达克山国[1]，清军随即尾随追至，以武力威胁巴达克山国献出大、小和卓；十月，巴达克山国将小和卓首级交出，表示臣服，清军凯旋；4年后，巴达克山国又交出了大和卓布拉呢敦的尸体。

平定回疆的最后一战发生在位于今塔吉克斯坦境内帕米尔高原的雅什库里湖畔，清代称之为伊西洱库尔淖尔或叶勒什池。战后，为了纪念平定西域新疆的最后一战，乾隆皇帝决定在战场立碑纪功，并亲撰碑文："伊西洱库尔淖尔者，我副将军富德等穷追二酋至拔达克山之界，获其降者万人，二酋仅以身免……特纪耆定之在兹，是以志岁月而刻石也。"当地吉尔吉斯牧人因此称此地为苏满塔什（Somantash），即"有文字的石头"。但此碑立好后就此泯灭于世，再也不见记录。

直至1890年10月，英国著名探险家荣赫鹏（Francis Younghusband）找到了这块碑，发现已经断为数截；后来清末中国政府派遣海英为首的考察队重新刻了一块新碑立于原地，但不久即于1892年6月22日被俄国侵略者掠走放置于塔什干博物馆。1915年8月，著名探险家斯坦因（Aurel Stein）到达此地后，发现还有一个巨大的碑座在此。在20世纪60年代中苏关系紧张的时候，这座碑座也被移到了霍罗格，埋在了博物馆前的列宁大街地下，直至2004年施工时被重新发现。

2013年8月4日，我率领复旦史地所帕米尔丝路考察队到达苏满塔什，借助海英的考察地图以及欧洲探险家们的记录，在当地牧人的帮助下，骑马渡河找到了碑亭遗址，墙壁犹在，对比100多年前俄军测绘参谋拍摄的碑座照片，得以确认这就是乾隆纪功碑的原址。这是100多年来，国人第一次发现并到达了乾隆纪功碑址，并第一次精准测量记录了它的位置，对于确定并还原清朝极盛时期的版图具有重大意义。

---

1　中亚古国，位于今阿富汗东北部和塔吉克斯坦东部。

乾隆皇帝御制《开惑论》，叙述了“西师成功始末”：“今统计用兵，不越五载。内地初不知有征发之劳，而关门以西万有余里，悉入版图：如左右哈萨克、东西布噜特及回部各城，以次抚定。现在巴达克山诸部落，皆知献俘自效，捧檄前驱。以亘古不通中国之地，悉为我大清臣仆，稽之往牒，实为未有之盛事。”清朝征服准部、回疆，“隶版籍者二万余里，治军书者不及五年，载籍以来实罕有伦比”，众大臣请为乾隆皇帝上尊号，但被他拒绝，原因是“我皇祖圣德神功，超越万古；戡定殊勋，炳于史册。廷臣请上尊号，尚未允行”。乾隆皇帝回忆当年他“备承皇祖眷顾优隆，每遇军国重务，即令面聆圣训筹画”，因此他背负着祖父与父亲的双重期许，责任重大，好在“今以数载间运筹决策之劳，克全我两朝挞伐绥遐之略，返衷自问，差可无负燕贻者”。“燕贻”，即成语“燕翼贻谋”的略语，典出《诗经·大雅·文王有声》中的“武王岂不仕，诒厥孙谋，以燕翼子”，歌颂周武王为子孙谋划长久，安排得当，乾隆皇帝以此表明他征服准噶尔、回疆，完成了祖、父两辈“数十载未竟之绪”，立下了“拓地二万余里，均照内地兵民，驻扎屯垦”的“自古罕有之奇功”，不负祖、父对他的期许[1]。

准噶尔、回疆等地面积合计超过200万平方千米，清朝的西部边境从康熙年间的吐鲁番向西推进到了葱岭（今帕米尔高原）、巴尔喀什湖一线。在雍正、乾隆年间，清朝官方称云南、贵州等地改土归流后新设置的州县为“新疆”，即新开拓的疆土；乾隆二十四年（1759年）后的“新疆”又称“西域新疆”，即今新疆维吾尔自治区以及中亚一带的称呼；原来西南地区的“新疆”已经成为旧土，因此不再使用这个名称。当然，“新疆”并非是清朝正式的政区名称，它由安西府、哈密、巴里坤、乌鲁木齐等地设有的道、府、州、县、提督、总兵等管辖，属于甘肃；伊犁、叶尔羌、和阗

1 《高宗纯皇帝实录》卷599。

等地则分属总管（伊犁）将军及办事大臣管辖；哈萨克、布噜特[1]、巴达克山、爱乌罕（今阿富汗）等国则为外藩属国，并未列入清朝的版图。

征服劲敌准噶尔汗国、回疆，将西域新疆纳入版图是乾隆皇帝最大的历史功绩，也是康乾盛世最为华彩的一章，是清朝达到极盛的标志。虽然这块广大的土地在汉宣帝时期就被纳入了汉朝版图，设立了西域都护府管辖，但中原王朝并没能一直维持对此地的统治，直至乾隆皇帝重新将其纳入版图，实行正式的行政、军事管理。虽然清末丢失了西部40多万平方千米的土地，但仍然保有了余下的166多万平方千米的土地，一直到今天。长期、持续、稳定、有效的管辖才是领土归属最有力的依据，而"自古以来"只能作为参考。西藏自康熙五十八年（1719年）起，新疆自乾隆二十四年（1759年）起就一直处于中国中央政府长期、持续、稳定、有效的管辖之下，这是康乾祖孙皇帝创造的最伟大功绩，也是他们留下的最宝贵遗产。

## 第三节　西南战事与万里疾驰援藏

### 1．得不偿失的缅甸、安南之战

征服准噶尔、回疆，拓地二万余里后的乾隆皇帝志得意满，达到了其个人事业的顶峰，开始热衷对外扩张。乾隆三十年（1765年），缅甸入侵云南边境，清军战败，但讳败为胜，被乾隆皇帝识破，云贵总督刘藻被降为湖北巡抚，参将何琼诏、游击明浩、杨坤

---

1　中亚古国，在今帕米尔高原以西。

因谎报军情被处死，大学士、正白旗汉军杨应琚调任云贵总督。此时入侵的缅军因疾病流行已经退走，杨应琚为了立功，奏请木邦土司愿意归附，请求朝廷发兵。乾隆皇帝认为杨应琚“久任封疆，夙称历练，筹办一切事宜，必不至于轻率喜事，其言自属可信”[1]；又认为缅甸“亦非不可臣服之境”，因此动了出兵的念头。杨应琚再接再厉，又连续两次奏请发兵，乾隆皇帝终于首肯。乾隆三十一年（1766年）九月，杨应琚率军征讨缅甸，缅军反击，清军大败退回，却谎报大胜杀敌万人，被识破后，杨应琚逮捕回京，被赐自尽。

此次失败反而激起了乾隆皇帝的斗志，他要求“必当歼渠扫穴，以申国威，岂可遽尔中止？且我国家正当全盛之时，准夷、回部悉皆底定，何有此区区缅甸而不加翦灭乎”[2]？随即任命傅恒的侄子明瑞为云贵总督，率军征缅。乾隆皇帝要求此次“非犁穴诛渠，尽歼丑类，不足以申国威而彰天讨，尤不可仅以受降蒇事。若我兵直抵阿瓦（缅甸首都），攻克其城，即当戮其逆酋，剿其凶党，大示惩创”[3]，他信心满满，以为是征讨准噶尔的翻版。乾隆三十二年（1767年）十二月，由3 000名满洲兵、2.2万绿旗兵组成的清军兵分三路，进攻缅甸，起初一路进展顺利，连破敌垒16座，杀敌2 000人有余，明瑞身先士卒，被封为一等诚嘉毅勇公。因连日作战，武器、粮草供应不足，部下建议撤军，但明瑞坚持进军，一直攻到距阿瓦仅70里的地方，因粮草耗尽，只得退兵。数万缅军尾追，虽然清军反击杀死了4 000名缅军，但终因孤军深入，援军不到，军营被攻破。明瑞身受重伤，步行20余里，割下辫发，交给仆人回去报信，然后自缢而死，领队大臣紥拉丰阿、副都统观音保战死。乾隆皇帝将多次催促却不敢前往救援明瑞军的额尔登额、提督谭五格逮至京师，亲自审问，以大逆律凌迟额尔登额，谭五格被斩于菜市口，以祭奠明

1 《高宗纯皇帝实录》卷765。
2 《高宗纯皇帝实录》卷780。
3 《高宗纯皇帝实录》卷806。

瑞及战死的将士。

由于轻敌，清军遭到了惨败，乾隆皇帝只得起用他的王牌——大学士傅恒为经略，阿里衮、阿桂为副将军，并拒绝了缅甸求和的要求，于乾隆三十四年（1769年）七月进攻缅甸。清军在取得一些胜利后，因气候、地形极度恶劣，士兵染病者众多，出兵时3.1万人，到十一月仅余1.3万余人。清军进攻阿瓦无望，屯兵于军事要塞老官屯下，但也久围不克。此时统帅傅恒身染重病，副将军阿里衮病故。因“缅地气候恶劣，徒伤人众，断难深入”，乾隆皇帝下令与缅甸和谈撤军，持续四年的征缅之役以缅甸“奉表称臣，输诚纳贡”[1]而结束，清军伤亡惨重，军费消耗达1 300多万两白银，却一无所获，不久傅恒病亡。

乾隆五十三年（1788年），又发动了征安南之役，起因是安南发生内乱，权臣阮岳、阮惠推翻了原来的郑氏王朝，两广总督孙士毅利用乾隆皇帝“兴灭继绝”的念头，为了个人立功封爵，发兵干涉，在占领安南国都后，不听乾隆皇帝的命令撤军，结果被反击，大败而回。阮氏趁机表示臣服，乾隆皇帝为了避免征缅战争重演，也顺势接受了请求，结束了战争。这场安南之役可以说是完全没有意义的，好在及时停止，没有重蹈征缅战争的覆辙。

## 2．盖佛本无生，岂有转世：金瓶掣签

乾隆时期的清王朝幅员辽阔，边境线漫长，南方的战事刚平，西方的战事又起。安南之战结束不久，廓尔喀入侵遥远的西藏。廓尔喀位于今尼泊尔，与西藏隔喜马拉雅山脉相邻，因贪图西藏寺院的财物，于乾隆五十三年（1788年）入侵，掠夺后藏。乾隆皇帝闻讯，派遣军队入藏，但钦差大臣巴忠与西藏当地的喇嘛擅自赔款谈

1 《高宗纯皇帝实录》卷847。

和。两年后，因西藏地方政府无力偿还赔款，廓尔喀第二次入侵，抢劫札什伦布寺财物，至此擅自谈和一事败露，巴忠畏罪自杀。乾隆皇帝决定不仅要击败入侵，还要彻底征服廓尔喀，因此急招两广总督福康安入京任命为将军，海兰察、奎林为参赞，统兵入藏，并令福康安由青海前赴西藏。因军情紧急，乾隆皇帝限令福康安昼夜疾行，西宁到西藏的3 700余里路程，需40天到达。此时“青海口外，俱系草地；时值隆冬，冰雪甚大；炊爨维艰，牧饲缺乏”[1]，在高寒的冰雪高原上疾行军极其艰苦，但福康安一路或轻骑、或步行，如期到达西藏。经过五个多月的激战，清军收复了全部西藏失地，并于乾隆五十七年（1792年）六月，翻越喜马拉雅山，攻入廓尔喀境内，一路节节胜利，深入境内达700余里，离其首都阳布（今尼泊尔加德满都市）仅数十里，廓尔喀顽强抵抗，双方死伤惨重。此时已经入秋，不久就要大雪封山，清军如果不能及时结束战事，就会后路断绝，陷入全军覆没的险境；廓尔喀多次乞和，表示臣服，并送物资犒劳清军，答应归还抢劫的西藏财物，乾隆皇帝于是决定撤军。

击败了廓尔喀后，乾隆皇帝决定加强对西藏的管理，此前西藏的事务大多由达赖喇嘛与噶布伦（西藏地方官）商同办理，并不向驻藏大臣报告。乾隆皇帝规定，以后所有事务都要由驻藏大臣与达赖喇嘛商同办理，而噶布伦只是他们的下属，并明令驻藏大臣应与达赖喇嘛、班禅额尔德尼地位平等，驻藏大臣应如伊犁将军统辖伊犁、喀什噶尔参赞统辖回疆一样，代表中央政府统治西藏。

由于达赖喇嘛、班禅额尔德尼等众多活佛在西藏、蒙古地区地位极其崇高，也拥有很多财富，因此西藏、蒙古贵族都想将自己的子孙充当他们的“呼毕勒罕”（转世），以至于“亲族姻娅，递相传袭，总出一家，与蒙古世职（世袭爵位）无异”，这很容易导致拥

1 《高宗纯皇帝实录》卷1390。

有政治、经济特权的贵族通过转世又掌握了宗教权力，政教合一，威胁清朝对蒙藏地区的统治。针对这一情形，乾隆皇帝决定创立“金瓶掣签”制度，加以改变，规定今后达赖喇嘛、班禅额尔德尼与活佛的转世灵童将从多个人选中产生，将人选的姓名写在签上，放在金奔巴瓶内，由驻藏大臣与达赖喇嘛当众抽取。金奔巴瓶有两个，一个存放在拉萨大昭寺，负责青藏地区的活佛转世；一个存放在京城雍和宫，专供蒙古地区大活佛转世，这样就从根本上杜绝了蒙藏活佛的私相授受，而将决定权掌握到中央政府手中。“金瓶掣签”、驻藏大臣、西藏驻军，从宗教、政治、军事三方面确立了清朝对西藏的完全控制与管理。乾隆五十八年（1793年），福康安和驻藏大臣和琳等人根据乾隆皇帝关于西藏管理的一系列指示，拟定了《藏内善后章程》，并以此为基础颁布了《钦定西藏章程》29条，正式制定了“金瓶掣签”制度。除此之外还规定：驻藏大臣与达赖喇嘛、班禅额尔德尼地位平等，共同管理西藏；外国人来西藏必须登记，并呈报驻藏大臣；达赖喇嘛和班禅额尔德尼的财政需经驻藏大臣审核；西藏货币由白银铸造，铸“乾隆宝藏”字样；藏军名册征调名册要呈送驻藏大臣衙门；驻藏大臣每年春秋二季出巡前、后藏，检阅军队等。《钦定西藏章程》标志着对西藏的管理已经与蒙古诸部无异，这是西藏为中国领土最有力的证据。

乾隆皇帝对于喇嘛教即黄教的认识是非常透彻的，乾隆五十七年（1792年），他亲自撰写了《喇嘛说》，刻碑于京城最重要的喇嘛庙雍和宫（雍正皇帝继位前的王府）。他首先追溯了黄教的源流，并解释了清朝任命达赖喇嘛、班禅喇嘛统领中外黄教的原因：“盖中外黄教总司以此二人，各部蒙古，一心归之。兴黄教，即所以安众蒙古，所系非小，故不可不保护之，而非若元朝之曲庇、谄敬番僧也。”乾隆皇帝反复强调清朝兴黄教是为了安抚蒙古，而并非像元朝那样尊崇喇嘛教：“我朝之兴黄教则大不然，盖以蒙古奉佛，最信喇嘛，不可不保护之，以为怀柔之道而已。”他自己并不相信活佛转世制度：“盖佛本无生，岂有转世？但使今无转世之呼土克图（活佛），则数万番僧无所皈依，不得不如此耳。”清朝承认转世只是一种政治统战手段，用以笼络数万喇嘛，从根本上还是为了安抚蒙古。

满蒙联盟是清朝统治的最重要基石，因此乾隆皇帝恢复了雍正朝中断的“木兰秋狝”制度。乾隆六年（1741年），乾隆皇帝仿效康熙皇帝，开始了他第一次的“木兰秋狝”，此后几乎年年都举行，总共达52次；他在避暑山庄度过的时间总计超过十年，甚至直至去世前的几个月，88岁的乾隆皇帝以太上皇帝的身份最后一次巡幸了避暑山庄，接见了蒙古各部王公，只是因年高而未行围。与康熙皇帝一样，乾隆皇帝举行“木兰秋狝”的目的，一是军队借围猎演习、锻炼，“当皇祖时，屡次出师，所向无敌，皆由平日训肄娴熟，是以有勇知方，人思敌忾。若平时将狩猎之事，废而不讲，则满洲兵弁习于晏安，骑射渐致生疏矣。皇祖每年出口行围，于军伍最为有益”；二是怀柔蒙古，“至巡行口外，按历蒙古诸藩，加之恩意，因以寓怀远之略，所关甚钜”[1]。

1 《高宗纯皇帝实录》卷136。

# 第六章

# 夕阳无限好：盛世挽歌

无论从版图面积、经济实力、人口数量，还是从国力衡量，乾隆盛世都达到了中国历代的极盛，这个盛世是由一批功臣名将在乾隆皇帝本人的领导下创造的。但在盛世的阳光普照下，却存在着不祥的阴影。虽然乾隆皇帝严刑峻法反贪，但贪官却层出不穷，形成了自上而下金字塔式的贪腐生态系统，而在顶端的恰恰是乾隆皇帝本人最宠信的大臣。中国传统的农业文明已经发展到了顶峰，巨大的人口压力导致了生活水平持续下降，如果没有经济生产方式的转型与升级，无法摆脱这一危机。此时正值西欧、北美的工业文明兴起，无论在政治制度、生产效率，还是军事实力上，乾隆盛世都被远远地抛在了后面。纵向比，它是中国盛世的顶峰，但横向比，它只是一首挽歌。

## 第一节　图画紫光阁：创造盛世的功臣名将

### 1．贵盛无比、忠烈辈出的富察氏

乾隆朝的文治武功都达到了极盛，乾纲独断的乾隆皇帝是这一极盛之世的主要创造者，因为所有重大的决策都是他亲自决定并实施的，但一个人的精力、能力毕竟有限，他还需要自己的执政团队与助手。乾隆继位时年仅24岁，当时所有的朝臣都比他年长，因此他着力培养、提拔年仅30多岁的讷亲，任命他为领班军机大臣。讷亲是乾隆初期最重要的大臣，他勤政、能干，廉洁奉公，没人敢和他私下来往，但因出身名门，年少得志，为人意气骄溢，待人苛刻，后因大金川战事被乾隆皇帝诛杀，接替他的是傅恒。

傅恒是乾隆皇帝孝贤皇后的弟弟，镶黄旗满洲人，他20岁左右就成为军机大臣，后接替讷亲任经略大臣，指挥大金川战事，并被提拔为保和殿大学士、领班军机大臣，此时他才不过25岁。这样一位年轻人越级跳过了三朝元老张廷玉，足以证明乾隆皇帝与汉武帝一样，不循常理，喜欢破格用人，也许在心中，傅恒就是他的卫青。傅恒是乾隆朝前期最重要的大臣，他一直担任领班军机大臣，协助乾隆皇帝执政，满朝大臣中只有他赞成乾隆皇帝出兵准噶尔的决定。他为人勤劳、谦和、谨慎，“治事不敢自擅”，“行军与士卒同甘苦”，因此深得乾隆皇帝的器重与信任，偶有小过，乾隆皇帝即会提醒他注意。他不仅入相，而且出将，前后指挥过大金川与缅甸之战。后因缅甸之战染病，不到50岁就去世，死后获得了清代大臣的最高荣誉——配享太庙。

福康安是傅恒的儿子，受到乾隆皇帝特殊的宠爱，待之如子，年仅18岁，就从头等侍卫被提拔为户部侍郎、镶黄旗满洲副都统，随后赴金川参战。在前线的4年里，福康安作战英勇，多次亲率士兵攻克敌人碉楼，因功被封为三等嘉勇男，图形紫光阁，授正白旗满洲都统，吉林、盛京将军，成为正一品武将。随后他历任云贵、四川、陕甘、闽浙、两广总督，跟随阿桂镇压甘肃“回乱”，亲自督军攻破石峰堡，晋封为嘉勇侯，转任户、吏二部尚书，协办大学士。乾隆五十二年（1787年），福康安率军渡海至台湾，镇压林爽文之乱，因功被封为一等嘉勇侯。他一生中最为辉煌的战绩是击退侵略西藏的廓尔喀军队，并深入对方国境反攻，迫使廓尔喀称臣纳贡，他因功被授为武英殿大学士，后因镇压湖南、贵州的“苗乱”有功，被破格封为宗室爵位贝子，他的父亲傅恒也被追赠贝子。嘉庆元年（1796年），福康安在镇压“苗乱”的军中染病身亡，年仅42岁，被追赠为郡王，配享太庙。虽然乾隆皇帝对福康安宠爱超常，但在他犯错时仍会予以处罚，并非一味纵容；他的高官厚爵也是来自战功，而非仅凭家世。福康安的大半生都在各地奔波，从事征战，足迹遍及高原、山地、海疆、丛林，是乾隆朝后期表现最为突出、战功最为卓著的武将，俨然是乾隆皇帝的霍去病。

乾隆朝战功卓著的武将还有同为满洲镶黄旗富察氏的明瑞（定伊犁回部紫光阁功臣第十六位）、明亮（定金川紫光阁功臣第三位）、奎林（定金川紫光阁功臣第三位）、福隆安（定金川紫光阁功臣第六位），他们都是孝贤皇后的侄子。富察氏是乾隆朝最为显贵的满洲亲贵，整个清朝只有康熙朝的佟氏才能与之相比，虽然这有乾隆皇帝而特意栽培、重用的缘故，但富察氏的年轻将军主要还是依靠自己的战功获得提升、重用，富察氏家族比较完美体现了贵族的实际内涵：在享受较高政治、经济待遇的同时，必须承担责任，特别是冲锋陷阵、出生入死的责任。明瑞征缅，兵败自杀，福康安病殁军中。他们都以军功封爵，而不是只依靠祖、父辈的余荫坐享其成。

## 2．如统勋乃不愧真宰相

乾隆盛世开疆拓土的功臣，前期的代表人物是平定准噶尔、回疆的兆惠，后期是阿桂、福康安。阿桂是正蓝旗满洲人，他曾参与初期征大金川与准噶尔之役，因在伊犁屯田有功，被抬入上三旗的正白旗，后又任征缅甸之役的副将军。阿桂担任平定金川的统帅，一战成名，因功被封为一等诚谋英勇公、协办大学士、吏部尚书、军机处大臣，成为乾隆朝的重臣，并于乾隆四十二年（1777年）成为武英殿大学士，3年后成为领班军机大臣，是名副其实的首辅；随后他又率军镇压了甘肃苏四十三“回乱”，制定平定台湾林爽文、远征廓尔喀的方略。乾隆皇帝仿效汉宣帝、唐太宗，四次图画功臣于紫光阁。第一次平定伊犁回部五十人，以大学士傅恒，将军兆惠分列第一、第二，阿桂位列第十七；第二次平定金川五十人，以将军阿桂位列第一；第三次平定台湾二十人，以大学士阿桂位列第一；第四次平定廓尔喀十五人，以大学士福康安位列第一，阿桂位列第二，但这是阿桂逊让的结果。阿桂是乾隆朝后期最大的功臣，不仅武功赫赫，文治也颇为可观，多次巡视督导治河工程，查办大案、要案，尤其是整个清朝最大的官场腐败案——甘肃冒赈大案就是由他主审定案。

与阿桂一同位列紫光阁四次功臣前列的只有他的老部下海兰察，他也出身于镶黄旗满洲。乾隆二十年（1755年），海兰察从征准噶尔，其间，辉特汗巴雅尔叛乱，逃入山中，海兰察奋力追赶，将他射坠下马生擒，被提拔为一等侍卫；海兰察从征缅甸，作战英勇，因功被提拔为镶白旗蒙古副都统。在大、小金川前线，海兰察能在木果木溃败之际收拾溃卒，退却坚守，显示了从容不迫的大将风范，后在阿桂的统帅下奋勇杀敌，战功卓著，列紫光阁功臣第八位，被封为一等超勇侯，任领侍卫内大臣。海兰察作为麾下第一猛将，跟随阿桂、福康安先后从征甘肃“回乱”、台湾林爽文之乱、廓尔喀之役，累积战功，被封为一等公，去世后，因多次负伤，破例列入供奉战死者的昭忠祠。海兰察有勇有谋，每次作战，他都要着便服策马观察敌情，发现敌人缺点后集中兵力进攻，所以战无不胜。他为人高傲，但“平生惟服阿桂知兵”[1]，因此心甘情愿服从阿桂的指挥。福康安对他非常尊敬，他才肯为之效力，这也是福康安屡立战功的原因之一。

---

1 《清史稿》卷331《海兰察传》。

继傅恒之后，最受乾隆皇帝信任的军机大臣是刘统勋，他是清朝第一位汉人领班军机大臣、东阁大学士，为人清正刚直，深受乾隆皇帝的信任。乾隆皇帝每年都派遣刘统勋到全国各地审理涉及高官的大案、要案，如广东粮驿道明福违禁折收案，云南总督恒文、巡抚郭一裕摊派案，山西布政使蒋洲摊派案，西安将军都赉侵吞军饷案，归化城将军保德等侵吞案，苏州布政使苏崇阿侵吞案，江西巡抚阿思哈受贿案，都由他审理定案。他的行迹犹如戏剧一样传奇，常常微服私访体察吏治民情，在杨桥决口现场，要当场斩杀索贿的官吏。木果木兵败后，正在热河的乾隆皇帝心情极其郁闷，紧急召见在京师的刘统勋，询问是否要撤兵。刘统勋认为“日前兵可撤，今则断不可撤”，并推荐阿桂担任统帅，后来果然获胜。乾隆皇帝曾认为州县吏都不称职，想用笔帖式（满汉语翻译官）取代，为此咨询刘统勋的意见，并说这是他思考三天的结果，但刘统勋默然不言。乾隆皇帝责问，他回答：“圣聪思至三日，臣昏耄，诚不敢遽对，容退而熟审之。”第二天，他对乾隆说：“州县治百姓者也，当使身为百姓者为之。”话音未落，一语而悟的乾隆皇帝当即同意。乾隆皇帝中年以后的作风酷似汉武帝，威权特重，一向以工具视臣下，生杀予夺，但他却很敬重刘统勋，即使酷暑天也要戴冠正色接见他。乾隆三十八年（1773年）十一月，刘统勋黎明上朝，行至东华门时，突然于轿中病逝，乾隆皇帝闻讯，急遣尚书福隆安骑马带药救治。后乾隆皇帝亲自去刘统勋家吊丧，亲眼见到刘家的清寒朴素时，心中非常悲痛，回宫后流泪对诸臣说：“朕失一股肱”“如统勋乃不愧真宰相”。并赐给刘统勋最高等级的谥号“文正”，刘统勋是清代得此谥号的第一人。后来乾隆皇帝写诗纪念刘统勋，称他“神敏刚劲，终身不失其正”[1]。刘统勋为人既清廉正直，又能干、勇于任事，是中国传统时代第一流官僚的杰出代表。

---

1 《清史稿》卷302《刘统勋传》。

正是因为有这样一批忠心耿耿、尽心尽力的功臣名将，乾隆皇帝才能将自己的意志与战略规划有效贯彻执行。乾隆皇帝识人的眼光、用人的手腕都酷似汉武帝，不拘一格，敢于破格任用、提拔年轻的英才；驾驭群臣的手段上他同样也酷似汉武帝，杀伐决断，驭下严酷，臣下对其极为忌惮、畏惧。御史储麟趾曾因旱灾直言不讳地批评乾隆皇帝："自古人主患不明，惟皇上患明之太过；自古人主患不断，惟皇上患断之太速。即如擢一官、点一差，往往出人意表，为拟议所不及。此则皇上意见之稍偏，而愚臣所谓圣明英断之太过者也。……此虽不足上累圣德万分之一，然臣尤愿皇上开诚布公，太和翔洽，要使天下服皇上用人之至当，不必徒使天下惊皇上用人之甚奇。"又批评他过分大权独揽，群臣只能袖手旁观："今皇上宵衣旰食，焦劳于法宫之中，而王公大臣拱手备位，不闻出其谋画……是君劳于上，臣逸于下，天道下济而地道不能上行。"[1]

## 第二节　从严厉反贪到暗中纵容

### 1. 多留一日，则民多受一日之残：严刑惩贪

乾隆皇帝具有严峻、独断的个性，他在位期间极为重视吏治，其驭下之严厉远超过后世传说中以严厉著称的其父雍正皇帝。乾隆皇帝认为"安民在于察吏。各省民风淳漓不一，政务繁简各殊。而随时整饬，必专其责于亲民之官。……一邑得人则一邑治，一郡得人则一郡治。督抚有表率封疆之任，不在多设科条纷扰百姓，惟在督察属员，令其就现在举行之事因地制宜，务以实心行实政"[2]，即

1 《清史稿》卷306《储麟趾传》。
2 《高宗纯皇帝实录》卷365。

总督、巡抚的责任不在于新设各种法规管理民众，而是要督察属下的各级官吏。他也痛恨官僚做不得罪人的老好人，邀买下属："近日督抚办事，有所谓上和下睦、两面见好之秘钥。貌为勇往任事，以求取信，而阴市私惠，谓有旋乾转坤之力，使属员心感。"[1]乾隆皇帝与汉武帝一样属于英察之主，洞察世事人心，他将府州以上的文武官员的姓名写在墙壁上，经常考察他们的言行举止，并时时训诫、提醒。他继承了雍正皇帝的做法，轮流接见知县及以上各级地方官，亲自考察他们的能力，"引见内外各官，一日有多至百余员者，从不厌烦劳"[2]；为了避免自己在短暂的引见中误判，他还要求众督抚推荐、保举人才。

吏治的严厉主要体现在乾隆皇帝对官吏的惩罚。大学士、河道总督高斌是乾隆皇帝宠爱的慧贤皇贵妃的父亲，原为汉人包衣，后被抬入镶黄旗满洲。乾隆十八年（1753年），黄河于江苏省铜山区决口，河水灌入洪泽湖，高邮、宝应等州县被淹没，原因诚如乾隆皇帝所说："今年南河固属天灾，然亦因年来工非实工、料无实料，遂至于此"，虽是天灾，实为人祸，治河官员偷工减料导致了水灾，因此乾隆皇帝下令查案的策楞、刘统勋将监修这段工程的同知李焞、守备张宾于河工现场处斩，并将高斌、协办河督张师载一同绑赴刑场，让他们目睹李焞、张宾的行刑过程，然后再宣布开恩释放。高斌、张师载不知内情，当即吓得昏迷倒地，醒后奏称："我二人悔已无及，此时除感恩图报，心中并无别念。"[3]

乾隆皇帝对官吏贪污腐败更是深恶痛绝，对督抚、九卿大臣经常轻判贪腐官吏非常不满，认为这些贪官污吏"多留一日，则民多受一日之残，国多受一日之蠹"，因此"斧锧一日未加，则侵贪一日不止。惟一犯侵贪，即入情实（证据确凿），且即与勾决"，这样

1 《高宗纯皇帝实录》卷416。
2 《高宗纯皇帝实录》卷1404。
3 《高宗纯皇帝实录》卷447。

杜绝贪官有“子孙享富厚之实惠”的侥幸心理，“人人共知法在必行，无可幸免。身家既破，子孙莫保，则饕餮之私必能自禁”[1]，乾隆十四年（1749年），即将36名贪官处决。虽然有这一上谕，但8年后，湖南巡抚蒋炳仍然将贪污3 000余两白银的布政使杨灏轻判为斩监候，并通过了三法司（刑部、大理寺、都察院）、九卿科道的审核。乾隆皇帝阅秋审官犯册时“不胜骇然”，他认为“杨灏身为藩司，乃侵肥克扣至三千余两，此其贪黩败检，本应立行正法，以彰国宪”[2]，而“廷臣等于此等案件，并不权事理之轻重，竟尔恣意欺罔，朦混照覆，将视朕为何如主？朕临御二十二年，所办案件，内外臣工所共见共闻，尚敢如此窃弄威柄，施党庇伎俩，朝臣亦可谓有权？今日检阅之下，不胜手战愤栗”[3]。结果杨灏被斩立决，蒋炳被罢官，发配军台效力，三法司共有86名官员被革职留任或降级。有大批督抚因包庇贪污的下属被惩处，如湖南巡抚许容、两广总督硕色、广东巡抚岳浚、云南巡抚图尔炳阿、两江总督高晋等，他们或被罢官发配，或被革职，江苏巡抚庄有恭、山西巡抚和其衷则被判斩监候。

乾隆二十二年（1757年），云贵总督恒文、云南巡抚郭一裕以进贡金炉为名，压低金价，中饱私囊。乾隆皇帝派遣刘统勋查案属实，赐恒文自尽，郭一裕充军。同年，山东巡抚蒋洲因在担任山西布政使任时亏空库款，并勒索下属纳银弥补，经刘统勋审理后处斩。乾隆三十三年（1768年），两淮盐政以筹备南巡为名，私自加派每一盐引银三两，共加派盐引银达1 090万两，除小部分供南巡外，大部分被两淮盐政侵吞，曾任盐政的高恒（慧贤皇贵妃兄弟）、普福与盐运使卢见曾均被处决，并没收家产。大学士傅恒请求看在慧贤皇贵妃面子上免高恒一死，乾隆皇帝则回答：“如皇后兄弟犯

1 《高宗纯皇帝实录》卷351。
2 《高宗纯皇帝实录》卷546。
3 《高宗纯皇帝实录》卷548。

法，当奈何？”[1]傅恒战栗不敢再言。

贪官们前赴后继，“争相赴死”，因贪腐而被处死的督抚还有曾任广东巡抚钱度、山东巡抚国泰、江西巡抚郝硕、闽浙总督宗室伍拉纳、福建巡抚浦霖、浙江巡抚福崧等，而乾隆朝最大的贪腐案发生在甘肃。乾隆四十六年（1781年），甘肃爆发了苏四十三“回乱”，甚至一度威胁兰州，皇帝急派宠臣户部尚书和珅为钦差大臣，率军镇压，但和珅没有军事才能，一战而败，却诿过下属，认为他们不听指挥。督师大学士阿桂赶到前线，发现情况并非如此，乾隆皇帝也已经洞察和珅的用意，将其召回身边。和珅为了挽回颜面，又借口说甘肃连绵大雨，影响作战，乾隆一听生疑。清代规定督抚要定期向皇帝汇报雨水粮价，而此前甘肃一直报告连年大旱。在甘肃作战的阿桂同样奏报“雨势连绵滂霈，且至数日之久”，乾隆由此认定“是以前所云常灾之言，全系谎捏”。官员谎报旱情必然是为了贪污朝廷下发的赈灾粮食，乾隆皇帝当即下令和珅、阿桂查办此案。此时正逢甘肃布政使（主管全省民政、财政）王廷赞赴避暑山庄觐见，他立即被逮捕审讯，由此揭发了甘肃官员集体冒领贪污赈灾款项的事实。7年前，陕甘总督勒尔谨因甘肃地瘠民贫，在全省实行“捐粮为监”即公开出卖国子监监生的名额筹措赈灾物资。国家规定只准许捐谷每40石换取一个监生名额，但勒尔谨与甘肃布政使王亶望勾结，擅自改变规则，以55两白银换一个监生名额。王亶望与兰州知府蒋全迪为各县谎报灾情，定下收捐数额，再由布政司预定份数，发单给各县，照单开赈。当王廷赞接任甘肃布政使后，他发现“监粮折银”不符合“捐监”的规定，一度想洗手不干，却禁不住诱惑被拉下水。他非但不向皇帝据实陈奏，反而改革了全省组织贪污的程序，使其更加高效。几年内，甘肃全省捐银收入超过1 000万两，被各级官员全部侵吞。不仅如此，甘肃竟

---

1 《清史稿》卷339《高恒传》。

然宣称要盖仓库，储存子虚乌有的“捐粮”，并雇用运粮夫役，又骗得户部20万两白银。甘肃不仅没有捐粮，这些贪官甚至侵吞了正项仓库中的100万石粮米，包括“籽种、口粮”，贪腐无所不用其极。

几乎所有的甘肃官员都卷入了这场贪污大案，在得知案情后，乾隆皇帝震怒：“甘肃此案，上下勾通，侵帑剥民，盈千累万，为从来未有之奇贪异事。案内各犯，俱属法无可贷。”王亶望、蒋全迪处斩刑，王廷赞处绞首，勒尔谨赐死；贪污白银两万两以上的案犯斩首56人，免死发遣46人，革职、杖流、病故、畏罪自杀数十人，甘肃官场几乎一扫而空。事情到此并未结束。首犯王亶望被抄家后，发现其家产折合白银300万两，其中有不少珍宝和名贵字画，乾隆皇帝对此心知肚明，但当他检视这些抄没之物时，却发现“多系不堪入目之物”，他推断必定有人调换吞没。乾隆四十七年（1782年）夏，乾隆在避暑山庄询问浙江布政使李封、按察使（主管全省司法）陈淮，但他们均矢口否认。乾隆命令将抄家底册与物品一一核对，果不相符，确有人从中调换侵吞。在铁证面前，李、陈二人只好认罪，供出了主犯闽浙总督陈辉祖。陈辉祖被逮捕，严刑审讯，交代了调换抄家物品的经过，被判斩监候，后被赐自尽。这算是甘肃集体贪污案连带出来的案件，又一位总督被杀。陈辉祖的贪婪和胆大妄为令人惊讶，在甘肃贪污案被如此严厉处置后，他竟然还敢侵吞首犯的财产，想必是心存侥幸和贪腐已经习以为常，没承想正好撞上了乾隆的枪口。

甘肃贪污案的突出特点是无官不贪，而且是有组织、成系统、走程序的贪腐，形成了一个贪腐金字塔式的生态系统。长达7年的时间内，向朝廷谎报全省连年大旱是一个高风险的行为，如果不是全体官员集体配合，很容易被揭穿，因此必须要将每一个官员都拖下水，变成共犯。换句话讲，如果一个官员想保全官位或者得到升迁，他就必须进入这个贪腐集体，否则作为异己，就无法在甘肃官场容身，因为他的上级和同僚会担心他有可能揭发。布政使王廷赞在刚进入甘肃官场时还想改变“监粮折银”的违法行为，但他随即选择了同流合污，一方面固然是因为贪欲，一方面也是形势使然，身陷泥淖无法独善其身。

官员集体或大规模贪腐的更深层原因在于，官员的选拔都由上级决定，即采取所谓的“伯乐制”。由于官场呈金字塔，每上升一级都很困难，因此下级获得升迁或保位就必须博得上级的欢心。在人治社会，官员提拔缺乏客观标准，下级向上级行贿也就成了必然的最佳之选，于是就形成了一个同样金字塔式的贪腐生态系统、一条食物链：官员不贪腐就无法行贿，不行贿就无法保位或升迁，每一级官员都是其下级的受贿者、其上级的行贿者，而真正清廉的官员必然凤毛麟角。在人治社会，贪腐是无法清除的，因为贪腐就是官场的润滑剂和原动力，甚至就是官场本身存在的目的，甘肃集体贪污案只是这一原则的完美体现。中国传统帝制时代的官员大多出身科举，自小熟读四书五经，普遍敬畏“天、地、君、亲、师”，强调“礼、义、廉、耻”，但这些道德信念仍然无法与人性的贪欲以及严酷的官场生态抗衡。

甘肃的贪腐食物链组织非常完整，运行高效平滑，省、府、县三级官员组成了一个贪腐金字塔。知情者均是共犯，相互庇护，没有强大的外来力量，是很难打破这一贪腐格局的。甘肃贪污案是由于一个偶然的因素，引发了最高层乾隆皇帝的关注与强力介入，才最终揭开了黑幕，否则还不知道要持续多久。

### 2．诛殛愈众而贪风愈甚：最大的贪污犯和珅

乾隆皇帝处理贪污官员不可谓不严厉，整个清朝因贪污被处死的二品以上高级官员共41人，而被乾隆皇帝处死的就高达27人，占了三分之二。在乾隆皇帝的意识里，天下属于他一人，他是国家

的唯一所有者，绝不会容忍臣下的贪腐行为，因此皇帝反贪腐是真心诚意的。由于乾隆皇帝拥有的绝对权威，他关注的反腐案件最终一定会高效破案。但是以天下之大，情况之复杂，官员之多，手段之高明，再英明、再能干的君主也无法烛照一切，必然会存在灯下的阴影——甘肃贪污案的主审官，乾隆皇帝最宠信的和珅，恰恰就是古今中外最大的贪污犯，这真是莫大的讽刺。

薛福成对乾隆朝的反贪有一个说法："诛殛愈众而贪风愈甚，或且惴惴焉惧罹法网，惟益图攘夺刻剥，多行贿赂，隐为自全之地。非其时人性独贪也，盖有在内隐为驱迫，使不得不贪者也。"[1]那么这个"内隐"究竟是什么呢？薛福成认为就是和珅。

和珅是正红旗满洲人，钮祜禄氏。清朝时，满洲人只称名，不称姓，但会以名字的第一个字当作汉人的"姓"用，比如和珅，可以称作"和中堂""和相"，而不会称为"钮祜禄中堂""钮祜禄相"。现在影视剧中一口一个"富察傅恒"着实可笑。

和珅出身于中等武官家庭，少年时家境一般，参加乡试未中。乾隆三十四年（1769年），和珅承袭了他父亲的三等轻车都尉爵位，并被任命为三等侍卫，到了乾隆皇帝身边；6年后，被乾隆皇帝赏识，提拔为御前侍卫兼副都统；过了一年，又被提拔为户部侍郎、军机大臣、内务府大臣，一跃成为乾隆皇帝最宠信的大臣，时年26岁；随后又兼步军统领、崇文门税务监督、总理行营事务。和珅的官运还远未到头，乾隆四十五年（1780年），在查办云贵总督李侍尧贪渎案回京后，成为户部尚书、领侍卫内大臣、理藩院尚书，其子丰绅殷德与乾隆皇帝最宠爱的幼女固伦和孝公主订婚；第二年赴甘肃镇压"回乱"，虽未立功，回京后却兼署兵部尚书，管理户部三库；乾隆四十九年（1784年），升为协办大学士、吏部尚书兼管户部；两年后升为文华殿大学士，仍兼吏部、户部事；爵位从一等

---

1 （清）薛福成：《庸盦笔记》卷3。

男、三等伯、一等伯，直至最高的一等公。

和珅并无显赫的功绩，升官晋爵速度之快是清朝的一大异数，但能深获一向英察的乾隆皇帝赏识，他必有过人之处。两人年龄差距如同父子，乾隆皇帝对他的儿子均不太满意、喜欢，而和珅的忠诚、聪明、机智、能干和趣味足以与一向自视极高的乾隆皇帝相匹配。只有和珅才能揣摩透乾隆皇帝的心思，这才是他深得宠信的根本原因。乾隆皇帝博闻强记，学识渊博，爱好诗词、文艺，政治能力超强，精通骑射，并通晓汉、满、蒙、藏、维吾尔五种语言，能与这些民族的首领直接对话，有效统治着拥有众多民族、辽阔版图的清王朝，他的兄弟、皇子、皇孙及大臣在才能的全面性上都难以企及。因语言能力有限，大臣很少有人能胜任少数民族事务，而和珅通晓汉、满、蒙、藏四种语言，同样博闻强记，精通各项事务，多才多艺，且精通骑射，所以乾隆皇帝才能让其一人身兼众多重要的职位。

乾隆皇帝到了晚年，身体、头脑均大不如前，甚至到了刚吃完早饭又索要早饭的地步，而他又不愿意大权旁落，因此需要一个自己非常信任的代理人帮助他处理事务，尤其是理财事务，和珅可谓是适逢其会。中年以后的乾隆皇帝志得意满，不仅四处兴兵征伐，生活起居也逐渐由俭入奢，大兴土木，营建宫殿、园林，四处巡游的费用更是十倍于康熙皇帝；晚年的乾隆皇帝更是借着自己与太后万寿的机会，极尽奢华之能事，大办庆典，但又必须遵守祖制永不加赋，所以明令群臣进贡奇珍异宝。和珅出众的敛财能力正好可以充分发挥，而这恰恰是一般大臣不耻为、不能为的。有了共同的利益，乾隆皇帝与和珅成了事业上的亲密伙伴，乾隆皇帝需要和珅做一些不太光彩的敛财事务，而和珅则打着乾隆皇帝的旗号趁机中饱私囊。

和珅极为贪财，利用第一宠臣的身份与大学士、军机大臣以及兼管众多事务的地位公开索贿、卖官，又利用内务府总管大臣的身份截留天下进献给皇帝的贡品，因此他成为乾隆朝也是整个清朝的第一大贪官，并且形成了以他为首，自上而下、有组织、有系统的贪腐食物链，层层贪腐、索贿行贿，败坏了整个官僚体系，这一切的成本最终要落在广大民众身上，明为“永不加赋”，实为以贪腐加赋。更可怕的是，因贪腐官员日益增多，担心反贪会清除贪腐的食物链，和珅创立了“议罪银”制度，即贪腐犯案的官员只要上交一定数量的白银就可赎罪，而且获得了乾隆皇帝的批准，议罪银直接交往皇帝的私人银库——内务府广储司，成了皇帝敛财的工具，这是变相将贪腐合法化，甚至是鼓励贪腐。到了晚年，乾隆皇帝的反贪也逐渐改变了性质，变成了他敛财的手段，甚至有意纵容官员贪腐，等到一定程度再用议罪银、抄没家财打击，达到了不加赋而聚财的目的，既保持仁君的形象，又因反贪而获得民心，这真是一举两得的好事。但这种手段看似机巧，实际却损害了整个国家的肌体。

和珅在乾隆皇帝亲自导演的这场游戏中扮演了主角。在这场游戏中，贪官实际上成了皇帝的投资公司，和珅是大大小小投资公司集团的总裁，乾隆皇帝捞钱的“白手套”。在当时，贪腐的钱财没有现代各种巧妙的技术手段隐匿，更无法转移国外，因此无处可逃，只是一群待宰的肥羊。章学诚评论：“自乾隆四十五年以后，迄于嘉庆三年而往，和珅用事凡三十年，上下相蒙，惟事婪脏渎货，始如蚕食，渐至鲸吞。”[1]《清史稿》认为：“和珅继用事，值高宗倦勤，怙宠贪恣，卒以是败”[2]，乾隆皇帝则因“耄期倦勤，蔽于权倖，上累日月之明，为之叹息焉”[3]。与薛福成一样，章学诚与《清史稿》在评价这段历史时也将乾隆晚年的吏治败坏归于和珅，最多认为乾隆皇帝因年老被和珅蒙骗，均仅及表面，未触及实质，没能指出乾

1 《章学诚遗书》，北京：文物出版社，1985：329.

2 《清史稿》卷319《和珅传》。

3 《清史稿》卷15《高宗本纪六》。

隆皇帝晚年的荒政、敛财、自以为是地操弄权术才是贪腐的根本原因，这是他们的历史局限性导致的。以乾隆皇帝的英察，他怎会不知在他眼皮底下和珅的所作所为？只是和珅的贪腐烈度之强，危害之大远远超过他的想象，他一向自以为是、志得意满，以为一切都在他的洞察、掌控之下，因此他对和珅始终宠信不衰。乾隆朝诛杀的贪官不可谓不多、手段不可谓不烈，这些贪官只是太过于肆无忌惮、超过皇帝的容忍底线才被清除，而实际上当时已经几乎是无官不贪，乾隆皇帝为了政局的稳定以及敛财的目的特意加以包容。当然，以当时的技术手段，皇帝一个人的精力、能力毕竟有限，即使如乾隆皇帝早期那样对贪腐深恶痛绝，没有普遍的、低成本的舆论、民众监督制度，仅仅依靠少数人，想要彻底清除贪腐也是不可能的。

## 第三节　大事还是我办：盛世的终结

### 1．天地之力穷矣：可怕的人口压力

乾隆皇帝晚年的怠政、为敛财纵容腐败导致的吏治败坏预示着盛世的末日即将来临，但盛世衰落的根本原因并不是吏治败坏，而是人口持续不断的增长速度超过了经济增长速度，人均生活水平开始下降，吏治败坏则更加剧了这一过程。

乾隆末年，中国总人口已经到达了一个空前的数量：3亿。现代学者通过对历史人口的微观研究，证明了18世纪末期确实是中国人口的一个重大转折点。中国台湾学者刘翠溶利用49种族谱发现“在时间上，未婚率的提高、生育率的降低和死亡率的提高大致都出现于清代由盛转衰的十八世纪末叶，这是值得注意的人口现

象”[1]。本人利用曹氏与范氏族谱进行历史人口学的研究时，也发现从18世纪后半期开始，曹氏与范氏的夫妻年龄差达到了最大，生育间隔最长，生育数最少，曹氏男子的初育年龄最大，两个家族的男子20岁时的平均预期寿命开始了持续的下降，意味着死亡率开始上升。[2]李中清等对清皇族人口的研究也发现了相同的趋势。[3]这些人口学的指标是经济恶化、生活水平下降的有力证明。所有的这些研究全部证明了18世纪后半期的确是中国人口发展历史上的重要转折点，从这个世纪尤其是后半期开始，中国已经面临着全面性的人口压力，这一压力造成了社会、自然环境的全面恶化。不仅普通的平民，甚至最有特权的皇族也感受到了这一环境恶化、人口压力带来的影响。而此时，雄才大略、英察过人的乾隆皇帝已经垂垂老矣，再也无心、无力顾及这些了，他正面临着人生的重大选择。

## 2．周甲归政：退而不休的太上皇帝

乾隆皇帝对祖父康熙皇帝非常景仰，两人感情也非常深厚，对祖父的怀念持续了他漫长的一生。在他24岁刚继位时就“焚香告天默祷”，自己在位时间不敢超过“皇祖御极六十一年”，“至乾隆六十年（1795年），即当传位皇子，归政退闲”，此即为“周甲归政”（一周甲为60年）。但在当时，乾隆皇帝还很年轻，那时人很难活到80多岁，因此他也不以为意，直到50岁才开始认真考虑这个问题。乾隆皇帝虽然有17个儿子，但到了他的晚年，只有4个皇子可供继承人选。他于乾隆三十八年（1773年）冬“手书应立皇子之名密缄而识藏之”，并将此事告知军机大臣，但未透露是何人。5年后冬至南郊大祀，乾隆皇帝“以书立皇子之名默祷上帝，如其

1　刘翠溶：《明清时期家族人口与社会经济变迁》，台北：“中央研究院”经济研究所，1992.

2　侯杨方：《明清时期江南地区的人口与社会经济变迁》，复旦大学博士论文，1997.

3　李中清、郭松义主编：《清代皇族人口和社会环境》，北京：北京大学出版社，1994.

人贤，能承国家洪业，则祈佑以有成”；若其不贤，则希望上天能夺去他的性命，以便重新选择新的太子。乾隆皇帝解释他“非不爱己子也，然以宗社大计，不得不如此，惟愿为天下得人，以继祖宗亿万年无疆之绪。……是朕非不立储，特不肯显露端倪，俾众人有所窥伺耳。此正朕之善于维持保护”[1]。这件事可以反映乾隆皇帝对他选定的太子并不满意，但也无可奈何，其他皇子他更不满意。时间终于到了乾隆六十年（1795年），这年九月初三，乾隆皇帝在圆明园勤政殿，召集皇子、皇孙、王公大臣，揭开隐藏了几十年的谜团，宣示他在乾隆三十八年（1773年）密封的手书："立皇十五子嘉亲王永琰为皇太子”，决定于第二年正月初一禅位给永琰，并改元嘉庆[2]。时年36岁的永琰对即位后的境况并不乐观，他恳请父亲不要退位，表示自己只想一直备位皇储，“朝夕侍膳问安之暇，得以禀受至教，勉自策励”；王公大臣也集体请求乾隆顺应“亿兆人之心”，将皇帝做到底。乾隆皇帝坚持自己当年的诺言，但宣布“归政后，凡遇军国大事及用人行政诸大端，岂能置之不问？仍当躬亲指教。嗣皇帝朝夕敬聆训谕，来知所禀承，不致错失”。虽然归政退位，但大权还是要掌握自己手里。

第二年，即嘉庆元年正月初一日（1796年2月6日），归政禅让大典举行，乾隆皇帝于太和殿升座，皇太子永琰率王公大臣跪，宣读庆贺传位表，大学士二人恭引皇太子到御座近前跪，左旁大学士请“皇帝之宝”跪奉乾隆皇帝，然后由乾隆皇帝亲授给皇太子。在这一瞬间，乾隆皇帝变成了太上皇帝，皇太子永琰成为皇帝，即通称的嘉庆皇帝。嘉庆皇帝率王公大臣行九叩礼，太上皇帝启座乘舆还宫，典礼完成。

紫禁城东路有一组独立的宫殿建筑——宁寿宫，占地超过5万平方米，宫门前有一块巨大的、雕刻精美的九龙壁，与山西大同九

1 《高宗纯皇帝实录》卷1067。
2 《高宗纯皇帝实录》卷1486。

龙壁、北京北海公园九龙壁合称“中国三大九龙壁”，由此可知这组宫殿的不同寻常。宁寿宫的形制模仿乾清宫、坤宁宫，而建筑的材料、质量、巧妙更是青出于蓝，有独立的花园、亭台，甚至还有紫禁城中规模最大的戏台。宁寿宫中轴线上有一座乐寿堂，它是卧室和书房，是整个紫禁城用材最为考究、装修最为奢华的建筑，20余根金丝楠木大柱支撑起了这座面阔7间（36.15米）、进深3间（23.20米）的殿堂，内部四壁及天花板全部用金丝楠木装修。紫禁城虽然建于明初，是明清两代的皇宫，但因历年的天灾人祸，现存的主要宫殿基本是清朝重建。由于当时金丝楠木已经极其稀有，因此即使最重要的太和殿也只能用松木大柱，在外面包裹10厘米厚的杉木板而已。从建筑材料上讲，乐寿堂可以说是整座紫禁城中最为珍贵的建筑。

早在60岁生日时，乾隆皇帝就决定修建宁寿宫作为自己退位后的居所，因此不惜工本，精益求精，为自己的打算不可谓不周到。这也是人之常情，一个大权独揽长达60年的皇帝，自觉自愿退休，享受一下超高规格的待遇很正常，但不正常的是，这座华美的宫殿乾隆皇帝一天也没有住过，而是弃置了100多年，直到清末自比太上皇帝的慈禧太后携光绪皇帝短暂住过一段时间。禅位后仅十几天，朝鲜使节李秉模觐见，太上皇帝让他转告朝鲜国王，他虽然退位了，但“大事还是我办”。嘉庆皇帝只是一直在旁侍坐，朝鲜使臣回国后告诉国王他的观感：“新皇帝状貌和平洒落，终日宴戏，初不游目，侍坐太上皇，上皇喜则亦喜，笑则亦笑。”[1]太上皇口中的“大事”即是“军国大事及用人行政诸大端”，这些都要太上皇“躬亲指教”，皇帝只能“朝夕敬聆训谕”。

养心殿是雍正皇帝以来皇帝的寝宫和处理日常政务的办公室，是政治舞台的中心，在此生活、工作了整整60年，“大事还是我

1 《朝鲜李朝实录中的中国史料》（第12册），第4912、4918页。

办”的太上皇帝如何舍得离开？因此专门为太上皇准备的宁寿宫一直闲置，即使它远比养心殿华美、精制、轩敞。太上皇帝描述自己归政后的生活：“仍在养心殿日勤训政，事无巨细，皆余自任之。”看来不仅大事，就连小事也全由太上皇帝操办，年近不惑的嘉庆皇帝只能在太上皇帝的指导下当个“实习皇帝”，或不太好听但更恰当的“傀儡皇帝”。既然太上皇帝不搬走，嘉庆皇帝只好仍然住在自己的旧居毓庆宫。虽然改元“嘉庆”，但在宫廷中仍然使用“乾隆”年号，已经大权独揽60年的太上皇确实做到了“事无巨细，皆余自任之”。

嘉庆皇帝不仅要仰视太上皇帝，甚至还要看太上皇帝的亲信和珅的眼色。据时人礼亲王昭梿的记载，和珅认为自己有拥戴嘉庆之功，“出入意颇狂傲”；嘉庆对和珅很尊敬，有任何事报告太上皇帝都要托他代言。当时太上皇已经是80多岁的老人，耳朵不灵，说话含糊，行为也常出人意表，除了与他亲近几十年的和珅外，几乎无人能与他沟通，因此和珅就顺理成章地成为太上皇与皇帝、臣下之间的“联络员”，狐假虎威，以致皇帝也要看他的眼色。当时白莲教造反，大小事一样不放的太上皇帝自然忧心，有一次他问了造反首领的名字后便闭目喃喃自语，皇帝和大臣都听不懂他在传授什么平乱的方略，而和珅却胸有成竹，答疑解惑。原来太上皇帝在念喇嘛教的密宗咒语，要将作乱的首领诅咒而死，和珅成了太上皇帝不可或缺的传声筒。因此此时虽然已改元“嘉庆”，但实质上仍然是“乾隆”时代。

归政禅让大典刚举行了几天，就爆发了继三藩之乱后规模最大的内战——川楚白莲教造反。这场内战持续时间长达9年，波及四川、湖北、陕西、河南，造反人员主要由川楚一带山区信奉白莲教的无地流民组成，它是人口压力与吏治腐败的双重产物，标志着长达一个多世纪的康乾盛世的结束。此时，首席大学士兼领班军机大臣阿桂去世，和珅终于成为名副其实的首辅，更加大权独揽。他有意压下各地不利的军报，以免让太上皇帝担忧，结果贻误军机。再加上长期承平，官员与军队腐败严重，动员、作战效率低下，内战愈演愈烈。

乾隆皇帝虽然号称“十全老人”，自以为是古往今来最成功的帝王，自称“二十有五践阼纪元，六十年传位皇帝。兹春秋八十有七，精神纯固，康健如常。亲见五代元（玄）孙，武功十全，诸福备具……逾于皇祖”[1]，应验了祖父康熙皇帝当年所说的“是命贵重，福将过予”，但不幸的是，他在生前就目睹了此次内战，给其完满的一生留下了深深的缺憾。

嘉庆三年（1798年），太上皇帝身体依旧如往常一样健康，仍然巡幸塞外，并在避暑山庄庆祝他的生日“万万寿”，在澹泊敬诚殿接受皇帝、皇子、皇孙、王公大臣、蒙古王公及外藩使节的庆贺，此时朝廷上下已经在筹备明年太上皇帝的“九旬万万寿庆典”。回到京师后，太上皇帝一直住在他毕生营建的圆明园，直至立冬后才回到紫禁城。嘉庆四年（1799年）正月初一日，太上皇帝一改以往在外朝太和殿接受元旦朝贺的惯例，在内廷的乾清宫接受了皇帝及诸王公大臣的朝拜。在上一年冬至后，高龄的太上皇帝因“筹办军务，心体焦劳”而生病，接受元旦朝贺的第二天，太上皇帝病情加重。嘉庆四年正月初三日（1799年2月7日）早晨，统治了中国长达63年之久的弘历怀着遗憾于养心殿去世，就在前一天，他还写了一首《望捷诗》，盼望早日平定川楚白莲教之乱。

太上皇帝去世后的第五天，一直隐忍的嘉庆皇帝将和珅革职下狱治罪，随后和珅以20条大罪被赐自尽，家产被籍没，据不完全统计，家财高达2.2亿两白银[2]，相当于全国四年多的财政收入总和，这是对乾隆晚期吏治败坏最生动的写照和总结。和珅财产数字只是清朝官僚腐败金字塔的顶端，而其下各级官僚贪腐钱财的总数是其

1 《高宗纯皇帝实录》卷1497。

2 《仁宗睿皇帝实录》卷37；（清）薛福成：《庸盦笔记》卷3。

十倍、数十倍，如此一来底层民众还有什么活路？嘉庆皇帝清楚知道白莲教造反的原因，他亲自审讯了白莲教首领王三槐，王在供词中提到“官逼民反”，嘉庆皇帝“闻之殊为恻然”，将王“暂停正法”。嘉庆皇帝认为清朝“百数十年来，厚泽深仁，周洽寰宇。皇考临御六十年。无时不廑念民生，……普免天下钱粮、漕粮，以及蠲缓赈贷，不啻亿万万。凡所以惠爱闾阎者，至优极渥。……百姓幸际昌期，安土乐业，若非迫于万不得已，焉肯不顾身家、铤而走险？总缘亲民之吏，不能奉宣朝廷德意，多方婪索，竭其脂膏，因而激变至此。然州县之所以剥削小民者，不尽自肥己橐，大半趋奉上司。而督抚大吏之所以勒索属员者，不尽安心贪黩，无非交结和珅。是层层朘削，皆为和珅一人，而无穷之苦累，则我百姓当之。言念及此，能不痛心”[1]。除了不敢涉及父亲、将一切罪过归于和珅一人外，嘉庆皇帝这段话不可谓不深刻，充分揭示了官僚组织化、系统化的贪腐对政权的危害。

### 3．泥足巨人：盛世衰落的深层次原因

康乾盛世的衰落固然有吏治败坏的原因，但更深层次的原因还是在于中国传统的农业社会已经到了最高峰，没有了提升的空间。乾隆中期的耕地面积、粮食单产量、人均产量均达到了中国传统社会的顶峰，版图也是历代最大，耕地已经开发殆尽，既无法通过提高劳动生产率，也无法通过扩大耕地面积来增加粮食产量，摆脱生活水平不断下降的经济危机，而人口却仍然在持续增长，因此全面的经济、政治危机必然会爆发，只是腐败的吏治会加快它，以底层民众大规模暴动的形式到来，于是在嘉庆皇帝的眼中，和珅就成了替罪羊。

---

1 《仁宗睿皇帝实录》卷38。

清朝并非完全没有机会实现经济转型。早在入关之初，皇帝就与来自欧洲的传教士有很多亲密的接触。传教士汤若望（Johann Adam Schall von Bell）与顺治皇帝、孝庄太后的关系非常亲密，就是他以皇三子玄烨得过天花具有免疫力的理由说服了顺治皇帝，将皇位传给了这位并不受宠的儿子，结果玄烨成为一代明君，开创了长达100年的盛世。康熙皇帝更是非常倾慕欧洲文明，他不仅擅长使用来自欧洲的望远镜、各项测量仪器、火器，而且喜欢欧洲的音乐、几何、数学、生物、物理等学科，亲自将这些知识教给他的诸位皇子，雍正皇帝就是他的学生。清朝皇室倾慕欧洲文明的传统一直传到了乾隆皇帝，他同样任用欧洲传教士为他作画、设计圆明园里的西式建筑。但不幸的是，这几位皇帝只是将欧洲的艺术、器物、学科当成了宫廷娱乐的工具，而不是一个可以带动中国社会转型的契机。

清朝最重要的国策是“首崇满洲”，满族是一个不到100万人的民族，他们入主中原后，时时担心淹没在上亿汉人的大海中，因此所有的军政大权全部掌握在八旗满洲手里，尤其是直属皇帝的上三旗。清朝中央的高级官员大学士、各部尚书实行满（旗）汉双任制，而实权都在满洲官员手里，汉人官员只能备位；掌管蒙古、西藏、新疆等少数民族事务的理藩院尚书以及八旗都统等官职只能由旗人担任。掌握军权的驻防将军、都统只是旗人的禁脔，掌握地方军政权力的总督也基本由旗人担任，只有少数汉人担任主管民政的巡抚。每有大征伐，必然任命满洲王公亲贵担任大将军、将军、经略，整个清朝只有汉人岳钟琪担任过大将军，是唯一的例外。满洲人可以不经科举，直接成为皇帝的侍卫，然后可以出将入相，得封高官显爵。除了满洲人外，其次得到信任的是八旗蒙古、八旗汉军以及外藩蒙古，汉人只能排在最后。八旗以骑射得天下，骑射是他们的看家本领，康熙皇帝、乾隆皇帝本人也极重视骑射，经常敦促八旗要演练骑射，这是他们统治亿万汉人的看家本领。为了本民族的利益，他们不愿意引进、普及先进的欧洲文明来启蒙、武装汉人，因为欧洲先进的火器可以轻易地击败落伍的骑射。清朝皇帝不引进欧洲文明不是出于无知，而是出于恐惧。后来的历史证明了这一点，当以汉人为主的清军开始装备先进的火器后，清朝政权就开始岌岌可危，然后迅速崩溃。

乾隆五十七年（1792年），英国派遣以马嘎尔尼（George Macartney）为首的庞大使团以庆祝乾隆皇帝万寿的名义访问中国，要求清朝开放贸易口岸、互派使节、减免并公开外贸税率。他们赠送给乾隆皇帝大批先进的仪器、马车、大炮、步枪、舰船模型等礼物。按照清朝的惯例，所有外国使节都要向皇帝行三跪九叩礼，但被马嘎尔尼坚决拒绝，这让自称"十全老人"的乾隆皇帝非常不快。乾隆皇帝虽然被英国文明的先进所震撼，但他仍然故步自封，坚决拒绝了英国使团提出的一切要求，并将赠送的礼物封存在圆明园，直至60多年后，英国军队在抢劫圆明园时，发现当年赠送给乾隆皇帝的步枪、大炮仍然保存完好；乾隆皇帝及其子孙不仅没有想过仿制，甚至也没有想过进口，以致几十年后，面对配备先进武器的英国侵略军时，清军使用的武器甚至还不及100多年前的康熙时期先进。当乾隆皇帝骄傲地宣称"天朝物产丰盈，无所不有，原不藉外夷货物，以通有无"[1]而拒绝英国通商贸易的要求时，不知道他的内心是否会有过一丝惶恐，但即使有，82岁高龄的乾隆皇帝也已经无暇顾及了。

虽然乾隆晚年的国运走势明显向下，但是我也反对将乾隆皇帝与同时期稍晚的美国第一任总统华盛顿做简单的比较，即所谓"乾隆忙于后宫时，大洋彼岸这个男人在干什么"一类的质问。这种人物比较不仅不公平，也没意义，显得非常幼稚可笑，只有让二人穿越到对方的时空，看各自表现，或者从小就生长在同一时空，才有

1 《高宗纯皇帝实录》卷1434。

比较的可能。当然这些都是不可能的，所以更没意义。按照这个逻辑，现代每一个平庸的人，都有资格嘲笑历史上的超级牛人没看过电视，没玩过电子游戏，不会上网，所以不如自己。

每一个人都是时代的产物，不可能超越自己生长的时代、环境，将这些因素剥离，单纯比较他们个人间的优劣，显然是不公平的、不合理的。一个人再伟大，再有能力，也无法超越自己的环境；一个背负沉重传统包袱的巨大国家，没有足够强的外来刺激，也很难有实质的转变，幻想出现一个超人凭借一已之力就能改变世界只不过是个童话。在中国长达几个月的旅行让英国使团充分了解了清朝的虚弱与贫穷，他们认为中国人是“忙忙碌碌的一群，像蚂蚁一样没有个性，也像蚂蚁一样繁忙。……连面部表情看上去都没有差别。他们像奴隶一样被镇压，也像奴隶一样驯服顺从。孩子惧怕父母，百姓惧怕官吏，官吏惧怕皇帝”；“所有与我们有过接触的官员，无一不表现得温文尔雅，极有教养。然而，他们虽然礼貌周全，却都不诚实”；“中国不是开明的君主制，而是在靠棍棒进行恐怖统治的东方专制主义暴政的典型。中国不是富裕的国度，而是一片贫困的土地，不是社会靠农业发展，而是社会停滞于农业”；“清政府的政策跟自负有关，它想凌驾于各国之上，但目光如豆，只知道防止人民智力进步……当我们每天都在艺术和科学领域前进时，他们实际上正在变为半野蛮人。……（清朝）只不过是一个泥足巨人，只要轻轻一抵就可以把他们打倒在地”；“中华帝国只是一艘破旧不堪的旧船，只是幸运地有了几位谨慎的船长才使它在近150年期间没有沉没。它那巨大的躯壳使周围的邻国见了害怕。假如来了个无能之辈掌舵，那船上的纪律与安全就都完了……船将不会立刻沉没。它将像一个残骸那样到处漂流，然后在岸上撞得粉碎”[1]。

1 ［法］佩雷菲特：《停滞的帝国——两个世界的撞击》，北京：生活·读书·新知三联书店，1998.

这些外来者的观察不仅非常生动描绘了康乾盛世末期衰败、贫穷、绝望的景象，而且对过去150年的历史做了恰当的总结，并准确地预言了未来。康乾盛世是中国帝制时代绝对专制的最高峰，它集中国政治权术之大成，主要依靠三位谨慎、能干、具有高度责任心的船长卓越领导，以及八旗统治集团的团结、高效，是在一个相对封闭体系中发展而来的盛世。纵向比较，康乾盛世创造了中国政治、经济实力的空前高峰，它不仅统一了中原汉族地区，也统治了东北亚、中亚、青藏高原等广大游猎地区，建立起一个版图空前广大且稳定的大一统王朝，中国人口第一次突破了2亿、3亿；但不幸的是，从横向比较，它与当时世界最先进文明之间的差距却越拉越大。康乾盛世是中国传统帝制的最后一抹斜阳，最后一首挽歌，虽然辉煌，却已经走到了尽头。

# 再版后记

本书是出版于2019年的《盛世·西汉》《盛世·康乾》的增补修订合编本，主要增补了秦始皇帝长子扶苏接到伪遗诏后，不听蒙恬劝说立即自杀的一个重要原因，以及康熙皇帝初创奏折制度，通过奏折与亲信曹寅、李煦亲密交往的过程。

本书最早的版本是出版于2011年的《盛世启示录》，距现在已经过了13年，这13年中时势变化不可谓不剧烈。如果说当年还是隐约感觉面临着时代的巨变，那么现在就是已经得以验证。

与我从事的，可以用实地考察进行重复检验的历史地理专业不同，历史不能用历史本身检验，历史需要现实和未来检验。这里的“历史”指的是历史著述，因为我们无法穿越，无法用实验验证历史。那么历史著述的品质与见识用什么来检验呢？只能用现实以及写作时的预言。

以这本书为基本参考，近10年来，我在北京大学光华管理学院“从历史看管理”课程上主要讲述西汉的历史，学生们都是有着丰富阅历的企业家或职业经理人，他们就是历史著述的最好检验者。台下的聚精会神，若有所思，会心一笑，忧虑惊惧……证明这本书也许揭示了社会与人性超越时代、地域的底层运行逻辑。近几年，本书的清朝部分内容也用于中欧工商管理学院“后E”课程中，反响甚佳。

不懂现实的人，哪里能真实表述出几百几千年前的历史？不懂现实的人，又哪里会懂几百几千年前的历史？书斋故纸堆的咬文嚼字发现不了鲜活真实的历史。在评书、武侠、戏剧情结盛行的中国，历史也非常容易沦为传奇和神话，文字再精妙，资料再丰富，最多是文字游戏尔，在人工智能面前也只会沦为笑柄。

侯杨方

2024年1月8日 上海